普通高等教育基础课系列教材

线性代数

主　编　赵建红　陈　雄
副主编　朱兴文　汪际和

机 械 工 业 出 版 社

本书共13章，主要内容包括线性方程组、高斯消元法、初等变换法、克拉默法则、矩阵运算法、向量空间法、线性变换、位似变换和伸缩变换、旋转变换、对称变换和反射变换、投影变换、切变变换、特征值与特征向量等．作为数学基础课教材，本书采用“引例＋数学归纳法”的方式引入概念，语言通俗易懂．同时，本书还增加了大量与线性代数相关的应用内容，并配有经典例题讲解视频，以提高学生应用数学知识解决实际问题的能力．

本书可作为普通高等院校理、工、农、医、经、管、教育类专业线性代数课程的教材，也可作为相关专业教师、学生的参考书．

图书在版编目（CIP）数据

线性代数/赵建红，陈雄主编．--北京：机械工业出版社，2024.6．--（普通高等教育基础课系列教材）．
ISBN 978-7-111-76142-6

Ⅰ．O151.2

中国国家版本馆CIP数据核字第2024Z56L10号

机械工业出版社（北京市百万庄大街22号　邮政编码100037）
策划编辑：李　彤　　　　责任编辑：李　彤　赵晓峰
责任校对：杜丹丹　王小童　景　飞　　　　封面设计：王　旭
责任印制：单爱军
北京虎彩文化传播有限公司印刷
2024年9月第1版第1次印刷
184mm×260mm・15印张・348千字
标准书号：ISBN 978-7-111-76142-6
定价：49.80元

电话服务　　　　网络服务
客服电话：010-88361066　　机　工　官　网：www.cmpbook.com
010-88379833　　机　工　官　博：weibo.com/cmp1952
010-68326294　　金　书　网：www.golden-book.com
封底无防伪标均为盗版　　机工教育服务网：www.cmpedu.com

前 言

线性代数是现代数学的重要基础学科，在科学技术、工程、经济等领域有着广泛的应用，也一直是高等院校理、工、农、医、经、管、教育类专业的必修课程. 但在实际教学中，因其抽象性较大程度上阻碍了应用型高校学生的学习，故本书主要是为强化线性代数课程的应用性而为应用型高校学生编写的.

本书最大的特点是通俗易懂. 作为数学基础课教材，本书在概念引入时，在内容叙述上充分考虑到当代大学生的阅读和思维习惯，将抽象概念以一些具体的引例娓娓道来，数学定理尽量采用“引例 + 数学归纳法”而减少数学证明的方式表述. 同时，本书注重理论联系实际，尽可能用简明的语言介绍线性代数的实际用途. 此外，本书还通过例题、习题等尽量确保线性代数的“两性一度”（高阶性、创新性和挑战度），还对一些经典例题等附加了视频讲解资源，以方便学生自学的需要. 读者可以扫描书中二维码，并输入封底兑换码，免费获得微课、例题视频；教师可登录机械工业出版社教育服务网（www.cmpedu.com）免费下载教学课件.

线性代数重在“润物细无声”，本书探索以下内容：一是通过回顾早期中国数学家的工作，如刘徽等对线性代数发展做出的重大贡献，深入了解线性代数发展的历史和社会背景. 二是利用线性代数开发新技术，应对中国最紧迫的乡村振兴、产业变革等挑战，将线性代数与社会主义现代化、民族复兴的目标联系起来. 三是鼓励学生创业或开发线性代数的新应用，发挥线性代数领域创新创业的重要性. 四是融入大量用线性代数解决现实问题的案例如优化交通流量、设计医疗方法、开发财务模型等，鼓励学生结合专业开展项目，运用线性代数来解决专业相关问题.

本书由赵建红、陈雄担任主编，朱兴文、汪际和担任副主编，参编人员还有杨柳娇、梁娥、寸宇潇、熊慧、余国锐、李国东、薛茜和杨吉。具体分工为赵建红编写第 1、2 章并统稿，陈雄编写第 8 ~ 11 章及第 10、11 章的习题，朱兴文编写第 12 章及第 4、7、12 章的习题，汪际和编写第 13 章，寸宇潇编写第 3、4 章，梁娥编写第 5 章，杨柳娇编写第 6 章，熊慧编写第 7 章，余国锐编写第 3、6 章的习题，李国东编写第 5 章的习题，杨吉编写第 9 章的习题，薛茜编写第 13 章的习题.

由于编者水平有限，书中难免存在疏漏和不足之处，恳请广大读者批评指正.

编　者

目　　录

第 1 章 绪 论

笛卡儿曾说：一切问题都可以转化为数学问题；一切数学问题都可以转化为代数问题；而一切代数问题又都可以转化为方程问题；因此，一旦解决了方程问题，一切问题都将迎刃而解.

大学生为什么要学线性代数？线性代数是什么？如何学习线性代数？作为绪论，本章主要回答以上三个问题.

1.1 为什么要学线性代数

线性代数是现代数学的重要基础学科，在科学技术、工程、经济等领域有着广泛的应用. 学习线性代数具有以下重要意义.

(1) 培养抽象思维能力：线性代数是抽象数学的重要分支，其核心思想是将复杂的数学问题抽象为线性代数问题，并利用线性代数的理论和方法进行求解. 学习线性代数可以帮助学生培养抽象思维能力，提高解决问题的能力.

微课：为什么要学线性代数

(2) 掌握数学基础知识：线性代数是许多数学学科的基础，如微积分、概率论、数理统计等. 学习线性代数可以帮助学生打好数学基础，为后续学习其他数学学科奠定基础.

(3) 提高计算机编程能力：线性代数是计算机科学的重要基础，许多计算机算法都与线性代数密切相关. 学习线性代数可以帮助学生理解计算机算法的原理，提高计算机编程能力.

(4) 拓展应用领域：线性代数在众多领域应用广泛. 学习线性代数可以帮助学生了解其在不同领域的应用，为将来就业和发展打下基础.

具体来说，学习线性代数可以帮助学生理解和应用线性代数的基本概念和原理，如向量、矩阵、行列式、线性方程组等；熟练运用线性代数的计算方法，如矩阵运算、求逆、特征值和特征向量等；掌握线性代数的应用，如图像处理、数据分析、机器学习等.

线性代数是新工科、新医科、新农科、新文科建设必不可少的支撑，更是应用类专业的一门重要基础课程，学习线性代数对学生的学习和发展具有重要意义.

1.2 线性代数是什么

微课：线性代数是什么

线性是一种关系或模型，指的是其中的量与量之间存在一次函数关系，故一次方程也称为线性方程. 而所谓代数指的是“任何数学对象用任何符号代之”的学问，线性代数主要研究的就是这样的代数.

线性代数是数学的一个分支，主要通过线性方程组及其求解研究向量空间和线性变换等. 其中线性方程组求解时引入了行列式、矩阵、向量等工具，得到了高斯消元法、初等变换法、克拉默法则、矩阵运算法、向量空间法等. 线性变换主要有位似变换、伸缩变换、旋转变换、对称变换、反射变换、投影变换和切变变换等，还提炼了变换中的不变量——特征值与特征向量.

线性代数是现代数学的重要基础学科. 在物理学中，线性代数用于描述力学、电磁学和量子力学等领域的基本规律. 在工程学中，线性代数应用于电路分析、信号处理和控制系统等领域. 在经济学中，线性代数应用于计量经济学、金融分析和风险管理等领域.

1.3 如何学习线性代数

微课：如何学习线性代数

学习线性代数，首先要打好基础. 线性代数是一门抽象的数学学科，包括向量、行列式等知识；其次，要理解概念. 线性代数有很多重要的概念，如向量、矩阵、行列式、线性方程组等，需要理解这些概念的定义和性质；再次要掌握运算. 线性代数有一些重要的运算，如向量加减法、矩阵乘法等，学习线性代数需要掌握这些运算的方法和技巧；最后，要多做练习. 线性代数是一门需要多练习的学科. 通过做练习，可以巩固概念、掌握运算、提高解题能力.

以下是一些学习方法的建议.

预习：在上课前，先阅读教材，了解本章的内容和重点.

听课：认真听课，积极思考，不懂的地方及时提问.

复习：课后及时复习，巩固课堂学习的内容.

做练习：认真完成课后练习，并及时检查答案.

总结：定期总结学习内容，查漏补缺.

学习线性代数，还要直面抽象，不要害怕，要学会用抽象的思维去思考问题；要注重逻辑，线性代数的证明过程往往比较严谨，学习时要注意逻辑的严谨性；要勤于思考，线性代数的很多概念和结论都需要自己去思考，不要依赖于死记硬背.

学习线性代数是一个循序渐进的过程，需要持之以恒的努力. 只要掌握正确的方法并付出足够的努力，就一定能够学好线性代数.

第 2 章 线性方程组

老子的《道德经》第四十二章有“道生一，一生二，二生三，三生万物”的论述，这代表了我国道教的宇宙生成论. 时至今日，这一论述仍然指导着人们认识这个世界. 整个线性代数基本上都遵循这一规律，如线性方程组的方程个数、方程中未知量的个数都是由一到多进行推导的.

本章主要介绍方程、多项式与线性方程组、线性方程组的矩阵表示、几类特殊矩阵等内容.

2.1 方程、多项式与线性方程组

回顾以往所学数学，可以发现一切的数学问题都是以建立等价关系的等式出发的，如果等式中有某个量未知，等式就变成了一元一次方程，这里面有两个“一”，一个是“元”，也就是未知量 x 或x_i，一个是“次”，也就是 x 的次幂.

关于“次”这条线可以按以下思路延伸：

$$2+3=5,$$
$$x+3=5,$$
$$ax+b=0,$$
$$ax^2+bx+c=0,$$
$$ax^3+bx^2+cx+d=0,$$
$$\vdots$$

可以看出，以上等式随着 x 的次数逐渐增加，直至一元 n 次，就可以得到

$$a_nx^n+a_{n-1}x^{n-1}+\cdots+a_2x^2+a_1x+a_0=0. \tag{2-1}$$

式(2-1)的左边称为**多项式**.

关于“元”这条线就是元逐渐增加，方程个数也可以随之增加，直至 n 元一次，也就是

$$ax+b=0,$$

$$\begin{cases} a_{11}x_1 + a_{12}x_2 = b_1, \\ a_{21}x_1 + a_{22}x_2 = b_2; \end{cases}$$

$$\begin{cases} a_{11}x_1 + a_{12}x_2 + a_{13}x_3 = b_1, \\ a_{21}x_1 + a_{22}x_2 + a_{23}x_3 = b_2, \\ a_{31}x_1 + a_{32}x_2 + a_{33}x_3 = b_3; \end{cases}$$

$$\vdots$$

$$\begin{cases} a_{11}x_1 + a_{12}x_2 + \cdots + a_{1n}x_n = b_1, \\ a_{21}x_1 + a_{22}x_2 + \cdots + a_{2n}x_n = b_2, \\ \qquad \vdots \\ a_{m1}x_1 + a_{m2}x_2 + \cdots + a_{mn}x_n = b_m. \end{cases} \tag{2-2}$$

这样得到的式(2-2)就称为线性方程组，这里 x_i 表示未知量，其余字母表示常量.

如果要将“元”和“次”逐渐增加并将两个规律同时叠加，那就可以得到更加复杂的代数式，但在大多数情况下，我们只需用到 n 元二次多项式就可以了. 例如，

$$q(x) = ax^2,$$

$$q(x,y) = ax^2 + by^2 + cxy,$$

$$q(x,y,z) = ax^2 + by^2 + cz^2 + dxy + exz + fyz,$$

$$\vdots$$

$$q(x_1, x_2, \cdots, x_n) = \sum_{j=1}^{n} \sum_{i=1}^{n} a_{ij}x_ix_j. \tag{2-3}$$

式(2-3)称为二次型.

不论哪种情况，研究方程最重要的是判断方程是否有解，如果有解，则继续讨论有多少个解，最后将其解一一求出.

2.2 线性方程组的矩阵表示

为了更简洁地研究线性方程组，可以用矩形数表表示各种线性方程组，由此引出矩阵这一线性代数核心工具.

2.2.1 矩阵的概念

随着研究的数学对象越来越多，越来越复杂，这就需要对其进行分类归纳总结，将其中可以用同一形式表示、处理的数学对象统一起来，以此达到简洁美.

矩阵指的是像$\begin{pmatrix} 1 & 2 \\ 2 & 3 \end{pmatrix}$, $\begin{pmatrix} -1 & 4 & 5 \\ 3 & 0 & 1 \end{pmatrix}$这样，将 $2\times2=4$，$2\times3=6$

等多个数排成矩形阵列后用圆括号括起来的数表.

随着数表中数的增加，可以推广到 $m\times n$ 个数，排成矩形后表示为

$$A=\begin{pmatrix} a_{11} & a_{12} & \cdots & a_{1n} \\ a_{21} & a_{22} & \cdots & a_{2n} \\ \vdots & \vdots & & \vdots \\ a_{m1} & a_{m2} & \cdots & a_{mn} \end{pmatrix}.$$

不失其一般性，在数学上可以将上面的数表 A 抽象定义为 m 行 n 列矩阵，简称 $m\times n$ 矩阵，简记为

$$A=A_{m\times n}=(a_{ij})_{m\times n}.$$

这 $m\times n$ 个数称为矩阵 A 的元素，简称元，a_{ij} 就是矩阵 A 的第 i 行第 j 列元素.

当元素是实数的时候称矩阵 A 为实矩阵，当元素是复数的时候称矩阵 A 为复矩阵.

2.2.2 线性方程组的矩阵表示

对于线性方程组

$$\begin{cases} a_{11}x_1+a_{12}x_2+\cdots+a_{1n}x_n=b_1, \\ a_{21}x_1+a_{22}x_2+\cdots+a_{2n}x_n=b_2, \\ \qquad\vdots \\ a_{m1}x_1+a_{m2}x_2+\cdots+a_{mn}x_n=b_m, \end{cases}$$

由其系数按行、列排成下面这样的矩形阵列

$$A=\begin{pmatrix} a_{11} & a_{12} & \cdots & a_{1n} \\ a_{21} & a_{22} & \cdots & a_{2n} \\ \vdots & \vdots & & \vdots \\ a_{m1} & a_{m2} & \cdots & a_{mn} \end{pmatrix},$$

称为它的系数矩阵，而在其系数矩阵基础上，最后一列加上常数项的矩形阵列

$$B=\begin{pmatrix} a_{11} & a_{12} & \cdots & a_{1n} & b_1 \\ a_{21} & a_{22} & \cdots & a_{2n} & b_2 \\ \vdots & \vdots & & \vdots & \vdots \\ a_{m1} & a_{m2} & \cdots & a_{mn} & b_m \end{pmatrix}$$

称为它的增广矩阵，可见线性方程组与增广矩阵之间存在着一一对应关系.

于是由矩阵乘法的定义可得，线性方程组(2-2)可以表示为

$$Ax=b.$$

式中，

$$A=\begin{pmatrix}a_{11} & a_{12} & \cdots & a_{1n}\\ a_{21} & a_{22} & \cdots & a_{2n}\\ \vdots & \vdots & & \vdots\\ a_{m1} & a_{m2} & \cdots & a_{mn}\end{pmatrix},\ x=\begin{pmatrix}x_1\\ x_2\\ \vdots\\ x_n\end{pmatrix},\ b=\begin{pmatrix}b_1\\ b_2\\ \vdots\\ b_n\end{pmatrix}.$$

例如，线性方程组

$$\begin{cases}-1x_1+4x_2=5,\\ 3x_1+2x_2=4\end{cases}$$

的系数矩阵和增广矩阵分别是

$$A=\begin{pmatrix}-1 & 4\\ 3 & 2\end{pmatrix},\ B=\begin{pmatrix}-1 & 4 & 5\\ 3 & 2 & 4\end{pmatrix}.$$

线性方程组可以表示为

$$Ax=b.$$

式中，

$$A=\begin{pmatrix}-1 & 4\\ 3 & 2\end{pmatrix},\ x=\begin{pmatrix}x_1\\ x_2\end{pmatrix},\ b=\begin{pmatrix}5\\ 4\end{pmatrix}.$$

当方程组按“元”逐渐增加这一规律演进的时候 m 和 n 可以相等，也可以不相等，于是根据 m 和 n 的大小关系可以将线性方程组分为适定方程组、不定方程组和超定方程组.

2.2.3　适定方程组及其矩阵表示

当 $m=n$ 时，线性方程组(2-2)变成

$$\begin{cases}a_{11}x_1+a_{12}x_2+\cdots+a_{1n}x_n=b_1,\\ a_{21}x_1+a_{22}x_2+\cdots+a_{2n}x_n=b_2,\\ \quad\vdots\\ a_{n1}x_1+a_{n2}x_2+\cdots+a_{nn}x_n=b_n.\end{cases}\tag{2-4}$$

式(2-4)称为适定方程组，对应的系数矩阵是

$$A=\begin{pmatrix}a_{11} & a_{12} & \cdots & a_{1n}\\ a_{21} & a_{22} & \cdots & a_{2n}\\ \vdots & \vdots & & \vdots\\ a_{n1} & a_{n2} & \cdots & a_{nn}\end{pmatrix}.$$

例如，

$$\begin{cases}2x_1-1x_2+5x_3=3,\\ -1x_1+3x_2+7x_3=5,\\ 5x_1+7x_2+4x_3=7\end{cases}$$

就是一个三元适定方程组，所对应的系数矩阵和增广矩阵分别是

$$A=\begin{pmatrix}2&-1&5\\-1&3&7\\5&7&4\end{pmatrix},\ B=\begin{pmatrix}2&-1&5&3\\-1&3&7&5\\5&7&4&7\end{pmatrix}.$$

这个方程组就可以表示为

$$Ax=b.$$

式中，

$$A=\begin{pmatrix}2&-1&5\\-1&3&7\\5&7&4\end{pmatrix},\ x=\begin{pmatrix}x_1\\x_2\\x_3\end{pmatrix},\ b=\begin{pmatrix}3\\5\\7\end{pmatrix}.$$

2.2.4 不定方程组及其矩阵表示

当 $m=k<n$ 时，线性方程组(2-2)变成

$$\begin{cases}a_{11}x_1+a_{12}x_2+\cdots+a_{1n}x_n=b_1,\\a_{21}x_1+a_{22}x_2+\cdots+a_{2n}x_n=b_2,\\\qquad\vdots\\a_{k1}x_1+a_{k2}x_2+\cdots+a_{kn}x_n=b_n.\end{cases}$$

此时称其为不定方程组，对应的系数矩阵是

$$A=\begin{pmatrix}a_{11}&a_{12}&\cdots&a_{1n}\\a_{21}&a_{22}&\cdots&a_{2n}\\\vdots&\vdots&&\vdots\\a_{k1}&a_{k2}&\cdots&a_{kn}\end{pmatrix}.$$

例如

$$\begin{cases}2x_1+3x_2+5x_3=7,\\11x_1+13x_2+17x_3=19\end{cases}$$

就是一个三元不定方程组，所对应的系数矩阵和增广矩阵分别是

$$A=\begin{pmatrix}2&3&5\\11&13&17\end{pmatrix},\ B=\begin{pmatrix}2&3&5&7\\11&13&17&19\end{pmatrix}.$$

这个方程组就可以表示为

$$Ax=b.$$

式中，

$$A=\begin{pmatrix}2&3&5\\11&13&17\end{pmatrix},\ x=\begin{pmatrix}x_1\\x_2\\x_3\end{pmatrix},\ b=\begin{pmatrix}7\\19\end{pmatrix}.$$

2.2.5　超定方程组及其矩阵表示

当 $m=p>n$ 时，线性方程组(2-2)变成

$$\begin{cases} a_{11}x_1 + a_{12}x_2 + \cdots + a_{1n}x_n = b_1, \\ a_{21}x_1 + a_{22}x_2 + \cdots + a_{2n}x_n = b_2, \\ \qquad\vdots \\ a_{p1}x_1 + a_{p2}x_2 + \cdots + a_{pn}x_n = b_n. \end{cases}$$

此时称其为超定方程组，对应的系数矩阵是

$$\boldsymbol{A} = \begin{pmatrix} a_{11} & a_{12} & \cdots & a_{1n} \\ a_{21} & a_{22} & \cdots & a_{2n} \\ \vdots & \vdots & & \vdots \\ a_{p1} & a_{p2} & \cdots & a_{pn} \end{pmatrix}.$$

例如，

$$\begin{cases} 2x_1 + 3x_2 = 7, \\ 5x_1 + 7x_2 = 13, \\ 11x_1 + 13x_2 = 19 \end{cases}$$

就是一个二元超定方程组，所对应的系数矩阵和增广矩阵分别是

$$\boldsymbol{A} = \begin{pmatrix} 2 & 3 \\ 5 & 7 \\ 11 & 13 \end{pmatrix}, \boldsymbol{B} = \begin{pmatrix} 2 & 3 & 7 \\ 5 & 7 & 13 \\ 11 & 13 & 19 \end{pmatrix}.$$

这个方程组就可以表示为

$$\boldsymbol{Ax} = \boldsymbol{b}.$$

式中，

$$\boldsymbol{A} = \begin{pmatrix} 2 & 3 \\ 5 & 7 \\ 11 & 13 \end{pmatrix}, \boldsymbol{x} = \begin{pmatrix} x_1 \\ x_2 \end{pmatrix}, \boldsymbol{b} = \begin{pmatrix} 7 \\ 13 \\ 19 \end{pmatrix}.$$

2.3　矩阵

2.3.1　几类特殊矩阵

1. 行矩阵

只有一行的矩阵

$$\boldsymbol{A} = (a_1, a_2, \cdots, a_n)$$

称为**行矩阵**(或行向量).

2. 列矩阵

只有一列的矩阵

$$B=\begin{pmatrix} b_1 \\ b_2 \\ \vdots \\ b_n \end{pmatrix}$$

称为**列矩阵**(或列向量).

3. 零矩阵

元素全是零的矩阵称为**零矩阵**，可记作 $\boldsymbol{O}$，比如$\begin{pmatrix} 0 & 0 \\ 0 & 0 \end{pmatrix}$和$(0\quad 0\quad 0\quad 0)$都是零矩阵.

4. n 阶方阵

行数和列数都等于 n 的矩阵，称为 **n 阶方阵**，可记作 $\boldsymbol{A}_n$.

5. 对角矩阵

形如

$$\begin{pmatrix} \lambda_1 & 0 & \cdots & 0 \\ 0 & \lambda_2 & \cdots & 0 \\ \vdots & \vdots & & \vdots \\ 0 & 0 & \cdots & \lambda_n \end{pmatrix}$$

的方阵称为**对角矩阵**，记作 $\boldsymbol{A}=\mathbf{diag}(\lambda_1,\lambda_2,\cdots,\lambda_n)$.

特别地，方阵$\begin{pmatrix} 1 & 0 & \cdots & 0 \\ 0 & 1 & \cdots & 0 \\ \vdots & \vdots & & \vdots \\ 0 & 0 & \cdots & 1 \end{pmatrix}$称为**单位矩阵**，记作 $\boldsymbol{E}$.

n 阶单位矩阵 $\boldsymbol{E}_n$ 在矩阵代数中占有很重要的地位，它的作用与“1”在初等代数中的作用相似. 如 $\boldsymbol{EA}=\boldsymbol{AE}=\boldsymbol{A}$.

6. 数量矩阵

主对角线上的元素全相等的对角矩阵为**数量矩阵**. 例如，

$$\begin{pmatrix} c & 0 & \cdots & 0 \\ 0 & c & \cdots & 0 \\ \vdots & \vdots & & \vdots \\ 0 & 0 & \cdots & c \end{pmatrix}_n,\text{其中 } c \text{ 为常数,}$$

是 n 阶数量矩阵.

7. 三角矩阵

主对角线下(上)方的元素全为零的方阵称为**上(下)三角矩阵**.

例如，

$$\begin{pmatrix} a_{11} & a_{12} & \cdots & a_{1n} \\ 0 & a_{22} & \cdots & a_{2n} \\ \vdots & \vdots & & \vdots \\ 0 & 0 & \cdots & a_{nn} \end{pmatrix}$$

称为上三角矩阵.

$$\begin{pmatrix} a_{11} & 0 & \cdots & 0 \\ a_{21} & a_{22} & \cdots & 0 \\ \vdots & \vdots & & \vdots \\ a_{n1} & a_{n2} & \cdots & a_{nn} \end{pmatrix}$$

称为下三角矩阵.

8. 对称与反对称矩阵

在方阵 $\boldsymbol{A}=(a_{ij})_n$ 中，如果 $a_{ij}=a_{ji}(i,j=1,2,\cdots,n)$，则称 $\boldsymbol{A}$ 为**对称矩阵**. 如果 $\boldsymbol{A}$ 还是实矩阵，则称 $\boldsymbol{A}$ 为实对称矩阵. 如果 $a_{ij}=-a_{ji}(i,j=1,2,\cdots,n)$，则称 $\boldsymbol{A}$ 为**反对称矩阵**.

例如，

$$\begin{pmatrix} 2 & -1 & 5 \\ -1 & 3 & 7 \\ 5 & 7 & 4 \end{pmatrix}$$

就是一个实对称矩阵.

$$\begin{pmatrix} 0 & 2 & -3 \\ -2 & 0 & 7 \\ 3 & -7 & 0 \end{pmatrix}$$

是一个反对称矩阵.

9. 同型矩阵

两个矩阵的行数相等、列数相等时，称为**同型矩阵**.

例如，$\begin{pmatrix} 1 & 2 \\ 5 & 6 \\ 3 & 7 \end{pmatrix}$与$\begin{pmatrix} 14 & 3 \\ 8 & 4 \\ 3 & 9 \end{pmatrix}$为同型矩阵.

10. 相等矩阵

两个矩阵 $\boldsymbol{A}=(a_{ij})_{m\times n}$ 与 $\boldsymbol{B}=(b_{ij})_{m\times n}$ 为同型矩阵，并且对应元素相等，即 $a_{ij}=b_{ij}(i=1,2,\cdots,m;j=1,2,\cdots,n)$，则称矩阵 $\boldsymbol{A}$ 与 $\boldsymbol{B}$ 相等，记作 $\boldsymbol{A}=\boldsymbol{B}$.

例如，

$$\begin{pmatrix}0&0&0&0\\0&0&0&0\\0&0&0&0\\0&0&0&0\end{pmatrix}\neq(0\quad 0\quad 0\quad 0).$$

注意：不同型的零矩阵是不相等的.

11. 邻接矩阵

四个城市间的单向航线如图 2-1 所示. 若令

$$a_{ij}=\begin{cases}1, & 从\ i\ 市到\ j\ 市有\ 1\ 条单向航线\\0, & 从\ i\ 市到\ j\ 市没有单向航线\end{cases},i,j=1,2,3,4,$$

则图 2-1 可用矩阵表示为 $A=(a_{ij})_4=\begin{pmatrix}0&1&1&1\\1&0&0&0\\0&1&0&0\\1&0&1&0\end{pmatrix}$.

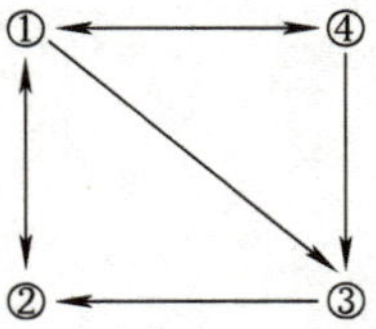

图 2-1

像这样若干个点之间的单向通道用矩阵表示，这样的矩阵称为邻接矩阵.

2.3.2 矩阵的运算

1. 矩阵加法

引例 2-1 某工厂生产四种货物，它在上半年和下半年向三家商店发送货物的数量可用矩阵表示为

$$\begin{pmatrix}a_{11}&a_{12}&a_{13}&a_{14}\\a_{21}&a_{22}&a_{23}&a_{24}\\a_{31}&a_{32}&a_{33}&a_{34}\end{pmatrix},\begin{pmatrix}c_{11}&c_{12}&c_{13}&c_{14}\\c_{21}&c_{22}&c_{23}&c_{24}\\c_{31}&c_{32}&c_{33}&c_{34}\end{pmatrix}.$$

其中，a_{ij}表示工厂上半年向第 i 家商店发送第 j 种货物的数量，c_{ij}表示工厂下半年向第 i 家商店发送第 j 种货物的数量. 试求：工厂在一年内向各商店发送货物的数量.

解：工厂在一年内向各商店发送货物的数量为

$$\begin{pmatrix}a_{11}&a_{12}&a_{13}&a_{14}\\a_{21}&a_{22}&a_{23}&a_{24}\\a_{31}&a_{32}&a_{33}&a_{34}\end{pmatrix}+\begin{pmatrix}c_{11}&c_{12}&c_{13}&c_{14}\\c_{21}&c_{22}&c_{23}&c_{24}\\c_{31}&c_{32}&c_{33}&c_{34}\end{pmatrix}=$$

$$\begin{pmatrix}a_{11}+c_{11}&a_{12}+c_{12}&a_{13}+c_{13}&a_{14}+c_{14}\\a_{21}+c_{21}&a_{22}+c_{22}&a_{23}+c_{23}&a_{24}+c_{24}\\a_{31}+c_{31}&a_{32}+c_{32}&a_{33}+c_{33}&a_{34}+c_{34}\end{pmatrix}.$$

定义 2.1 设有两个 $m\times n$ 矩阵 $\boldsymbol{A}=(a_{ij})_{m\times n}$，$\boldsymbol{B}=(b_{ij})_{m\times n}$，$a_{ij}\in F$，$b_{ij}\in F$，$i=1,2,\cdots,m$；$j=1,2,\cdots,n$，那么矩阵 $\boldsymbol{A}$

与 $\boldsymbol{B}$ 的和记作 $\boldsymbol{A}+\boldsymbol{B}$，规定为

$$\boldsymbol{A}+\boldsymbol{B}=\begin{pmatrix} a_{11}+b_{11} & a_{12}+b_{12} & \cdots & a_{1n}+b_{1n} \\ a_{21}+b_{21} & a_{22}+b_{22} & \cdots & a_{2n}+b_{2n} \\ \vdots & \vdots & & \vdots \\ a_{m1}+b_{m1} & a_{m2}+b_{m2} & \cdots & a_{mn}+b_{mn} \end{pmatrix}.$$

说明：只有当两个矩阵是同型矩阵时，才能进行加法运算.

矩阵加法的运算规律见表 2-1.

表 2-1　矩阵加法的运算规律

条件	$\forall a, b, c \in \mathbf{R}$	设 $\boldsymbol{A}$，$\boldsymbol{B}$，$\boldsymbol{C}$ 是同型矩阵
加法交换律	$a+b=b+a$	$\boldsymbol{A}+\boldsymbol{B}=\boldsymbol{B}+\boldsymbol{A}$
加法结合律	$(a+b)+c=a+(b+c)$	$(\boldsymbol{A}+\boldsymbol{B})+\boldsymbol{C}=\boldsymbol{A}+(\boldsymbol{B}+\boldsymbol{C})$
其他	设矩阵 $\boldsymbol{A}=(a_{ij})_{m\times n}$，$\boldsymbol{B}=(b_{ij})_{m\times n}$，记 $-\boldsymbol{A}=(-a_{ij})_{m\times n}$，则 $-\boldsymbol{A}$ 称为矩阵 $\boldsymbol{A}$ 的负矩阵，显然 $\boldsymbol{A}+(-\boldsymbol{A})=\boldsymbol{O}$，$\boldsymbol{A}-\boldsymbol{B}=\boldsymbol{A}+(-\boldsymbol{B})$	

2. 矩阵减法

矩阵减法是矩阵加法的逆运算，$\boldsymbol{A}-\boldsymbol{B}=\boldsymbol{A}+(-\boldsymbol{B})$，其中 $\boldsymbol{A}=(a_{ij})_{m\times n}$，$\boldsymbol{B}=(b_{ij})_{m\times n}$.

3. 数乘矩阵

数乘矩阵是相同矩阵加法的简便运算.

引例 2-2　某厂所生产的货物的单价及单件重量可列成矩阵为

$$\begin{pmatrix} b_{11} & b_{12} \\ b_{21} & b_{22} \\ b_{31} & b_{32} \\ b_{41} & b_{42} \end{pmatrix}.$$

其中，b_{i1} 表示第 i 种货物的单价，b_{i2} 表示第 i 种货物的单件重量.

设工厂向某家商店发送四种货物各 λ 件，试求：工厂向该商店发送各 λ 件货物的总值及总重量.

解：工厂向该商店发送各 λ 件货物的总值及总重量为

$$\lambda\times\begin{pmatrix} b_{11} & b_{12} \\ b_{21} & b_{22} \\ b_{31} & b_{32} \\ b_{41} & b_{42} \end{pmatrix}=\begin{pmatrix} \lambda b_{11} & \lambda b_{12} \\ \lambda b_{21} & \lambda b_{22} \\ \lambda b_{31} & \lambda b_{32} \\ \lambda b_{41} & \lambda b_{42} \end{pmatrix}.$$

数 λ 与矩阵 $\boldsymbol{A}$ 的乘积记作 $\lambda\boldsymbol{A}$ 或 $\boldsymbol{A}\lambda$，规定为

$$\lambda A = A\lambda = \begin{pmatrix} \lambda a_{11} & \lambda a_{12} & \cdots & \lambda a_{1n} \\ \lambda a_{21} & \lambda a_{22} & \cdots & \lambda a_{2n} \\ \vdots & \vdots & & \vdots \\ \lambda a_{m1} & \lambda a_{m2} & \cdots & \lambda a_{mn} \end{pmatrix}.$$

数乘矩阵的运算规律见表 2-2.

表 2-2 数乘矩阵的运算规律

条件	$\forall a,b,c \in \mathbf{R}$	设 $\boldsymbol{A},\boldsymbol{B}$ 是同型矩阵，λ,μ 是数
结合律	$(ab)c = a(bc)$	$(\lambda\mu)\boldsymbol{A} = \lambda(\mu\boldsymbol{A})$
分配律	$(a+b)\cdot c = ac+bc$ $c\cdot(a+b) = ca+cb$	$(\lambda+\mu)\boldsymbol{A} = \lambda\boldsymbol{A}+\mu\boldsymbol{A}$ $\lambda(\boldsymbol{A}+\boldsymbol{B}) = \lambda\boldsymbol{A}+\lambda\boldsymbol{B}$
备注	矩阵相加与数乘矩阵合起来，统称为矩阵的线性运算	

4. 矩阵乘法

引例 2-3 总收入与总利润：某工厂生产四种货物，它向三家商店发送的货物数量可用矩阵表示为

$$\begin{pmatrix} a_{11} & a_{12} & a_{13} & a_{14} \\ a_{21} & a_{22} & a_{23} & a_{24} \\ a_{31} & a_{32} & a_{33} & a_{34} \end{pmatrix}.$$

式中，a_{ij}表示工厂向第 i 家商店发送第 j 种货物的数量.

这四种货物的单价及单件重量也可列成矩阵为

$$\begin{pmatrix} b_{11} & b_{12} \\ b_{21} & b_{22} \\ b_{31} & b_{32} \\ b_{41} & b_{42} \end{pmatrix}.$$

式中，b_{i1}表示第 i 种货物的单价，b_{i2}表示第 i 种货物的单件重量. 试求：工厂向三家商店所发货物的总值及总重量.

解：以 c_{i1}，c_{i2}分别表示工厂向第 i 家商店所发货物的总值及总重量，其中 $i=1$，2，3.

于是

$$c_{11} = a_{11}b_{11} + a_{12}b_{21} + a_{13}b_{31} + a_{14}b_{41} = \sum_{k=1}^{4} a_{1k}b_{k1},$$

$$c_{12} = a_{11}b_{12} + a_{12}b_{22} + a_{13}b_{32} + a_{14}b_{42} = \sum_{k=1}^{4} a_{1k}b_{k2}.$$

一般地，

$$c_{ij} = a_{i1}b_{1j} + a_{i2}b_{2j} + a_{i3}b_{3j} + a_{i4}b_{4j} = \sum_{k=1}^{4} a_{ik}b_{kj}(i=1,2,3;j=1,2)$$

可用矩阵表示为

$$\begin{pmatrix} a_{11} & a_{12} & a_{13} & a_{14} \\ a_{21} & a_{22} & a_{23} & a_{24} \\ a_{31} & a_{32} & a_{33} & a_{34} \end{pmatrix}\begin{pmatrix} b_{11} & b_{12} \\ b_{21} & b_{22} \\ b_{31} & b_{32} \\ b_{41} & b_{42} \end{pmatrix}=\begin{pmatrix} c_{11} & c_{12} \\ c_{21} & c_{22} \\ c_{31} & c_{32} \end{pmatrix}.$$

5. 矩阵乘法定义

设 $\boldsymbol{A}=(a_{ij})_{m\times s}$，$\boldsymbol{B}=(b_{ij})_{s\times n}$，规定矩阵 $\boldsymbol{A}$ 与矩阵 $\boldsymbol{B}$ 的乘积是一个 $m\times n$ 矩阵 $\boldsymbol{C}=(c_{ij})_{m\times n}$，其中

$$\begin{aligned} c_{ij} &= a_{i1}b_{1j}+a_{i2}b_{2j}+\cdots+a_{is}b_{sj} \\ &= \sum_{k=1}^{s} a_{ik}b_{kj} \quad (i=1,2,\cdots,m;\ j=1,2,\cdots,n), \end{aligned}$$

并把此乘积记作矩阵 $\boldsymbol{C}=\boldsymbol{AB}$.

注意：只有当第一个矩阵（左矩阵）的列数等于第二个矩阵（右矩阵）的行数时，两个矩阵才能相乘.

例如，1）设 $\boldsymbol{A}=\begin{pmatrix} 1 & 0 & -1 & 2 \\ -1 & 1 & 3 & 0 \\ 0 & 5 & -1 & 4 \end{pmatrix}$，$\boldsymbol{B}=\begin{pmatrix} 0 & 3 & 4 \\ 1 & 2 & 1 \\ 3 & 1 & -1 \\ -1 & 2 & 1 \end{pmatrix}$，则

$$\boldsymbol{AB}=\begin{pmatrix} -5 & 6 & 7 \\ 10 & 2 & -6 \\ -2 & 17 & 10 \end{pmatrix}.$$

2）$\begin{pmatrix} -2 & 4 \\ 1 & -2 \end{pmatrix}_{2\times 2}\begin{pmatrix} 2 & 4 \\ -3 & -6 \end{pmatrix}_{2\times 2}=\begin{pmatrix} -16 & -32 \\ 8 & 16 \end{pmatrix}_{2\times 2}.$

3）$\begin{pmatrix} 2 & 4 \\ -3 & -6 \end{pmatrix}_{2\times 2}\begin{pmatrix} -2 & 4 \\ 1 & -2 \end{pmatrix}_{2\times 2}=\begin{pmatrix} 0 & 0 \\ 0 & 0 \end{pmatrix}_{2\times 2}.$

结论：矩阵乘法不一定满足交换律. 矩阵 $\boldsymbol{A}\neq\boldsymbol{O}$，$\boldsymbol{B}\neq\boldsymbol{O}$，却有 $\boldsymbol{AB}=\boldsymbol{O}$，从而不能由 $\boldsymbol{AB}=\boldsymbol{O}$ 得出 $\boldsymbol{A}=\boldsymbol{O}$ 或 $\boldsymbol{B}=\boldsymbol{O}$ 的结论. $\boldsymbol{AB}$ 读作“$\boldsymbol{A}$ 右乘 $\boldsymbol{B}$”或“$\boldsymbol{B}$ 左乘 $\boldsymbol{A}$”.

6. 矩阵乘法的运算规律

1）乘法结合律：$(\boldsymbol{AB})\boldsymbol{C}=\boldsymbol{A}(\boldsymbol{BC})$.

2）数乘矩阵和矩阵乘法的结合律：$\lambda(\boldsymbol{AB})=(\lambda\boldsymbol{A})\boldsymbol{B}$（$\lambda$ 是数）.

3）乘法对加法的分配律：

$$\boldsymbol{A}(\boldsymbol{B}+\boldsymbol{C})=\boldsymbol{AB}+\boldsymbol{AC},\ (\boldsymbol{B}+\boldsymbol{C})\boldsymbol{A}=\boldsymbol{BA}+\boldsymbol{CA}.$$

4）单位矩阵在矩阵乘法中的作用类似于 1，即 $\boldsymbol{E}_m\boldsymbol{A}_{m\times n}=\boldsymbol{A}_{m\times n}\boldsymbol{E}_n=\boldsymbol{A}_{m\times n}$.

推论　矩阵乘法不一定满足交换律，但是数量矩阵 $\lambda\boldsymbol{E}$ 与任何同阶方阵都是可交换的.

7. 方阵的幂

若 $\boldsymbol{A}$ 是 n 阶方阵，定义 $\boldsymbol{A}^k=\boldsymbol{A}\boldsymbol{A}\cdots\boldsymbol{A}$，显然 $\boldsymbol{A}^k\boldsymbol{A}^l=\boldsymbol{A}^{k+l}$，$(\boldsymbol{A}^k)^l=\boldsymbol{A}^{kl}$，另外还规定，$\boldsymbol{A}^0=\boldsymbol{E}$.

思考：下列等式

$$\begin{cases}(\boldsymbol{AB})^k=\boldsymbol{A}^k\boldsymbol{B}^k,\\(\boldsymbol{A}+\boldsymbol{B})^2=\boldsymbol{A}^2+2\boldsymbol{AB}+\boldsymbol{B}^2,\\(\boldsymbol{A}+\boldsymbol{B})(\boldsymbol{A}-\boldsymbol{B})=\boldsymbol{A}^2-\boldsymbol{B}^2.\end{cases}$$

在什么时候成立？

答：$\boldsymbol{A}$、$\boldsymbol{B}$ 可交换时成立.

8. 矩阵转置

把矩阵 $\boldsymbol{A}$ 的行换成同序数的列得到的新矩阵，叫作矩阵 $\boldsymbol{A}$ 的转置矩阵，记作 $\boldsymbol{A}^{\mathrm{T}}$.

例如，$\boldsymbol{A}=\begin{pmatrix}1&2&2\\4&5&8\end{pmatrix}$的转置 $\boldsymbol{A}^{\mathrm{T}}=\begin{pmatrix}1&4\\2&5\\2&8\end{pmatrix}$；$\boldsymbol{B}=(18\quad 6)$的转置就是 $\boldsymbol{B}^{\mathrm{T}}=\begin{pmatrix}18\\6\end{pmatrix}$.

转置矩阵的运算性质如下：

1）转置的转置等于原矩阵，也就是$(\boldsymbol{A}^{\mathrm{T}})^{\mathrm{T}}=\boldsymbol{A}$.

2）两矩阵和的转置等于两矩阵转置的和，也就是 $(\boldsymbol{A}+\boldsymbol{B})^{\mathrm{T}}=\boldsymbol{A}^{\mathrm{T}}+\boldsymbol{B}^{\mathrm{T}}$.

3）数乘矩阵的转置等于数乘转置矩阵，也就是$(\lambda\boldsymbol{A})^{\mathrm{T}}=\lambda\boldsymbol{A}^{\mathrm{T}}$.

4）两矩阵乘法的转置等于两矩阵转置后交换先后顺序的乘法，也就是$(\boldsymbol{AB})^{\mathrm{T}}=\boldsymbol{B}^{\mathrm{T}}\boldsymbol{A}^{\mathrm{T}}$.

例 2.3.1

已知 $\boldsymbol{A}=\begin{pmatrix}2&0&-1\\1&3&2\end{pmatrix}$，$\boldsymbol{B}=\begin{pmatrix}1&7&-1\\4&2&3\\2&0&1\end{pmatrix}$，求$(\boldsymbol{AB})^{\mathrm{T}}$

解 1：因为 $\boldsymbol{AB}=\begin{pmatrix}2&0&-1\\1&3&2\end{pmatrix}\begin{pmatrix}1&7&-1\\4&2&3\\2&0&1\end{pmatrix}=\begin{pmatrix}0&14&-3\\17&13&10\end{pmatrix}$，

所以$(\boldsymbol{AB})^{\mathrm{T}}=\begin{pmatrix}0&17\\14&13\\-3&10\end{pmatrix}$.

解 2：

$$(AB)^{\mathrm{T}} = B^{\mathrm{T}}A^{\mathrm{T}} = \begin{pmatrix} 1 & 4 & 2 \\ 7 & 2 & 0 \\ -1 & 3 & 1 \end{pmatrix}\begin{pmatrix} 2 & 1 \\ 0 & 3 \\ -1 & 2 \end{pmatrix} = \begin{pmatrix} 0 & 17 \\ 14 & 13 \\ -3 & 10 \end{pmatrix}.$$

9. 对称矩阵

如果 A 为 n 阶方阵且 $A = A^{\mathrm{T}}$，即 $a_{ij} = a_{ji}(i, j = 1, 2, \cdots, n)$，那么 A 称为**对称矩阵**，简称对称阵．如果满足 $A = -A^{\mathrm{T}}$，那么 A 称为反对称矩阵，简称反对称阵．

$$\text{对称阵}:A = \begin{pmatrix} 12 & 6 & 1 \\ 6 & 8 & 0 \\ 1 & 0 & 6 \end{pmatrix}，\text{反对称阵}:A = \begin{pmatrix} 0 & -6 & 1 \\ 6 & 0 & 7 \\ -1 & -7 & 0 \end{pmatrix}.$$

2.3.3　矩阵的用途

矩阵的本质是一个数表，可以简化许多现实生活中繁杂的关系．

1. 产品发送量矩阵

某工厂生产四种商品，它向三家商店发送的商品数量可以用矩阵

$$A = \begin{pmatrix} a_{11} & a_{12} & a_{13} & a_{14} \\ a_{21} & a_{22} & a_{23} & a_{24} \\ a_{31} & a_{32} & a_{33} & a_{34} \end{pmatrix}$$

表示，其中 a_{ij} 表示工厂向第 i 家商店发送第 j 种商品的数量．这四种商品的单价及单件重量也可以用矩阵

$$B = \begin{pmatrix} b_{11} & b_{12} \\ b_{21} & b_{22} \\ b_{31} & b_{32} \\ b_{41} & b_{42} \end{pmatrix}$$

表示，其中 b_{i1} 表示第 i 种商品的单价，b_{j2} 表示第 j 种商品的重量．

2. 二次曲线的矩阵

二次曲线的一般方程为 $ax^2 + 2bxy + cy^2 + 2dx + 2ey + f = 0$，其矩阵为

$$A = \begin{pmatrix} a & b & d \\ b & c & e \\ d & e & f \end{pmatrix}.$$

第 3 章 高斯消元法

高斯消元法是求解线性方程组的经典算法，用于求解线性方程组、矩阵的秩以及可逆矩阵的逆，它在代数学中有着重要的地位和价值，是线性代数课程教学的重要组成部分.

本章主要介绍高斯消元法求解线性方程组、矩阵的秩和可逆矩阵的逆矩阵，以及一些特殊的可逆矩阵的逆矩阵形式.

3.1 高斯消元法求解线性方程组

微课：高斯消元法求解线性方程组

高斯消元法是数学史上最重要的发现之一，是线性代数的基础，它是以德国数学家高斯命名的，在 19 世纪初被提出. 事实上，这一思想早在中国古代公元 1 世纪的《九章算术》中便初露端倪，后在公元 263 年刘徽注解《九章算术》时已经全面完成，具体为《九章算术》中第八章“方程”中提出的“方程术”思想，它和高斯消元法非常相似.

两者的主要区别在于：《九章算术》的方程术使用的是文字描述，而高斯消元法使用的是符号表示. 《九章算术》的方程术主要用于求解含有两个或三个未知数的线性方程组，而高斯消元法可以用于求解含有任意多个未知数的线性方程组. 两者本质上相同，但具体解法略有不同，高斯消元法更为简洁.

《九章算术》第八章中以一个例子介绍方程术：“今有上禾三秉，中禾二秉，下禾一秉，实三十九斗；上禾二秉，中禾三秉，下禾一秉，实三十四斗；上禾一秉，中禾二秉，下禾三秉，实二十六斗. 问上、中、下禾实一秉各几何?”其中“禾”指的是谷子，“秉”指的是“捆”，“实”指的是“果实”. 利用这个例子，刘徽给出了古代解线性方程组的方法，在这之后中国一直延续使用这种方法. 它是中国古代人民的智慧结晶，是中国数学的非凡成就之一，比欧洲领先至少一千多年.

高斯消元法指的是通过线性方程组中各个方程之间的等价运算，使得方程组中未知数越来越少，其主要思路为：当知道某一未知数的值，即可回代逐一求得全体未知数的值. 当然，在消元过程中，也可能出现矛盾等式，此时方程组无解.

于是，求解线性方程组首先要判断线性方程组是否有解，若无解则结束；若有解，则利用高斯消元法化简方程组并求得全体未知数的取值.

实际上，高斯消元法就是通过对线性方程组进行行变换，将其对应矩阵转化为上三角形矩阵，然后再通过回代法求解出未知数的值，由以下例题加以说明.

例 3.1.1　《九章算术》第八章中介绍方程术的案例，将其翻译过来就是：现有上等谷子 3 捆，中等谷子 2 捆，下等谷子 1 捆，果实共计 39 斗；上等谷子 2 捆，中等谷子 3 捆，下等谷子 1 捆，果实共计 34 斗；上等谷子 1 捆，中等谷子 2 捆，下等谷子 3 捆，果实共计 26 斗，问上等谷子、中等谷子、下等谷子 1 捆分别是几斗？

例题：例 3.1.1

解：设上等谷子、中等谷子、下等谷子 1 捆果实分别是 x_1、x_2、x_3 斗，由题意列出等式为

$$\begin{cases} 3x_1 + 2x_2 + x_3 = 39, & ① \\ 2x_1 + 3x_2 + x_3 = 34, & ② \\ x_1 + 2x_2 + 3x_3 = 26. & ③ \end{cases} \tag{3-1}$$

利用高斯消元法从上往下消元依次为

$$\xleftrightarrow{①\leftrightarrow③} \begin{cases} x_1 + 2x_2 + 3x_3 = 26, & ① \\ 2x_1 + 3x_2 + x_3 = 34, & ② \\ 3x_1 + 2x_2 + x_3 = 39, & ③ \end{cases} \tag{3-2}$$

$$\xleftrightarrow[③-3\times①]{②-2\times①} \begin{cases} x_1 + 2x_2 + 3x_3 = 26, & ① \\ -x_2 - 5x_3 = -18, & ② \\ -4x_2 - 8x_3 = -39, & ③ \end{cases} \tag{3-3}$$

$$\xleftrightarrow{③-4\times②} \begin{cases} x_1 + 2x_2 + 3x_3 = 26, & ① \\ -x_2 - 5x_3 = -18, & ② \\ 12x_3 = 33. & ③ \end{cases} \tag{3-4}$$

至此，消元完毕，式(3-4)是含有三个未知数、三个有效方程的方程组.

根据方程组(3-4)得 $x_3 = 2\dfrac{3}{4}$，代入方程②得 $x_2 = 4\dfrac{1}{4}$，再将 x_2、x_3的值代入方程①得 $x_1 = 9\dfrac{1}{4}$，后文用“回代”说明.

显然，方程组(3-1)～方程组(3-4)均为同解方程组，也称为

等价方程组，则上等谷子、中等谷子、下等谷子 1 捆果实分别是 $9\frac{1}{4}$斗、$4\frac{1}{4}$斗、$2\frac{3}{4}$斗. 于是，待求方程组的解为

$$\begin{cases} x_1 = 9\dfrac{1}{4}, \\ x_2 = 4\dfrac{1}{4}, \\ x_3 = 2\dfrac{3}{4}. \end{cases}$$

MATLAB 实现代码：

```
>> A =[3 2 1;2 3 1;1 2 3 ]
>> b =[39 34 26]'
>> A1 =[A b]                          %写出线性方程组的增广矩阵
>> A1([1 3],:) =A1([3 1],:)           %互换第一行和第三行
>> A1(2,:) =A1(2,:) -2 * A1(1,:)
>> A1(3,:) =A1(3,:) -3 * A1(1,:)      %把第一个方程的(-2)倍、(-3)倍分别加
                                        到第二、三个方程上，观察 A1 的变化
>> A1(3,:) =A1(3,:) -4 * A1(2,:)      %第二行的(-4)倍加到第三行上去
>> rref(A1)                           %计算标准形
```

例 3.1.2 求解线性方程组

$$\begin{cases} 4x_1+7x_2+7x_3=11, \\ x_1+2x_2+2x_3=3, \\ 2x_1+2x_2+3x_3=3, \\ x_1+x_2+x_3=2. \end{cases}$$

解： 利用高斯消元法从上往下消元依次为

$$\begin{cases} 4x_1+7x_2+7x_3=11, & ① \\ x_1+2x_2+2x_3=3, & ② \\ 2x_1+2x_2+3x_3=3, & ③ \\ x_1+x_2+x_3=2, & ④ \end{cases} \tag{3-5}$$

$$\xleftrightarrow{①\leftrightarrow④}\begin{cases}x_1+x_2+x_3=2, & ①\\ x_1+2x_2+2x_3=3, & ②\\ 2x_1+2x_2+3x_3=3, & ③\\ 4x_1+7x_2+7x_3=11, & ④\end{cases} \tag{3-6}$$

$$\xleftrightarrow[④-4\times①]{②-①,\ ③-2\times①}\begin{cases}x_1+x_2+x_3=2, & ①\\ x_2+x_3=1, & ②\\ x_3=-1, & ③\\ 3x_2+3x_3=3, & ④\end{cases} \tag{3-7}$$

$$\xleftrightarrow{④-3\times②}\begin{cases}x_1+x_2+x_3=2, & ①\\ x_2+x_3=1, & ②\\ x_3=-1, & ③\\ 0=0. & ④\end{cases} \tag{3-8}$$

至此，消元完毕，式(3-8)是含有三个未知数、三个有效方程的适定方程组.

根据方程组(3-8)式③知 $x_3=-1$.

将 $x_3=-1$ 代入式②，得 $x_2=1-x_3=2$.

将 $x_2=2$，$x_3=-1$ 代入式①，得 $x_1=2-x_3-x_2=1$.

显然，方程组(3-5)~方程组(3-8)是等价方程组. 于是，待求方程组的解为

$$\begin{cases}x_1=1,\\ x_2=2,\\ x_3=-1.\end{cases}$$

例 3.1.3　求解线性方程组

$$\begin{cases}x_1+x_2+x_3-x_4=-1,\\ 2x_1+3x_2+4x_3+x_4=2,\\ 3x_1+4x_2+5x_3=1.\end{cases}$$

解：利用高斯消元法从上往下消元依次为

$$\begin{cases}x_1+x_2+x_3-x_4=-1, & ①\\ 2x_1+3x_2+4x_3+x_4=2, & ②\\ 3x_1+4x_2+5x_3=1, & ③\end{cases}$$

$$\xleftrightarrow[③-3\times①]{②-2\times①}\begin{cases}x_1+x_2+x_3-x_4=-1, & ①\\ x_2+2x_3+3x_4=4, & ②\\ x_2+2x_3+3x_4=4, & ③\end{cases}$$

$$\xrightarrow{③-②}\begin{cases} x_1 + x_2 + x_3 - x_4 = -1, & ① \\ x_2 + 2x_3 + 3x_4 = 4. & ② \end{cases}$$

至此消元完毕，待求方程组等价于含三个未知数、两个有效方程的方程组，一旦 x_3, x_4 的取值确定了，则 x_1, x_2 的取值也随之确定.

待求方程组等价于

$$\begin{cases} x_1 = -1 - x_2 - x_3 + x_4, \\ x_2 = 4 - 2x_3 - 3x_4. \end{cases}$$

令 x_3、x_4 为自由未知数，则 x_1、x_2 为非自由未知数，将 $x_3 = c_1$，$x_4 = c_2$ 代入方程组得到待求方程组的解为

$$\begin{cases} x_1 = -5 - c_1 + 4c_2, \\ x_2 = 4 - 2c_1 - 3c_2, \\ x_3 = c_1, \\ x_4 = c_2, \end{cases} \quad c_1, c_2 \text{ 为任意实数.}$$

例 3.1.4 求解线性方程组

$$\begin{cases} x_1 + x_2 + 2x_3 = 1, \\ 2x_1 + 3x_2 + 6x_3 = 6, \\ 4x_1 + 6x_2 + 12x_3 = 13. \end{cases}$$

解：利用高斯消元法从上往下消元依次为

$$\begin{cases} x_1 + x_2 + 2x_3 = 1, & ① \\ 2x_1 + 3x_2 + 6x_3 = 6, & ② \\ 4x_1 + 6x_2 + 12x_3 = 13, & ③ \end{cases}$$

$$\xrightarrow[③-4\times①]{②-2\times①}\begin{cases} x_1 + x_2 + 2x_3 = 1, & ① \\ x_2 + 2x_3 = 4, & ② \\ 2x_2 + 4x_3 = 9, & ③ \end{cases}$$

$$\xrightarrow{③-2\times②}\begin{cases} x_1 + x_2 + 2x_3 = 1, & ① \\ x_2 + 2x_3 = 4, & ② \\ 0 = 1. & ③ \end{cases}$$

方程组含有矛盾等式 $0 = 1$，故方程组无解.

3.2 高斯消元法求矩阵的秩

根据 3.1 节中例 3.1.1 ~ 例 3.1.4，所要求解的线性方程组与通过高斯消元法化简得到的方程组完全同解，即完全等价.

接下来通过例 3.1.2 对求解方程组做进一步说明，列出等价方程组(3-5)~方程组(3-8)对应的增广矩阵 $\boldsymbol{B}_1$、$\boldsymbol{B}_2$、$\boldsymbol{B}_3$、$\boldsymbol{B}_4$ 为

$$\boldsymbol{B}_1=\begin{pmatrix}4&7&7&11\\1&2&2&3\\2&2&3&3\\1&1&1&2\end{pmatrix},\ \boldsymbol{B}_2=\begin{pmatrix}1&1&1&2\\1&2&2&3\\2&2&3&3\\4&7&7&11\end{pmatrix},$$

$$\boldsymbol{B}_3=\begin{pmatrix}1&1&1&2\\0&1&1&1\\0&0&1&-1\\0&3&3&3\end{pmatrix},\ \boldsymbol{B}_4=\begin{pmatrix}1&1&1&2\\0&1&1&1\\0&0&1&-1\\0&0&0&0\end{pmatrix}.$$

矩阵 $\boldsymbol{B}_4$ 作为增广矩阵对应的方程组仅有三个有效方程，$x_1+x_2+x_3=2$，$x_2+x_3=1$，$x_3=-1$，而方程组(3-5)~方程组(3-8)等价，这就是说 $\boldsymbol{B}_1$、$\boldsymbol{B}_2$、$\boldsymbol{B}_3$ 作为增广矩阵对应的方程组都仅含三个有效方程.

方程组通过高斯消元得到的等价方程组，其含有有效方程(独立方程)个数不发生改变，且有效方程的个数就是对应的增广矩阵的秩. 这就是说，矩阵 $\boldsymbol{B}_1$、$\boldsymbol{B}_2$、$\boldsymbol{B}_3$、$\boldsymbol{B}_4$ 的秩都为 3，得到如下定义.

定义 3.1 矩阵 $\boldsymbol{B}$ 的秩指的是其作为增广矩阵对应的线性方程组中有效方程的个数，记作 $R(\boldsymbol{B})$.

例 3.2.1 求矩阵 $\boldsymbol{A}$ 的秩，

$$\boldsymbol{A}=\begin{pmatrix}1&0&0&-1\\0&1&0&5\\0&0&0&2\end{pmatrix}.$$

解：矩阵 $\boldsymbol{A}$ 对应的线性方程组为

$$\begin{cases}x_1=-1,\\x_2=5,\\0=2.\end{cases}$$

显然，该方程组含有三个有效方程，故矩阵 $\boldsymbol{A}$ 的秩为 3，即 $R(\boldsymbol{A})=3$.

例 3.2.2 求矩阵 $\boldsymbol{B}$ 的秩，

$$\boldsymbol{B}=\begin{pmatrix}1&1&2&-1&5\\1&1&0&-3&1\\1&1&4&1&9\end{pmatrix}.$$

解：对应的线性方程组为

$$\begin{cases} x_1 + x_2 + 2x_3 - x_4 = 5, \\ x_1 + x_2 - 3x_4 = 1, \\ x_1 + x_2 + 4x_3 + x_4 = 9. \end{cases}$$

利用高斯消元法从上往下消元依次为

$$\begin{cases} x_1 + x_2 + 2x_3 - x_4 = 5 & ① \\ x_1 + x_2 - 3x_4 = 1 & ② \\ x_1 + x_2 + 4x_3 + x_4 = 9 & ③ \end{cases}$$

$$\xleftrightarrow[③-①]{②-①} \begin{cases} x_1 + x_2 + 2x_3 - x_4 = 5 & ① \\ -2x_3 - 2x_4 = -4 & ② \\ 2x_3 + 2x_4 = 4 & ③ \end{cases}$$

$$\xleftrightarrow{③+②} \begin{cases} x_1 + x_2 + 2x_3 - x_4 = 5 & ① \\ -2x_3 - 2x_4 = -4 & ② \\ 0 = 0 & ③ \end{cases}$$

根据高斯消元法，方程组含有两个有效方程，故矩阵 $\boldsymbol{B}$ 的秩为 2，即 $R(\boldsymbol{B}) = 2$.

一般来说，可以通过高斯消元法求解矩阵的秩，主要步骤为：

1）写出矩阵对应的线性方程组.

2）利用高斯消元法化简线性方程组.

3）确定方程组中有效方程的个数就是矩阵的秩.

3.3 高斯消元法求逆矩阵

在数的乘法中，对不等于零的数 a 总存在唯一的数 b，使 $ab = ba = 1$，即 b 是 a 的倒数，也称 b 是 a 的逆，记作：$a^{-1} = b$. 因为数的乘法转化为除法形式为 $a^{-1} = b = \frac{1}{a}$，显然 a 也是 b 的逆，记作 $b^{-1} = a$.

实际上，单位矩阵 $\boldsymbol{E}$ 与实数中数字 1 的作用类似. 接下来给出逆矩阵的定义.

定义 3.2　给定矩阵 $\boldsymbol{A}$，若存在矩阵 $\boldsymbol{B}$，使得 $\boldsymbol{AB} = \boldsymbol{BA} = \boldsymbol{E}$，则称矩阵 $\boldsymbol{A}$ 可逆，矩阵 $\boldsymbol{B}$ 为 $\boldsymbol{A}$ 的逆矩阵，记作 $\boldsymbol{A}^{-1} = \boldsymbol{B}$.

显然，若矩阵 $\boldsymbol{A}$ 可逆，则矩阵 $\boldsymbol{B}$ 也可逆，$\boldsymbol{A}$ 就是 $\boldsymbol{B}$ 的逆矩阵，并且 $\boldsymbol{A} = \boldsymbol{B}^{-1}$，$\boldsymbol{B} = \boldsymbol{A}^{-1}$.

例 3.3.1 求可逆矩阵 $\boldsymbol{A}=\begin{pmatrix}2&0\\1&1\end{pmatrix}$的逆矩阵.

分析：可以根据逆矩阵的定义求逆矩阵.

解：设 $\boldsymbol{A}$ 的逆矩阵为 $\boldsymbol{B}=\begin{pmatrix}x&y\\z&t\end{pmatrix}$，根据逆矩阵定义有

$$\begin{pmatrix}2&0\\1&1\end{pmatrix}\begin{pmatrix}x&y\\z&t\end{pmatrix}=\begin{pmatrix}x&y\\z&t\end{pmatrix}\begin{pmatrix}2&0\\1&1\end{pmatrix}=\begin{pmatrix}1&0\\0&1\end{pmatrix}$$

根据矩阵的乘法有

$$\begin{pmatrix}2&0\\1&1\end{pmatrix}\begin{pmatrix}x&y\\z&t\end{pmatrix}=\begin{pmatrix}2x&2y\\x+z&y+t\end{pmatrix},$$

$$\begin{pmatrix}x&y\\z&t\end{pmatrix}\begin{pmatrix}2&0\\1&1\end{pmatrix}=\begin{pmatrix}2x+y&y\\2z+t&t\end{pmatrix}.$$

根据矩阵相等的定义得

$$\begin{cases}2x=1,\\2y=0,\\x+z=0,\\y+t=1\end{cases}\quad\text{与}\quad\begin{cases}2x+y=1,\\y=0,\\2z+t=0,\\t=1.\end{cases}$$

解得两个方程组的解均为

$$\begin{cases}x=\dfrac{1}{2},\\y=0,\\z=-\dfrac{1}{2},\\t=1.\end{cases}$$

于是，矩阵 $\boldsymbol{A}=\begin{pmatrix}2&0\\1&1\end{pmatrix}$的逆矩阵为

$$\boldsymbol{A}^{-1}=\boldsymbol{B}=\begin{pmatrix}\dfrac{1}{2}&0\\-\dfrac{1}{2}&1\end{pmatrix}.$$

思考：

1）对于不是方阵的 2×3 的矩阵存在逆矩阵吗？

2）求解矩阵 $\boldsymbol{A}$ 的逆矩阵时，解得的矩阵相同是偶然吗？

说明：1）对于不是方阵的 2×3 的矩阵显然不存在逆矩阵.

设有矩阵 $\boldsymbol{A}_{2\times3}$，要找到矩阵 $\boldsymbol{B}$，使得 $\boldsymbol{AB}=\boldsymbol{BA}=\boldsymbol{E}$，方能证明 $\boldsymbol{A}$ 可逆并存在逆矩阵 $\boldsymbol{B}$. 根据矩阵乘法，有矩阵 $\boldsymbol{A}_{2\times3}\boldsymbol{B}_{3\times2}=\boldsymbol{E}_2$，还有 $\boldsymbol{B}_{3\times2}\boldsymbol{A}_{2\times3}=\boldsymbol{E}_3$，由于 $\boldsymbol{E}_2\neq\boldsymbol{E}_3$ 故无法达到 $\boldsymbol{AB}=\boldsymbol{BA}$，于是不是方阵的 2×3 的矩阵不可逆.

显然，非方阵都不可逆，可逆矩阵必为方阵.

2）读者从例 3.3.1 也能发现，两个方程组同解，即利用$\boldsymbol{AB}=\boldsymbol{E}$或$\boldsymbol{BA}=\boldsymbol{E}$，求得$\boldsymbol{A}$的逆矩阵$\boldsymbol{B}$相同. 于是，得到结论如下.

定理 3.1 设$\boldsymbol{A}$、$\boldsymbol{B}$都是方阵，如果$\boldsymbol{AB}=\boldsymbol{E}$或者$\boldsymbol{BA}=\boldsymbol{E}$，则$\boldsymbol{A}$、$\boldsymbol{B}$都可逆，并且$\boldsymbol{A}=\boldsymbol{B}^{-1}$，$\boldsymbol{B}=\boldsymbol{A}^{-1}$.

于是，今后求可逆矩阵$\boldsymbol{A}$的逆矩阵，只需要根据等式$\boldsymbol{AB}=\boldsymbol{E}$或$\boldsymbol{BA}=\boldsymbol{E}$求解即可，两种情形下求出的$\boldsymbol{A}$的逆矩阵$\boldsymbol{A}^{-1}$相同.

定理 3.2 可逆矩阵的逆矩阵唯一.

证明：假设$\boldsymbol{B}_1$、$\boldsymbol{B}_2$是矩阵$\boldsymbol{A}_n$的逆矩阵，则$\boldsymbol{AB}_1=\boldsymbol{B}_1\boldsymbol{A}=\boldsymbol{E}_n$，$\boldsymbol{AB}_2=\boldsymbol{B}_2\boldsymbol{A}=\boldsymbol{E}_n$，于是$\boldsymbol{B}_1=\boldsymbol{B}_1\boldsymbol{E}_n=\boldsymbol{B}_1(\boldsymbol{AB}_2)=(\boldsymbol{B}_1\boldsymbol{A})\boldsymbol{B}_2=\boldsymbol{E}_n\boldsymbol{B}_2=\boldsymbol{B}_2$，由此得证$\boldsymbol{A}_n$的逆矩阵唯一.

接下来通过例题探讨部分特殊矩阵的逆矩阵形式.

例 3.3.2 求可逆矩阵$\boldsymbol{A}=\begin{pmatrix} a & b \\ c & d \end{pmatrix}$的逆矩阵（$a$、$b$、$c$、$d$为常数且$ad-bc\neq0$）.

解：设$\boldsymbol{A}$的逆矩阵为$\boldsymbol{B}=\begin{pmatrix} x & y \\ z & t \end{pmatrix}$，根据逆矩阵定义，这里我们先利用$\boldsymbol{AB}=\boldsymbol{E}$进行求解，接着再验证$\boldsymbol{BA}=\boldsymbol{E}$是否成立. 由$\boldsymbol{AB}=\boldsymbol{E}$得

$$\begin{pmatrix} a & b \\ c & d \end{pmatrix}\begin{pmatrix} x & y \\ z & t \end{pmatrix}=\begin{pmatrix} 1 & 0 \\ 0 & 1 \end{pmatrix}.$$

根据矩阵的乘法有

$$\begin{pmatrix} a & b \\ c & d \end{pmatrix}\begin{pmatrix} x & y \\ z & t \end{pmatrix}=\begin{pmatrix} ax+bz & ay+bt \\ cx+dz & cy+dt \end{pmatrix}.$$

根据矩阵相等的定义得

$$\begin{cases} ax+bz=1, & ① \\ ay+bt=0, & ② \\ cx+dz=0, & ③ \\ cy+dt=1. & ④ \end{cases}$$

根据方程②得$y=-\dfrac{bt}{a}$，将其代入方程④得$t=\dfrac{a}{ad-bc}$，于是

$$y=\frac{-b}{ad-bc}.$$

根据方程③得$x=-\dfrac{dz}{c}$，将其代入方程①得$z=\dfrac{-c}{ad-bc}$，于是

$$x = \frac{d}{ad - bc}.$$

由此得矩阵 $\boldsymbol{B}$ 为

$$\boldsymbol{B} = \frac{1}{ad-bc}\begin{pmatrix} d & -b \\ -c & a \end{pmatrix}.$$

接下来验证 $\boldsymbol{BA}=\boldsymbol{E}$，即

$$\boldsymbol{BA} = \frac{1}{ad-bc}\begin{pmatrix} d & -b \\ -c & a \end{pmatrix}\begin{pmatrix} a & b \\ c & d \end{pmatrix} = \begin{pmatrix} 1 & 0 \\ 0 & 1 \end{pmatrix} = \boldsymbol{E}.$$

于是，矩阵 $\boldsymbol{A}=\begin{pmatrix} a & b \\ c & d \end{pmatrix}$的逆矩阵为

$$\boldsymbol{A}^{-1} = \boldsymbol{B} = \frac{1}{ad-bc}\begin{pmatrix} d & -b \\ -c & a \end{pmatrix}.$$

根据例 3.3.2 结果，可以直接写出一切可逆的二阶方阵的逆矩阵.

例如，

1）可逆矩阵$\begin{pmatrix} 1 & 2 \\ 0 & 2 \end{pmatrix}$的逆矩阵为$\frac{1}{2}\begin{pmatrix} 2 & -2 \\ 0 & 1 \end{pmatrix}$.

2）例 3.3.1 中可逆矩阵 $\boldsymbol{A}=\begin{pmatrix} 2 & 0 \\ 1 & 1 \end{pmatrix}$的逆矩阵为$\frac{1}{2}\begin{pmatrix} 1 & 0 \\ -1 & 1 \end{pmatrix}$.

3）可逆矩阵$\begin{pmatrix} 1 & 0 \\ 0 & 2 \end{pmatrix}$的逆矩阵为$\frac{1}{2}\begin{pmatrix} 2 & 0 \\ 0 & 1 \end{pmatrix}=\begin{pmatrix} 1 & 0 \\ 0 & \frac{1}{2} \end{pmatrix}$.

4）可逆矩阵$\begin{pmatrix} 7 & 0 \\ 0 & 8 \end{pmatrix}$的逆矩阵为$\frac{1}{56}\begin{pmatrix} 8 & 0 \\ 0 & 7 \end{pmatrix}=\begin{pmatrix} \frac{1}{7} & 0 \\ 0 & \frac{1}{8} \end{pmatrix}$.

可以得到可逆对角矩阵$\begin{pmatrix} a & 0 \\ 0 & d \end{pmatrix}$的逆矩阵为$\begin{pmatrix} \frac{1}{a} & 0 \\ 0 & \frac{1}{d} \end{pmatrix}$（$a$、$d$ 都不为 0），即可逆对角矩阵的逆矩阵为对角线上元素分别取倒数（取逆），对 n 阶矩阵都适用，也可根据矩阵乘法进行验证，即

$$\begin{pmatrix} k_1 & 0 & \cdots & 0 \\ 0 & k_2 & \cdots & 0 \\ \vdots & \vdots & & \vdots \\ 0 & 0 & \cdots & k_n \end{pmatrix}\begin{pmatrix} k_1^{-1} & 0 & \cdots & 0 \\ 0 & k_2^{-1} & \cdots & 0 \\ \vdots & \vdots & & \vdots \\ 0 & 0 & \cdots & k_n^{-1} \end{pmatrix} = \begin{pmatrix} 1 & 0 & \cdots & 0 \\ 0 & 1 & \cdots & 0 \\ \vdots & \vdots & & \vdots \\ 0 & 0 & \cdots & 1 \end{pmatrix} = \boldsymbol{E}_n.$$

例 3.3.3 求可逆矩阵 $\boldsymbol{B}=\begin{pmatrix}1&1&2\\-2&-1&-1\\1&1&1\end{pmatrix}$的逆矩阵.

分析：利用高斯消元法求逆矩阵.

解：设 $\boldsymbol{B}$ 的逆矩阵为 $\boldsymbol{X}$，则矩阵 $\boldsymbol{B}$、$\boldsymbol{X}$ 满足 $\boldsymbol{BX}=\boldsymbol{E}$.

令 $\boldsymbol{X}=(\boldsymbol{X}_1,\boldsymbol{X}_2,\boldsymbol{X}_3)$，其中

$$\boldsymbol{X}_1=\begin{pmatrix}x_{11}\\x_{21}\\x_{31}\end{pmatrix},\ \boldsymbol{X}_2=\begin{pmatrix}x_{12}\\x_{22}\\x_{32}\end{pmatrix},\ \boldsymbol{X}_3=\begin{pmatrix}x_{13}\\x_{23}\\x_{33}\end{pmatrix},$$

令 $\boldsymbol{E}=(\boldsymbol{E}_1,\boldsymbol{E}_2,\boldsymbol{E}_3)$，其中

$$\boldsymbol{E}_1=\begin{pmatrix}1\\0\\0\end{pmatrix},\ \boldsymbol{E}_2=\begin{pmatrix}0\\1\\0\end{pmatrix},\ \boldsymbol{E}_3=\begin{pmatrix}0\\0\\1\end{pmatrix},$$

则 $\boldsymbol{BX}=\boldsymbol{B}(\boldsymbol{X}_1,\boldsymbol{X}_2,\boldsymbol{X}_3)=(\boldsymbol{BX}_1,\boldsymbol{BX}_2,\boldsymbol{BX}_3)=(\boldsymbol{E}_1,\boldsymbol{E}_2,\boldsymbol{E}_3)$，即 $\boldsymbol{BX}_1=\boldsymbol{E}_1$，$\boldsymbol{BX}_2=\boldsymbol{E}_2$，$\boldsymbol{BX}_3=\boldsymbol{E}_3$.

于是有

$$\begin{pmatrix}1&1&2\\-2&-1&-1\\1&1&1\end{pmatrix}\begin{pmatrix}x_{11}\\x_{21}\\x_{31}\end{pmatrix}=\begin{pmatrix}1\\0\\0\end{pmatrix},$$

$$\begin{pmatrix}1&1&2\\-2&-1&-1\\1&1&1\end{pmatrix}\begin{pmatrix}x_{12}\\x_{22}\\x_{32}\end{pmatrix}=\begin{pmatrix}0\\1\\0\end{pmatrix},$$

$$\begin{pmatrix}1&1&2\\-2&-1&-1\\1&1&1\end{pmatrix}\begin{pmatrix}x_{13}\\x_{23}\\x_{33}\end{pmatrix}=\begin{pmatrix}0\\0\\1\end{pmatrix},$$

即

$$\begin{cases}x_{11}+x_{21}+2x_{31}=1,\\-2x_{11}-x_{21}-x_{31}=0,\\x_{11}+x_{21}+x_{31}=0.\end{cases}\tag{3-9}$$

$$\begin{cases}x_{12}+x_{22}+2x_{32}=0,\\-2x_{12}-x_{22}-x_{32}=1,\\x_{12}+x_{22}+x_{32}=0.\end{cases}\tag{3-10}$$

$$\begin{cases}x_{13}+x_{23}+2x_{33}=0,\\-2x_{13}-x_{23}-x_{33}=0,\\x_{13}+x_{23}+x_{33}=1.\end{cases}\tag{3-11}$$

利用高斯消元法对方程组(3-9)从上往下消元依次为

$$\begin{cases} x_{11}+x_{21}+2x_{31}=1, & ① \\ -2x_{11}-x_{21}-x_{31}=0, & ② \\ x_{11}+x_{21}+x_{31}=0, & ③ \end{cases} \xleftrightarrow[③-①]{②+2\times①} \begin{cases} x_{11}+x_{21}+2x_{31}=1, & ① \\ x_{21}+3x_{31}=2, & ② \\ -x_{31}=-1. & ③ \end{cases}$$

方程组(3-9)的解为

$$\begin{cases} x_{11}=0, \\ x_{21}=-1, \\ x_{31}=1. \end{cases}$$

利用高斯消元法对方程组(3-10)从上往下消元依次为

$$\begin{cases} x_{12}+x_{22}+2x_{32}=0, & ① \\ -2x_{12}-x_{22}-x_{32}=1, & ② \\ x_{12}+x_{22}+x_{32}=0, & ③ \end{cases} \xleftrightarrow[③-①]{②+2\times①} \begin{cases} x_{12}+x_{22}+2x_{32}=0, & ① \\ x_{22}+3x_{32}=1, & ② \\ -x_{32}=0. & ③ \end{cases}$$

方程组(3-10)的解为

$$\begin{cases} x_{12}=-1, \\ x_{22}=1, \\ x_{32}=0. \end{cases}$$

利用高斯消元法对方程组(3-11)从上往下消元依次为

$$\begin{cases} x_{13}+x_{23}+2x_{33}=0, & ① \\ -2x_{13}-x_{23}-x_{33}=0, & ② \\ x_{13}+x_{23}+x_{33}=1, & ③ \end{cases} \xleftrightarrow[③-①]{②+2\times①} \begin{cases} x_{13}+x_{23}+2x_{33}=0, & ① \\ x_{23}+3x_{33}=0, & ② \\ -x_{33}=1. & ③ \end{cases}$$

方程组(3-11)的解为

$$\begin{cases} x_{13}=-1, \\ x_{23}=3, \\ x_{33}=-1. \end{cases}$$

由此，矩阵 $\boldsymbol{B}$ 的逆矩阵为

$$\boldsymbol{B}^{-1}=\boldsymbol{X}=(\boldsymbol{X}_1,\boldsymbol{X}_2,\boldsymbol{X}_3)=\begin{pmatrix} 0 & -1 & -1 \\ -1 & 1 & 3 \\ 1 & 0 & -1 \end{pmatrix}.$$

思考：可逆矩阵的乘积矩阵是否可逆?

答：若 $\boldsymbol{A}$、$\boldsymbol{B}$ 是同阶可逆矩阵，则乘积矩阵 $\boldsymbol{AB}$ 也可逆且 $(\boldsymbol{AB})^{-1}=\boldsymbol{B}^{-1}\boldsymbol{A}^{-1}$.

证明：$(\boldsymbol{AB})(\boldsymbol{B}^{-1}\boldsymbol{A}^{-1})=\boldsymbol{A}(\boldsymbol{BB}^{-1})\boldsymbol{A}^{-1}=\boldsymbol{AEA}^{-1}=\boldsymbol{AA}^{-1}=\boldsymbol{E}$,

$(\boldsymbol{B}^{-1}\boldsymbol{A}^{-1})(\boldsymbol{AB})=\boldsymbol{B}^{-1}(\boldsymbol{AA}^{-1})\boldsymbol{B}=\boldsymbol{B}^{-1}\boldsymbol{EB}=\boldsymbol{B}^{-1}\boldsymbol{B}=\boldsymbol{E}$.

也就是说，已知矩阵 $\boldsymbol{A}$、$\boldsymbol{B}$ 均可逆，又 $\boldsymbol{C}=\boldsymbol{AB}$，则矩阵 $\boldsymbol{C}$ 一定可逆，并且其逆矩阵 $\boldsymbol{C}^{-1}=\boldsymbol{B}^{-1}\boldsymbol{A}^{-1}$.

例 3.3.4 已知可逆矩阵 $\boldsymbol{A}=\begin{pmatrix}-1&1\\-2&3\end{pmatrix}$，$\boldsymbol{B}=\begin{pmatrix}3&2\\-7&-5\end{pmatrix}$，$\boldsymbol{C}=\boldsymbol{AB}$，验证 $\boldsymbol{C}^{-1}=\boldsymbol{B}^{-1}\boldsymbol{A}^{-1}$.

解：由题意

$$\boldsymbol{C}=\boldsymbol{AB}=\begin{pmatrix}-1&1\\-2&3\end{pmatrix}\begin{pmatrix}3&2\\-7&-5\end{pmatrix}=\begin{pmatrix}-10&-7\\-27&-19\end{pmatrix}.$$

根据例 3.3.2 的结果知

$$\boldsymbol{A}^{-1}=\frac{1}{-3+2}\begin{pmatrix}3&-1\\2&-1\end{pmatrix}=\begin{pmatrix}-3&1\\-2&1\end{pmatrix},$$

$$\boldsymbol{B}^{-1}=\frac{1}{-15+14}\begin{pmatrix}-5&-2\\7&3\end{pmatrix}=\begin{pmatrix}5&2\\-7&-3\end{pmatrix},$$

$$\boldsymbol{C}^{-1}=\frac{1}{190-189}\begin{pmatrix}-19&7\\27&-10\end{pmatrix}=\begin{pmatrix}-19&7\\27&-10\end{pmatrix}.$$

则

$$\boldsymbol{B}^{-1}\boldsymbol{A}^{-1}=\begin{pmatrix}5&2\\-7&-3\end{pmatrix}\begin{pmatrix}-3&1\\-2&1\end{pmatrix}=\begin{pmatrix}-19&7\\27&-10\end{pmatrix}.$$

由此知 $\boldsymbol{C}^{-1}=\boldsymbol{B}^{-1}\boldsymbol{A}^{-1}$，该结论可推广至多个可逆矩阵相乘.

定理 3.3 若干个 n 阶可逆矩阵的乘积矩阵可逆，其逆等于这些矩阵的逆按相反顺序的乘积，即 $(\boldsymbol{A}_1\boldsymbol{A}_2\cdots\boldsymbol{A}_n)^{-1}=\boldsymbol{A}_n^{-1}\boldsymbol{A}_{n-1}^{-1}\cdots\boldsymbol{A}_2^{-1}\boldsymbol{A}_1^{-1}$.

例 3.3.5 设 n 阶方阵 $\boldsymbol{A}$ 满足 $\boldsymbol{A}^2+\boldsymbol{A}-4\boldsymbol{E}=\boldsymbol{O}$，证明 $\boldsymbol{A}-\boldsymbol{E}$，$\boldsymbol{A}+3\boldsymbol{E}$ 可逆，并求 $(\boldsymbol{A}-\boldsymbol{E})^{-1}$，$(\boldsymbol{A}+3\boldsymbol{E})^{-1}$.

证明：

1）要证 $\boldsymbol{A}-\boldsymbol{E}$ 可逆，就要找到矩阵 $\boldsymbol{B}$，使得 $(\boldsymbol{A}-\boldsymbol{E})\boldsymbol{B}=\boldsymbol{E}$ 或者 $\boldsymbol{B}(\boldsymbol{A}-\boldsymbol{E})=\boldsymbol{E}$. 由题意 $\boldsymbol{A}^2+\boldsymbol{A}-4\boldsymbol{E}=\boldsymbol{O}$，根据这个等式构造 $(\boldsymbol{A}-\boldsymbol{E})\boldsymbol{B}=\boldsymbol{E}$ 或 $\boldsymbol{B}(\boldsymbol{A}-\boldsymbol{E})=\boldsymbol{E}$，即

$$\boldsymbol{A}^2+\boldsymbol{A}=4\boldsymbol{E}.$$

为了让等式左边出现 $(\boldsymbol{A}-\boldsymbol{E})\boldsymbol{B}$ 或 $\boldsymbol{B}(\boldsymbol{A}-\boldsymbol{E})$ 的形式，将其变形为

$$\boldsymbol{A}^2-\boldsymbol{A}+2\boldsymbol{A}=4\boldsymbol{E}\longrightarrow\boldsymbol{A}^2-\boldsymbol{A}+2\boldsymbol{A}-2\boldsymbol{E}=4\boldsymbol{E}-2\boldsymbol{E}$$
$$\longrightarrow\boldsymbol{A}(\boldsymbol{A}-\boldsymbol{E})+2(\boldsymbol{A}-\boldsymbol{E})=2\boldsymbol{E}\longrightarrow(\boldsymbol{A}+2\boldsymbol{E})(\boldsymbol{A}-\boldsymbol{E})=2\boldsymbol{E}$$
$$\longrightarrow\frac{1}{2}(\boldsymbol{A}+2\boldsymbol{E})(\boldsymbol{A}-\boldsymbol{E})=\boldsymbol{E},$$

此为 $\boldsymbol{B}(\boldsymbol{A}-\boldsymbol{E})=\boldsymbol{E}$ 的形式，由此可知，$\boldsymbol{A}-\boldsymbol{E}$ 可逆且 $(\boldsymbol{A}-$

$E)^{-1}=\frac{1}{2}(A+2E)$.

2）要证明 $A+3E$ 可逆，就要找到矩阵 B，使得 $(A+3E)B=E$ 或者 $B(A+3E)=E$. 由题意 $A^2+A-4E=O$，根据这个等式构造 $(A+3E)B=E$ 或者 $B(A+3E)=E$，即

$$A^2+A=4E.$$

为了让等式左边出现 $(A+3E)B$ 或 $B(A+3E)$ 的形式，将其变形为

$$\begin{aligned}&A^2+3A-2A=4E\\ \longrightarrow\ &A^2+3A-2A-6E=4E-6E\\ \longrightarrow\ &A(A+3E)-2(A+3E)=-2E\\ \longrightarrow\ &(A-2E)(A+3E)=-2E\\ \longrightarrow\ &-\frac{1}{2}(A-2E)(A+3E)=E,\end{aligned}$$

此为 $B(A+3E)=E$ 的形式，由此可知，$A+3E$ 可逆且 $(A+3E)^{-1}=-\frac{1}{2}(A-2E)$.

习题 A

1. 已知矩阵 $A=\begin{pmatrix}2&0\\0&2\end{pmatrix}$，则 $(A-E)^{-1}=$ ______________.

2. 设 A 为三阶矩阵，满足 $A^2+A=E$，则 $A^{-1}=$ ______________.

3. 用高斯消元法求解线性方程组.

（1）$\begin{cases}x+2y+3z=-1,\\2x+3y+4z=2,\\3x+4y+6z=3;\end{cases}$

（2）$\begin{cases}x_1+x_2+x_3=0,\\2x_1+2x_2+x_3=2,\\x_1+x_2+3x_3=-4;\end{cases}$

（3）$\begin{cases}-x_1-2x_2+3x_3=1,\\7x_2-7x_3=7,\\2x_1-3x_2+x_3=5.\end{cases}$

4. 求下列矩阵的秩.

（1）$A=\begin{pmatrix}1&1&2&-2\\0&1&1&-1\\1&1&3&-1\end{pmatrix}$;

（2）$B=\begin{pmatrix}1&2&3&4\\1&-2&4&5\\1&10&1&2\end{pmatrix}$.

5. 求下列可逆矩阵的逆矩阵.

（1）$A=\begin{pmatrix}2&1\\6&4\end{pmatrix}$;　（2）$B=\begin{pmatrix}2&0\\0&5\end{pmatrix}$;

（3）$C=\begin{pmatrix}2&0&0\\0&4&0\\0&0&6\end{pmatrix}$;（4）$D=\begin{pmatrix}1&0&3\\0&-1&2\\-1&1&-4\end{pmatrix}$.

习题 B

1. 设 n 阶方阵 A 满足 $A^2-2A-3E=O$，证明 A，$A-2E$，$A+2E$ 可逆，并求 A^{-1}，$(A-2E)^{-1}$，$(A+2E)^{-1}$.

2. 设 A 为三阶矩阵，满足 $A^2=A$，求证 $(A+3E)$ 可逆，并求 $(A+3E)^{-1}$.

第 4 章 初等变换法

矩阵的初等变换与线性方程组的求解密不可分，初等变换不仅给解线性方程组带来了极大方便，同时也发展和完善了矩阵理论本身，极大地丰富了矩阵理论的应用领域. 初等变换法是一种求解线性方程组的方法，它通过对线性方程组进行行变换，将其对应矩阵转化为上三角形矩阵，然后再通过回代法求解出未知数的值. 实际上，初等变换法就是高斯消元法的总结和推广.

本章主要介绍矩阵的初等变换，三种特殊形式的矩阵，矩阵等价，初等矩阵，初等矩阵与初等变换的关系，初等变换法求解线性方程组、求解矩阵的秩、求解矩阵的逆，齐次线性方程组、非齐次线性方程组解的判定定理，齐次线性方程组、非齐次线性方程组的解的性质.

4.1 矩阵的初等变换

微课：初等变换法

矩阵的初等变换是指对矩阵进行行或列变换，其目的是将矩阵转化为更简单的形式，以便于计算或分析.

4.1.1 初等变换与标准形

下面通过一个例题简要说明矩阵的初等变换，以及说明初等变换法就是高斯消元法的总结和推广.

例 4.1.1

求解线性方程组 $\begin{cases} 3x_1+x_2-x_3=13, \\ x_1-x_2+x_3=3, \\ 2x_1+x_2-x_3=9, \\ x_1+3x_2-3x_3=7. \end{cases}$

解：由于线性方程组与它的增广矩阵有着对应关系，为了解在求解线性方程组过程中增广矩阵的变化，把消元过程中出现的线性方程组的增广矩阵写在该方程组的右边.

利用高斯消元法从上至下消元依次为：| 对应的增广矩阵进行的变化为：

$$\begin{cases} 3x_1+x_2-x_3=13, & ① \\ x_1-x_2+x_3=3, & ② \\ 2x_1+x_2-x_3=9, & ③ \\ x_1+3x_2-3x_3=7 & ④ \end{cases}$$

$$\begin{pmatrix} 3 & 1 & -1 & 13 \\ 1 & -1 & 1 & 3 \\ 2 & 1 & -1 & 9 \\ 1 & 3 & -3 & 7 \end{pmatrix}=\boldsymbol{A}_1$$

$$\xrightarrow{①\leftrightarrow②}\begin{cases} x_1-x_2+x_3=3, & ① \\ 3x_1+x_2-x_3=13, & ② \\ 2x_1+x_2-x_3=9, & ③ \\ x_1+3x_2-3x_3=7 & ④ \end{cases}$$

$$\xrightarrow{\text{第 1 行与第 2 行交换}}\begin{pmatrix} 1 & -1 & 1 & 3 \\ 3 & 1 & -1 & 13 \\ 2 & 1 & -1 & 9 \\ 1 & 3 & -3 & 7 \end{pmatrix}=\boldsymbol{A}_2$$

$$\xrightarrow[④-①]{②-3\times①\\③-2\times①}\begin{cases} x_1-x_2+x_3=3, & ① \\ 4x_2-4x_3=4, & ② \\ 3x_2-3x_3=3, & ③ \\ 4x_2-4x_3=4 & ④ \end{cases}$$

$$\xrightarrow{\substack{\text{第 1 行的}(-3)\text{倍加到第 2 行}\\ \text{第 1 行的}(-2)\text{倍加到第 3 行}\\ \text{第 1 行的}(-1)\text{倍加到第 4 行}}}\begin{pmatrix} 1 & -1 & 1 & 3 \\ 0 & 4 & -4 & 4 \\ 0 & 3 & -3 & 3 \\ 0 & 4 & -4 & 4 \end{pmatrix}=\boldsymbol{A}_3$$

$$\xrightarrow{\substack{\frac{1}{4}\times②\\ \frac{1}{3}\times③\\ \frac{1}{4}\times④}}\begin{cases} x_1-x_2+x_3=3, & ① \\ x_2-x_3=1, & ② \\ x_2-x_3=1, & ③ \\ x_2-x_3=1, & ④ \end{cases}$$

$$\xrightarrow{\substack{\text{第 2 行乘}\left(\frac{1}{4}\right)\\ \text{第 3 行乘}\left(\frac{1}{3}\right)\\ \text{第 4 行乘}\left(\frac{1}{4}\right)}}\begin{pmatrix} 1 & -1 & 1 & 3 \\ 0 & 1 & -1 & 1 \\ 0 & 1 & -1 & 1 \\ 0 & 1 & -1 & 1 \end{pmatrix}=\boldsymbol{A}_4$$

$$\xrightarrow{\substack{③-②\\ ④-②}}\begin{cases} x_1-x_2+x_3=3, & ① \\ x_2-x_3=1, & ② \\ 0=0, & ③ \\ 0=0, & ④ \end{cases}$$

$$\xrightarrow{\substack{\text{第 2 行的}(-1)\text{倍加到第 3 行}\\ \text{第 2 行的}(-1)\text{倍加到第 4 行}}}\begin{pmatrix} 1 & -1 & 1 & 3 \\ 0 & 1 & -1 & 1 \\ 0 & 0 & 0 & 0 \\ 0 & 0 & 0 & 0 \end{pmatrix}=\boldsymbol{A}_5.$$

这个例子说明，增广矩阵的初等行变换能实现“高斯消元法”解线性方程组的过程.

1）交换增广矩阵的两行，就相当于交换方程组中相应的两个方程的位置.

2）增广矩阵的某一行的倍数加到另一行，就相当于把方程组中相应的某一个方程的倍数加到另一个方程.

3）增广矩阵的某一行乘非零常数 c，就相当于把方程组中相应的某一个方程乘非零常数 c.

所以，方程组的增广矩阵 $\boldsymbol{A}_1$ 经初等行变换化为矩阵 $\boldsymbol{A}_5$，则以 $\boldsymbol{A}_5$ 为增广矩阵的方程组与原方程组有相同的解.

为后续介绍初等变换法求解线性方程组的步骤，先介绍初等变换、三种特殊形式的矩阵等概念.

1. 初等变换

矩阵有三种初等行变换，简称行变换.

1）交换变换：交换矩阵的两行(比如，交换第1行与第2行，记作 $r_1 \leftrightarrow r_2$).

2）倍乘变换：以一个非零的常数 k 乘矩阵的某一行(比如，第2行乘数3，记作 $3r_2$).

3）倍加变换：把矩阵的某一行的 k 倍加到另一行(比如，第2行乘3加到第1行，记作 r_1+3r_2).

把上述中“行”变为“列”即得矩阵的三种初等列变换，简称列变换，用 c 代表列.

矩阵的初等变换改变了原来的矩阵，所得的新矩阵与原矩阵一般不相等，不能用等号“ = ”连接，而使用箭线“→”或波浪线“ ~ ”连接，表明后一个矩阵是由前一个矩阵经过初等变换而得.

例如，

1）矩阵 $\boldsymbol{A}=\begin{pmatrix}2 & 0\\1 & 1\end{pmatrix}$的第1行与第2行交换：$\boldsymbol{A}=\begin{pmatrix}2 & 0\\1 & 1\end{pmatrix}\xrightarrow{r_1\leftrightarrow r_2}\begin{pmatrix}1 & 1\\2 & 0\end{pmatrix}=\boldsymbol{B}$.

2）矩阵 $\boldsymbol{A}=\begin{pmatrix}2 & 0\\1 & 1\end{pmatrix}$的第2行乘以3：$\boldsymbol{A}=\begin{pmatrix}2 & 0\\1 & 1\end{pmatrix}\xrightarrow{3r_2}\begin{pmatrix}2 & 0\\3 & 3\end{pmatrix}=\boldsymbol{B}$.

3）矩阵 $\boldsymbol{A}=\begin{pmatrix}2 & 0\\1 & 1\end{pmatrix}$的第2行乘3加到第1行：$\boldsymbol{A}=\begin{pmatrix}2 & 0\\1 & 1\end{pmatrix}\xrightarrow{r_1+3r_2}\begin{pmatrix}5 & 1\\1 & 1\end{pmatrix}=\boldsymbol{B}$.

4）矩阵 $\boldsymbol{A}=\begin{pmatrix}2 & 0\\1 & 1\end{pmatrix}$的第2列乘3加到第1列：$\boldsymbol{A}=\begin{pmatrix}2 & 0\\1 & 1\end{pmatrix}\xrightarrow{c_1+3c_2}\begin{pmatrix}2 & 0\\4 & 1\end{pmatrix}=\boldsymbol{B}$.

线性方程组与其增广矩阵是一一对应的，对线性方程组的增广矩阵做初等行变换所得矩阵所对应的方程组与原方程组同解. 也就是说初等行变换不改变线性方程组的解.

注意：行变换可施行于任何矩阵，不仅仅是对于线性方程组的增广矩阵.

接下来说明行变换是可逆的.

1）交换矩阵的两行得 $\boldsymbol{A}=\begin{pmatrix}2&0\\1&1\end{pmatrix}\xrightarrow{r_1\leftrightarrow r_2}\begin{pmatrix}1&1\\2&0\end{pmatrix}=\boldsymbol{B}$，其逆变换为 $\boldsymbol{B}=\begin{pmatrix}1&1\\2&0\end{pmatrix}\xrightarrow{r_1\leftrightarrow r_2}\begin{pmatrix}2&0\\1&1\end{pmatrix}=\boldsymbol{A}$.

2）以一个非零的数 k 乘矩阵的某一行得 $\boldsymbol{A}=\begin{pmatrix}2&0\\1&1\end{pmatrix}\xrightarrow{3r_2}\begin{pmatrix}2&0\\3&3\end{pmatrix}=\boldsymbol{B}$，其逆变换为 $\boldsymbol{B}=\begin{pmatrix}2&0\\3&3\end{pmatrix}\xrightarrow{\frac{1}{3}r_2}\begin{pmatrix}2&0\\1&1\end{pmatrix}=\boldsymbol{A}$.

3）把矩阵某一行的 k 倍加到另一行得 $\boldsymbol{A}=\begin{pmatrix}2&0\\1&1\end{pmatrix}\xrightarrow{r_2+3r_1}\begin{pmatrix}2&0\\7&1\end{pmatrix}=\boldsymbol{B}$，其逆变换为 $\boldsymbol{B}=\begin{pmatrix}2&0\\7&1\end{pmatrix}\xrightarrow{r_2-3r_1}\begin{pmatrix}2&0\\1&1\end{pmatrix}=\boldsymbol{A}$.

同理，列变换也可逆. 综上，矩阵的变换都可逆，其逆变换为同类型的变换.

2. 行阶梯形矩阵

微课：行阶梯形矩阵

为了得到行阶梯形矩阵的一般形式，由例 4.1.1 可知，由 $\boldsymbol{A}_1$ 至 $\boldsymbol{A}_5$ 的过程，对应方程组消元完毕，得到的方程组含三个未知数，两个有效方程. 一旦 x_2、x_3 中任一未知数取值确定，则其余未知数取值都能确定.

设 $x_3=c$（c 为任意实数），利用回代法便能求出解：由②得 $x_2=1+x_3=1+c$，代入①得 $x_1=3-x_3+x_2=4$.

于是，方程组的解为

$$\begin{cases}x_1=4,\\x_2=1+c,\quad c\text{ 为任意实数}.\\x_3=c.\end{cases}$$

实际上，"回代"就是对方程组进行向上消元，即对矩阵进行行变换的过程. 对例 4.1.1 中矩阵 $\boldsymbol{A}_5$ 进行如下行变换：

$$\begin{cases}x_1-x_2+x_3=3, & ①\\ \qquad x_2-x_3=1, & ②\\ \qquad\qquad 0=0, & ③\\ \qquad\qquad 0=0. & ④\end{cases}\qquad\begin{pmatrix}1&-1&1&3\\0&1&-1&1\\0&0&0&0\\0&0&0&0\end{pmatrix}=\boldsymbol{A}_5$$

$$\xrightarrow{①+②}\begin{cases} x_1 \qquad\qquad = 4, & ① \\ \quad x_2 - x_3 = 1, & ② \\ \qquad\quad 0 = 0, & ③ \\ \qquad\quad 0 = 0. & ④ \end{cases} \qquad \xrightarrow{r_1 + r_2}\begin{pmatrix} 1 & 0 & 0 & 4 \\ 0 & 1 & -1 & 1 \\ 0 & 0 & 0 & 0 \\ 0 & 0 & 0 & 0 \end{pmatrix} = \boldsymbol{A}_6.$$

矩阵 $\boldsymbol{A}_5$、$\boldsymbol{A}_6$ 有一个共同特点：可画一条阶梯线，线的下方全为零；每个台阶只有一行，台阶数就是非零行的行数；每一非零行的第一个非零元位于上一行第一个非零元的右侧，比如

$$\begin{pmatrix} 1 & -1 & 1 & 3 \\ 0 & 1 & -1 & 1 \\ 0 & 0 & 0 & 0 \\ 0 & 0 & 0 & 0 \end{pmatrix} = \boldsymbol{A}_5, \quad \begin{pmatrix} 1 & 0 & 0 & 4 \\ 0 & 1 & -1 & 1 \\ 0 & 0 & 0 & 0 \\ 0 & 0 & 0 & 0 \end{pmatrix} = \boldsymbol{A}_6,$$

这样的矩阵，称为行阶梯形矩阵. 习惯将非零行的第一个非零元简称为首非零元. 行阶梯形矩阵需要具备两个特点：

1）画一条阶梯线，线下全为 0. 或者，下一行的首非零元在上一行首非零元右侧；

2）每个台阶只能跨 1 行. 或者零行在最下方.

任何矩阵都可以通过初等行变换，将其转化为行阶梯形矩阵. 行阶梯形矩阵在许多领域都有应用，如求解线性方程组、矩阵求逆、矩阵相似性等.

思考：

$$\boldsymbol{A} = \begin{pmatrix} 1 & 0 & -1 \\ 0 & 0 & 0 \\ 0 & 1 & -1 \end{pmatrix}, \boldsymbol{B} = \begin{pmatrix} 1 & 0 & 0 & 0 \\ 0 & 1 & 1 & 0 \\ 0 & 1 & 0 & 0 \\ 0 & 0 & 0 & 1 \end{pmatrix},$$

$$\boldsymbol{C} = \begin{pmatrix} 1 & 2 & -3 & 0 \\ 0 & 1 & 2 & -3 \\ 0 & 0 & 1 & -1 \\ 0 & 0 & 0 & 0 \end{pmatrix}, \boldsymbol{D} = \begin{pmatrix} 1 & 0 & -1 & 0 & 4 \\ 0 & 1 & -1 & 0 & 3 \\ 0 & 0 & 0 & 1 & -3 \\ 0 & 0 & 2 & 0 & 0 \end{pmatrix},$$

这些矩阵是否为行阶梯形矩阵？

答：

1）$\boldsymbol{A}$ 不是行阶梯形矩阵，因为零行不在最下方.

2）$\boldsymbol{B}$ 也不是行阶梯形矩阵，因为有一个台阶跨了两行.

3）$\boldsymbol{C}$ 是阶梯形矩阵，因为阶梯线下全为 0 且每个台阶只跨了一行；或者理解为零行在最下方且下一行的首非零元总在上一行首非零元右侧.

4）$\boldsymbol{D}$ 不是行阶梯形矩阵，第 4 行的首非零元不在第 3 行首非零元的右侧.

3. 行最简形矩阵

对于矩阵

$$A_6=\begin{pmatrix}1&0&0&4\\0&1&-1&1\\0&0&0&0\\0&0&0&0\end{pmatrix},$$

它的非零行的第一个非零元全为 1，并且这些“1”所在的列除它本身其余元素全为 0，这样的行阶梯形矩阵称为行最简形矩阵.

于是行最简形矩阵需要具备三个特点：

1）行阶梯形矩阵.

2）首非零元全为 1.

3）首非零元所在列除它本身其余全为 0.

思考：

$$A=\begin{pmatrix}1&0&0&0\\0&1&1&0\\0&1&0&0\\0&0&0&1\end{pmatrix},\quad B=\begin{pmatrix}1&0&-1&0&4\\0&1&-1&0&3\\0&0&0&2&-3\\0&0&0&0&0\end{pmatrix},$$

$$C=\begin{pmatrix}1&0&-1&0&4\\0&1&-1&0&3\\0&0&0&1&-3\\0&0&0&0&0\end{pmatrix},$$

这些矩阵是否为行最简形矩阵?

答：

1）A 不是行最简形矩阵，首先它就不是行阶梯形矩阵.

2）B 也不是行最简形矩阵，它是行阶梯形矩阵，首非零元所在列除它本身其余全为 0，但并非全部首非零元都为 1.

3）C 是行最简形矩阵，首先它是行阶梯形矩阵，全部首非零元都为 1 且首非零元所在列除它本身其余全为 0.

4. 标准形

对行最简形矩阵再实施初等列变换，可变成一种形状更简单的矩阵. 如对行最简形矩阵 A_6 再实施初等列变换，得

$$A_6=\begin{pmatrix}1&0&0&4\\0&1&-1&1\\0&0&0&0\\0&0&0&0\end{pmatrix}\xrightarrow[c_4-c_2]{c_4-4c_1}\begin{pmatrix}1&0&0&0\\0&1&-1&0\\0&0&0&0\\0&0&0&0\end{pmatrix}\xrightarrow{c_3+c_1}$$

$$\begin{pmatrix} 1 & 0 & 0 & 0 \\ 0 & 1 & 0 & 0 \\ 0 & 0 & 0 & 0 \\ 0 & 0 & 0 & 0 \end{pmatrix} = \boldsymbol{F}.$$

矩阵 $\boldsymbol{F}$ 称为矩阵 $\boldsymbol{A}_1$ 的标准形，写成分块矩阵的形式，则有

$$\boldsymbol{F} = \begin{pmatrix} \boldsymbol{E}_2 & \boldsymbol{O} \\ \boldsymbol{O} & \boldsymbol{O} \end{pmatrix}.$$

定理 4.1

对于一般的矩阵，有如下结论：

1）任意一个矩阵总可以经过若干次初等行变换化为阶梯形矩阵，其阶梯形矩阵不唯一.

2）任意一个矩阵总可以经过若干次初等行变换化为行最简形矩阵，其行最简形矩阵唯一.

3）任意一个矩阵总可以经过若干次初等变换（行变换和列变换）化为它的标准形 $\boldsymbol{F} = \begin{pmatrix} \boldsymbol{E}_n & \boldsymbol{O} \\ \boldsymbol{O} & \boldsymbol{O} \end{pmatrix}$，其中 n 为行阶梯形矩阵中非零行的行数，其标准形唯一.

在此仅证明 1）.

证明：对于 1×1 矩阵，其本身就是行阶梯形矩阵.

假设对于 $n-1$ 阶矩阵，任意矩阵都可以经过若干次初等行变换化为行阶梯形矩阵. 考虑 n 阶矩阵 $\boldsymbol{A}$：若 $\boldsymbol{A}$ 的首行全为 0，则将 $\boldsymbol{A}$ 的第一行与第二行交换，得到新的矩阵 $\boldsymbol{B}$，$\boldsymbol{B}$ 的首行非零且阶数为 $n-1$；若 $\boldsymbol{A}$ 的首行不全为 0，则可以对 $\boldsymbol{A}$ 进行初等行变换，使得首元为 1 且首元所在的列其他元素都为 0.

将 $\boldsymbol{A}$ 的后 $n-1$ 行分别减去首行的首元倍数，使得 $\boldsymbol{A}$ 的后 $n-1$ 行的首元素都为 0. 此时，$\boldsymbol{A}$ 的前两行构成了一个 2×2 矩阵且满足行阶梯形矩阵的条件. 根据归纳假设，$\boldsymbol{A}$ 的后 $n-1$ 阶子矩阵可以经过若干次初等行变换化为行阶梯形矩阵. 因此，$\boldsymbol{A}$ 可以经过若干次初等行变换化为行阶梯形矩阵.

接下来，通过例题可熟悉并掌握化矩阵为行阶梯形、行最简形和标准形矩阵的一般方法.

例 4.1.2　将矩阵

$$
\boldsymbol{A}=\begin{pmatrix}1 & 1 & -2 & 5\\ 0 & 1 & -4 & 4\\ 1 & 0 & 0 & 3\\ 2 & 1 & 0 & 6\end{pmatrix}
$$

依次化简为行阶梯形、行最简形、标准形矩阵.

解：

$$
\boldsymbol{A}=\begin{pmatrix}1 & 1 & -2 & 5\\ 0 & 1 & -4 & 4\\ 1 & 0 & 0 & 3\\ 2 & 1 & 0 & 6\end{pmatrix}\xrightarrow[r_4-2r_1]{r_3-r_1}\begin{pmatrix}1 & 1 & -2 & 5\\ 0 & 1 & -4 & 4\\ 0 & -1 & 2 & -2\\ 0 & -1 & 4 & -4\end{pmatrix}\xrightarrow[r_4+r_2]{r_3+r_2}
$$

$$
\begin{pmatrix}1 & 1 & -2 & 5\\ 0 & 1 & -4 & 4\\ 0 & 0 & -2 & 2\\ 0 & 0 & 0 & 0\end{pmatrix}\xrightarrow{r_2-2r_3}\begin{pmatrix}1 & 1 & -2 & 5\\ 0 & 1 & 0 & 0\\ 0 & 0 & -2 & 2\\ 0 & 0 & 0 & 0\end{pmatrix}\xrightarrow{-\frac{1}{2}r_3}
$$

$$
\begin{pmatrix}1 & 0 & 0 & 3\\ 0 & 1 & 0 & 0\\ 0 & 0 & 1 & -1\\ 0 & 0 & 0 & 0\end{pmatrix}\xrightarrow[c_4+c_3]{c_4-3c_1}\begin{pmatrix}1 & 0 & 0 & 0\\ 0 & 1 & 0 & 0\\ 0 & 0 & 1 & 0\\ 0 & 0 & 0 & 0\end{pmatrix}.
$$

例 4.1.3　将矩阵

$$
\boldsymbol{A}=\begin{pmatrix}1 & -2 & -1 & 3\\ 2 & -2 & 1 & 4\\ -1 & 1 & 2 & -2\\ 3 & -6 & -2 & 9\end{pmatrix}
$$

依次化简为行阶梯形、行最简形.

例题：例 4.1.3

解：

$$
\boldsymbol{A}=\begin{pmatrix}1 & -2 & -1 & 3\\ 2 & -2 & 1 & 4\\ -1 & 1 & 2 & -2\\ 3 & -6 & -2 & 9\end{pmatrix}\xrightarrow[r_4-3r_1]{\substack{r_2-2r_1\\ r_3+r_1}}\begin{pmatrix}1 & -2 & -1 & 3\\ 0 & 2 & 3 & -2\\ 0 & -1 & 1 & 1\\ 0 & 0 & 1 & 0\end{pmatrix}\xrightarrow{r_2\leftrightarrow r_3}
$$

$$
\begin{pmatrix}1 & -2 & -1 & 3\\ 0 & -1 & 1 & 1\\ 0 & 2 & 3 & -2\\ 0 & 0 & 1 & 0\end{pmatrix}\xrightarrow{r_3+2r_2}\begin{pmatrix}1 & -2 & -1 & 3\\ 0 & -1 & 1 & 1\\ 0 & 0 & 1 & 0\\ 0 & 0 & 1 & 0\end{pmatrix}\xrightarrow{r_4-r_3}
$$

$$
\begin{pmatrix}1 & -2 & -1 & 3\\ 0 & 1 & -1 & -1\\ 0 & 0 & 1 & 0\\ 0 & 0 & 0 & 0\end{pmatrix}\xrightarrow[r_1+r_3]{r_2+r_3}\begin{pmatrix}1 & -2 & 0 & 3\\ 0 & 1 & 0 & -1\\ 0 & 0 & 1 & 0\\ 0 & 0 & 0 & 0\end{pmatrix}
$$

$$\xrightarrow{r_1+2r_2}\begin{pmatrix}1&0&0&1\\0&1&0&-1\\0&0&1&0\\0&0&0&0\end{pmatrix}.$$

MATLAB 实现代码：

```
>> A=[1 -2 -1 3;2 -2 1 4;-1 1 2 -2;3 -6 -2 9]   %输入矩阵
>> A(2,:)=A(2,:)-2*A(1,:)                        %把第一个方程的(-2)倍、1、
                                                  (-3)倍分别加到第二、三个
                                                  方程上，观察A的变化
>> A(3,:)=A(3,:)+A(1,:)
>> A(4,:)=A(4,:)-3*A(1,:)
>> A([2 3],:)=A([3 2],:)                         %互换第二行和第三行
>> A(3,:)=A(3,:)+2*A(2,:)                        %把第二个方程的(-2)倍加到
                                                  第三个方程上，观察A的
                                                  变化
>> A(4,:)=A(4,:)-0.2*A(3,:)                      %把第三方程的(-1/5)倍加到
                                                  第四个方程上，观察A的
                                                  变化
>> rref(A)                                        %直接计算标准形的命令
```

接着，给出有效方法，变换矩阵为行阶梯形直到行最简形矩阵. 认真掌握这一方法将使你获益匪浅. 用一个实例来说明.

例 4.1.4 将矩阵 $\boldsymbol{A}$ 依次化简为行阶梯形、行最简形.

$$\boldsymbol{A}=\begin{pmatrix}-3&9&9&-5&-21\\2&-2&-2&11&33\\3&-3&-3&16&48\\1&-2&-2&3&10\end{pmatrix}.$$

解：

1）第一步，**从左往右**，关注第一个非零列，使得首非零元在该列顶端，通过交换或者倍加变换，使得顶端的首非零元为该列下方元素的约数，即

$$\boldsymbol{A}\xrightarrow{r_1\leftrightarrow r_4}\begin{pmatrix}1&-2&-2&3&10\\2&-2&-2&11&33\\3&-3&-3&16&48\\-3&9&9&-5&-21\end{pmatrix}=\boldsymbol{B}.$$

2）第二步，**从上往下**，用倍加变换将第一个非零列首非零元下方的元素变成0，即

$$\boldsymbol{B}\xrightarrow[r_4+3r_1]{\substack{r_2-2r_1\\ r_3-3r_1}}\begin{pmatrix}1 & -2 & -2 & 3 & 10\\ 0 & 2 & 2 & 5 & 13\\ 0 & 3 & 3 & 7 & 18\\ 0 & 3 & 3 & 4 & 9\end{pmatrix}=\boldsymbol{C}.$$

3）第三步，**从左往右**，关注第二个非零列，使得首非零元在第一个非零列首非零元的右下方；通过交换或者倍加变换，从上往下，使得第二个非零列的首非零元为该列下方元素的约数，用倍加行变换将首非零元下方的元素变成0，即

$$\boldsymbol{C}\xrightarrow{r_3-r_2}\begin{pmatrix}1 & -2 & -2 & 3 & 10\\ 0 & 2 & 2 & 5 & 13\\ 0 & 1 & 1 & 2 & 5\\ 0 & 3 & 3 & 4 & 9\end{pmatrix}$$

$$\xrightarrow{r_3\leftrightarrow r_2}\begin{pmatrix}1 & -2 & -2 & 3 & 10\\ 0 & 1 & 1 & 2 & 5\\ 0 & 2 & 2 & 5 & 13\\ 0 & 3 & 3 & 4 & 9\end{pmatrix}$$

$$\xrightarrow[r_4-3r_2]{r_3-2r_2}\begin{pmatrix}1 & -2 & -2 & 3 & 10\\ 0 & 1 & 1 & 2 & 5\\ 0 & 0 & 0 & 1 & 3\\ 0 & 0 & 0 & -2 & -6\end{pmatrix}=\boldsymbol{D}.$$

4）第四步，**从左往右**，关注第三个非零列，用上述的三个步骤直到没有非零行需要处理为止，即

$$\boldsymbol{D}\xrightarrow{r_4+2r_3}\begin{pmatrix}1 & -2 & -2 & 3 & 10\\ 0 & 1 & 1 & 2 & 5\\ 0 & 0 & 0 & 1 & 3\\ 0 & 0 & 0 & 0 & 0\end{pmatrix}=\boldsymbol{E}.$$

至此，得到行阶梯形矩阵.

5）第五步，**从上往下**，关注每一个非零行，通过倍加变换，将这些行的首非零元变为元素“1”.

6）第六步，**从左往右**，将上一步得到的元素“1”所在列的其余元素通过倍加变换变为0，即

$$E\xrightarrow[r_2-2r_3]{\substack{r_1+2r_2\\ r_1-7r_3}}\begin{pmatrix}1&0&0&0&1\\0&1&1&0&-1\\0&0&0&1&3\\0&0&0&0&0\end{pmatrix}.$$

可以简单记忆为：从左往右、从上往下，变换矩阵为行阶梯形；从上往下、从左往右，变换行阶梯形为行最简形矩阵.

4.1.2 初等变换求矩阵的秩

通过4.1.1节可以了解，利用高斯消元法求解线性方程组的过程就是将其对应的增广矩阵利用初等行变换化为行最简形，并且产生的所有矩阵对应的方程组都是等价方程组，拥有的有效方程个数不发生改变. 有效方程个数实质上就是行阶梯形矩阵或者行最简形矩阵的非零行的行数.

矩阵的秩指的是对应线性方程组中有效方程的个数. 于是，求解矩阵的秩就可以利用矩阵的初等变换将其化简为行阶梯形矩阵或行最简形矩阵，非零行的行数就是矩阵的秩. 显然，初等变换不改变矩阵的秩. 因此，求矩阵的秩只需要将矩阵化简为行阶梯形矩阵即可.

例 4.1.5 求矩阵 $\boldsymbol{A}$ 的秩，

$$\boldsymbol{A}=\begin{pmatrix}1&-2&-1&3\\2&-2&1&4\\-1&1&2&-2\\3&-6&-2&9\end{pmatrix}.$$

例题：例 4.1.5

解：

$$\boldsymbol{A}=\begin{pmatrix}1&-2&-1&3\\2&-2&1&4\\-1&1&2&-2\\3&-6&-2&9\end{pmatrix}\xrightarrow[r_4-3r_1]{\substack{r_2-2r_1\\ r_3+r_1}}\begin{pmatrix}1&-2&-1&3\\0&2&3&-2\\0&-1&1&1\\0&0&1&0\end{pmatrix}\xrightarrow[-r_2]{r_3\leftrightarrow r_2}$$

$$\begin{pmatrix}1&-2&-1&3\\0&1&-1&-1\\0&2&3&-2\\0&0&1&0\end{pmatrix}\xrightarrow{r_3-2r_2}\begin{pmatrix}1&-2&-1&3\\0&1&-1&-1\\0&0&5&0\\0&0&1&0\end{pmatrix}\xrightarrow[r_4-5r_3]{r_3\leftrightarrow r_4}$$

$$\begin{pmatrix}1 & -2 & -1 & 3\\0 & 1 & -1 & -1\\0 & 0 & 1 & 0\\0 & 0 & 0 & 0\end{pmatrix}.$$

由于行阶梯形矩阵中非零行数为 3，故 $R(\boldsymbol{A})=3$.

MATLAB 实现代码：

```
>> A=[1 -2 -1 3 ;2 -2 1 4; -1 1 2 -2;3 -6 -2 9]
                  %输入矩阵，可以像上例利用行变换化矩阵为阶梯形，但可以直接使用
                    MATLAB 中函数 rref 直接从最简形得到结论
>> rref(A)        %调用 rref 函数计算行最简形
```

例 4.1.6　对矩阵 $\boldsymbol{A}$，试确定 a，使得 $R(\boldsymbol{A})=2$，

$$\boldsymbol{A}=\begin{pmatrix}1 & 1 & -2 & 2\\-2 & 1 & 1 & -2\\1 & -2 & 1 & a\end{pmatrix}.$$

解：

$$\boldsymbol{A}=\begin{pmatrix}1 & 1 & -2 & 2\\-2 & 1 & 1 & -2\\1 & -2 & 1 & a\end{pmatrix}\xrightarrow[r_3-r_1]{r_2+2r_1}\begin{pmatrix}1 & 1 & -2 & 2\\0 & 3 & -3 & 2\\0 & -3 & 3 & a-2\end{pmatrix}$$

$$\xrightarrow{r_3+r_2}\begin{pmatrix}1 & 1 & -2 & 2\\0 & 3 & -3 & 2\\0 & 0 & 0 & a\end{pmatrix}.$$

由行阶梯形矩阵非零行的行数为矩阵的秩可知 $a=0$，即当 $a=0$ 时，$R(\boldsymbol{A})=2$.

4.1.3　初等变换求逆矩阵

在第 3 章，已了解定义法与消元法求逆矩阵，本节将介绍初等变换法求逆矩阵. 首先需要介绍矩阵等价、初等矩阵、初等矩阵与初等变换的关系等.

1. 矩阵等价

回顾例 4.1.1 对线性方程组的求解，可知所有方程组均为等价方程组，方程组对应的增广矩阵也等价. 即若两个线性方程组的增广矩阵等价，则它们同解. 由此得矩阵等价的定义.

定义 4.1　如果矩阵 $\boldsymbol{A}$ 经过有限次初等行变换变成矩阵 $\boldsymbol{B}$，称矩阵 $\boldsymbol{A}$ 与矩阵 $\boldsymbol{B}$ 行等价，记作 $\boldsymbol{A}\overset{r}{\sim}\boldsymbol{B}$.

定义 4.2 如果矩阵 $\boldsymbol{A}$ 经过有限次初等列变换变成矩阵 $\boldsymbol{B}$，就称矩阵 $\boldsymbol{A}$ 与矩阵 $\boldsymbol{B}$ 列等价，记作 $\boldsymbol{A}\overset{c}{\sim}\boldsymbol{B}$.

定义 4.3 如果矩阵 $\boldsymbol{A}$ 经过有限次初等变换变成矩阵 $\boldsymbol{B}$，就称矩阵 $\boldsymbol{A}$ 与矩阵 $\boldsymbol{B}$ 等价，记作 $\boldsymbol{A}\sim\boldsymbol{B}$.

例如，例 4.1.1 中矩阵 $\boldsymbol{A}_1,\boldsymbol{A}_2,\boldsymbol{A}_3,\boldsymbol{A}_4,\boldsymbol{A}_5,\boldsymbol{A}_6$ 行等价. 记作 $\boldsymbol{A}_1\overset{r}{\sim}\boldsymbol{A}_2\overset{r}{\sim}\boldsymbol{A}_3\overset{r}{\sim}\boldsymbol{A}_4\overset{r}{\sim}\boldsymbol{A}_5\overset{r}{\sim}\boldsymbol{A}_6$.

矩阵之间的等价关系具有下列基本性质：

1）反身性：$\boldsymbol{A}\sim\boldsymbol{A}$.

2）对称性：若 $\boldsymbol{A}\sim\boldsymbol{B}$，则 $\boldsymbol{B}\sim\boldsymbol{A}$.

3）传递性：若 $\boldsymbol{A}\sim\boldsymbol{B}$，$\boldsymbol{B}\sim\boldsymbol{C}$，则 $\boldsymbol{A}\sim\boldsymbol{C}$.

也就是说，矩阵 $\boldsymbol{A}$ 与矩阵 $\boldsymbol{B}$ 等价，意味着 $\boldsymbol{A}$ 经过有限次初等变换可变为 $\boldsymbol{B}$，又因为矩阵的行最简形唯一，而矩阵的秩为行最简形矩阵的非零行行数. 于是，等价的两个矩阵，则其秩相同. 即若 $\boldsymbol{A}\sim\boldsymbol{B}$，则 $R(\boldsymbol{A})\sim R(\boldsymbol{B})$.

2. 初等矩阵

定义 4.4 对单位矩阵经过一次初等变换得到的矩阵称为初等矩阵.

如$\begin{pmatrix}0&1\\1&0\end{pmatrix}$，$\begin{pmatrix}1&3\\0&1\end{pmatrix}$，$\begin{pmatrix}1&0&0\\0&3&0\\0&0&1\end{pmatrix}$都是初等矩阵.

$\boldsymbol{E}_2=\begin{pmatrix}1&0\\0&1\end{pmatrix}$的第一、二行交换：$\begin{pmatrix}1&0\\0&1\end{pmatrix}\xrightarrow{r_1\leftrightarrow r_2}\begin{pmatrix}0&1\\1&0\end{pmatrix}$；$\boldsymbol{E}_2=\begin{pmatrix}1&0\\0&1\end{pmatrix}$的第一、二列交换：$\begin{pmatrix}1&0\\0&1\end{pmatrix}\xrightarrow{c_1\leftrightarrow c_2}\begin{pmatrix}0&1\\1&0\end{pmatrix}$. 不难发现，对单位矩阵交换某两行或某两列得到的初等矩阵相同. 故经过一、二行（或一、二列）交换得到的初等矩阵都可记作 $\boldsymbol{E}_2(1,2)$.

$\boldsymbol{E}_3=\begin{pmatrix}1&0&0\\0&1&0\\0&0&1\end{pmatrix}$的第二行乘以 3 得

$$\begin{pmatrix}1&0&0\\0&1&0\\0&0&1\end{pmatrix}\xrightarrow{3r_2}\begin{pmatrix}1&0&0\\0&3&0\\0&0&1\end{pmatrix}.$$

$E_3=\begin{pmatrix}1&0&0\\0&1&0\\0&0&1\end{pmatrix}$的第二列乘以 3 得

$$\begin{pmatrix}1&0&0\\0&1&0\\0&0&1\end{pmatrix}\xrightarrow{3c_2}\begin{pmatrix}1&0&0\\0&3&0\\0&0&1\end{pmatrix}.$$

不难发现，对单位矩阵的某行或某列乘非零数得到的初等矩阵相同. 故经过第二行(或第二列)乘以 3 的倍乘变换得到的初等矩阵都可记作 $E_3(2(3))$.

$E_2=\begin{pmatrix}1&0\\0&1\end{pmatrix}$的第二行乘 3 加到第一行得

$$\begin{pmatrix}1&0\\0&1\end{pmatrix}\xrightarrow{r_1+3r_2}\begin{pmatrix}1&3\\0&1\end{pmatrix}.$$

$E_2=\begin{pmatrix}1&0\\0&1\end{pmatrix}$的第二列乘 3 加到第一列得

$$\begin{pmatrix}1&0\\0&1\end{pmatrix}\xrightarrow{c_1+3c_2}\begin{pmatrix}1&0\\3&1\end{pmatrix}.$$

显然，对单位矩阵的某行乘非零数加到另一行，与某列乘非零数加到另一列得到的初等矩阵不相同.

而 $E_2=\begin{pmatrix}1&0\\0&1\end{pmatrix}$的第一列乘 3 加到第二列得$\begin{pmatrix}1&0\\0&1\end{pmatrix}\xrightarrow{c_2+3c_1}\begin{pmatrix}1&3\\0&1\end{pmatrix}$，这与 E_2 的第二行乘 3 加到第一行得到的初等矩阵相同. 故用 $E_2(1,2(3))$表初等矩阵：行变换为 r_1+3r_2，列变换为c_2+3c_1.

思考：$A=\begin{pmatrix}0&0&1\\0&3&0\\1&0&0\end{pmatrix}$是否为初等矩阵?

答：矩阵 A 不是初等矩阵，E_3 无法通过一次初等变换得到 A，至少经过两次变换才可得到.

3. 初等变换与初等矩阵的关系

下面通过例题来探讨初等变换与初等矩阵的关系

引例　对矩阵 $A=\begin{pmatrix}1&2&3\\4&5&6\end{pmatrix}$，分别左乘 $E_2(1,2)$，$E_2(1(k))$，$E_2(1,2(k))$；分别右乘 $E_3(1,2)$，$E_3(2(k))$，$E_3(1,2(k))$，观察得到的矩阵与矩阵 A 的关系.

$$E_2(1,2)A=\begin{pmatrix}0&1\\1&0\end{pmatrix}\begin{pmatrix}1&2&3\\4&5&6\end{pmatrix}=\begin{pmatrix}4&5&6\\1&2&3\end{pmatrix}\xleftarrow{r_1\leftrightarrow r_2}\begin{pmatrix}1&2&3\\4&5&6\end{pmatrix}=A.$$

矩阵 A 左乘 $E_2(1,2)$，得到的矩阵实质上就是将 A 的第一、二行交换，而 $E_2(1,2)$ 就是 E_2 的第一、二行交换得到的初等矩阵.

$$E_2(1(k))A=\begin{pmatrix}k&0\\0&1\end{pmatrix}\begin{pmatrix}1&2&3\\4&5&6\end{pmatrix}=\begin{pmatrix}1k&2k&3k\\4&5&6\end{pmatrix}\xleftarrow{kr_1}A.$$

矩阵 A 左乘 $E_2(1(k))$，得到的矩阵实质上就是将 A 的第一行乘 k，$E_2(1(k))$ 就是 E_2 的第一行乘 k 得到的初等矩阵.

$$E_2(1,2(k))A=\begin{pmatrix}1&k\\0&1\end{pmatrix}\begin{pmatrix}1&2&3\\4&5&6\end{pmatrix}=\begin{pmatrix}1+4k&2+5k&3+6k\\4&5&6\end{pmatrix}\xleftarrow{r_1+kr_2}A.$$

矩阵 A 左乘 $E_2(1,2(k))$，得到的矩阵实质上就是将 A 的第二行乘 k 加到第一行上，$E_2(1,2(k))$ 就是 E_2 的第二行乘 k 加到第一行得到的初等矩阵.

右乘初等矩阵 $E_3(1,2)$、$E_3(2(k))$、$E_3(1,2(k))$ 进行的变换为

$$\begin{pmatrix}2&1&3\\5&4&6\end{pmatrix}=\begin{pmatrix}1&2&3\\4&5&6\end{pmatrix}\begin{pmatrix}0&1&0\\1&0&0\\0&0&1\end{pmatrix}=AE_3(1,2)\xleftarrow{c_1\leftrightarrow c_2}\begin{pmatrix}1&2&3\\4&5&6\end{pmatrix}.$$

$$\begin{pmatrix}1&2k&3\\4&5k&6\end{pmatrix}=\begin{pmatrix}1&2&3\\4&5&6\end{pmatrix}\begin{pmatrix}1&0&0\\0&k&0\\0&0&1\end{pmatrix}=AE_3(2(k))\xleftarrow{kc_2}\begin{pmatrix}1&2&3\\4&5&6\end{pmatrix}.$$

$$\begin{pmatrix}1&2+1k&3\\4&5+4k&6\end{pmatrix}=\begin{pmatrix}1&2&3\\4&5&6\end{pmatrix}\begin{pmatrix}1&k&0\\0&1&0\\0&0&1\end{pmatrix}=AE_3(1,2(k))\xleftarrow{c_2+kc_1}\begin{pmatrix}1&2&3\\4&5&6\end{pmatrix}.$$

定理 4.2 设 A 是一个 $m\times n$ 矩阵，对 A 施行一次初等行变换，相当于在 A 的左边乘以相应的 m 阶初等矩阵；对 A 施行一次初等列变换，相当于在 A 的右边乘以相应的 n 阶初等矩阵.

$$A_{m\times n}\xrightarrow{\text{第}i\text{行与第}j\text{行交换}}B_1,\ \text{则}\ B_1=E_n(i,j)A.$$

$$A_{m\times n}\xrightarrow{\text{第}i\text{行乘非零数}k}B_2,\ \text{则}\ B_2=E_n(i(k))A.$$

$$A_{m\times n}\xrightarrow{\text{第}i\text{行的}k\text{倍加到第}j\text{行}}B_3,\ \text{则}\ B_3=E_n(j,i(k))A.$$

$$A_{m\times n}\xrightarrow{\text{第}i\text{列与第}j\text{列交换}}C_1,\ \text{则}\ C_1=AE_m(i,j).$$

$$A_{m\times n}\xrightarrow{\text{第}i\text{列乘非零数}k}C_2,\ \text{则}\ C_2=AE_m(i(k)).$$

$$A_{m\times n}\xrightarrow{\text{第}i\text{列的}k\text{倍加到第}j\text{列}}C_3,\ \text{则}\ C_3=AE_m(i,j(k)).$$

可以简单记忆为：左行右列.

4. 初等矩阵的逆矩阵

在 4.1.1 节可知初等变换与标准形中，初等变换可逆，其逆

变换为同类型的变换. 由此可以思考：初等矩阵是否可逆? 如果可逆，其逆矩阵是什么?

结合初等变换与初等矩阵的关系，以初等矩阵 $\boldsymbol{E}_2(1,2)$，$\boldsymbol{E}_3(2(3))$，$\boldsymbol{E}_2(1,2(3))$为例进行说明.

$$\boldsymbol{E}_2(1,2)=\begin{pmatrix}0&1\\1&0\end{pmatrix}\xrightarrow{r_1\leftrightarrow r_2}\begin{pmatrix}1&0\\0&1\end{pmatrix}=\boldsymbol{E}_2,$$

即 $\boldsymbol{E}_2(1,2)\boldsymbol{E}_2(1,2)=\boldsymbol{E}_2$，于是 $\boldsymbol{E}_2(1,2)$的逆矩阵为 $\boldsymbol{E}_2(1,2)$.

$$\boldsymbol{E}_3(2(3))=\begin{pmatrix}1&0&0\\0&3&0\\0&0&1\end{pmatrix}\xrightarrow{\frac{1}{3}c_2}\begin{pmatrix}1&0&0\\0&1&0\\0&0&1\end{pmatrix}=\boldsymbol{E}_3,$$

即 $\boldsymbol{E}_3(2(3))\boldsymbol{E}_3\left(2\left(\dfrac{1}{3}\right)\right)=\boldsymbol{E}_3$，于是 $\boldsymbol{E}_3(2(3))$的逆矩阵为 $\boldsymbol{E}_3\left(2\left(\dfrac{1}{3}\right)\right)$.

$$\boldsymbol{E}_2(1,2(3))=\begin{pmatrix}1&3\\0&1\end{pmatrix}\xrightarrow{r_1-3r_2}\begin{pmatrix}1&0\\0&1\end{pmatrix}=\boldsymbol{E}_2,$$

即 $\boldsymbol{E}_2(1,2(3))\boldsymbol{E}_2(1,2(-3))=\boldsymbol{E}_2$，于是 $\boldsymbol{E}_2(1,2(3))$的逆矩阵为 $\boldsymbol{E}_2(1,2(-3))$.

综上说明，初等矩阵可逆，它的逆是一个同类型的初等矩阵.

初等矩阵是由单位矩阵经过相应的初等变换得到的，再经过同类型的初等逆变换又变回到单位矩阵.

接下来探讨矩阵等价、初等矩阵与初等变换之间的关系：

矩阵 $\boldsymbol{A}$ 与矩阵 $\boldsymbol{B}$ 行等价，即 $\boldsymbol{A}$ 经过有限次初等行变换变成 $\boldsymbol{B}$. 而对 $\boldsymbol{A}_{m\times n}$施行一次初等行变换，相当于在 $\boldsymbol{A}$ 的左边乘以相应的 m 阶初等矩阵. 又因为初等矩阵都可逆且逆矩阵的乘积也可逆. 于是，矩阵 $\boldsymbol{A}$ 与矩阵 $\boldsymbol{B}$ 等价，就意味着 $\boldsymbol{A}$ 经过有限次初等变换变成 $\boldsymbol{B}$，也就是 $\boldsymbol{A}$ 左乘或者右乘有限个相应的初等矩阵得到 $\boldsymbol{B}$. 用 $\boldsymbol{P}_1,\boldsymbol{P}_2,\cdots,\boldsymbol{P}_n$ 表示 n 个初等矩阵，则

1）$\boldsymbol{A}\overset{r}{\sim}\boldsymbol{B}\Leftrightarrow\boldsymbol{A}\xrightarrow{n\text{次初等行交换}}\boldsymbol{B}\Leftrightarrow\boldsymbol{A}$ 左乘 n 个相应初等矩阵$\Leftrightarrow\boldsymbol{P}_n\cdots\boldsymbol{P}_2\boldsymbol{P}_1\boldsymbol{A}=\boldsymbol{B}\Leftrightarrow$存在可逆矩阵 $\boldsymbol{P}=\boldsymbol{P}_n\cdots\boldsymbol{P}_2\boldsymbol{P}_1$，使得 $\boldsymbol{PA}=\boldsymbol{B}$.

用 $\boldsymbol{Q}_1,\boldsymbol{Q}_2,\cdots,\boldsymbol{Q}_m$ 表示 m 个初等矩阵，同理得

2）$\boldsymbol{A}\overset{c}{\sim}\boldsymbol{B}\Leftrightarrow\boldsymbol{A}\xrightarrow{m\text{次初等列交换}}\boldsymbol{B}\Leftrightarrow\boldsymbol{A}$ 右乘 m 个相应初等矩阵$\Leftrightarrow\boldsymbol{AQ}_1\boldsymbol{Q}_2\cdots\boldsymbol{Q}_m=\boldsymbol{B}\Leftrightarrow$存在可逆矩阵 $\boldsymbol{Q}=\boldsymbol{Q}_1\boldsymbol{Q}_2\cdots\boldsymbol{Q}_m$，使得 $\boldsymbol{AQ}=\boldsymbol{B}$.

3）$\boldsymbol{A}\sim\boldsymbol{B}\Leftrightarrow\boldsymbol{A}\xrightarrow[m\text{次初等列交换}]{n\text{次初等行交换}}\boldsymbol{B}\Leftrightarrow\boldsymbol{A}$ 左乘 n 个相应初等矩阵，右乘 m 个相应初等矩阵$\Leftrightarrow\boldsymbol{P}_n\cdots\boldsymbol{P}_2\boldsymbol{P}_1\boldsymbol{AQ}_1\boldsymbol{Q}_2\cdots\boldsymbol{Q}_m=B\Leftrightarrow$存在可逆矩阵 $\boldsymbol{P}=\boldsymbol{P}_n\cdots\boldsymbol{P}_2\boldsymbol{P}_1,\boldsymbol{Q}=\boldsymbol{Q}_1\boldsymbol{Q}_2\cdots\boldsymbol{Q}_m$，使得 $\boldsymbol{PAQ}=\boldsymbol{B}$.

归纳总结后，得到如下定理.

定理 4.3 设 $\boldsymbol{A}$、$\boldsymbol{B}$ 都是 $m\times n$ 矩阵，则：

1) $\boldsymbol{A}\overset{r}{\sim}\boldsymbol{B}$ 的充要条件是存在可逆矩阵 $\boldsymbol{P}$，使得 $\boldsymbol{PA}=\boldsymbol{B}$.

2) $\boldsymbol{A}\overset{c}{\sim}\boldsymbol{B}$ 的充要条件是存在可逆矩阵 $\boldsymbol{Q}$，使得 $\boldsymbol{AQ}=\boldsymbol{B}$.

3) $\boldsymbol{A}\sim\boldsymbol{B}$ 的充要条件是存在可逆矩阵 $\boldsymbol{P}$ 与 $\boldsymbol{Q}$，使得 $\boldsymbol{PAQ}=\boldsymbol{B}$.

5. 初等变换求逆矩阵

求可逆矩阵的逆与矩阵的初等变换之间有一种重要的联系，它引出了计算逆矩阵的一种方法.

根据矩阵的逆的定义和定理 4.3，可逆矩阵 $\boldsymbol{A}$ 行等价于单位矩阵 $\boldsymbol{E}$，即 $\boldsymbol{A}$ 可以经过一系列初等行变换得到 $\boldsymbol{E}$，可通过观察 $\boldsymbol{A}$ 行化简为 $\boldsymbol{E}$ 这一过程求出 $\boldsymbol{A}^{-1}$.

考虑到行变换就是左乘一系列相应的初等矩阵，于是可以把 $\boldsymbol{A}$ 与 $\boldsymbol{E}$ 放在一起组成矩阵 $(\boldsymbol{A},\boldsymbol{E})$ 进行一系列行变换，目标是使得 $(\boldsymbol{A},\boldsymbol{E})$ 中 $\boldsymbol{A}$ 变为单位矩阵 $\boldsymbol{E}$.

$(\boldsymbol{A},\boldsymbol{E})\xrightarrow{\text{一系列初等行交换}}(\boldsymbol{E},\boldsymbol{B})$ 对应于 $(\boldsymbol{A},\boldsymbol{E})$ 左乘一系列相应的初等矩阵 $\boldsymbol{P}_1,\boldsymbol{P}_2,\cdots,\boldsymbol{P}_n$，即 $\boldsymbol{P}_n\cdots\boldsymbol{P}_2\boldsymbol{P}_1(\boldsymbol{A},\boldsymbol{E})=(\boldsymbol{B},\boldsymbol{E})$，则 $\boldsymbol{P}_n\cdots\boldsymbol{P}_2\boldsymbol{P}_1\boldsymbol{A}=\boldsymbol{E},\boldsymbol{P}_n\cdots\boldsymbol{P}_2\boldsymbol{P}_1\boldsymbol{E}=\boldsymbol{B}$. 根据 $\boldsymbol{P}_n\cdots\boldsymbol{P}_2\boldsymbol{P}_1\boldsymbol{A}=\boldsymbol{E}$ 与逆矩阵定义知，$\boldsymbol{P}_n\cdots\boldsymbol{P}_2\boldsymbol{P}_1=\boldsymbol{A}^{-1}$，那么 $\boldsymbol{B}=\boldsymbol{P}_n\cdots\boldsymbol{P}_2\boldsymbol{P}_1\boldsymbol{E}=\boldsymbol{P}_n\cdots\boldsymbol{P}_2\boldsymbol{P}_1=\boldsymbol{A}^{-1}$.

简单来说，总结求 $\boldsymbol{A}^{-1}$ 的方法为：对矩阵 $(\boldsymbol{A},\boldsymbol{E})$ 进行初等行变换，若 $(\boldsymbol{A},\boldsymbol{E})$ 中 $\boldsymbol{A}$ 化为单位矩阵 $\boldsymbol{E}$，则 $(\boldsymbol{A},\boldsymbol{E})$ 中 $\boldsymbol{E}$ 化为 $\boldsymbol{A}^{-1}$，即 $(\boldsymbol{A},\boldsymbol{E})$ 行等价于 $(\boldsymbol{E},\boldsymbol{A}^{-1})$，否则矩阵 $\boldsymbol{A}$ 不可逆.

例 4.1.7 求可逆矩阵 $\boldsymbol{A}$ 的逆矩阵 $\boldsymbol{A}^{-1}$，

$$\boldsymbol{A}=\begin{pmatrix}1&2&3\\0&1&1\\1&3&5\end{pmatrix}.$$

解：$$(\boldsymbol{A},\boldsymbol{E}_3)=\left(\begin{array}{ccc:ccc}1&2&3&1&0&0\\0&1&1&0&1&0\\1&3&5&0&0&1\end{array}\right)\xrightarrow{r_3-r_1}$$

$$\left(\begin{array}{ccc:ccc}1&2&3&1&0&0\\0&1&1&0&1&0\\0&1&2&-1&0&1\end{array}\right)\xrightarrow{r_3-r_2}\left(\begin{array}{ccc:ccc}1&2&3&1&0&0\\0&1&1&0&1&0\\0&0&1&-1&-1&1\end{array}\right)\xrightarrow[r_1-3r_3]{r_2-r_3}$$

$$\left(\begin{array}{ccc:ccc}1&2&0&4&3&-3\\0&1&0&1&2&-1\\0&0&1&-1&-1&1\end{array}\right)\xrightarrow{r_1-2r_2}\left(\begin{array}{ccc:ccc}1&0&0&2&-1&-1\\0&1&0&1&2&-1\\0&0&1&-1&-1&1\end{array}\right).$$

所以 $A^{-1}=\begin{pmatrix}2 & -1 & -1\\ 1 & 2 & -1\\ -1 & -1 & 1\end{pmatrix}$.

例 4.1.8　求可逆矩阵 A 的逆矩阵 A^{-1},

$$A=\begin{pmatrix}2 & 2 & 3\\ -1 & 2 & 1\\ 1 & -1 & 0\end{pmatrix}.$$

解：$(A,E_3)=\left(\begin{array}{ccc:ccc}2 & 2 & 3 & 1 & 0 & 0\\ -1 & 2 & 1 & 0 & 1 & 0\\ 1 & -1 & 0 & 0 & 0 & 1\end{array}\right)$

$$\xrightarrow{r_1\leftrightarrow r_3}\left(\begin{array}{ccc:ccc}1 & -1 & 0 & 0 & 0 & 1\\ -1 & 2 & 1 & 0 & 1 & 0\\ 2 & 2 & 3 & 1 & 0 & 0\end{array}\right)$$

$$\xrightarrow[r_3-2r_1]{r_2+r_1}\left(\begin{array}{ccc:ccc}1 & -1 & 0 & 0 & 0 & 1\\ 0 & 1 & 1 & 0 & 1 & 1\\ 0 & 4 & 3 & 1 & 0 & -2\end{array}\right)$$

$$\xrightarrow{r_3-4r_2}\left(\begin{array}{ccc:ccc}1 & -1 & 0 & 0 & 0 & 1\\ 0 & 1 & 1 & 0 & 1 & 1\\ 0 & 0 & -1 & 1 & -4 & -6\end{array}\right)$$

$$\xrightarrow{r_2+r_3}\left(\begin{array}{ccc:ccc}1 & -1 & 0 & 0 & 0 & 1\\ 0 & 1 & 0 & 1 & -3 & -5\\ 0 & 0 & -1 & 1 & -4 & -6\end{array}\right)$$

$$\xrightarrow{r_1+r_2-r_3}\left(\begin{array}{ccc:ccc}1 & 0 & 0 & 1 & -3 & -4\\ 0 & 1 & 0 & 1 & -3 & -5\\ 0 & 0 & 1 & -1 & 4 & 6\end{array}\right).$$

所以 $A^{-1}=\begin{pmatrix}1 & -3 & -4\\ 1 & -3 & -5\\ -1 & 4 & 6\end{pmatrix}$.

思考：如何利用初等列变换求 A^{-1} 的方法?

答：对矩阵 $\begin{pmatrix}A\\ E\end{pmatrix}$ 进行初等列变换，若 $\begin{pmatrix}A\\ E\end{pmatrix}$ 中 A 化为单位矩阵 E，则 $\begin{pmatrix}A\\ E\end{pmatrix}$ 中 E 化为 A^{-1}，即 $\begin{pmatrix}A\\ E\end{pmatrix}$ 列等价于 $\begin{pmatrix}E\\ A^{-1}\end{pmatrix}$，否则矩阵 A 不可逆.

例 4.1.9 利用初等列变换求可逆矩阵 $\boldsymbol{A}$ 的逆矩阵 $\boldsymbol{A}^{-1}$,

$$\boldsymbol{A}=\begin{pmatrix}2&2&3\\-1&2&1\\1&-1&0\end{pmatrix}.$$

解:
$$\begin{pmatrix}\boldsymbol{A}\\\boldsymbol{E}_3\end{pmatrix}=\begin{pmatrix}2&2&3\\-1&2&1\\1&-1&0\\\hdashline 1&0&0\\0&1&0\\0&0&1\end{pmatrix}\xrightarrow[-c_1]{c_1-c_3}\begin{pmatrix}1&2&3\\2&2&1\\-1&-1&0\\\hdashline -1&0&0\\0&1&0\\1&0&1\end{pmatrix}$$

$$\xrightarrow[c_3-3c_1]{c_2-2c_1}\begin{pmatrix}1&0&0\\2&-2&-5\\-1&1&3\\\hdashline -1&2&3\\0&1&0\\1&-2&-2\end{pmatrix}\xrightarrow[-c_3]{c_3-2c_2}\begin{pmatrix}1&0&0\\2&-2&1\\-1&1&-1\\\hdashline -1&2&1\\0&1&2\\1&-2&-2\end{pmatrix}$$

$$\xrightarrow{c_2\leftrightarrow c_3}\begin{pmatrix}1&0&0\\2&1&-2\\-1&-1&1\\\hdashline -1&1&2\\0&2&1\\1&-2&-2\end{pmatrix}\xrightarrow{c_3+2c_2}\begin{pmatrix}1&0&0\\2&1&0\\-1&-1&-1\\\hdashline -1&1&4\\0&2&5\\1&-2&-6\end{pmatrix}$$

$$\xrightarrow[\substack{c_1-c_3\\-c_3}]{c_2-c_3}\begin{pmatrix}1&0&0\\2&1&0\\0&0&1\\\hdashline -5&-3&-4\\-5&-3&-5\\7&4&6\end{pmatrix}\xrightarrow{c_1-2c_2}\begin{pmatrix}1&0&0\\0&1&0\\0&0&1\\\hdashline 1&-3&-4\\1&-3&-5\\-1&4&6\end{pmatrix},$$

则 $\boldsymbol{A}^{-1}=\begin{pmatrix}1&-3&-4\\1&-3&-5\\-1&4&6\end{pmatrix}$.

说明: 根据解题习惯，利用初等行变换求 $\boldsymbol{A}^{-1}$ 的方法更常用，也更简单.

4.2 初等变换法求解线性方程组

前面已介绍了高斯消元法求解线性方程组，在此将介绍初等变换法求解线性方程组.

4.2.1 非齐次线性方程组与齐次线性方程组

非齐次线性方程组指的是像

$$\begin{cases} 2x_1+3x_2=8, \\ 5x_1+7x_2=13, \\ 11x_1+6x_2=19 \end{cases}$$

这样的多元一次方程组. 式中，x_1、x_2 为未知数，方程个数为 3，其中 2,3,5,7,11,6 是未知数的系数，8,13,19 是常数项，有 2 个未知数就称为二元非齐次线性方程组，也称非齐次方程组.

其系数矩阵为 $\boldsymbol{A}=\begin{pmatrix} 2 & 3 \\ 5 & 7 \\ 11 & 6 \end{pmatrix}$，常数项矩阵为 $\boldsymbol{b}=\begin{pmatrix} 8 \\ 13 \\ 19 \end{pmatrix}$，增广矩阵为 $\boldsymbol{B}=(\boldsymbol{A},\boldsymbol{b})=\begin{pmatrix} 2 & 3 & 8 \\ 5 & 7 & 13 \\ 11 & 6 & 19 \end{pmatrix}$.

当非齐次方程组的常数项全为 0 时，方程组 $\begin{cases} 2x_1+3x_2=0, \\ 5x_1+7x_2=0, \\ 11x_1+6x_2=0 \end{cases}$ 称为二元齐次线性方程组，也称 3×2 型齐次方程组，简称齐次方程组.

由于齐次方程组的常数项矩阵为零矩阵，故关注其系数矩阵即可，系数矩阵为 $\boldsymbol{A}=\begin{pmatrix} 2 & 3 \\ 5 & 7 \\ 11 & 6 \end{pmatrix}$.

抽象为一般形式得到如下定义.

定义 4.5　对多元一次方程组

$$\begin{cases} a_{11}x_1+a_{12}x_2+\cdots+a_{1n}x_n=b_1, \\ a_{21}x_1+a_{22}x_2+\cdots+a_{2n}x_n=b_2, \\ \qquad\vdots \\ a_{m1}x_1+a_{m2}x_2+\cdots+a_{mn}x_n=b_m, \end{cases}$$

当 $b_1, b_2, \cdots, b_m$ 不全为零时，上式称为 n 元非齐次线性方程组，也称 $m\times n$ 型非齐次方程组，简称非齐次方程组；当 $b_1=b_2=\cdots=b_m=0$ 时，上式称为 n 元齐次线性方程组，也称 $m\times n$ 型齐次方程组，简称齐次方程组.

4.2.2 初等变换求解线性方程组

1. 方程组的解

对非齐次方程组

$$\begin{cases} x_1 + x_2 = 2, \\ 3x_1 + 3x_2 = 6, \\ 4x_1 + 4x_2 = 8, \end{cases} \tag{4-1}$$

用一组数(1,1)分别代替方程组中的未知数 x_1、x_2，可以使方程组各式变成等式，这组数(1,1)就称为方程组的一个解，方程组的一个解写作

$$\begin{cases} x_1 = 1, \\ x_2 = 1, \end{cases} \text{或 } \boldsymbol{x} = \begin{pmatrix} x_1 \\ x_2 \end{pmatrix} = \begin{pmatrix} 1 \\ 1 \end{pmatrix}.$$

方程组所有可能的解的集合称为方程组的通解，即方程组全部解的一般表达式就是方程组的通解.

对方程组(4-1)而言，同解方程组为 $x_1=2-x_2$，即 x_2 可取任意实数，x_1 对应取值，方程组的通解写为

$$\begin{cases} x_1 = 2-c, \\ x_2 = c, \end{cases} \text{或 } \boldsymbol{x} = \begin{pmatrix} x_1 \\ x_2 \end{pmatrix} = \begin{pmatrix} 2-c \\ c \end{pmatrix}, c\in\mathbf{R}.$$

若两个线性方程组有相同的通解表达式，则这两个线性方程组为同解方程组或等价方程组.

对齐次线性方程组

$$\begin{cases} x_1 + x_2 = 0, \\ 3x_1 + 3x_2 = 0, \\ 4x_1 + 4x_2 = 0, \end{cases}$$

$\begin{cases} x_1 = 0, \\ x_2 = 0 \end{cases}$ 或 $\boldsymbol{x} = \begin{pmatrix} x_1 \\ x_2 \end{pmatrix} = \begin{pmatrix} 0 \\ 0 \end{pmatrix}$ 一定是它的解，称为齐次方程组的零解；$\begin{cases} x_1 = 1, \\ x_2 = -1 \end{cases}$ 或 $\boldsymbol{x} = \begin{pmatrix} x_1 \\ x_2 \end{pmatrix} = \begin{pmatrix} 1 \\ -1 \end{pmatrix}$ 也是齐次方程组的解，未知数取值存在不全为零的数，称为齐次方程组的非零解.

其通解为 $\begin{cases} x_1 = -c, \\ x_2 = c \end{cases}$ 或 $\boldsymbol{x} = \begin{pmatrix} x_1 \\ x_2 \end{pmatrix} = \begin{pmatrix} -c \\ c \end{pmatrix}$，$c\in\mathbf{R}$

定义 4.6　如果找不到一组数使方程组变成等式组，称方程组无解；如果有且仅有一组数使方程组变成等式组，称方程组有唯一解，否则称方程组有无穷解，一般用通解表达式表示无穷解.

显然，有如下结论：

$$\text{非齐次方程组}\begin{cases}\text{无解}\\ \text{有解}\begin{cases}\text{唯一解}\\ \text{无穷多解}\end{cases}\end{cases}\qquad \text{齐次方程组}\begin{cases}\text{唯一解：零解}\\ \text{无穷多解：非零解}\end{cases}$$

例 4.2.1　判断下列方程组是否为齐次方程组，并说明其解的情况.

$$1)\begin{cases}x_1-x_2=0,\\ x_1+x_2=1,\\ x_1+x_2=2;\end{cases}\quad 2)\begin{cases}x_1-x_2=0,\\ x_1+x_2=2;\end{cases}\quad 3)\begin{cases}x_1-x_2=0,\\ 2x_1+2x_2=4;\end{cases}$$

$$4)\begin{cases}x_1+x_2=0,\\ 2x_1+x_2=0;\end{cases}\quad 5)\begin{cases}x_1-x_2=0,\\ 2x_1-2x_2=0,\\ 3x_1-3x_2=0;\end{cases}\quad 6)\begin{cases}x_1-x_2=0,\\ 4x_1-4x_2=0,\\ 5x_1-5x_2=0.\end{cases}$$

解：根据齐次与非齐次方程组的定义知，1)2)3)是非齐次线性方程组，4)5)6)是齐次线性方程组.

1）无解，2）、3）有唯一解，4）只有零解（有唯一解），5）、6）有无穷多解. 并且 2）、3）和 5）、6）分别为同解方程组，即等价方程组.

2. 初等变换法求解线性方程组

在此介绍初等变换法求解线性方程组，首先回顾 4.1 节中例 4.1.1 求解线性方程组的情形.

利用高斯消元法求解方程组，就相当于把对应的增广矩阵进行相应运算，初等行变换不改变线性方程组的解. 当增广矩阵化简成 $\boldsymbol{A}_5$ 形式的行阶梯形，就可根据是否含有“$0=c$，$c\neq0$”的矛盾等式判断方程组是否有解，如果有解继续化简为 $\boldsymbol{A}_6$ 形式的行最简形，即可写出方程组的解. 于是，解非齐次线性方程组的过程，就是把方程组的增广矩阵经初等行变换化为行最简形的过程. 而齐次方程组对应的增广矩阵最后一列全为 0，于是解齐次线性方程组的过程，就是把方程组的系数矩阵经初等行变换化为行最简形的过程.

接着通过简单线性方程组的求解探讨方程组解的判定定理.

例 4.2.2 求下列系数矩阵对应的齐次线性方程组的解.

1) $\boldsymbol{A}=\begin{pmatrix}1&0&0\\0&1&0\\0&0&1\end{pmatrix}$; 2) $\boldsymbol{B}=\begin{pmatrix}1&0&0\\0&1&0\\0&0&0\end{pmatrix}$; 3) $\boldsymbol{C}=\begin{pmatrix}1&1&1\\0&0&0\\0&0&0\end{pmatrix}$.

解：这三个系数矩阵均为行最简形矩阵，可直接写出方程组的解.

1）对应的方程组为

$$\begin{cases}x_1+0x_2+0x_3=0,\\0x_1+\ \ x_2+0x_3=0,\\0x_1+0x_2+\ \ x_3=0,\end{cases}$$

等价于 $\begin{cases}x_1=0,\\x_2=0,\\x_3=0,\end{cases}$ 这就是方程组的解.

2）对应的方程组为

$$\begin{cases}x_1+0x_2+0x_3=0,\\0x_1+\ \ x_2+0x_3=0,\\0x_1+0x_2+0x_3=0,\end{cases}$$

等价于 $\begin{cases}x_1=0,\\x_2=0,\end{cases}$ 此时方程组中 x_1,x_2 的值已明确知道，但 x_3 的值应如何确定？显然，无论 x_3 取任何值，方程组总能成立，令 $x_3=c$，c 为任意实数，于是原方程组的解为

$$\begin{cases}x_1=0,\\x_2=0,\\x_3=c,\end{cases}\ c\text{ 为任意实数.}$$

3）对应的方程组为

$$\begin{cases}x_1+\ \ x_2+\ \ x_3=0,\\0x_1+0x_2+0x_3=0,\\0x_1+0x_2+0x_3=0,\end{cases}$$

等价于 $x_1+x_2+x_3=0$，即 $x_1=-x_2-x_3$，于是原方程组的解为

$$\begin{cases}x_1=-c_1-c_2,\\x_2=c_1,\\x_3=c_2,\end{cases}\quad c_1\text{、}c_2\text{ 为任意实数.}$$

通过观察发现，2)3)中约束未知数就是行最简形矩阵的首非零元对应的未知数，不是首非零元对应的未知数是自由未知数. 此为确定自由未知数的一般规律，但并非绝对，3)中也可令 x_1、x_2 取为自由未知数，相应的 x_3 就是约束未知数.

显然，齐次方程组没有自由未知数则只有零解，即有唯一解，有自由未知数则有非零解，即有无穷多解. 容易发现，是否有自由未知数主要看是否存在不是首非零元对应的未知数. 根据初等变换法求矩阵的秩知道，非零行的行数就是矩阵的秩，首非零元个数对应非零行的行数.

定理 4.4　$m\times n$ 型齐次方程组 $\boldsymbol{Ax}=\boldsymbol{O}$ 只有零解的充要条件为：系数矩阵的秩等于它的未知数个数，即 $R(\boldsymbol{A})=n$.

证明：此时齐次方程组没有自由未知数，于是只有一个零解.

定理 4.5　$m\times n$ 型齐次方程组 $\boldsymbol{Ax}=\boldsymbol{O}$ 有非零解的充要条件为：系数矩阵的秩不等于它的未知数个数，即 $R(\boldsymbol{A})\neq n$.

证明：此时齐次方程组有自由未知数，于是有无穷多解，即有非零解.

例 4.2.3　求下列增广矩阵对应的非齐次线性方程组的解.

1) $\begin{pmatrix}1&0&0&-1\\0&1&0&5\\0&0&0&2\end{pmatrix}$；2) $\begin{pmatrix}1&0&0&-3\\0&1&0&1\\0&0&1&2\end{pmatrix}$；3) $\begin{pmatrix}1&0&1&-2\\0&1&1&1\\0&0&0&0\end{pmatrix}$.

解：这三个增广矩阵均为行最简形矩阵，可直接写出方程组的解.

1）对应的方程组为

$$\begin{cases}x_1+0x_2+0x_3=-1,\\0x_1+x_2+0x_3=5,\\0x_1+0x_2+0x_3=2.\end{cases}$$

等价于 $\begin{cases}x_1=-1,\\x_2=5,\\0=2,\end{cases}$ 其中 $0=2$ 矛盾，故此方程组无解.

2）对应的方程组为

$$\begin{cases}x_1+0x_2+0x_3=-3,\\0x_1+x_2+0x_3=1,\\0x_1+0x_2+x_3=2,\end{cases}$$

等价于 $\begin{cases}x_1=-3,\\x_2=1,\\x_3=2,\end{cases}$ 这就是方程组的解.

3）对应的方程组为

$$\begin{cases}x_1+0x_2+\ x_3=-2,\\0x_1+\ x_2+\ x_3=1,\\0x_1+0x_2+0x_3=0,\end{cases}$$

等价于 $\begin{cases}x_1+x_3=-2,\\x_2+x_3=1,\end{cases}$ 等价于 $\begin{cases}x_1=-2-x_3,\\x_2=1-x_3,\end{cases}$ 于是原方程组的解为

$$\begin{cases}x_1=-2-c,\\x_2=1-c,\\x_3=c,\end{cases}\quad c\text{ 为任意实数.}$$

显然，如果非齐次方程组出现了矛盾等式则必然无解，否则有解. 同理，有解时，没有自由未知数则有唯一解，有自由未知数则有无穷多解. 容易发现，系数矩阵的秩与增广矩阵的秩是否一致决定了是否会出现矛盾等式，是否有自由未知数主要看系数矩阵（增广矩阵）的秩与未知数的个数的关系.

定理 4.6 设 $m\times n$ 型非齐次方程组 $\boldsymbol{Ax}=\boldsymbol{b}$，增广矩阵记为 $(\boldsymbol{A},\boldsymbol{b})$，则有：

1）$\boldsymbol{Ax}=\boldsymbol{b}$ 有解的充要条件是增广矩阵的秩和系数矩阵的秩相等，即 $R(\boldsymbol{A},\boldsymbol{b})=R(\boldsymbol{A})$.

2）$\boldsymbol{Ax}=\boldsymbol{b}$ 无解的充要条件是增广矩阵的秩和系数矩阵的秩不相等，即 $R(\boldsymbol{A},\boldsymbol{b})\neq R(\boldsymbol{A})$.

定理 4.7 设 $m\times n$ 型非齐次方程组 $\boldsymbol{Ax}=\boldsymbol{b}$，则有

1）$\boldsymbol{Ax}=\boldsymbol{b}$ 有唯一解的充要条件是增广矩阵、系数矩阵的秩和未知数个数相等，即 $R(\boldsymbol{A},\boldsymbol{b})=R(\boldsymbol{A})=n$.

2）$\boldsymbol{Ax}=\boldsymbol{b}$ 有无穷解的充要条件是增广矩阵、系数矩阵的秩相等且与未知数个数不等，即 $R(\boldsymbol{A},\boldsymbol{b})=R(\boldsymbol{A})\neq n$.

矩阵的初等行变换是使矩阵得以化简的基本运算，它对方程组的影响在于：

定理 4.8 设矩阵 $\boldsymbol{A}$ 和矩阵 $\boldsymbol{B}$ 是初等行变换下等价的矩阵，即存在可逆矩阵 $\boldsymbol{P}$，使 $\boldsymbol{PA}=\boldsymbol{B}$，则线性方程组 $\boldsymbol{Ax}=\boldsymbol{b}$ 和 $\boldsymbol{Bx}=\boldsymbol{Pb}$ 是等价的线性方程组.

证明：设列矩阵 $\boldsymbol{X}$ 是方程组 $\boldsymbol{Ax}=\boldsymbol{b}$ 的任何一个解，两边左乘矩阵 $\boldsymbol{P}$，则有 $\boldsymbol{Bx}=\boldsymbol{Pb}$，即 $\boldsymbol{X}$ 也是 $\boldsymbol{Bx}=\boldsymbol{Pb}$ 的一个解.

反之，任取 $\boldsymbol{Bx}=\boldsymbol{Pb}$ 的一个解，两边左乘 $\boldsymbol{P}^{-1}$，则有 $\boldsymbol{P}^{-1}\boldsymbol{Bx}=\boldsymbol{b}$，即 $\boldsymbol{Ax}=\boldsymbol{b}$. 所以 $\boldsymbol{X}$ 是 $\boldsymbol{Ax}=\boldsymbol{b}$ 的一个解.

因此，$\boldsymbol{Ax}=\boldsymbol{b}$ 和 $\boldsymbol{Bx}=\boldsymbol{Pb}$ 同解，故为等价的线性方程组.

可以用矩阵的初等行变换重新阐述定理 4.8 如下：

定理 4.9　给定非齐次线性方程组 $\boldsymbol{Ax}=\boldsymbol{b}$，对方程组的增广矩阵施行初等行变换，即 $(\boldsymbol{A},\boldsymbol{b})\xrightarrow{\text{初等行变换}}(\boldsymbol{B},\boldsymbol{d})$，则 $\boldsymbol{Ax}=\boldsymbol{b}$ 和 $\boldsymbol{Bx}=\boldsymbol{d}$ 是等价线性方程组.

方程组的增广矩阵 $\boldsymbol{A}$ 经初等行变换化为矩阵 $\boldsymbol{B}$，则以 $\boldsymbol{B}$ 为增广矩阵的方程组与原方程组有相同的解，即初等行变换不改变线性方程组的解. 于是，求解非齐次线性方程组的一般步骤为：

1）将对应的增广矩阵通过初等行变换化为行阶梯形矩阵.

2）判断方程组是否有解，若无解，则结束.

3）若有解，则继续将其化为行最简形矩阵.

4）写出对应方程组，将非自由未知数留在方程组的左边，将自由未知数移到右边，进而写出原方程组的解.

对应地，求解齐次线性方程组，将对应的系数矩阵通过初等行变换化为行最简形矩阵即可求得.

根据矩阵书写同解方程组时一定要注意究竟是系数矩阵还是增广矩阵对应的方程组.

下面通过例题学习如何应用求解线性方程组的一般步骤解方程组.

例 4.2.4

解线性方程组 $\begin{cases}x_1+x_2+2x_3-x_4=5,\\x_1+x_2\qquad\ \ -3x_4=1,\\x_1+x_2+4x_3+x_4=9.\end{cases}$

解：根据求解非齐次方程组的基本步骤进行.

对增广矩阵 $(\boldsymbol{A},\boldsymbol{b})$ 施以初等行变换，化为行阶梯形矩阵：

$$\begin{pmatrix}1&1&2&-1&5\\1&1&0&-3&1\\1&1&4&1&9\end{pmatrix}\xrightarrow[r_3-r_1]{r_2-r_1}\begin{pmatrix}1&1&2&-1&5\\0&0&-2&-2&-4\\0&0&2&2&4\end{pmatrix}$$

$$\xrightarrow{r_3+r_2}\begin{pmatrix}1&1&2&-1&5\\0&0&1&1&2\\0&0&0&0&0\end{pmatrix}.$$

由于，$R(\boldsymbol{A},\boldsymbol{b})=R(\boldsymbol{A})$，故方程组有解，继续将增广矩阵化

为行最简形：

$$\begin{pmatrix}1&1&2&-1&5\\0&0&1&1&2\\0&0&0&0&0\end{pmatrix}\xrightarrow{r_1+2r_2}\begin{pmatrix}1&1&0&-3&1\\0&0&1&1&2\\0&0&0&0&0\end{pmatrix}.$$

根据行最简形矩阵写出对应的方程组 $\begin{cases}x_1+x_2-3x_4=1,\\x_3+x_4=2.\end{cases}$

将非自由未知数留在方程组的左边，将自由未知数移到右边，得同解方程组为

$$\begin{cases}x_1=1-x_2+3x_4,\\x_3=2-x_4.\end{cases}$$

令 $x_2=c_1,x_4=c_2,c_1,c_2$ 为任意实数，得方程组的通解为

$$\begin{cases}x_1=1-c_1+3c_2,\\x_2=c_1,\\x_3=2-c_2,\\x_4=c_2,\end{cases}\quad c_1,c_2\text{ 为任意实数.}$$

或写为

$$\boldsymbol{x}=\begin{pmatrix}x_1\\x_2\\x_3\\x_4\end{pmatrix}=\begin{pmatrix}1\\0\\2\\0\end{pmatrix}+c_1\begin{pmatrix}-1\\1\\0\\0\end{pmatrix}+c_2\begin{pmatrix}3\\0\\-1\\1\end{pmatrix}=\boldsymbol{\eta}+c_1\boldsymbol{\xi}_1+c_1\boldsymbol{\xi}_2,\ c_1,c_2\text{ 为任意实数.}$$

例 4.2.5 解线性方程组 $\begin{cases}2x_1+x_2+3x_3-x_4=0,\\3x_1+2x_2+4x_3=0,\\4x_1+3x_2+5x_3+x_4=0.\end{cases}$

解：根据求解齐次方程组的基本步骤进行.

对系数矩阵 $\boldsymbol{A}$ 施以初等行变换，化为行最简形矩阵：

$$\begin{pmatrix}2&1&3&-1\\3&2&4&0\\4&3&5&1\end{pmatrix}\xrightarrow[r_2-r_1]{r_3-r_2}\begin{pmatrix}2&1&3&-1\\1&1&1&1\\1&1&1&1\end{pmatrix}\xrightarrow{r_3-r_2}\begin{pmatrix}2&1&3&-1\\1&1&1&1\\0&0&0&0\end{pmatrix}$$

$$\xrightarrow[r_2-2r_1]{r_1\leftrightarrow r_2}\begin{pmatrix}1&1&1&1\\0&-1&1&-3\\0&0&0&0\end{pmatrix}\xrightarrow{r_1+r_2}\begin{pmatrix}1&0&2&-2\\0&1&-1&3\\0&0&0&0\end{pmatrix}.$$

根据行最简形矩阵写出对应的方程组

$$\begin{cases}x_1+2x_3-2x_4=0,\\x_2-x_3+3x_4=0.\end{cases}$$

将非自由未知数留在方程组的左边，将自由未知数移到右边，

得同解方程组为

$$\begin{cases} x_1 = -2x_3 + 2x_4, \\ x_2 = \quad x_3 - 3x_4. \end{cases}$$

令 $x_3 = c_1$，$x_4 = c_2$，c_1, c_2 为任意实数，得方程组的通解为

$$\begin{cases} x_1 = -2c_1 + 2c_2, \\ x_2 = c_1 - 3c_2, \\ x_3 = c_1, \\ x_4 = c_2, \end{cases} \quad c_1, c_2 \text{ 为任意实数.}$$

或写为列矩阵

$$\boldsymbol{x} = \begin{pmatrix} x_1 \\ x_2 \\ x_3 \\ x_4 \end{pmatrix} = c_1 \begin{pmatrix} -2 \\ 1 \\ 1 \\ 0 \end{pmatrix} + c_2 \begin{pmatrix} 2 \\ -3 \\ 0 \\ 1 \end{pmatrix} = c_1 \boldsymbol{\xi}_1 + c_2 \boldsymbol{\xi}_2, c_1, c_2 \text{ 为任意实数.}$$

例 4.2.6

求解非齐次线性方程组 $\begin{cases} x_2 + 2x_3 + 2x_4 + 6x_5 = 24, \\ -x_1 - x_2 - x_3 - x_4 - x_5 = -7, \\ 3x_1 + 2x_2 + x_3 + x_4 - 3x_5 = -2, \\ 5x_1 + 4x_2 + 3x_3 + 3x_4 - x_5 = 13. \end{cases}$

解：对增广矩阵 $(\boldsymbol{A}, \boldsymbol{b})$ 施以初等行变换，化为行阶梯形矩阵为

$$\boldsymbol{A} = \begin{pmatrix} 0 & 1 & 2 & 2 & 6 & 24 \\ -1 & -1 & -1 & -1 & -1 & -7 \\ 3 & 2 & 1 & 1 & -3 & -2 \\ 5 & 4 & 3 & 3 & -1 & 13 \end{pmatrix}$$

$$\xrightarrow{\text{初等行变换}} \begin{pmatrix} -1 & -1 & -1 & -1 & -1 & -7 \\ 0 & 1 & 2 & 2 & 6 & 24 \\ 0 & 0 & 0 & 0 & 0 & 1 \\ 0 & 0 & 0 & 0 & 0 & 0 \end{pmatrix}$$

由于 $R(\boldsymbol{A}, \boldsymbol{b}) \neq R(\boldsymbol{A})$，所以原线性方程组无解. 反之，如果不出现这种情况，则可以求出通解.

例 4.2.7　当 a, b 取何值时，非齐次线性方程组

$$\begin{cases} x_1 + x_2 + x_3 + x_4 = 0, \\ x_2 + 2x_3 + 2x_4 = 1, \\ -x_2 + (a-3)x_3 - 2x_4 = b, \\ 3x_1 + 2x_2 + x_3 + ax_4 = -1 \end{cases}$$

有唯一解、无解、有无穷多解？对有解的情况求通解.

解：对增广矩阵$(\boldsymbol{A},\boldsymbol{b})$施以初等行变换，化为行阶梯形矩阵为

$$\begin{pmatrix}1&1&1&1&0\\0&1&2&2&1\\0&-1&a-3&-2&b\\3&2&1&a&-1\end{pmatrix}\xrightarrow{r_4-3r_1}\begin{pmatrix}1&1&1&1&0\\0&1&2&2&1\\0&-1&a-3&-2&b\\0&-1&-2&a-3&-1\end{pmatrix}\xrightarrow[r_4+r_2]{r_3+r_2}$$

$$\begin{pmatrix}1&1&1&1&0\\0&1&2&2&1\\0&0&a-1&0&b+1\\0&0&0&a-1&0\end{pmatrix}\xrightarrow{r_1-r_2}\begin{pmatrix}1&0&-1&-1&-1\\0&1&2&2&1\\0&0&a-1&0&b+1\\0&0&0&a-1&0\end{pmatrix}.$$

当$a=1$，$b\neq -1$时，无解.

当$a=1$，$b=-1$时，有无穷多解，将增广矩阵化为行最简形矩阵为

$$\begin{pmatrix}1&0&-1&-1&-1\\0&1&2&2&1\\0&0&0&0&0\\0&0&0&0&0\end{pmatrix},$$

对应的方程组为

$$\begin{cases}x_1 \qquad -x_3-\ x_4=-1,\\ \qquad x_2+2x_3+2x_4=1.\end{cases}$$

同解方程组为

$$\begin{cases}x_1=-1+\ x_3+\ x_4,\\ x_2=\ \ 1-2x_3-2x_4.\end{cases}$$

令$x_3=c_1$，$x_4=c_2$，c_1,c_2为任意实数. 非齐次线性方程组的通解为

$$\begin{cases}x_1=-1+c_1+c_2,\\ x_2=1-2c_1-2c_2,\\ x_3=c_1,\\ x_4=c_2.\end{cases}$$

当$a\neq 1$时有唯一解，

$$\begin{cases}x_1=\dfrac{b-a+2}{a-1}+c_2,\\ x_2=\dfrac{a-2b-3}{a-1}-2c_2,\\ x_3=\dfrac{b+1}{a-1},\\ x_4=c_2.\end{cases}$$

4.2.3 齐次线性方程组的解的性质

通过一个例题了解齐次线性方程组的解的有关性质.

微课：齐次线性方程组的解的性质

例 4.2.8　已知矩阵 $\boldsymbol{A}$ 与列矩阵 $\boldsymbol{\xi}_1$、$\boldsymbol{\xi}_2$.

$$\boldsymbol{A}=\begin{pmatrix}1&-1&1\\1&-1&-1\\2&-2&-1\end{pmatrix},\ \boldsymbol{\xi}_1=\begin{pmatrix}1\\1\\0\end{pmatrix},\ \boldsymbol{\xi}_2=\begin{pmatrix}2\\2\\0\end{pmatrix}.$$

其中，$\boldsymbol{A}$ 为齐次线性方程组 $\boldsymbol{Ax}=\boldsymbol{O}$ 的系数矩阵，试验证：

1）$\boldsymbol{\xi}_1$、$\boldsymbol{\xi}_2$ 是否为方程组的解.

2）$\boldsymbol{\xi}_1+\boldsymbol{\xi}_2$、$\boldsymbol{\xi}_1-\boldsymbol{\xi}_2$ 是否为方程组的解.

3）$k\boldsymbol{\xi}_1$（k 为任意实数）是否为方程组的解.

4）$k_1\boldsymbol{\xi}_1+k_2\boldsymbol{\xi}_2$（$k_1$、$k_2$ 为任意实数）是否为方程组的解.

证明：1）系数矩阵 $\boldsymbol{A}$ 对应的方程组为

$$\begin{cases}x_1-x_2+x_3=0,\\x_1-x_2-x_3=0,\\2x_1-2x_2-x_3=0.\end{cases}$$

将 $\boldsymbol{\xi}_1$ 与 $\boldsymbol{\xi}_2$ 分别代入方程组，等式均成立，故 $\boldsymbol{\xi}_1$、$\boldsymbol{\xi}_2$ 都是方程组的解.

另证：实际上，由于齐次方程组可写为 $\boldsymbol{Ax}=\boldsymbol{O}$，于是只需要验证两个等式 $\boldsymbol{A\xi}_1=\boldsymbol{O}$、$\boldsymbol{A\xi}_2=\boldsymbol{O}$ 是否成立即可.

$$\boldsymbol{A\xi}_1=\begin{pmatrix}1&-1&1\\1&-1&-1\\2&-2&-1\end{pmatrix}\begin{pmatrix}1\\1\\0\end{pmatrix}=\begin{pmatrix}0\\0\\0\end{pmatrix},$$

$$\boldsymbol{A\xi}_2=\begin{pmatrix}1&-1&1\\1&-1&-1\\2&-2&-1\end{pmatrix}\begin{pmatrix}2\\2\\0\end{pmatrix}=\begin{pmatrix}0\\0\\0\end{pmatrix}.$$

对于后面的问题，用该小题第二种证明方法验证.

2）需要验证两个等式 $\boldsymbol{A}(\boldsymbol{\xi}_1+\boldsymbol{\xi}_2)=\boldsymbol{O}$、$\boldsymbol{A}(\boldsymbol{\xi}_1-\boldsymbol{\xi}_2)=\boldsymbol{O}$ 是否成立.

$$\boldsymbol{A}(\boldsymbol{\xi}_1+\boldsymbol{\xi}_2)=\begin{pmatrix}1&-1&1\\1&-1&-1\\2&-2&-1\end{pmatrix}\left(\begin{pmatrix}1\\1\\0\end{pmatrix}+\begin{pmatrix}2\\2\\0\end{pmatrix}\right)=\begin{pmatrix}1&-1&1\\1&-1&-1\\2&-2&-1\end{pmatrix}\begin{pmatrix}3\\3\\0\end{pmatrix}=\begin{pmatrix}0\\0\\0\end{pmatrix},$$

$$\boldsymbol{A}(\boldsymbol{\xi}_1-\boldsymbol{\xi}_2)=\begin{pmatrix}1&-1&1\\1&-1&-1\\2&-2&-1\end{pmatrix}\left(\begin{pmatrix}1\\1\\0\end{pmatrix}-\begin{pmatrix}2\\2\\0\end{pmatrix}\right)=\begin{pmatrix}1&-1&1\\1&-1&-1\\2&-2&-1\end{pmatrix}\begin{pmatrix}-1\\-1\\0\end{pmatrix}=\begin{pmatrix}0\\0\\0\end{pmatrix},$$

故 $\boldsymbol{\xi}_1+\boldsymbol{\xi}_2$，$\boldsymbol{\xi}_1-\boldsymbol{\xi}_2$ 都是方程组的解.

另证：实际上，根据矩阵乘法分配律，有

$$A(\boldsymbol{\xi}_1+\boldsymbol{\xi}_2)=A\boldsymbol{\xi}_1+A\boldsymbol{\xi}_2=\begin{pmatrix}0\\0\\0\end{pmatrix}+\begin{pmatrix}0\\0\\0\end{pmatrix}=\begin{pmatrix}0\\0\\0\end{pmatrix},$$

$$A(\boldsymbol{\xi}_1-\boldsymbol{\xi}_2)=A\boldsymbol{\xi}_1-A\boldsymbol{\xi}_2=\begin{pmatrix}0\\0\\0\end{pmatrix}-\begin{pmatrix}0\\0\\0\end{pmatrix}=\begin{pmatrix}0\\0\\0\end{pmatrix}.$$

3）需要验证等式 $A(k\boldsymbol{\xi}_1)=O$ 是否成立. 根据数乘矩阵的运算律，

$$A(k\boldsymbol{\xi}_1)=k(A\boldsymbol{\xi}_1)=k\begin{pmatrix}0\\0\\0\end{pmatrix}=\begin{pmatrix}0\\0\\0\end{pmatrix},$$

故 $k\boldsymbol{\xi}_1$（k 为任意实数）是方程组的解.

4）需要验证等式 $A(k_1\boldsymbol{\xi}_1+k_2\boldsymbol{\xi}_2)=O$ 是否成立. 根据矩阵乘法分配律、数乘矩阵的运算律得

$$\begin{aligned}A(k_1\boldsymbol{\xi}_1+k_2\boldsymbol{\xi}_2)&=A(k_1\boldsymbol{\xi}_1)+A(k_2\boldsymbol{\xi}_2)=k_1(A\boldsymbol{\xi}_1)+k_2(A\boldsymbol{\xi}_2)\\&=k_1\begin{pmatrix}0\\0\\0\end{pmatrix}+k_2\begin{pmatrix}0\\0\\0\end{pmatrix}=\begin{pmatrix}0\\0\\0\end{pmatrix},\end{aligned}$$

故 $k_1\boldsymbol{\xi}_1+k_2\boldsymbol{\xi}_2$（$k_1,k_2$ 为任意实数）是方程组的解.

根据例题 4.2.8 验证的内容，不难得到齐次线性方程组的解的性质.

性质 1 设 $\boldsymbol{\xi}_1$、$\boldsymbol{\xi}_2$ 为 $A\boldsymbol{x}=O$ 的任意两个解，则 $\boldsymbol{\xi}_1+\boldsymbol{\xi}_2$ 仍为 $A\boldsymbol{x}=O$ 的解.

证明：将 $\boldsymbol{\xi}_1+\boldsymbol{\xi}_2$ 代入方程组，得 $A(\boldsymbol{\xi}_1+\boldsymbol{\xi}_2)=A\boldsymbol{\xi}_1+A\boldsymbol{\xi}_2=O+O=O$.

性质 2 设 $\boldsymbol{\xi}$ 为 $A\boldsymbol{x}=O$ 的任意解，则对任意实数 k，$k\boldsymbol{\xi}$ 仍为 $A\boldsymbol{x}=O$ 的解.

证明：将 $k\boldsymbol{\xi}$ 代入方程组，得 $A(k\boldsymbol{\xi})=k(A\boldsymbol{\xi})=kO=O$.

性质 3 如果 $\boldsymbol{\xi}_1$、$\boldsymbol{\xi}_2$ 是齐次线性方程组 $A\boldsymbol{x}=O$ 的两个解，则对任意实数 k_1、k_2，$k_1\boldsymbol{\xi}_1+k_2\boldsymbol{\xi}_2$ 也是方程组的解.

证明：将 $k_1\boldsymbol{\xi}_1+k_2\boldsymbol{\xi}_2$ 代入方程组，得 $A(k_1\boldsymbol{\xi}_1+k_2\boldsymbol{\xi}_2)=k_1A\boldsymbol{\xi}_1+k_2A\boldsymbol{\xi}_2=O+O=O$.

显然，性质 3 可推广为：

如果 $\boldsymbol{\xi}_1,\boldsymbol{\xi}_2,\cdots,\boldsymbol{\xi}_t$ 是齐次线性方程组 $\boldsymbol{Ax}=\boldsymbol{O}$ 的两个解，则对任意实数 $k_1,k_2,\cdots,k_t$，$k_1\boldsymbol{\xi}_1+k_2\boldsymbol{\xi}_2+\cdots+k_t\boldsymbol{\xi}_t$ 也是方程组的解.

4.2.4 非齐次线性方程组的解的性质

解非齐次线性方程组 $\boldsymbol{Ax}=\boldsymbol{b}$ 的基本步骤是：

1）对于给定的方程组，判断是否有解.

2）如果有解，解是否唯一.

3）如果解不唯一，求出全部解（通解）.

通过例题了解非齐次线性方程组的解的有关性质.

例 4.2.9　已知矩阵 $\boldsymbol{A}$、$\boldsymbol{B}$ 与列矩阵 $\boldsymbol{\eta}_1$、$\boldsymbol{\eta}_2$.

$$\boldsymbol{A}=\begin{pmatrix}1&-1&1\\1&-1&-1\\2&-2&-1\end{pmatrix},\ \boldsymbol{B}=(\boldsymbol{A},\boldsymbol{b})=\begin{pmatrix}1&-1&1&1\\1&-1&-1&3\\2&-2&-1&5\end{pmatrix}.$$

$$\boldsymbol{\eta}_1=\begin{pmatrix}2\\0\\-1\end{pmatrix},\ \boldsymbol{\eta}_2=\begin{pmatrix}4\\2\\-1\end{pmatrix}.$$

1）求以 $\boldsymbol{A}$ 为系数矩阵的齐次线性方程组的解，并将其解写为列矩阵 $\boldsymbol{\xi}$.

2）求以 $\boldsymbol{B}$ 为增广矩阵的非齐次线性方程组的解，并将其解写为列矩阵 $\boldsymbol{\eta}$.

3）验证 $\boldsymbol{\eta}_1$、$\boldsymbol{\eta}_2$ 是否为以 $\boldsymbol{B}$ 为增广矩阵的非齐次线性方程组的解.

4）验证 $\boldsymbol{\eta}_2-\boldsymbol{\eta}_1$ 是否为以 $\boldsymbol{A}$ 为系数矩阵的齐次线性方程组的解.

5）验证 $\boldsymbol{\eta}_1+\boldsymbol{\xi}$ 是否为以 $\boldsymbol{B}$ 为增广矩阵的非齐次线性方程组的解.

解：1）根据求解齐次方程组的基本步骤进行，对系数矩阵 $\boldsymbol{A}$ 施以初等行变换，化为行最简形矩阵：

$$\begin{pmatrix}1&-1&1\\1&-1&-1\\2&-2&-1\end{pmatrix}\xrightarrow[r_3-2r_1]{r_2-r_1}\begin{pmatrix}1&-1&1\\0&0&-2\\0&0&-3\end{pmatrix}\xrightarrow[-\frac{1}{3}r_3]{-\frac{1}{2}r_2}\begin{pmatrix}1&-1&1\\0&0&1\\0&0&1\end{pmatrix}$$

$$\xrightarrow[r_1-r_2]{r_3-r_2}\begin{pmatrix}1&-1&0\\0&0&1\\0&0&0\end{pmatrix}.$$

根据行最简形矩阵写出对应的方程组 $\begin{cases}x_1-x_2\qquad=0,\\ \qquad\qquad x_3=0.\end{cases}$

将非自由未知数留在方程组的左边，将自由未知数移到右边，得同解方程组为

$$\begin{cases}x_1=x_2,\\x_3=0.\end{cases}$$

令 $x_2=c$，c 为任意实数，可得方程组的通解为

$$\begin{cases}x_1=c,\\x_2=c,\\x_3=0,\end{cases}\quad \text{写为列矩阵 } \boldsymbol{\xi}=\begin{pmatrix}c\\c\\0\end{pmatrix}, c \text{ 为任意实数.}$$

2）根据求解非齐次方程组的基本步骤进行，对增广矩阵$(\boldsymbol{A},\boldsymbol{b})$施以初等行变换，化为阶梯形矩阵：

$$\begin{pmatrix}1&-1&1&1\\1&-1&-1&3\\2&-2&-1&5\end{pmatrix}\xrightarrow[r_3-2r_1]{r_2-r_1}\begin{pmatrix}1&-1&1&1\\0&0&-2&2\\0&0&-3&3\end{pmatrix}\xrightarrow[-\frac{1}{3}r_3]{-\frac{1}{2}r_2}\begin{pmatrix}1&-1&1&1\\0&0&1&-1\\0&0&1&-1\end{pmatrix}$$

$$\xrightarrow{r_3-r_2}\begin{pmatrix}1&-1&1&1\\0&0&1&-1\\0&0&0&0\end{pmatrix}.$$

由于，$R(\boldsymbol{A},\boldsymbol{b})=R(\boldsymbol{A})$，故方程组有解，继续将增广矩阵化为行最简形

$$\begin{pmatrix}1&-1&1&1\\0&0&1&-1\\0&0&0&0\end{pmatrix}\xrightarrow{r_1-r_2}\begin{pmatrix}1&-1&0&2\\0&0&1&-1\\0&0&0&0\end{pmatrix}.$$

根据行最简形矩阵写出对应的方程组为

$$\begin{cases}x_1-x_2\qquad=2,\\\qquad\qquad x_3=-1.\end{cases}$$

将非自由未知数留在方程组的左边，将自由未知数移到右边，得同解方程组为

$$\begin{cases}x_1=2+x_2,\\x_3=-1.\end{cases}$$

令 $x_2=c$，c 为任意实数，得方程组的通解为

$$\begin{cases}x_1=2+c,\\x_2=c,\\x_3=-1,\end{cases}\quad c \text{ 为任意实数,}$$

写为列矩阵

$$\boldsymbol{\xi}=\begin{pmatrix}2+c\\c\\-1\end{pmatrix}, c \text{ 为任意实数.}$$

3）将以$\boldsymbol{B}=(\boldsymbol{A},\ \boldsymbol{b})$为增广矩阵的非齐次线性方程组写为$\boldsymbol{Ax}=\boldsymbol{b}$. 只需验证两个等式$\boldsymbol{A\eta}_1=\boldsymbol{b}$,$\boldsymbol{A\eta}_2=\boldsymbol{b}$是否成立即可.

$$A\boldsymbol{\eta}_1=\begin{pmatrix}1&-1&1\\1&-1&-1\\2&-2&-1\end{pmatrix}\begin{pmatrix}2\\0\\-1\end{pmatrix}=\begin{pmatrix}1\\3\\5\end{pmatrix}=\boldsymbol{b},$$

$$A\boldsymbol{\eta}_2=\begin{pmatrix}1&-1&1\\1&-1&-1\\2&-2&-1\end{pmatrix}\begin{pmatrix}4\\2\\-1\end{pmatrix}=\begin{pmatrix}1\\3\\5\end{pmatrix}=\boldsymbol{b},$$

故 $\boldsymbol{\eta}_1$、$\boldsymbol{\eta}_2$ 都是以 $\boldsymbol{B}$ 为增广矩阵的非齐次线性方程组的解.

4）将以 $\boldsymbol{A}$ 为系数矩阵的齐次线性方程组写为 $\boldsymbol{Ax}=\boldsymbol{O}$. 只需验证等式 $\boldsymbol{A}(\boldsymbol{\eta}_2-\boldsymbol{\eta}_1)=\boldsymbol{O}$ 是否成立即可. 已知 $\boldsymbol{\eta}_1$、$\boldsymbol{\eta}_2$ 都是以 $\boldsymbol{B}$ 为增广矩阵的非齐次方程组的解，于是 $\boldsymbol{A\eta}_1=\boldsymbol{b}$，$\boldsymbol{A\eta}_2=\boldsymbol{b}$.

根据矩阵乘法分配律得

$$\boldsymbol{A}(\boldsymbol{\eta}_2-\boldsymbol{\eta}_1)=\boldsymbol{A\eta}_2-\boldsymbol{A\eta}_1=\boldsymbol{b}-\boldsymbol{b}=\boldsymbol{O},$$

故 $\boldsymbol{\eta}_2-\boldsymbol{\eta}_1$ 是以 $\boldsymbol{A}$ 为系数矩阵的齐次线性方程组的解.

5）以 $\boldsymbol{B}=(\boldsymbol{A},\boldsymbol{b})$ 为增广矩阵的非齐次线性方程组写为 $\boldsymbol{Ax}=\boldsymbol{b}$. 只需验证等式 $\boldsymbol{A}(\boldsymbol{\eta}_1+\boldsymbol{\xi})=\boldsymbol{b}$ 是否成立即可. 已知 $\boldsymbol{\xi}$ 是以 $\boldsymbol{A}$ 为系数矩阵的齐次线性方程组的解，于是 $\boldsymbol{A\xi}=\boldsymbol{O}$. $\boldsymbol{\eta}_1$ 是以 $\boldsymbol{B}$ 为增广矩阵的非齐次方程组的解，于是 $\boldsymbol{A\eta}_1=\boldsymbol{b}$.

根据矩阵乘法分配律有

$$\boldsymbol{A}(\boldsymbol{\eta}_1+\boldsymbol{\xi})=\boldsymbol{A\eta}_1+\boldsymbol{A\xi}=\boldsymbol{b}+\boldsymbol{O}=\boldsymbol{b}.$$

定义 4.7 将 $m\times n$ 型非齐次线性方程组 $\boldsymbol{Ax}=\boldsymbol{b}$ 中各方程的右边变成 $\boldsymbol{O}$，得到的 $m\times n$ 型齐次线性方程组 $\boldsymbol{Ax}=\boldsymbol{O}$ 称为方程组 $\boldsymbol{Ax}=\boldsymbol{b}$ 的导出组.

根据例题求解和验证的内容，不难得到如下性质.

性质 1 设 $\boldsymbol{\eta}_1$ 与 $\boldsymbol{\eta}_2$ 是线性方程组 $\boldsymbol{Ax}=\boldsymbol{b}$ 的两个解，则它们的差 $\boldsymbol{\xi}=\boldsymbol{\eta}_1-\boldsymbol{\eta}_2$ 是它的导出组 $\boldsymbol{Ax}=\boldsymbol{O}$ 的解.

证明： 将 $\boldsymbol{\xi}=\boldsymbol{\eta}_1-\boldsymbol{\eta}_2$ 代入导出组的左边，得

$$\boldsymbol{A\xi}=\boldsymbol{A}(\boldsymbol{\eta}_1-\boldsymbol{\eta}_2)=\boldsymbol{A\eta}_1-\boldsymbol{A\eta}_2=\boldsymbol{b}-\boldsymbol{b}=\boldsymbol{O}.$$

性质 2 设 $\boldsymbol{\xi}$ 是 $\boldsymbol{Ax}=\boldsymbol{b}$ 的一个解，$\boldsymbol{\eta}$ 是导出组 $\boldsymbol{Ax}=\boldsymbol{O}$ 的任意解，则 $\boldsymbol{\xi}+\boldsymbol{\eta}$ 是 $\boldsymbol{Ax}=\boldsymbol{b}$ 的解.

证明： 将 $\boldsymbol{\xi}+\boldsymbol{\eta}$ 代入 $\boldsymbol{Ax}=\boldsymbol{b}$ 的左边，得

$$\boldsymbol{A}(\boldsymbol{\xi}+\boldsymbol{\eta})=\boldsymbol{A\xi}+\boldsymbol{A\eta}=\boldsymbol{b}+\boldsymbol{O}=\boldsymbol{b}.$$

于是，如果非齐次线性方程组有解，则其通解可表示为它的一个解与其导出组通解的和.

例 4.2.10 求解非齐次线性方程组$\begin{cases} x_2+2x_3+2x_4+6x_5=24, \\ -x_1-x_2-x_3-x_4-x_5=-7, \\ 3x_1+2x_2+x_3+x_4-3x_5=-3, \\ 5x_1+4x_2+3x_3+3x_4-x_5=11. \end{cases}$

解：对增广矩阵$(\boldsymbol{A},\boldsymbol{b})$施以初等行变换，化为行阶梯形矩阵：

$$\begin{pmatrix} 0 & 1 & 2 & 2 & 6 & 24 \\ -1 & -1 & -1 & -1 & -1 & -7 \\ 3 & 2 & 1 & 1 & -3 & -3 \\ 5 & 4 & 3 & 3 & -1 & 11 \end{pmatrix} \xrightarrow{\text{初等行变换}} \begin{pmatrix} -1 & -1 & -1 & -1 & -1 & -7 \\ 0 & 1 & 2 & 2 & 6 & 24 \\ 0 & 0 & 0 & 0 & 0 & 0 \\ 0 & 0 & 0 & 0 & 0 & 0 \end{pmatrix}.$$

由于$R(\boldsymbol{A},\boldsymbol{b})=R(\boldsymbol{A})<5$，于是原方程组有无穷多解，再将增广矩阵化为行最简形矩阵

$$\begin{pmatrix} -1 & -1 & -1 & -1 & -1 & -7 \\ 0 & 1 & 2 & 2 & 6 & 24 \\ 0 & 0 & 0 & 0 & 0 & 0 \\ 0 & 0 & 0 & 0 & 0 & 0 \end{pmatrix} \xrightarrow{\text{初等行变换}} \begin{pmatrix} 1 & 0 & -1 & -1 & -5 & -17 \\ 0 & 1 & 2 & 2 & 6 & 24 \\ 0 & 0 & 0 & 0 & 0 & 0 \\ 0 & 0 & 0 & 0 & 0 & 0 \end{pmatrix},$$

对应同解方程组为

$$\begin{cases} x_1=-17+x_3+x_4+5x_5, \\ x_2=24-2x_3-2x_4-6x_5. \end{cases}$$

由于非齐次方程组的通解可表示为它的一个解与其导出组通解的和. 所以，求非齐次方程组的一个解，最简单的就是令$\begin{pmatrix} x_3 \\ x_4 \\ x_5 \end{pmatrix}=\begin{pmatrix} 0 \\ 0 \\ 0 \end{pmatrix}$，得

$$\begin{cases} x_1=-17, \\ x_2=24, \\ x_3=0, \\ x_4=0, \\ x_5=0. \end{cases}$$

接着求导出组的通解，注意到在做初等行变换之后，删除增

广矩阵的行最简形的最后一列就是系数矩阵的行最简形. 于是，将非齐次方程组的同解方程组的常数项变成 0，就是它的导出组的同解方程组.

导出组的同解方程组为

$$\begin{cases} x_1 = x_3 + x_4 + 5x_5, \\ x_2 = -2x_3 - 2x_4 - 6x_5. \end{cases}$$

令 $x_3 = c_1$，$x_4 = c_2$，$x_5 = c_3$. 其中 c_1, c_2, c_3 为任意实数，得导出组的通解为

$$\begin{cases} x_1 = c_1 + c_2 + 5c_3, \\ x_2 = -2c_1 - 2c_2 - 6c_3, \\ x_3 = c_1, \\ x_4 = c_2, \\ x_5 = c_3, \end{cases}$$

于是非齐次方程组的通解为

$$\begin{cases} x_1 = -17 + c_1 + c_2 + 5c_3, \\ x_2 = 24 - 2c_1 - 2c_2 - 6c_3, \\ x_3 = c_1, \\ x_4 = c_2, \\ x_5 = c_3, \end{cases} \quad c_1, c_2, c_3 \in \mathbf{R},$$

或写为列矩阵形式为

$$\boldsymbol{x} = \begin{pmatrix} x_1 \\ x_2 \\ x_3 \\ x_4 \\ x_5 \end{pmatrix} = \begin{pmatrix} -17 \\ 24 \\ 0 \\ 0 \\ 0 \end{pmatrix} + c_1 \begin{pmatrix} 1 \\ -2 \\ 1 \\ 0 \\ 0 \end{pmatrix} + c_2 \begin{pmatrix} 1 \\ -2 \\ 0 \\ 1 \\ 0 \end{pmatrix} + c_3 \begin{pmatrix} 5 \\ -6 \\ 0 \\ 0 \\ 1 \end{pmatrix}$$

$$= \boldsymbol{\eta} + c_1\boldsymbol{\xi}_1 + c_1\boldsymbol{\xi}_2 + c_3\boldsymbol{\xi}_3, c_1, c_2, c_3 \in \mathbf{R}.$$

习题 A

1. 下列矩阵不是初等矩阵的是(　　).

(A) $\begin{pmatrix} 1 & 0 & 0 \\ 0 & 0 & 1 \\ 0 & 1 & 0 \end{pmatrix}$　　(B) $\begin{pmatrix} 0 & 0 & 1 \\ 0 & -1 & 0 \\ 1 & 0 & 0 \end{pmatrix}$

(C) $\begin{pmatrix} 1 & 0 & 0 \\ 0 & -2 & 0 \\ 0 & 0 & 1 \end{pmatrix}$　　(D) $\begin{pmatrix} 1 & 0 & 0 \\ 0 & 1 & -2 \\ 0 & 0 & 1 \end{pmatrix}$

2. 设

$$\boldsymbol{A} = \begin{pmatrix} a_{11} & a_{12} & a_{13} \\ a_{21} & a_{22} & a_{23} \\ a_{31} & a_{32} & a_{33} \end{pmatrix}, \boldsymbol{B} = \begin{pmatrix} a_{21} & a_{22} & a_{23} \\ a_{11} & a_{12} & a_{13} \\ a_{31}+a_{11} & a_{32}+a_{12} & a_{33}+a_{13} \end{pmatrix},$$

$$P_1=\begin{pmatrix}0&1&0\\1&0&0\\0&0&1\end{pmatrix},P_2=\begin{pmatrix}1&0&0\\0&1&0\\1&0&1\end{pmatrix},$$

则必有(　　).

(A) $\boldsymbol{AP_1P_2=B}$　　(B) $\boldsymbol{AP_2P_1=B}$

(C) $\boldsymbol{P_1P_2A=B}$　　(D) $\boldsymbol{P_2P_1A=B}$

3. 设$\boldsymbol{A}=\begin{pmatrix}a_1&b_1&c_1\\a_2&b_2&c_2\end{pmatrix}$, $\boldsymbol{C}=\begin{pmatrix}2a_1+b_1+3c_1&a_1+2c_1\\2a_2+b_2+3c_2&a_2+2c_2\end{pmatrix}$, 并且$\boldsymbol{AB=C}$, 则$\boldsymbol{B}=$________.

4. 矩阵$\boldsymbol{A}=\begin{pmatrix}1&0&1\\2&1&0\\-3&2&-5\end{pmatrix}$, 则矩阵$\boldsymbol{A}$的等价标准形为________________.

5. 设$\boldsymbol{A}$为$m\times n$矩阵，那么n元齐次线性方程组$\boldsymbol{Ax=O}$有非零解的充要条件是(　　).

(A) $R(\boldsymbol{A})=n$　　(B) $R(\boldsymbol{A})=m$

(C) $R(\boldsymbol{A})<n$　　(D) $R(\boldsymbol{A})<m$

6. 若齐次线性方程组$\begin{cases}2x_1-x_2+x_3=0,\\x_1+kx_2-x_3=0,\\kx_1+x_2+x_3=0\end{cases}$有非零解，则$k$必须满足(　　).

(A) $k=4$　　(B) $k=-1$

(C) $k\neq-1$且$k\neq4$　　(D) $k=-1$或$k=4$

7. 设有非齐次线性方程组$\boldsymbol{A}_{m\times n}\boldsymbol{x}=\boldsymbol{b}$, 并且满足$R(\boldsymbol{A})=R(\boldsymbol{A},\boldsymbol{b})=n$, 方程组解的情况为(　　).

(A) 无法判断　　(B) 无限多解

(C) 唯一解　　(D) 无解

8. 设$\boldsymbol{A}$是$m\times n$矩阵，$\boldsymbol{AX=O}$是非齐次线性方程组$\boldsymbol{AX=b}$所对应的齐次线性方程组，则下列结论正确的是(　　).

(A) 若$\boldsymbol{AX=O}$仅有零解，则$\boldsymbol{AX=b}$有唯一解

(B) 若$\boldsymbol{AX=O}$有非零解，则$\boldsymbol{AX=b}$有无穷多个解

(C) 若$\boldsymbol{AX=b}$有无穷多个解，则$\boldsymbol{AX=O}$仅有零解

(D) 若$\boldsymbol{AX=b}$有无穷多个解，则$\boldsymbol{AX=O}$有非零解

9. 已知非齐次线性方程组的系数行列式为0，则(　　).

(A) 方程组有无穷多解

(B) 方程组可能无解，也可能有无穷多解

(C) 方程组无解

(D) 方程组有唯一解或无穷多解

10. 求下列矩阵的秩.

(1) $\boldsymbol{A}=\begin{pmatrix}1&1&2&-2&5\\0&1&1&-3&4\\1&0&1&-1&2\\2&1&3&-1&6\end{pmatrix}$;

(2) $\boldsymbol{B}=\begin{pmatrix}-1&1&-1&2\\1&2&9&-3\\2&-3&-1&-4\end{pmatrix}$.

11. 设矩阵$\boldsymbol{A}=\begin{pmatrix}3&1&0&2\\1&-1&2&-1\\1&a&-4&4\end{pmatrix}$, 试确定$a$, 使得$R(\boldsymbol{A})=2$.

12. 设矩阵$\boldsymbol{A}=\begin{pmatrix}1&1&\lambda\\1&\lambda&1\\\lambda&1&1\end{pmatrix}$,

(1) 若矩阵的秩$R(\boldsymbol{A})=1$, 求λ的值;

(2) 若矩阵的秩$R(\boldsymbol{A})=2$, 求λ的值.

13. 将矩阵$\boldsymbol{A},\boldsymbol{B}$依次化简为阶梯形、行最简形.

(1) $\boldsymbol{A}=\begin{pmatrix}1&2&1&3\\4&9&0&10\\1&-1&-3&-7\end{pmatrix}$;

(2) $\boldsymbol{B}=\begin{pmatrix}1&1&-2&5\\0&1&-4&4\\1&0&0&3\\2&1&0&6\end{pmatrix}$.

14. 判断矩阵$\boldsymbol{A}$、$\boldsymbol{B}$是否可逆，如果可逆，求其逆矩阵.

(1) $\boldsymbol{A}=\begin{pmatrix}1&2&3\\2&5&8\\3&7&12\end{pmatrix}$;　(2) $\boldsymbol{B}=\begin{pmatrix}2&2&5\\1&-1&0\\-1&2&1\end{pmatrix}$.

15. 求下列齐次线性方程组的通解.

(1) $\begin{cases}2x_1+x_2-2x_3+3x_4=0,\\5x_1+4x_2+x_3=0,\\x_1+x_2+x_3-x_4=0;\end{cases}$

(2) $\begin{cases}x_1+x_2-x_3+x_4=0,\\2x_1+3x_2-4x_3+5x_4=0,\\5x_1+4x_2-3x_3+2x_4=0;\end{cases}$

(3) $\begin{cases} x_1+2x_2+x_3-x_4=0, \\ 3x_1+6x_2-x_3-7x_4=0, \\ 2x_1+4x_2+2x_3-2x_4=0; \end{cases}$

16. 求下列非齐次线性方程组的解，有无穷解时要先求出通解.

(1) 已知矩阵 $\boldsymbol{A}=\begin{pmatrix} 2 & 2 & 3 \\ 1 & -1 & 0 \\ -1 & 2 & 1 \end{pmatrix}$，$\boldsymbol{b}=\begin{pmatrix} 2 \\ 1 \\ 0 \end{pmatrix}$，求解线性方程组 $\boldsymbol{Ax}=\boldsymbol{b}$；

(2) $\begin{cases} x_1+2x_2+x_3=-1, \\ 3x_1+6x_2-x_3=-7, \\ 2x_1+4x_2+2x_3=-2; \end{cases}$

(3) $\begin{cases} x_1+3x_3=1, \\ 2x_1-3x_2+3x_3=-1, \\ x_1+x_2+4x_3=2; \end{cases}$

(4) $\begin{cases} x_1+2x_2+x_3-x_4=1, \\ 3x_1+6x_2-x_3-7x_4=2, \\ 2x_1+4x_2+2x_3-2x_4=3. \end{cases}$

17. 求一个非齐次线性方程组，使它的全部解为

$\begin{pmatrix} x_1 \\ x_2 \\ x_3 \end{pmatrix}=\begin{pmatrix} 1 \\ -1 \\ 3 \end{pmatrix}+c_1\begin{pmatrix} -1 \\ 3 \\ 2 \end{pmatrix}+c_2\begin{pmatrix} 2 \\ -3 \\ 1 \end{pmatrix}$，$c_1,c_2$ 为任意实数.

18. λ 取何值时，非齐次线性方程组 $\begin{cases} \lambda x_1+2x_2+2x_3=1, \\ 2x_1+\lambda x_2+2x_3=\lambda, \\ 2x_1+2x_2+\lambda x_3=\lambda^2 \end{cases}$ 有唯一解？

19. 问 λ 取何值时，齐次线性方程组 $\begin{cases} (1-\lambda)x_1-2x_2+4x_3=0, \\ 2x_1+(3-\lambda)x_2+x_3=0, \\ x_1+x_2+(1-\lambda)x_3=0 \end{cases}$ 有非零解？

20. a 取何值时，方程组 $\begin{cases} x_1+2x_2=3, \\ 4x_1+7x_2+x_3=10, \\ x_2-x_3=a \end{cases}$ 有解？在有解时求出方程组的通解.

21. 设齐次方程组 $\begin{cases} x_1+ax_2+x_3=0, \\ ax_1+x_2+x_3=0, \\ x_1-x_2+3x_3=0 \end{cases}$ 有非零解，求 a 及其通解.

习题 B

1. 方程组 $\begin{cases} 2x_1+x_2+x_3=1, \\ x_1+2x_2+x_3=1, \\ 3x_1+3x_2+2x_3=a+1 \end{cases}$ 有解的充分必要条件是(　　).

(A) $a=-3$　　(B) $a=-2$

(C) $a=3$　　(D) $a=1$

2. 若齐次线性方程组 $\begin{cases} kx_1+x_2-2x_3=0, \\ x_1+kx_2+2x_3=0, \\ kx_1+x_2+kx_3=0 \end{cases}$ 有非零解且 $k^2\neq1$，则 k 的值为(　　).

(A) $k=-3$　　(B) $k=-2$

(C) $k=0$　　(D) $k=1$

3. 非齐次线性方程组 $\boldsymbol{AX}=\boldsymbol{b}$ 中未知量个数为 n，方程个数为 m，系数矩阵 $\boldsymbol{A}$ 的秩为 R，则(　　).

(A) $R=m$ 时，方程组 $\boldsymbol{AX}=\boldsymbol{b}$ 有解

(B) $R=n$ 时，方程组 $\boldsymbol{AX}=\boldsymbol{b}$ 有唯一解

(C) $m=n$ 时，方程组 $\boldsymbol{AX}=\boldsymbol{b}$ 有唯一解

(D) $R<n$ 时，方程组 $\boldsymbol{AX}=\boldsymbol{b}$ 有无穷多解

4. 设 $\boldsymbol{A}$、$\boldsymbol{B}$ 均为 n 阶方阵且 $R(A)<n/2, R(B)<n/2$，则齐次线性方程组 $\boldsymbol{AX}=\boldsymbol{O}$ 与 $\boldsymbol{BX}=\boldsymbol{O}$ (　　).

(A) 没有相同的非零解

(B) 同解

(C) 只有相同零解

(D) 有相同的非零解

5. 已知 $\boldsymbol{x}_1=(1,0,2)^{\mathrm{T}}$、$\boldsymbol{x}_2=(3,4,5)^{\mathrm{T}}$ 是三元非齐次线性方程组 $\boldsymbol{Ax}=\boldsymbol{b}$ 的两个解，则对应齐次线性方程 $\boldsymbol{Ax}=\boldsymbol{O}$ 有一个非零解(　　).

(A) $\boldsymbol{\xi}=(2,4,3)^{\mathrm{T}}$　　(B) $\boldsymbol{\xi}=(4,4,7)^{\mathrm{T}}$

(C) $\boldsymbol{\xi}=(3,4,5)^{\mathrm{T}}$　　(D) $\boldsymbol{\xi}=(1,0,2)^{\mathrm{T}}$

6. 讨论方程组的解，并求解

$$\begin{cases} (a+3)x_1+x_2+2x_3=-a, \\ ax_1+(a-1)x_2+x_3=2a, \\ 3(a+1)x_1+ax_2+(a+3)x_3=3. \end{cases}$$

7. 当 a 为何值时，方程组

$$\begin{cases}(a+3)x_1+x_2+2x_3=a,\\ ax_1+(a-1)x_2+x_3=a,\\ 3(a+1)x_1+ax_2+(a+3)x_3=3\end{cases}$$

出现以下情况：

(1) 有唯一解；(2) 有无穷多解；(3) 无解.

8. 问当 a,b 为何值时，方程组

$$\begin{cases}x_1+2x_2+3x_3=6,\\ 2x_1+3x_2+x_3=-1,\\ x_1+x_2+ax_3=-7,\\ 3x_1+5x_2+4x_3=b\end{cases}$$

(1) 有唯一解；(2) 有无穷多解；(3) 无解.

9. 设方程组

$$\begin{cases}4x_1+3x_2+2x_3+8x_4=b_1,\\ 3x_1+4x_2+x_3+7x_4=b_2,\\ x_1+x_2+x_3+x_4=b_3.\end{cases}$$

证明此方程组对任意实数 b_1,b_2,b_3 都有解.

第 5 章

克拉默法则

每个线性方程组都唯一对应于一个系数矩阵和增广矩阵，并借矩阵可以求解一些线性方程组，对于适定方程组来说，有一种借助行列式得出适定方程组的公式解法——克拉默法则. 行列式还可以判断矩阵是否可逆.

本章将介绍适定方程组的系数行列式的概念、克拉默法则及行列式的一些计算方法.

5.1 适定方程组的系数行列式

解适定方程组，大家并不陌生，在中学的时候，学习了代入消元法，以这样一个二元适定方程组为例

$$\begin{cases} x_1+2x_2=3, & ① \\ 3x_1+4x_2=5. & ② \end{cases} \tag{5-1}$$

在式(5-1)中，由①得 $x_1=3-2x_2$，将其命名为③，将③代入方程②得 $3(3-2x_2)+4x_2=5$，解得 $x_2=2$，再将 x_2 代入③便得 $x_1=-1$.

式(5-1)仅有两个未知数，消元过程简单，但是随着未知数的增加，消元问题就变得复杂起来，比如四元适定方程组

$$\begin{cases} 2x_1+2x_2-\ x_3+\ x_4=4, & ① \\ 4x_1+3x_2-\ x_3+2x_4=6, & ② \\ 8x_1+5x_2-3x_3+4x_4=12, & ③ \\ 3x_1+3x_2-2x_3+2x_4=16. & ④ \end{cases} \tag{5-2}$$

在式(5-2)中，由② $-2\times$①、③ $-4\times$①及 $2\times$④ $-3\times$①分别得

$$\begin{cases} -\ x_2+x_3 = -2, & ⑤ \\ -3x_2+x_3 = -4, & ⑥ \\ -x_3+x_4=20. & ⑦ \end{cases} \tag{5-3}$$

在式(5-3)中，由⑥ $-3\times$⑤得 $-2x_3=2$，则 $x_3=-1$，将

$x_3=-1$分别代入⑤和⑦，分别得 $x_2=1$、$x_4=19$. 再将 $x_3=-1$，$x_2=1$，$x_4=19$ 代入①得 $x_1=-9$，即该方程组的解为

$$\begin{cases}x_1=-9,\\x_2=1,\\x_3=-1,\\x_4=19.\end{cases}$$

那么有没有一种方法，它不需要以上这些消元的烦琐过程，只需要给出任意适定方程组，就可以直接得到答案呢?

这个问题的答案是肯定的，这就是以瑞士数学家克拉默(1704—1752)命名的克拉默法则. 要想认识克拉默法则，需要先认识行列式的概念.

行列式概念的来源可以追溯到 17 世纪晚期，1683 年，日本数学家关孝和在他的著作《解伏题之法》中提出了“演段术”，用于计算行列式. 1693 年，德国数学家莱布尼茨在与洛必达的来往书信中也提出了行列式的概念. 他们两人独立地发现了行列式，并将其用于求解线性方程组. 1750 年，瑞士数学家克拉默(Cramer)提出了克拉默法则，该法则利用行列式来求解适定方程组的解. 克拉默法则的提出使得行列式在求解适定方程组方面具有重要意义.

19 世纪以后，行列式理论得到了进一步的发展和完善. 数学家们研究了行列式的性质、计算方法、应用等，并将其推广到更一般的数学领域. 总体来说，行列式的定义思路要曲折一些，大致是：解方程组→构造行列式→证明行列式可解方程组→构造成功.

下面循序渐进的看一下这一过程.

5.1.1 求解二元适定方程组

例 5.1.1 解二元适定方程组

$$\begin{cases}2x_1+3x_2=4, & ①\\3x_1+4x_2=5, & ②\end{cases}\qquad(5\text{-}4)$$

解：由①×4－②×3 消 x_2 得 $(2\times4)x_1-(3\times3)x_1=4\times4-5\times3$，即得

$$x_1=\frac{4\times4-5\times3}{2\times4-3\times3}=-1.$$

由 2×②－3×①消 x_1 得 $(2\times4)x_2-(3\times3)x_2=2\times5-3\times4$，即得

$$x_2=\frac{2\times5-3\times4}{2\times4-3\times3}=2.$$

观察上述结果，可以发现二元适定方程组的解具有以下特点：

1）解 x_1、x_2 与未知量的系数及方程右边的常系数有关.

2）解 x_1、x_2 的形式一致，分子分母都是方程组相关系数积的差.

3）解 x_1、x_2 的分母一致，都是未知元前的系数交叉相乘并相减.

4）解 x_1 的分子相较分母正好是方程组右端的常系数替换了方程组中未知元 x_1 的系数.

5）解 x_2 的分子相较分母正好是方程组右端的常系数替换了方程组中未知元 x_2 的系数.

由此推测二元适定方程组的解是否可用一个公式表达. 为了说明这一点，先观察更一般的二元适定方程组

$$\begin{cases} a_{11}x_1 + a_{12}x_2 = b_1, \\ a_{21}x_1 + a_{22}x_2 = b_2. \end{cases} \tag{5-5}$$

通过消元法知，当 $a_{11}a_{22} - a_{12}a_{21} \neq 0$ 时，得方程组的唯一解为

$$\begin{cases} x_1 = \dfrac{b_1 a_{22} - a_{12} b_2}{a_{11}a_{22} - a_{12}a_{21}}, \\ x_2 = \dfrac{a_{11} b_2 - b_1 a_{21}}{a_{11}a_{22} - a_{12}a_{21}}. \end{cases} \tag{5-6}$$

显然，该解具有上述五个特点. 为了将这个解的结构具体化，定义二阶行列式为

$$|\boldsymbol{A}| = \underbrace{\begin{vmatrix} a_{11} & a_{12} \\ a_{21} & a_{22} \end{vmatrix}}_{\text{二阶行列式}} = \underbrace{a_{11}a_{22} - a_{12}a_{21}}_{\text{运算规则}}. \tag{5-7}$$

二阶行列式的计算方法可以按照对角线法则记忆，如图 5-1 中 a_{11} 与 a_{22} 之间的实线为主对角线，a_{12} 与 a_{21} 之间的虚线为次对角线. 二阶行列式就是主对角线上的两元素的乘积和次对角线上的两元素的乘积之差.

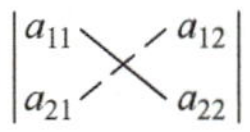
图 5-1　二阶行列式对角线法则

按照式(5-7)的记号，式(5-6)中的分子也可以用行列式分别表示为

$$|\boldsymbol{A}_1| = \begin{vmatrix} b_1 & a_{12} \\ b_2 & a_{22} \end{vmatrix} = b_1 a_{22} - a_{12} b_2, \qquad |\boldsymbol{A}_2| = \begin{vmatrix} a_{11} & b_1 \\ a_{21} & b_2 \end{vmatrix} = a_{11} b_2 - b_1 a_{21}.$$

则当 $|\boldsymbol{A}| \neq 0$ 时，可用行列式表示出方程组(5-5)的唯一解为

$$\begin{cases} x_1 = \dfrac{|\boldsymbol{A}_1|}{|\boldsymbol{A}|}, \\ x_2 = \dfrac{|\boldsymbol{A}_2|}{|\boldsymbol{A}|}. \end{cases} \tag{5-8}$$

下面通过例题学习用二阶行列式解二元适定方程组.

例 5.1.2 解二元适定方程组(5-4).

$$\begin{cases}2x_1+3x_2=4,\\3x_1+4x_2=5.\end{cases}$$

解：系数行列式为 $|\boldsymbol{A}|=\begin{vmatrix}2&3\\3&4\end{vmatrix}=-1\neq0$，又 $|\boldsymbol{A}_1|=\begin{vmatrix}4&3\\5&4\end{vmatrix}=1$，$|\boldsymbol{A}_2|=\begin{vmatrix}2&4\\3&5\end{vmatrix}=-2$，所以方程组有唯一解为

$$\begin{cases}x_1=\dfrac{|\boldsymbol{A}_1|}{|\boldsymbol{A}|}=\dfrac{1}{-1}=-1,\\[2ex]x_2=\dfrac{|\boldsymbol{A}_2|}{|\boldsymbol{A}|}=\dfrac{-2}{-1}=2.\end{cases}$$

可见该方法计算的结果同消元法计算的结果一致，即通过验证，以上定义二阶行列式的方法是合理的，可以达到预设的解方程组的目的，而且给出了方程组(5-5)的一个公式解为

$$\begin{cases}x_1=\dfrac{\begin{vmatrix}b_1&a_{12}\\b_2&a_{22}\end{vmatrix}}{\begin{vmatrix}a_{11}&a_{12}\\a_{21}&a_{22}\end{vmatrix}},\\[4ex]x_2=\dfrac{\begin{vmatrix}a_{11}&b_1\\a_{21}&b_2\end{vmatrix}}{\begin{vmatrix}a_{11}&a_{12}\\a_{21}&a_{22}\end{vmatrix}}.\end{cases}$$

因此，仅需知道方程组(5-5)中的系数，就可代入公式求解.

5.1.2 求解三元适定方程组

例题：例 5.1.3

例 5.1.3 解三元适定方程组

$$\begin{cases}x_1-2x_2+x_3=4,\\2x_1+x_2-3x_3=2,\\-x_1+x_2-x_3=1.\end{cases}\tag{5-9}$$

解：由消元法可以解得

$$\begin{cases}x_1=\dfrac{4\times1\times(-1)+(-2)\times(-3)\times1+1\times1\times2-1\times1\times1-(-2)\times2\times(-1)-4\times(-3)\times1}{1\times1\times(-1)+(-2)\times(-3)\times(-1)+1\times1\times2-1\times1\times(-1)-(-2)\times2\times(-1)-1\times(-3)\times1}=-\dfrac{11}{5}\\[2ex]x_2=\dfrac{1\times2\times(-1)+4\times(-3)\times(-1)+1\times1\times2-1\times2\times(-1)-4\times2\times(-1)-1\times(-3)\times1}{1\times1\times(-1)+(-2)\times(-3)\times(-1)+1\times1\times2-1\times1\times(-1)-(-2)\times2\times(-1)-1\times(-3)\times1}=-5\\[2ex]x_3=\dfrac{1\times1\times1+(-2)\times2\times(-1)+4\times1\times2-4\times1\times(-1)-(-2)\times2\times1-1\times2\times1}{1\times1\times(-1)+(-2)\times(-3)\times(-1)+1\times1\times2-1\times1\times(-1)-(-2)\times2\times(-1)-1\times(-3)\times1}=-\dfrac{19}{5}\end{cases}$$

观察上述解的结果，可以发现三元适定方程组的解具有以下特点：

1）解 x_1、x_2、x_3 与未知量的系数及方程右边的常系数有关.

2）解 x_1、x_2、x_3 的形式一致，分子分母都是三个系数的积构成的六项和.

3）解 x_1、x_2、x_3 的分母一致，都是不同方程、不同未知元的系数乘积和.

4）解 x_1 的分子相较分母正好是方程组右端的常系数替换了方程组中未知元 x_1 的系数.

5）解 x_2 的分子相较分母正好是方程组右端的常系数替换了方程组中未知元 x_2 的系数.

6）解 x_3 的分子相较分母正好是方程组右端的常系数替换了方程组中未知元 x_3 的系数.

由此推测三元适定方程组的解是否也可用一个公式表达. 为了说明这一点，来观察更一般的三元适定方程组

$$\begin{cases} a_{11}x_1 + a_{12}x_2 + a_{13}x_3 = b_1, \\ a_{21}x_1 + a_{22}x_2 + a_{23}x_3 = b_2, \\ a_{31}x_1 + a_{32}x_2 + a_{33}x_3 = b_3. \end{cases} \tag{5-10}$$

通过消元法知，当 $a_{11}a_{22}a_{33} + a_{12}a_{23}a_{31} + a_{13}a_{21}a_{32} - a_{13}a_{22}a_{31} - a_{12}a_{21}a_{33} - a_{11}a_{23}a_{32} \neq 0$ 时，得方程组的唯一解为

$$\begin{cases} x_1 = \dfrac{b_1a_{22}a_{33} + a_{12}a_{23}b_3 + a_{13}b_2a_{32} - a_{13}a_{22}b_3 - a_{12}b_2a_{33} - b_1a_{23}a_{32}}{a_{11}a_{22}a_{33} + a_{12}a_{23}a_{31} + a_{13}a_{21}a_{32} - a_{13}a_{22}a_{31} - a_{12}a_{21}a_{33} - a_{11}a_{23}a_{32}} \\ x_2 = \dfrac{a_{11}b_2a_{33} + b_1a_{23}a_{31} + a_{13}a_{21}b_3 - a_{13}b_2a_{31} - b_1a_{21}a_{33} - a_{11}a_{23}b_3}{a_{11}a_{22}a_{33} + a_{12}a_{23}a_{31} + a_{13}a_{21}a_{32} - a_{13}a_{22}a_{31} - a_{12}a_{21}a_{33} - a_{11}a_{23}a_{32}} \\ x_3 = \dfrac{a_{11}a_{22}b_3 + a_{12}b_2a_{31} + b_1a_{21}a_{32} - b_1a_{22}a_{31} - a_{12}a_{21}b_3 - a_{11}b_2a_{32}}{a_{11}a_{22}a_{33} + a_{12}a_{23}a_{31} + a_{13}a_{21}a_{32} - a_{13}a_{22}a_{31} - a_{12}a_{21}a_{33} - a_{11}a_{23}a_{32}} \end{cases} \tag{5-11}$$

显然，该解具有上述六个特点. 为了将这个解的结构具体化，定义三阶行列式为

$$|\boldsymbol{A}| = \underbrace{\begin{vmatrix} a_{11} & a_{12} & a_{13} \\ a_{21} & a_{22} & a_{23} \\ a_{31} & a_{32} & a_{33} \end{vmatrix}}_{\text{三阶行列式}}$$

$$= \underbrace{a_{11}a_{22}a_{33} + a_{12}a_{23}a_{31} + a_{13}a_{21}a_{32} - a_{13}a_{22}a_{31} - a_{12}a_{21}a_{33} - a_{11}a_{23}a_{32}}_{\text{运算规则}} \tag{5-12}$$

由此，三阶行列式等于表中所有不同行、不同列元素的乘积

的代数和．三阶行列式的值可以用图 5-2 来记忆．

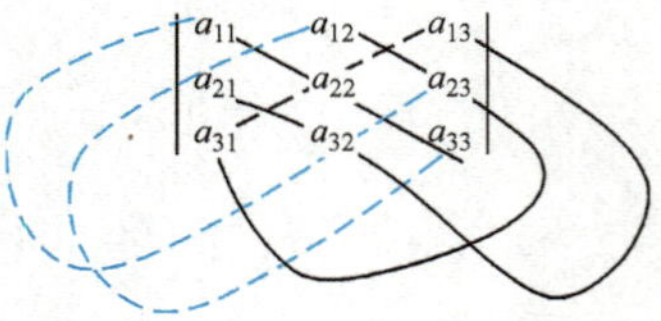

图 5-2 三阶行列式对角线法则

图 5-2 中沿主对角线方向各实线相连的三个数的积取正号，沿次对角线方向各虚线相连的三个数的积取负号．所得各项的代数和即为式(5-12)所示的三阶行列式的值．

与二元适定方程组的解的形式类似，按照式(5-12)的记号，式(5-11)中的分子也可以用行列式分别表示为

$$|\boldsymbol{A}_1| = \begin{vmatrix} b_1 & a_{12} & a_{13} \\ b_2 & a_{22} & a_{23} \\ b_3 & a_{32} & a_{33} \end{vmatrix}$$

$$= b_1a_{22}a_{33} + a_{12}a_{23}b_3 + a_{13}b_2a_{32} - a_{13}a_{22}b_3 - a_{12}b_2a_{33} - b_1a_{23}a_{32},$$

$$|\boldsymbol{A}_2| = \begin{vmatrix} a_{11} & b_1 & a_{13} \\ a_{21} & b_2 & a_{23} \\ a_{31} & b_3 & a_{33} \end{vmatrix}$$

$$= a_{11}b_2a_{33} + b_1a_{23}a_{31} + a_{13}a_{21}b_3 - a_{13}b_2a_{31} - b_1a_{21}a_{33} - a_{11}a_{23}b_3,$$

$$|\boldsymbol{A}_3| = \begin{vmatrix} a_{11} & a_{12} & b_1 \\ a_{21} & a_{22} & b_2 \\ a_{31} & a_{32} & b_3 \end{vmatrix}$$

$$= a_{11}a_{22}b_3 + a_{12}b_2a_{31} + b_1a_{21}a_{32} - b_1a_{22}a_{31} - a_{12}a_{21}b_3 - a_{11}b_2a_{32},$$

则当 $|\boldsymbol{A}| \neq 0$ 时，可用行列式表示方程组(5-10)的唯一解为

$$\begin{cases} x_1 = \dfrac{|\boldsymbol{A}_1|}{|\boldsymbol{A}|}, \\ x_2 = \dfrac{|\boldsymbol{A}_2|}{|\boldsymbol{A}|}, \\ x_3 = \dfrac{|\boldsymbol{A}_3|}{|\boldsymbol{A}|}. \end{cases} \tag{5-13}$$

下面用三阶行列式来解例 5. 1. 3.

解：适定方程组(5-9)的系数行列式为

$$|\boldsymbol{A}| = \begin{vmatrix} 1 & -2 & 1 \\ 2 & 1 & -3 \\ -1 & 1 & -1 \end{vmatrix} = 1\times1\times(-1) + (-2)\times(-3)\times(-1) +$$

$$1\times2\times1 - 1\times1\times(-1) - (-2)\times2\times(-1) - 1\times(-3)\times1$$

$$= -5 \neq 0,$$

$$|\boldsymbol{A}_1| = \begin{vmatrix} 4 & -2 & 1 \\ 2 & 1 & -3 \\ 1 & 1 & -1 \end{vmatrix} = 4\times1\times(-1) + (-2)\times(-3)\times1 + 1\times$$

$$2\times1 - 1\times1\times1 - (-2)\times2\times(-1) - 4\times(-3)\times1 = 11,$$

$$|A_2| = \begin{vmatrix} 1 & 4 & 1 \\ 2 & 2 & -3 \\ -1 & 1 & -1 \end{vmatrix} = 1\times2\times(-1)+4\times(-3)\times(-1)+1\times$$
$$2\times1-1\times2\times(-1)-4\times2\times(-1)-1\times(-3)\times1=25,$$

$$|A_3| = \begin{vmatrix} 1 & -2 & 4 \\ 2 & 1 & 2 \\ -1 & 1 & 1 \end{vmatrix} = 1\times1\times1+(-2)\times2\times(-1)+4\times2\times1-$$
$$4\times1\times(-1)-(-2)\times2\times1-1\times2\times1=19,$$

所以方程有唯一解

$$\begin{cases} x_1 = \dfrac{|A_1|}{|A|} = -\dfrac{11}{5}, \\ x_2 = \dfrac{|A_2|}{|A|} = -5, \\ x_3 = \dfrac{|A_3|}{|A|} = -\dfrac{19}{5}. \end{cases}$$

可见该方法计算的结果同消元法计算的结果一致，即通过验证，这样定义三阶行列式也是合理的，而且可以给出式(5-10)的一个公式解为

$$x_1 = \frac{\begin{vmatrix} b_1 & a_{12} & a_{13} \\ b_2 & a_{22} & a_{23} \\ b_3 & a_{32} & a_{33} \end{vmatrix}}{\begin{vmatrix} a_{11} & a_{12} & a_{13} \\ a_{21} & a_{22} & a_{23} \\ a_{31} & a_{32} & a_{33} \end{vmatrix}},\quad x_2 = \frac{\begin{vmatrix} a_{11} & b_1 & a_{13} \\ a_{21} & b_2 & a_{23} \\ a_{31} & b_3 & a_{33} \end{vmatrix}}{\begin{vmatrix} a_{11} & a_{12} & a_{13} \\ a_{21} & a_{22} & a_{23} \\ a_{31} & a_{32} & a_{33} \end{vmatrix}},\quad x_3 = \frac{\begin{vmatrix} a_{11} & a_{12} & b_1 \\ a_{21} & a_{22} & b_2 \\ a_{31} & a_{32} & b_3 \end{vmatrix}}{\begin{vmatrix} a_{11} & a_{12} & a_{13} \\ a_{21} & a_{22} & a_{23} \\ a_{31} & a_{32} & a_{33} \end{vmatrix}}.$$

MATLAB 实现代码：

```
>> a1 = [1 2 -1]';          % 输入每一列的系数
>> a2 = [-2 1 1]';
>> a3 = [1 -3 -1]';
>> a = [a1 a2 a3]           % 构成系数行列式
>> b = [4 2 1]';            % 常数向量
>> d1 = [b a2 a3]           % 分别生成克拉默法则所需的 D_i 矩阵
>> d2 = [a1 b a3]
>> d3 = [a1 a2 b]
>> x = [det(d1)/det(a) det(d2)/det(a) det(d3)/det(a)]'     % 克拉默法则的公式
```

5.2 克拉默法则

5.1 节认识到了二元适定方程组、三元适定方程组可以运用二阶行列式、三阶行列式给出公式解，该公式解非常的清爽、简洁，并且在本章开篇就发现对于四元适定方程组运用消元法已经很麻烦了，自然地，人们开始考虑这个公式解是否有普遍性，即对于四元及以上的适定方程组是否也有公式解. 这个答案依然是肯定的，这就是著名的克拉默法则，也是本节要学习的解高阶适定方程组的一个重要公式.

定理 5.1(克拉默法则)　若 n 元适定方程组

$$\begin{cases} a_{11}x_1 + a_{12}x_2 + \cdots + a_{1n}x_n = b_1, \\ a_{21}x_1 + a_{22}x_2 + \cdots + a_{2n}x_n = b_2, \\ \quad\vdots \\ a_{n1}x_1 + a_{n2}x_2 + \cdots + a_{nn}x_n = b_n \end{cases} \tag{5-14}$$

对应的 n 阶系数行列式

$$|\boldsymbol{A}| = \begin{vmatrix} a_{11} & a_{12} & \cdots & a_{1n} \\ a_{21} & a_{22} & \cdots & a_{2n} \\ \vdots & & & \vdots \\ a_{n1} & a_{n2} & \cdots & a_{nn} \end{vmatrix} \neq 0, \tag{5-15}$$

则方程组(5-14)有唯一解

$$x_1 = \frac{|\boldsymbol{A}_1|}{|\boldsymbol{A}|}, x_2 = \frac{|\boldsymbol{A}_2|}{|\boldsymbol{A}|}, \cdots, x_n = \frac{|\boldsymbol{A}_n|}{|\boldsymbol{A}|} \tag{5-16}$$

其中，

$$|\boldsymbol{A}_j| = \begin{vmatrix} a_{11} & \cdots & a_{1(j-1)} & b_1 & a_{1(j+1)} & \cdots & a_{1n} \\ a_{21} & \cdots & a_{2(j-1)} & b_2 & a_{1(j+1)} & \cdots & a_{2n} \\ \vdots & & \vdots & \vdots & \vdots & & \vdots \\ a_{n1} & \cdots & a_{n(j-1)} & b_n & a_{n(j+1)} & \cdots & a_{nn} \end{vmatrix}, j=1,2,\cdots,n,$$

即 $|\boldsymbol{A}_j|$ 是把系数行列式 $|\boldsymbol{A}|$ 的第 j 列元素 $a_{1j}, a_{2j}, \cdots, a_{nj}$ 换成方程组右端常数项 $b_1, b_2, \cdots, b_n$，其余元素不变的行列式.

例 5.2.1　用克拉默法则求解四元适定方程组(5-2)

$$\begin{cases} 2x_1 + 2x_2 - x_3 + x_4 = 4, \\ 4x_1 + 3x_2 - x_3 + 2x_4 = 6, \\ 8x_1 + 5x_2 - 3x_3 + 4x_4 = 12, \\ 3x_1 + 3x_2 - 2x_3 + 2x_4 = 16. \end{cases}$$

解：式(5-2)对应的四阶系数行列式为

$$|\boldsymbol{A}|=\begin{vmatrix}2&2&-1&1\\4&3&-1&2\\8&5&-3&4\\3&3&-2&2\end{vmatrix},$$

且

$$|\boldsymbol{A}_1|=\begin{vmatrix}4&2&-1&1\\6&3&-1&2\\12&5&-3&4\\16&3&-2&2\end{vmatrix},\quad |\boldsymbol{A}_2|=\begin{vmatrix}2&4&-1&1\\4&6&-1&2\\8&12&-3&4\\3&16&-2&2\end{vmatrix},$$

$$|\boldsymbol{A}_3|=\begin{vmatrix}2&2&4&1\\4&3&6&2\\8&5&12&4\\3&3&16&2\end{vmatrix},\quad |\boldsymbol{A}_4|=\begin{vmatrix}2&2&-1&4\\4&3&-1&6\\8&5&-3&12\\3&3&-2&16\end{vmatrix},$$

则由克拉默法则可得方程组的解为 $x_1=\dfrac{|\boldsymbol{A}_1|}{|\boldsymbol{A}|}$，$x_2=\dfrac{|\boldsymbol{A}_2|}{|\boldsymbol{A}|}$，$x_3=\dfrac{|\boldsymbol{A}_3|}{|\boldsymbol{A}|}$，$x_4=\dfrac{|\boldsymbol{A}_4|}{|\boldsymbol{A}|}$. 行列式的计算方法将在 5. 3. 3 节详细讲解.

例 5. 2. 2　解四元适定方程组

$$\begin{cases}2x_1+x_2-5x_3+x_4=8,\\x_1-3x_2-6x_4=9,\\2x_2-x_3+2x_4=-5,\\x_1+4x_2-7x_3+6x_4=0.\end{cases}\tag{5-17}$$

例题：例 5. 2. 2

解：式(5-17)对应的四阶系数行列式

$$|\boldsymbol{A}|=\begin{vmatrix}2&1&-5&1\\1&-3&0&-6\\0&2&-1&2\\1&4&-7&6\end{vmatrix},$$

且

$$|\boldsymbol{A}_1|=\begin{vmatrix}8&1&-5&1\\9&-3&0&-6\\-5&2&-1&2\\0&4&-7&6\end{vmatrix},\quad |\boldsymbol{A}_2|=\begin{vmatrix}2&8&-5&1\\1&9&0&-6\\0&-5&-1&2\\1&0&-7&6\end{vmatrix},$$

$$|\boldsymbol{A}_3|=\begin{vmatrix}2&1&8&1\\1&-3&9&-6\\0&2&-5&2\\1&4&0&6\end{vmatrix},\quad |\boldsymbol{A}_4|=\begin{vmatrix}2&1&-5&8\\1&-3&0&9\\0&2&-1&-5\\1&4&-7&0\end{vmatrix},$$

则由克拉默法则可知，方程组的解为 $x_1=\dfrac{|\boldsymbol{A}_1|}{|\boldsymbol{A}|}$，$x_2=\dfrac{|\boldsymbol{A}_2|}{|\boldsymbol{A}|}$，

$$x_3 = \frac{|\boldsymbol{A}_3|}{|\boldsymbol{A}|},\ x_4 = \frac{|\boldsymbol{A}_4|}{|\boldsymbol{A}|}.$$

MATLAB 实现代码:

```
>> a1 =[2 1 0 1]';                    %输入每一列的系数
>> a2 =[1  -3 2 4]';
>> a3 =[ -5 0  -1  -7]';
>> a4 =[1  -6 2 6]';                  %构成系数行列式
>> b =[8 9  -5 0]';                   %常数向量
>> d1 =[b a2 a3 a4]                   %分别生成克拉默法则所需的 D_i 矩阵
>> d2 =[a1 b a3 a4]
>> d3 =[a1 a2 b a4]
>> d4 =[a1 a2 a3 b]
>> x =[det(d1)/det(a) det(d2)/det(a) det(d3)/det(a) det(d4)/det(a)]'
                                      %利用克拉默法则计算解向量
```

以上两例均说明，会计算四阶行列式的值，就能运用克拉默法则快速解出四元适定方程组的解.

注意：克拉默法则只能应用于 n 个未知量、n 个方程，并且系数行列式不等于零的线性方程组. 对于线性方程组中未知量个数与方程个数不同，或者未知量个数与方程个数相同、但系数行列式等于零的情形，不能运用克拉默法则.

以上 n 元适定方程组的公式解非常优美、简洁，但是它得以成为今天所看到的样子是因为其背后包含了莱布尼茨、克拉默、拉普拉斯、柯西等数学家们几百年的努力.

5.3 n 阶行列式的概念、性质与计算

要运用克拉默法则求适定方程组的解，需要先会求对应的行列式. 为此，需要学习一般阶行列式的概念、性质与计算. 下面先来观察二阶行列式、三阶行列式的计算.

由式(5-7)

$$|\boldsymbol{A}| = \begin{vmatrix} a_{11} & a_{12} \\ a_{21} & a_{22} \end{vmatrix} = a_{11}a_{22} - a_{12}a_{21}$$

可知二阶行列式具有以下特点：

1）二阶行列式的总项数 2！项.

2）二阶行列式的值是取自不同行不同列的两个元素的乘积的代数和.

3）将两项中的元素行标按自然数顺序 1,2 排列后，若列标的排列为 1,2，则该项取正号；如果列标的排列为 2,1，则该项取负号.

进一步分析特点 3），对于数字 1 和 2 只有 1,2 和 2,1 两种排列，若是排列

$$\overset{<}{1\quad 2}$$

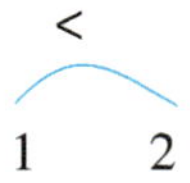

后一个数比前一个数大，符号为正；若是排列

$$\overset{>}{2\quad 1}$$

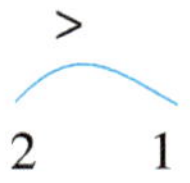

后一个数比前一个数小，符号为负.

由式(5-12)可知三阶行列式具有以下特点：

1）三阶行列式的总项数为 3! 项.

2）三阶行列式的值是取自不同行不同列的三个元素的乘积的代数和.

3）将各项中的元素行标按自然数顺序 1,2,3 排列后，若列标的排列为 1,2,3 或 2,3,1 或 3,1,2，则该项取正号；如果列标的排列为 3,2,1 或 2,1,3 或 1,3,2，则该项取负号.

进一步分析特点 3），对于数字 1、2 和 3 有且仅有六种不重复的排列，若排列为

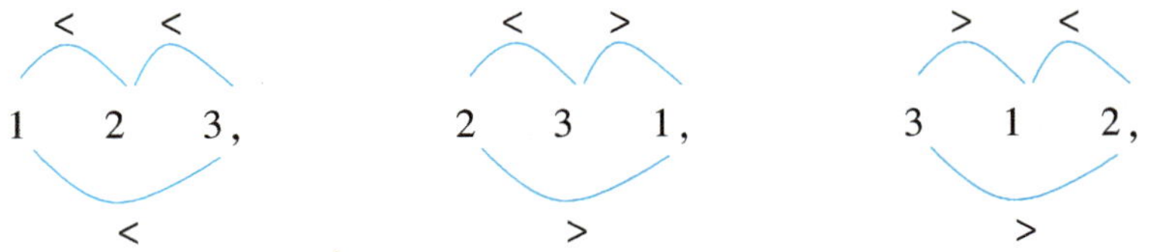

$$1\ \overset{<}{\ }2\ \overset{<}{\ }3,\qquad 2\ \overset{<}{\ }3\ \overset{>}{\ }1,\qquad 3\ \overset{>}{\ }1\ \overset{<}{\ }2,$$

即三个数字从左到右依次比较，都是"<"时的排列在行列式中的项取正号；有两个">"一个"<"时的排列在行列式中的项取正号；若排列为

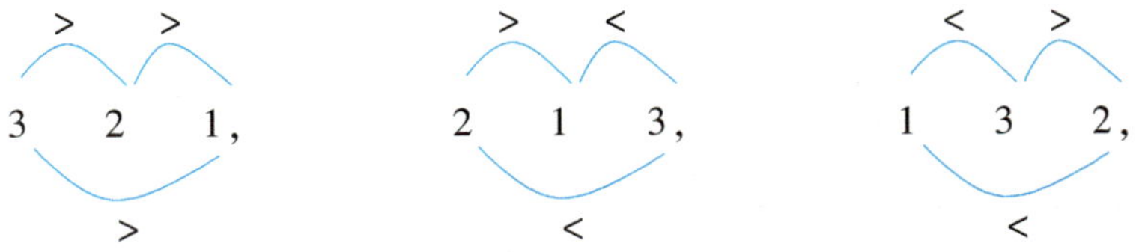

$$3\ \overset{>}{\ }2\ \overset{>}{\ }1,\qquad 2\ \overset{>}{\ }1\ \overset{<}{\ }3,\qquad 1\ \overset{<}{\ }3\ \overset{>}{\ }2,$$

即三个数字从左到右依次比较，都是">"时的排列在行列式中的项取负号；有两个"<"一个">"时的排列在行列式中的项取负号.

若记"<"表示一个顺序排列，">"表示一个逆序排列，则有结论：二阶行列式、三阶行列式的项中，若固定行标为顺序排列

时，列标是顺序排列的项取正号；列标有一个或三个逆序排列的项取负号；列标有两个逆序排列的项取正号.

由此推测，行列式各项的正负仅与排列的逆序数有关，而且逆序数为奇数时项取负号，逆序数为偶数时项取正号.

这一推测经过前人对四阶等多阶行列式的验证是成立的，下面补充排列的相关定义与结论，再来定义 n 阶行列式.

5.3.1 排列

定义 5.1 由 n 个正整数 $1,2,\cdots,n$ 排成的一个无重复数的有序数组，称为一个 n 级排列.

如 123456（后文省略排列中的“,”）和 453261 是两个 6 级排列，但是 123425 不是排列.

一般地，由 n 个不同的数 $1,2,\cdots,n$ 组成的 n 级排列的总数为

$$p_n = n\times(n-1)\times(n-2)\times\cdots\times3\times2\times1 = n!.$$

从左到右每个位置选数的方法见表 5-1.

表 5-1 n 级排列从左到右每个位置选数的方法

位置	1	2	…	n
选法	n 种	$n-1$ 种	…	1

例如，由 5 个不同的数 1、2、3、4、5 组成的 5 级排列的总数为

$$p_5 = 5\times4\times3\times2\times1 = 120.$$

从左到右每个位置选数的方法见表 5-2.

表 5-2 5 级排列从左到右每个位置选数的方法

位置	1	2	3	4	5
选法	5	4	3	2	1

定义 5.2 在一个 n 级排列 $i_1,i_2,\cdots,i_t,\cdots,i_s,\cdots,i_n$ 中，如果 $i_t > i_s(s>t)$，就称 i_t 与 i_s 构成了一个逆序.

如排列 312 中，第一个位置的数 3 比第二个位置的数 1 大，这就构成了一个逆序；第一个位置的数 3 比第三个位置的数 2 大，这也构成了一个逆序.

定义 5.3 一个排列中所有逆序的总数称为这个排列的逆序数，记为 $t(i_1i_2\cdots i_n)$. 若 $t(i_1i_2\cdots i_n)$ 为奇数称排列为奇排列；若 $t(i_1i_2\cdots i_n)$ 为偶数称排列为偶排列.

根据定义，求一个排列的逆序数的步骤为：依次计算出排列中每个元素前面比它大的数的个数并求和，即算出排列中每个元素的逆序数，则所有元素的逆序数之和即为所求排列的逆序数.

例 5.3.1　求排列 54321 的逆序数.

解：在此 5 级排列中：

4 的前面比 4 大的数有一个，构成一个逆序；

3 的前面比 3 大的数有两个，构成两个逆序；

2 的前面比 2 大的数有三个，构成三个逆序；

1 的前面比 1 大的数有四个，构成四个逆序.

所以这个排列的逆序数为 $t(54321)=1+2+3+4=10$.

例 5.3.2　求排列 217986354 的逆序数.

解：

2	1	7	9	8	6	3	5	4
↓	↓	↓	↓	↓	↓	↓	↓	↓
0	1	0	0	1	3	4	4	5

于是排列的逆序数为 $t=0+1+0+0+1+3+4+4+5=18$.

定义 5.4　在排列中，将任意两个元素对调，其余的元素不动，这种对调得到新排列的方法叫作对换. 将相邻两个元素对换，叫作相邻对换.

$i_1,i_2,\cdots,a,i_t,\cdots,i_s,b,\cdots,i_n.$

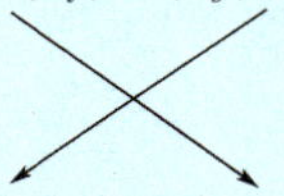

$i_1,i_2,\cdots,b,i_t,\cdots,i_s,a,\cdots,i_n.$

$i_1,i_2,\cdots,a,b,\cdots,i_n.$

$i_1,i_2,\cdots,b,a,\cdots,i_n.$

定理 5.2　任意一个排列经过一次对换后，其奇偶性发生改变.

如 12534 这个排列的逆序数为 2，是一个偶排列，若将 2 与 5 对换，即经过一次相邻对换，变为排列 15234，其逆序数为 3，是一个奇排列；若将 2 与 4 对换一次，变为排列 14532，其逆序数为 5，是一个奇排列，可见对换一次会改变排列的奇偶性.

定理 5.3　在全体 n 级排列中，奇排列与偶排列各占一半.

如 3 级排列共有 123，132，213，231，312，321 六种排法，其中奇排列有 321，213，132，偶排列有 123，231，312，即奇排列与偶排列各三种，各占一半.

5.3.2　n 阶行列式的概念

5.2 节中 n 元适定方程组(5-14)对应的 n 阶行列式

$$|\boldsymbol{A}| = \begin{vmatrix} a_{11} & a_{12} & \cdots & a_{1n} \\ a_{21} & a_{22} & \cdots & a_{2n} \\ \vdots & \vdots & & \vdots \\ a_{n1} & a_{n2} & \cdots & a_{nn} \end{vmatrix}$$

应该有如下特点：

1）n 阶行列式的总项数为 $n!$ 项.

2）其值是取自不同行不同列的 n 个元素的乘积的代数和.

3）将各项中的元素行标按自然数顺序排列后，若列标的排列为偶排列，则该项取正号；如果列标的排列为奇排列，则该项取负号.

下面给出一般阶行列式的定义.

定义 5.5　n 阶行列式 $|\boldsymbol{A}| = \begin{vmatrix} a_{11} & a_{12} & \cdots & a_{1n} \\ a_{21} & a_{22} & \cdots & a_{2n} \\ \vdots & \vdots & & \vdots \\ a_{n1} & a_{n2} & \cdots & a_{nn} \end{vmatrix}$ 的值是所有取自不同行不同列的 n 个元素的乘积项 $a_{1j_1}a_{2j_2}\cdots a_{nj_n}$ 的代数和，即

$$|\boldsymbol{A}| = \begin{vmatrix} a_{11} & a_{12} & \cdots & a_{1n} \\ a_{21} & a_{22} & \cdots & a_{2n} \\ \vdots & \vdots & & \vdots \\ a_{n1} & a_{n2} & \cdots & a_{nn} \end{vmatrix} = \sum_{j_1j_2\cdots j_n} (-1)^{t(j_1j_2\cdots j_n)} a_{1j_1}a_{2j_2}\cdots a_{nj_n} \tag{5-18}$$

式中，$t(j_1j_2\cdots j_n)$ 是列标排列 $j_1j_2\cdots j_n$ 的逆序数；求和式是对自然数 $1,2,\cdots,n$ 的所有可能的 n 级排列 $j_1j_2\cdots j_n$ 所对应的乘积项求代数和，若对应的乘积项列标构成的排列是偶排列则该乘积项取正号，若是奇排列，则该乘积项取负号.

因为 n 个自然数 $1,2,\cdots,n$ 一共有 $n!$ 个不同的排列，因此求和式中一共有 $n!$ 个乘积项.

例 5.3.3　计算 n 阶上三角行列式

$$\begin{vmatrix} a_{11} & a_{12} & a_{13} & \cdots & a_{1n} \\ 0 & a_{22} & a_{23} & \cdots & a_{2n} \\ 0 & 0 & a_{33} & \cdots & a_{3n} \\ \vdots & \vdots & \vdots & & \vdots \\ 0 & 0 & 0 & \cdots & a_{nn} \end{vmatrix}.$$

解：由 n 阶行列式的定义，上三角行列式

$$\begin{vmatrix} a_{11} & a_{12} & a_{13} & \cdots & a_{1n} \\ 0 & a_{22} & a_{23} & \cdots & a_{2n} \\ 0 & 0 & a_{33} & \cdots & a_{3n} \\ \vdots & \vdots & \vdots & & \vdots \\ 0 & 0 & 0 & \cdots & a_{nn} \end{vmatrix} = (-1)^{t(12\cdots n)} a_{11}a_{22}\cdots a_{nn} = a_{11}a_{22}\cdots a_{nn}.$$

同理，下三角行列式

$$\begin{vmatrix} a_{11} & 0 & 0 & \cdots & 0 \\ a_{21} & a_{22} & 0 & \cdots & 0 \\ a_{31} & a_{32} & a_{33} & \cdots & 0 \\ \vdots & \vdots & \vdots & & \vdots \\ a_{n1} & a_{n2} & a_{n3} & \cdots & a_{nn} \end{vmatrix} = (-1)^{t(12\cdots n)} a_{11}a_{22}\cdots a_{nn} = a_{11}a_{22}\cdots a_{nn}.$$

5.3.3　n 阶行列式的性质

n 阶行列式共有 $n!$ 项，因此用定义计算 n 阶行列式是较为困难的，由例 5.3.3 可知对于三角形这种特殊行列式用定义计算比较方便且其值等于主对角线上各元素的乘积. 因此想到能否把一般的行列式化成三角形行列式来计算. 事实上，运用行列式的性质就可以达到将行列式化为三角形行列式的目的，下面来认识行列式的六条性质.

定义 5.6　记 $|\boldsymbol{A}| = \begin{vmatrix} a_{11} & a_{12} & \cdots & a_{1n} \\ a_{21} & a_{22} & \cdots & a_{2n} \\ \vdots & \vdots & & \vdots \\ a_{n1} & a_{n2} & \cdots & a_{nn} \end{vmatrix}$，则行列式

$$\begin{vmatrix} a_{11} & a_{21} & \cdots & a_{n1} \\ a_{12} & a_{22} & \cdots & a_{n2} \\ \vdots & \vdots & & \vdots \\ a_{1n} & a_{2n} & \cdots & a_{nn} \end{vmatrix}$$ 为行列式 $|\boldsymbol{A}|$ 的转置行列式，记为 $|\boldsymbol{A}|^{\mathrm{T}}$.

性质 1 行列式与它的转置行列式相等.

如 $|\boldsymbol{A}| = \begin{vmatrix} 2 & 1 & 3 \\ -1 & 5 & 0 \\ 1 & 0 & 2 \end{vmatrix} = 7 = \begin{vmatrix} 2 & -1 & 1 \\ 1 & 5 & 0 \\ 3 & 0 & 2 \end{vmatrix} = |\boldsymbol{A}|^{\mathrm{T}}$.

注意：性质 1 说明行列式中行与列具有同等的地位，行列式的性质凡是对行成立的对列也同样成立.

性质 2 互换行列式的两行(列)，行列式变号.

如 $\begin{vmatrix} 1 & 1 & 2 \\ 2 & 1 & 1 \\ 3 & 1 & 2 \end{vmatrix} = -2$，而 $\begin{vmatrix} 2 & 1 & 1 \\ 1 & 1 & 2 \\ 3 & 1 & 2 \end{vmatrix} = 2$，故有 $\begin{vmatrix} 1 & 1 & 2 \\ 2 & 1 & 1 \\ 3 & 1 & 2 \end{vmatrix} = -\begin{vmatrix} 2 & 1 & 1 \\ 1 & 1 & 2 \\ 3 & 1 & 2 \end{vmatrix}$.

注意：

1）第 i 行(列)和第 j 行(列)互换，记作 $r_i \leftrightarrow r_j (c_i \leftrightarrow c_j)$.

2）如果行列式有两行(列)完全相同，则此行列式为零.

例如，由性质 2 可知，$\begin{vmatrix} 1 & 1 & 2 \\ 1 & 1 & 2 \\ 3 & 1 & 2 \end{vmatrix} = -\begin{vmatrix} 1 & 1 & 2 \\ 1 & 1 & 2 \\ 3 & 1 & 2 \end{vmatrix}$，即 $|\boldsymbol{A}| = -|\boldsymbol{A}|$，则 $|\boldsymbol{A}| = 0$.

性质 3 行列式的某一行(列)中所有的元素都乘以同一个倍数 k，等于用数 k 乘以此行列式.

如 $\begin{vmatrix} 2 & 1 & 1 \\ 1 & 1 & 2 \\ 3 & 1 & 2 \end{vmatrix} = 2$，而 $\begin{vmatrix} 2 & 1 & 1 \\ 3 & 3 & 6 \\ 3 & 1 & 2 \end{vmatrix} = 6 = 3\begin{vmatrix} 2 & 1 & 1 \\ 1 & 1 & 2 \\ 3 & 1 & 2 \end{vmatrix}$.

注意：

1）第 i 行(列)乘以 k，记作 $kr_i (kc_i)$.

2）行列式的某一行(列)中所有元素的公因子可以提到行列式符号的外面.

3）第 i 行(列)提取出公因子 k，记作 $r_i/k (c_i/k)$.

性质 4 行列式中如果有两行(列)元素成比例，则此行列式为零.

例如，$\begin{vmatrix} 2 & 2 & 4 \\ 1 & 1 & 2 \\ 3 & 1 & 2 \end{vmatrix} = 2\begin{vmatrix} 1 & 1 & 2 \\ 1 & 1 & 2 \\ 3 & 1 & 2 \end{vmatrix} = 0$.

性质 5　若行列式的某一列(行)的元素都是两数之和，则此行列式等于两个行列式之和. 其中两个行列式的这一列(行)的元素分别为对应的两个加数之一，其余各列(行)的元素与原行列式相同，即

$$|\boldsymbol{A}| = \begin{vmatrix} a_{11} & \cdots & a_{1j}+b_{1j} & \cdots & a_{1n} \\ a_{21} & \cdots & a_{2j}+b_{2j} & \cdots & a_{2n} \\ \vdots & & \vdots & & \vdots \\ a_{n1} & \cdots & a_{nj}+b_{nj} & \cdots & a_{nn} \end{vmatrix}$$

$$= \begin{vmatrix} a_{11} & \cdots & a_{1j} & \cdots & a_{1n} \\ a_{21} & \cdots & a_{2j} & \cdots & a_{2n} \\ \vdots & & \vdots & & \vdots \\ a_{n1} & \cdots & a_{nj} & \cdots & a_{nn} \end{vmatrix} + \begin{vmatrix} a_{11} & \cdots & b_{1j} & \cdots & a_{1n} \\ a_{21} & \cdots & b_{2j} & \cdots & a_{2n} \\ \vdots & & \vdots & & \vdots \\ a_{n1} & \cdots & b_{nj} & \cdots & a_{nn} \end{vmatrix}.$$

例如，$\begin{vmatrix} 2 & 2+1 & 1 \\ 1 & 1+1 & 2 \\ 3 & 3+1 & 2 \end{vmatrix} = \begin{vmatrix} 2 & 3 & 1 \\ 1 & 2 & 2 \\ 3 & 4 & 2 \end{vmatrix} = 2$，$\begin{vmatrix} 2 & 2 & 1 \\ 1 & 1 & 2 \\ 3 & 3 & 2 \end{vmatrix} = 0$，

$\begin{vmatrix} 2 & 1 & 1 \\ 1 & 1 & 2 \\ 3 & 1 & 2 \end{vmatrix} = 2$，即有 $\begin{vmatrix} 2 & 2+1 & 1 \\ 1 & 1+1 & 2 \\ 3 & 3+1 & 2 \end{vmatrix} = \begin{vmatrix} 2 & 2 & 1 \\ 1 & 1 & 2 \\ 3 & 3 & 2 \end{vmatrix} + \begin{vmatrix} 2 & 1 & 1 \\ 1 & 1 & 2 \\ 3 & 1 & 2 \end{vmatrix}$.

性质 6　把行列式的某一列(行)的各元素乘以同一个倍数 k 然后加到另一列(行)对应的元素上去，行列式不变.

注意：以数 k 乘第 j 行(列)加到第 i 行(列)上，记作 $r_i + kr_j$ $(c_i + kc_j)$.

例如，$\begin{vmatrix} 2 & 1 & 1 \\ 1 & 1 & 2 \\ 3 & 1 & 2 \end{vmatrix} = 2$，让该行列式的第二列同时乘以 2 倍后加到第一列，有 $\begin{vmatrix} 2+2\times1 & 1 & 1 \\ 1+2\times1 & 1 & 2 \\ 3+2\times1 & 1 & 2 \end{vmatrix} = \begin{vmatrix} 2 & 1 & 1 \\ 1 & 1 & 2 \\ 3 & 1 & 2 \end{vmatrix} + \begin{vmatrix} 2\times1 & 1 & 1 \\ 2\times1 & 1 & 2 \\ 2\times1 & 1 & 2 \end{vmatrix}$

$$= \begin{vmatrix} 2 & 1 & 1 \\ 1 & 1 & 2 \\ 3 & 1 & 2 \end{vmatrix} + 0 = \begin{vmatrix} 2 & 1 & 1 \\ 1 & 1 & 2 \\ 3 & 1 & 2 \end{vmatrix}.$$

认识了行列式的性质，下面就用行列式的性质将行列式化为上三角形行列式，进而求出行列式的值.

例 5.3.4 计算行列式

$$1)\begin{vmatrix}1&1&-1&2\\-1&-1&-4&1\\2&4&-6&1\\1&2&2&2\end{vmatrix};\quad 2)\begin{vmatrix}3&1&-1&2\\-5&1&3&-4\\2&0&1&-1\\1&-5&3&-3\end{vmatrix}.$$

解：1) $\begin{vmatrix}1&1&-1&2\\-1&-1&-4&1\\2&4&-6&1\\1&2&2&2\end{vmatrix}=\begin{vmatrix}1&1&-1&2\\0&0&-5&3\\0&2&-4&-3\\0&1&3&0\end{vmatrix}$

$$=-\begin{vmatrix}1&1&-1&2\\0&1&3&0\\0&2&-4&-3\\0&0&-5&3\end{vmatrix}=-\begin{vmatrix}1&1&-1&2\\0&1&3&0\\0&0&-10&-3\\0&0&-5&3\end{vmatrix}$$

$$=\begin{vmatrix}1&1&-1&2\\0&1&3&0\\0&0&-5&3\\0&0&-10&-3\end{vmatrix}=\begin{vmatrix}1&1&-1&2\\0&1&3&0\\0&0&-5&3\\0&0&0&-9\end{vmatrix}$$

$=45.$

2) $\begin{vmatrix}3&1&-1&2\\-5&1&3&-4\\2&0&1&-1\\1&-5&3&-3\end{vmatrix}=-\begin{vmatrix}1&-5&3&-3\\-5&1&3&-4\\2&0&1&-1\\3&1&-1&2\end{vmatrix}$

$$=-\begin{vmatrix}1&-5&3&-3\\0&-24&18&-19\\0&10&-5&5\\0&16&-10&11\end{vmatrix}=-5\begin{vmatrix}1&-5&3&-3\\0&-24&18&-19\\0&2&-1&1\\0&16&-10&11\end{vmatrix}$$

$$=5\begin{vmatrix}1&-5&3&-3\\0&2&-1&1\\0&-24&18&-19\\0&16&-10&11\end{vmatrix}=5\begin{vmatrix}1&-5&3&-3\\0&2&-1&1\\0&0&6&-7\\0&0&-2&3\end{vmatrix}$$

$$=5\begin{vmatrix}1&-5&3&-3\\0&2&-1&1\\0&0&6&-7\\0&0&0&2/3\end{vmatrix}=40.$$

5.3.4 行列式展开定理

数学上常用的一种思想方法是将复杂的对象转化为简单的对

象再进行计算，进而就有了降幂、降阶等思想. 自然地，低阶的行列式比高阶的行列式简单，那么高阶的行列式能否转化为低阶的行列式再进行计算呢？答案依然是肯定的.

首先观察三阶行列式

$$|\boldsymbol{A}| = \begin{vmatrix} a_{11} & a_{12} & a_{13} \\ a_{21} & a_{22} & a_{23} \\ a_{31} & a_{32} & a_{33} \end{vmatrix}$$

$$= a_{11}a_{22}a_{33} + a_{12}a_{23}a_{31} + a_{13}a_{21}a_{32} - a_{13}a_{22}a_{31} - a_{12}a_{21}a_{33} - a_{11}a_{23}a_{32}$$

$$= a_{11}(a_{22}a_{33} - a_{23}a_{32}) + a_{12}(a_{23}a_{31} - a_{21}a_{33}) + a_{13}(a_{21}a_{32} - a_{22}a_{31})$$

$$= a_{11}(a_{22}a_{33} - a_{23}a_{32}) - a_{12}(a_{21}a_{33} - a_{23}a_{31}) + a_{13}(a_{21}a_{32} - a_{22}a_{31})$$

$$= a_{11}\begin{vmatrix} a_{22} & a_{23} \\ a_{32} & a_{33} \end{vmatrix} - a_{12}\begin{vmatrix} a_{21} & a_{23} \\ a_{31} & a_{33} \end{vmatrix} + a_{13}\begin{vmatrix} a_{21} & a_{22} \\ a_{31} & a_{32} \end{vmatrix}$$

$$= a_{21}(a_{13}a_{32} - a_{12}a_{33}) + a_{22}(a_{11}a_{33} - a_{13}a_{31}) + a_{23}(a_{12}a_{31} - a_{11}a_{32})$$

$$= -a_{21}(a_{12}a_{33} - a_{13}a_{32}) + a_{22}(a_{11}a_{33} - a_{13}a_{31}) - a_{23}(a_{11}a_{32} - a_{12}a_{31})$$

$$= -a_{21}\begin{vmatrix} a_{12} & a_{13} \\ a_{32} & a_{33} \end{vmatrix} + a_{22}\begin{vmatrix} a_{11} & a_{13} \\ a_{31} & a_{33} \end{vmatrix} - a_{23}\begin{vmatrix} a_{11} & a_{12} \\ a_{31} & a_{32} \end{vmatrix}.$$

可以发现，三阶行列式可以展开为二阶行列式，而且展开过程有以下特点：

1）三阶行列式可以按任意一行(列)展开为二阶行列式.

2）不考虑符号时，展开式总是该行(列)各个元素依次对应乘各个元素划掉其所在的行、列后剩下的二阶行列式的代数和，共三项.

在上面的例子中，展开式按元素 a_{12}, a_{21}, a_{23} 展开时系数为负，按元素 a_{11}, a_{13}, a_{22} 展开时系数为正，由此可得下标和为奇数时系数为负，下标和为偶数时系数为正.

定义 5.7　在 n 阶行列式中，把元素 a_{ij} 所在的第 i 行和第 j 列划掉后，留下来的 $n-1$ 阶行列式叫作元素 a_{ij} 的余子式，记作 M_{ij}. 并把 $A_{ij} = (-1)^{i+j}M_{ij}$ 叫作元素 a_{ij} 的代数余子式.

如三阶行列式 $\begin{vmatrix} -3 & 0 & 4 \\ 5 & 0 & 3 \\ 2 & -2 & 1 \end{vmatrix}$ 中元素 -2 的余子式为 $M_{32} = \begin{vmatrix} -3 & 4 \\ 5 & 3 \end{vmatrix}$，$-2$ 的代数余子式为

$$A_{32} = (-1)^{3+2}M_{32} = -\begin{vmatrix} -3 & 4 \\ 5 & 3 \end{vmatrix}.$$

注意：

1）行列式中每一个元素对应着一个余子式和代数余子式.

2）一个元素的余子式和代数余子式只与该元素的位置有关，而与该元素的取值无关.

根据定义 5.7，三阶行列式的值等于它的任一行（列）的各元素与其对应的代数余子式乘积之和. 一般地，n 阶行列式有如下展开定理.

定理 5.4 n 阶行列式 $|\boldsymbol{A}| = \begin{vmatrix} a_{11} & a_{12} & \cdots & a_{1n} \\ a_{21} & a_{22} & \cdots & a_{2n} \\ \vdots & \vdots & & \vdots \\ a_{n1} & a_{n2} & \cdots & a_{nn} \end{vmatrix}$ 等于它的任一行（列）的各元素与其对应的代数余子式乘积之和，即

$$|\boldsymbol{A}| = a_{i1}A_{i1} + a_{i2}A_{i2} + \cdots + a_{in}A_{in}$$

或

$$|\boldsymbol{A}| = a_{1j}A_{1j} + a_{2j}A_{2j} + \cdots + a_{nj}A_{nj}$$

例如，三阶行列式

$$\begin{vmatrix} -3 & 0 & 4 \\ 5 & 0 & 3 \\ 2 & -2 & 1 \end{vmatrix} = a_{11}A_{11} + a_{12}A_{12} + a_{13}A_{13} =$$

$$(-3) \times (-1)^{1+1} \begin{vmatrix} 0 & 3 \\ -2 & 1 \end{vmatrix} + 0 \times (-1)^{1+2} \begin{vmatrix} 5 & 3 \\ 2 & 1 \end{vmatrix} +$$

$$4 \times (-1)^{1+3} \begin{vmatrix} 5 & 0 \\ 2 & -2 \end{vmatrix} = (-3) \times 6 + 0 + 4 \times (-10) = -58.$$

根据 n 阶行列式的展开定理可以知道其可以展开为 n 项和，毋庸置疑，要想使得行列式使用展开定理后好计算，最好是选择的这一行的 n 个元素中恰有 $n-1$ 个元素为 0，那么 n 项和就会变为一项，计算会非常方便. 要想达到这一效果，要么是所给的行列式中原本就有某行（列）只有一个元素不为 0，要么需要通过行列式的性质进行化解才能达到该目的.

例如，三阶行列式 $\begin{vmatrix} -3 & 0 & 4 \\ 5 & 0 & 3 \\ 2 & -2 & 1 \end{vmatrix} = a_{12}A_{12} + a_{22}A_{22} + a_{32}A_{32} =$

$$a_{32}A_{32} = (-2) \times (-1)^{3+2} \begin{vmatrix} -3 & 4 \\ 5 & 3 \end{vmatrix} = 2 \times (-29) = -58.$$

例 5.3.5 计算五阶行列式 $\begin{vmatrix} 5 & 3 & -1 & 2 & 0 \\ 1 & 7 & 2 & 5 & 2 \\ 0 & -2 & 3 & 1 & 0 \\ 0 & -4 & -1 & 4 & 0 \\ 0 & 2 & 3 & 5 & 0 \end{vmatrix}$.

解：

$$\begin{vmatrix} 5 & 3 & -1 & 2 & 0 \\ 1 & 7 & 2 & 5 & 2 \\ 0 & -2 & 3 & 1 & 0 \\ 0 & -4 & -1 & 4 & 0 \\ 0 & 2 & 3 & 5 & 0 \end{vmatrix} = 2\times(-1)^{2+5}\begin{vmatrix} 5 & 3 & -1 & 2 \\ 0 & -2 & 3 & 1 \\ 0 & -4 & -1 & 4 \\ 0 & 2 & 3 & 5 \end{vmatrix} =$$

$$-2\begin{vmatrix} 5 & 3 & -1 & 2 \\ 0 & -2 & 3 & 1 \\ 0 & -4 & -1 & 4 \\ 0 & 2 & 3 & 5 \end{vmatrix} = -2\times5\times(-1)^{1+1}\begin{vmatrix} -2 & 3 & 1 \\ -4 & -1 & 4 \\ 2 & 3 & 5 \end{vmatrix} =$$

$$-10\begin{vmatrix} -2 & 3 & 1 \\ -4 & -1 & 4 \\ 2 & 3 & 5 \end{vmatrix} = -10\begin{vmatrix} -2 & 3 & 1 \\ 0 & -7 & 2 \\ 0 & 6 & 6 \end{vmatrix} =$$

$$-10\times(-2)\times(-1)^{1+1}\begin{vmatrix} -7 & 2 \\ 6 & 6 \end{vmatrix} = -1080.$$

学习了行列式的计算，现在可以回到 5.2 节，解决例 5.2.1 和例 5.2.2 遗留的行列式计算问题.

例 5.3.6 解例 5.2.1 的四阶系数行列式.

解：例 5.2.1 对应的四阶系数行列式为

$$|\boldsymbol{A}| = \begin{vmatrix} 2 & 2 & -1 & 1 \\ 4 & 3 & -1 & 2 \\ 8 & 5 & -3 & 4 \\ 3 & 3 & -2 & 2 \end{vmatrix} = \begin{vmatrix} 2 & 2 & -1 & 1 \\ 0 & -1 & 1 & 0 \\ 0 & -3 & 1 & 0 \\ -1 & -1 & 0 & 0 \end{vmatrix} = 1\times(-1)^{1+4}\begin{vmatrix} 0 & -1 & 1 \\ 0 & -3 & 1 \\ -1 & -1 & 0 \end{vmatrix}$$

$$= (-1)\begin{vmatrix} 0 & -1 & 1 \\ 0 & -3 & 1 \\ -1 & -1 & 0 \end{vmatrix} = (-1)\times(-1)\times(-1)^{3+1}\begin{vmatrix} -1 & 1 \\ -3 & 1 \end{vmatrix} = 2.$$

$$|\boldsymbol{A}_1| = \begin{vmatrix} 4 & 2 & -1 & 1 \\ 6 & 3 & -1 & 2 \\ 12 & 5 & -3 & 4 \\ 16 & 3 & -2 & 2 \end{vmatrix} = \begin{vmatrix} 4 & 2 & -1 & 1 \\ -2 & -1 & 1 & 0 \\ -4 & -3 & 1 & 0 \\ 8 & -1 & 0 & 0 \end{vmatrix} = 1\times(-1)^{1+4}\begin{vmatrix} -2 & -1 & 1 \\ -4 & -3 & 1 \\ 8 & -1 & 0 \end{vmatrix}$$

$$= (-1)\begin{vmatrix} -2 & -1 & 1 \\ -2 & -2 & 0 \\ 8 & -1 & 0 \end{vmatrix} = (-1)\times1\times(-1)^{1+3}\begin{vmatrix} -2 & -2 \\ 8 & -1 \end{vmatrix} = -18.$$

$$|\boldsymbol{A}_2|=\begin{vmatrix}2&4&-1&1\\4&6&-1&2\\8&12&-3&4\\3&16&-2&2\end{vmatrix}=\begin{vmatrix}2&4&-1&1\\0&-2&1&0\\0&-4&1&0\\-1&8&0&0\end{vmatrix}=1\times(-1)^{1+4}\begin{vmatrix}0&-2&1\\0&-4&1\\-1&8&0\end{vmatrix}$$

$$=(-1)\begin{vmatrix}0&-2&1\\0&-4&1\\-1&8&0\end{vmatrix}=(-1)\times(-1)\times(-1)^{3+1}\begin{vmatrix}-2&1\\-4&1\end{vmatrix}=2.$$

$$|\boldsymbol{A}_3|=\begin{vmatrix}2&2&4&1\\4&3&6&2\\8&5&12&4\\3&3&16&2\end{vmatrix}=\begin{vmatrix}2&2&4&1\\0&-1&-2&0\\0&-3&-4&0\\-1&-1&8&0\end{vmatrix}$$

$$=1\times(-1)^{1+4}\begin{vmatrix}0&-1&-2\\0&-3&-4\\-1&-1&8\end{vmatrix}$$

$$=(-1)\begin{vmatrix}0&-1&-2\\0&-3&-4\\-1&-1&8\end{vmatrix}=(-1)\times(-1)\times(-1)^{3+1}\begin{vmatrix}-1&-2\\-3&-4\end{vmatrix}=-2.$$

$$|\boldsymbol{A}_4|=\begin{vmatrix}2&2&-1&4\\4&3&-1&6\\8&5&-3&12\\3&3&-2&16\end{vmatrix}=\begin{vmatrix}0&0&-1&0\\2&1&-1&2\\2&-1&-3&0\\-1&-1&-2&8\end{vmatrix}$$

$$=(-1)\times(-1)^{1+3}\begin{vmatrix}2&1&2\\2&-1&0\\-1&-1&8\end{vmatrix}$$

$$=(-1)\begin{vmatrix}2&1&2\\2&-1&0\\-1&-1&8\end{vmatrix}=(-1)\begin{vmatrix}2&1&2\\2&-1&0\\-9&-5&0\end{vmatrix}$$

$$=(-1)\times2\times(-1)^{1+3}\begin{vmatrix}2&-1\\-9&-5\end{vmatrix}$$

$$=(-2)\times(-19)=38.$$

因此，由克拉默法则求解该四元适定方程组的解为 $x_1=\dfrac{|\boldsymbol{A}_1|}{|\boldsymbol{A}|}=-9,x_2=\dfrac{|\boldsymbol{A}_2|}{|\boldsymbol{A}|}=1,x_3=\dfrac{|\boldsymbol{A}_3|}{|\boldsymbol{A}|}=-1,x_4=\dfrac{|\boldsymbol{A}_4|}{|\boldsymbol{A}|}=19.$

例 5.3.7　解例 5.2.2 中的四阶系数行列式.

解：例 5.2.2 中对应的四阶系数行列式为

$$|\boldsymbol{A}| = \begin{vmatrix} 2 & 1 & -5 & 1 \\ 1 & -3 & 0 & -6 \\ 0 & 2 & -1 & 2 \\ 1 & 4 & -7 & 6 \end{vmatrix} = \begin{vmatrix} 0 & 7 & -5 & 13 \\ 1 & -3 & 0 & -6 \\ 0 & 2 & -1 & 2 \\ 0 & 7 & -7 & 12 \end{vmatrix}$$

$$= 1 \times (-1)^{2+1} \begin{vmatrix} 7 & -5 & 13 \\ 2 & -1 & 2 \\ 7 & -7 & 12 \end{vmatrix} = -\begin{vmatrix} 7 & -5 & 13 \\ 2 & -1 & 2 \\ 7 & -7 & 12 \end{vmatrix}$$

$$= -\begin{vmatrix} -3 & -5 & 3 \\ 0 & -1 & 0 \\ -7 & -7 & -2 \end{vmatrix} = -(-1) \times (-1)^{2+2} \begin{vmatrix} -3 & 3 \\ -7 & -2 \end{vmatrix} = 27.$$

且

$$|\boldsymbol{A}_1| = \begin{vmatrix} 8 & 1 & -5 & 1 \\ 9 & -3 & 0 & -6 \\ -5 & 2 & -1 & 2 \\ 0 & 4 & -7 & 6 \end{vmatrix} = 81, \quad |\boldsymbol{A}_2| = \begin{vmatrix} 2 & 8 & -5 & 1 \\ 1 & 9 & 0 & -6 \\ 0 & -5 & -1 & 2 \\ 1 & 0 & -7 & 6 \end{vmatrix} = -108,$$

$$|\boldsymbol{A}_3| = \begin{vmatrix} 2 & 1 & 8 & 1 \\ 1 & -3 & 9 & -6 \\ 0 & 2 & -5 & 2 \\ 1 & 4 & 0 & 6 \end{vmatrix} = -27, \quad |\boldsymbol{A}_4| = \begin{vmatrix} 2 & 1 & -5 & 8 \\ 1 & -3 & 0 & 9 \\ 0 & 2 & -1 & -5 \\ 1 & 4 & -7 & 0 \end{vmatrix} = 27.$$

因此由克拉默法则求解四元线性方程组的解为

$$x_1 = \frac{|\boldsymbol{A}_1|}{|\boldsymbol{A}|} = 3, x_2 = \frac{|\boldsymbol{A}_2|}{|\boldsymbol{A}|} = -4, x_3 = \frac{|\boldsymbol{A}_3|}{|\boldsymbol{A}|} = -1, x_4 = \frac{|\boldsymbol{A}_4|}{|\boldsymbol{A}|} = 1.$$

习题 A

1. 计算下列二阶行列式.

(1) $\begin{vmatrix} 4 & 7 \\ -1 & 3 \end{vmatrix}$；　(2) $\begin{vmatrix} \sin\theta & \cos\theta \\ \cos\theta & -\sin\theta \end{vmatrix}$.

2. 计算下列三阶行列式.

(1) $\begin{vmatrix} 1 & 2 & 3 \\ 3 & 1 & 2 \\ 2 & 3 & 1 \end{vmatrix}$；　(2) $\begin{vmatrix} 0 & -a & b \\ a & 0 & -c \\ -b & c & 0 \end{vmatrix}$.

3. 求下列各排列的逆序数，并说明它的奇偶性.

(1) 1 3 4 2；　(2) 4 1 6 2 5 3.

4. 填空.

(1) 在五阶行列式 $|a_{ij}|$ 中，乘积项 $a_{33}a_{21}a_{45}a_{14}a_{52}$ 前应取________号.

(2) 若 $\begin{vmatrix} a_{11} & a_{12} & a_{13} \\ a_{21} & a_{22} & a_{23} \\ a_{31} & a_{32} & a_{33} \end{vmatrix} = 1$，则 $M = \begin{vmatrix} 4a_{11} & 2a_{11}-3a_{12} & a_{13} \\ 4a_{21} & 2a_{21}-3a_{22} & a_{23} \\ 4a_{31} & 2a_{31}-3a_{32} & a_{33} \end{vmatrix} =$________.

(3) 行列式 $\begin{vmatrix} 1 & 2 & 3 & 4 \\ 0 & 0 & 2 & 0 \\ 3 & 2 & 1 & 3 \\ 6 & 1 & 5 & 0 \end{vmatrix} =$________.

5. 用克拉默法则解下列适定方程组.

(1) $\begin{cases} x_1 + 2x_2 + 3x_3 = 1, \\ 2x_1 + 2x_2 + 5x_3 = 2, \\ 3x_1 + 5x_2 + x_3 = 3; \end{cases}$ (2) $\begin{cases} x_1 + x_2 + x_3 = 2, \\ x_1 + 2x_2 + 4x_3 = 3, \\ x_1 + 3x_2 + 9x_3 = 5; \end{cases}$

(3) $\begin{cases} x_1+2x_2+3x_3+4x_4=1, \\ x_1+3x_2+4x_3+x_4=1, \\ x_1+4x_2+x_3+2x_4=1, \\ x_1+x_2+2x_3+3x_4=1. \end{cases}$

6. 单选题.

(1) $k=0$ 是线性方程组 $\begin{cases} 2x+ky=c_1, \\ kx+2y=c_2 \end{cases}$ (c_1,c_2 为不等于零的常数)有唯一解的(　　).

(A) 充分条件　　(B) 必要条件

(C) 充要条件　　(D) 无关条件

(2) 行列式 $\begin{vmatrix} 2 & 1 & 0 \\ 1 & x & -2 \\ -3 & 2 & 7 \end{vmatrix}=0$，则 x 的值为(　　).

(A) $\frac{1}{2}$　　(B) $-\frac{1}{2}$

(C) 2　　(D) -2

(3) 四阶行列式 $\begin{vmatrix} 0 & 1 & 1 & 1 \\ 1 & 0 & 1 & 1 \\ 1 & 1 & 0 & 1 \\ 1 & 1 & 1 & 0 \end{vmatrix}=$(　　).

(A) 1　　(B) 2

(C) -3　　(D) 0

7. 写出四阶行列式 $\begin{vmatrix} 3 & 1 & 4 & 1 \\ 1 & 1 & 1 & 1 \\ 0 & 7 & 0 & 0 \\ 5 & 3 & -2 & 2 \end{vmatrix}$ 中元素 7 的余子式和代数余子式.

习题 B

1. 求排列 $1,3,5,\cdots,2n-1$ 和 $2,4,6,\cdots,2n$ 的逆序数.

2. 在六阶行列式中，元素乘积 $a_{13}a_{36}a_{21}a_{65}a_{52}a_{44}$ 是否为行列式的一项？若是，应取什么符号？

3. 填空题.

(1) 若 n 阶行列式 D 中有多于 n^2-n 个元素为零，则 $D=$________.

(2) 设 $\begin{vmatrix} a & 3 & 1 \\ b & 0 & 1 \\ c & 2 & 1 \end{vmatrix}=1$，则 $\begin{vmatrix} a-3 & b-3 & c-3 \\ 5 & 2 & 4 \\ 1 & 1 & 1 \end{vmatrix}=$________.

(3) a,b,d,f 均不为零，求三阶行列式 $\begin{vmatrix} -ab & a & a \\ bd & -d & d \\ bf & f & f \end{vmatrix}=$________.

(4) 行列式 $\begin{vmatrix} 1 & 1 & 1 & 1 \\ 1 & 2 & 2 & 2 \\ 0 & 3 & 4 & 5 \\ 0 & 3^2 & 4^2 & 5^2 \end{vmatrix}=$________.

4. 单选题.

(1)已知 $6,i,5,4,1,j$ 为奇排列，则 i,j 的值为(　　).

(A) $i=3,j=2$　　(B) $i=2,j=3$

(C) $i=3,j=7$　　(D) $i=2,j=7$

(2)已知行列式 $D_1=\begin{vmatrix} 0 & \lambda_1 & 1 & 0 \\ 0 & 0 & \lambda_2 & 1 \\ 0 & 0 & 0 & \lambda_3 \\ \lambda_4 & 0 & 0 & 0 \end{vmatrix}$，$D_2=\begin{vmatrix} 0 & 0 & 0 & \lambda_1 \\ 0 & 0 & \lambda_2 & 0 \\ 0 & \lambda_3 & 0 & 0 \\ \lambda_4 & 0 & 0 & 0 \end{vmatrix}$ 其中 $\lambda_1\ \lambda_2\ \lambda_3\ \lambda_4\neq 0$，则 D_1 与 D_2 应满足关系(　　).

(A) $D_1=D_2$　　(B) $D_1=-D_2$

(C) $D_1=2D_2$　　(D) $2D_1=D_2$

(3) n 阶三角行列式 $D=\begin{vmatrix} 0 & 0 & \cdots & 0 & 1 \\ 0 & 0 & \cdots & 2 & 0 \\ \vdots & \vdots & & \vdots & \vdots \\ 0 & n-1 & \cdots & 0 & 0 \\ n & 0 & \cdots & 0 & 0 \end{vmatrix}$ 的值为(　　).

(A) $n!$　　(B) $(-1)^n n!$

(C) $(-1)^{n+1}n!$　　(D) $(-1)^{\frac{n(n-1)}{2}}n!$

5. 利用行列式的性质计算行列式

$$\begin{vmatrix} a^2 & (a+1)^2 & (a+2)^2 \\ b^2 & (b+1)^2 & (b+2)^2 \\ c^2 & (c+1)^2 & (c+2)^2 \end{vmatrix}.$$

6. 计算下列 n 阶行列式 $\begin{vmatrix} 3 & 2 & 2 & \cdots & 2 & 2 \\ 2 & 3 & 2 & \cdots & 2 & 2 \\ 2 & 2 & 3 & \cdots & 2 & 2 \\ \vdots & \vdots & \vdots & & \vdots & \vdots \\ 2 & 2 & 2 & \cdots & 3 & 2 \\ 2 & 2 & 2 & \cdots & 2 & 3 \end{vmatrix}$.

7. k 取何值时，线性方程组

$$\begin{cases} x_1 + x_2 + 2x_3 + 3x_4 = 1, \\ x_1 + 3x_2 + 6x_3 + x_4 = 3, \\ 3x_1 - x_2 - kx_3 + 15x_4 = 3, \\ x_1 - 5x_2 - 10x_3 + 12x_4 = 1 \end{cases}$$

有唯一解？

第 6 章 矩阵运算法

矩阵指的是由 $m \times n$ 个数 $a_{ij}(i=1,2,\cdots,m;\ j=1,2,\cdots,n)$ 排成的 m 行 n 列的数表，$\begin{pmatrix} a_{11} & \cdots & a_{1n} \\ \vdots & & \vdots \\ a_{m1} & \cdots & a_{mn} \end{pmatrix}$称为 m 行 n 列矩阵. 已知数有加减乘除等运算，矩阵实质是数表，那矩阵有没有类似数的加减乘除等运算呢?

这一章主要介绍矩阵运算及用矩阵运算法求解线性方程组.

6.1 矩阵运算

引例 6-1 某高校期中、期末考试有选择题、填空题、解答题三种类型的题. 已知选择题每题 2 分，填空题每题 3 分，解答题每题 8 分.

小王、小李在两次数学考试中答对题数见表 6-1.

表 6-1 考试情况

姓名	答对题数					
	期中			期末		
	选择题	填空题	解答题	选择题	填空题	解答题
小王	10	3	6	6	5	7
小李	8	3	5	4	2	6

问:

1）他们两次考试各题型分别答对了多少题?

2）他们期中、期末成绩分别为多少分?

3）如果期中占 40%，期末占 60%，他们的总评成绩分别为多少?

思考:

1）如何用矩阵表示他们两次考试各题型的答对题数?

2）如何用矩阵表示他们期中、期末成绩?

3）如果期中占 40%，期末占 60%，如何用矩阵表示他们的总评成绩？

6.1.1 矩阵运算的实际意义

首先，在引例 6-1 中，记期中答对题数为矩阵 $\boldsymbol{A}$，记期末答对题数为矩阵 $\boldsymbol{B}$，则

$$\boldsymbol{A}=\begin{pmatrix}10 & 3 & 6\\ 8 & 3 & 5\end{pmatrix},\ \boldsymbol{B}=\begin{pmatrix}6 & 5 & 7\\ 4 & 2 & 6\end{pmatrix}.$$

于是两次考试他们答对题数的矩阵 $\boldsymbol{C}$ 为

$$\boldsymbol{C}=\boldsymbol{A}+\boldsymbol{B}=\begin{pmatrix}16 & 8 & 13\\ 12 & 5 & 11\end{pmatrix}=\boldsymbol{B}+\boldsymbol{A},$$

即小王两次考试答对选择题 16 题、填空题 8 题、解答题 13 题，小李两次考试答对选择题 12 题、填空题 5 题、解答题 11 题.

其次，记分值矩阵为 $\boldsymbol{D}$，则

$$\boldsymbol{D}=\begin{pmatrix}2\\ 3\\ 8\end{pmatrix},$$

因此，确定他们期中成绩的矩阵为

$$\boldsymbol{E}=\boldsymbol{AD}=\begin{pmatrix}10 & 3 & 6\\ 8 & 3 & 5\end{pmatrix}\begin{pmatrix}2\\ 3\\ 8\end{pmatrix}=\begin{pmatrix}77\\ 65\end{pmatrix},$$

即小王期中成绩 77 分，小李期中成绩 65 分.

确定他们期末成绩的矩阵为

$$\boldsymbol{F}=\boldsymbol{BD}=\begin{pmatrix}6 & 5 & 7\\ 4 & 2 & 6\end{pmatrix}\begin{pmatrix}2\\ 3\\ 8\end{pmatrix}=\begin{pmatrix}83\\ 62\end{pmatrix},$$

即小王期末成绩 83 分，小李期末成绩 62 分.

于是，他们的总评成绩为矩阵

$$\boldsymbol{G}=0.4\boldsymbol{E}+0.6\boldsymbol{F}=0.4\begin{pmatrix}77\\ 65\end{pmatrix}+0.6\begin{pmatrix}83\\ 62\end{pmatrix}=\begin{pmatrix}80.6\\ 63.2\end{pmatrix},$$

即小王总评成绩 80.6 分，小李总评成绩 63.2 分.

现实生活中的许多问题都可以转化为相应的矩阵问题来处理，矩阵加减法、数乘、乘法、转置、矩阵的逆等运算不仅符合数学逻辑，而且在现实生活中都有其实际意义.

6.1.2 矩阵运算的几何意义

1. 矩阵加法的几何意义

引例 6-1 中小王、小李两次考试他们答对题数的矩阵 $\boldsymbol{C}=\boldsymbol{A}+\boldsymbol{B}$，

其中，$\boldsymbol{A}=\begin{pmatrix}10 & 3 & 6\\ 8 & 3 & 5\end{pmatrix}$，$\boldsymbol{B}=\begin{pmatrix}6 & 5 & 7\\ 4 & 2 & 6\end{pmatrix}$.

把上述矩阵 $\boldsymbol{A}$、$\boldsymbol{B}$ 都分解为两个行向量，则

$$\boldsymbol{A}=\begin{pmatrix}\boldsymbol{a}_1\\ \boldsymbol{a}_2\end{pmatrix},\ \boldsymbol{a}_1=(10,3,6),\ \boldsymbol{a}_2=(8,3,5),$$

$$\boldsymbol{B}=\begin{pmatrix}\boldsymbol{b}_1\\ \boldsymbol{b}_2\end{pmatrix},\ \boldsymbol{b}_1=(6,5,7),\ \boldsymbol{b}_2=(4,2,6).$$

因为矩阵的加法是对每个元素分别对应相加，对于列向量同样等效．矩阵加法 $\boldsymbol{A}+\boldsymbol{B}$ 用图形表示，如图 6-1 所示.

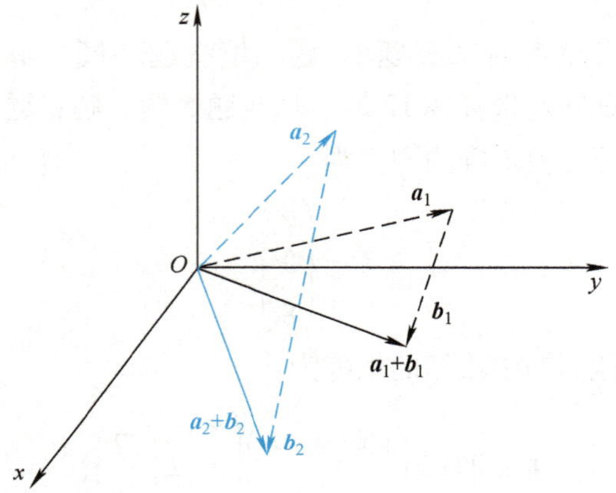

图 6-1 矩阵加法

图 6-1 显示了矩阵相加则为矩阵中的两组向量分别相加，即

$$\boldsymbol{C}=\boldsymbol{A}+\boldsymbol{B}=\begin{pmatrix}\boldsymbol{a}_1+\boldsymbol{b}_1\\ \boldsymbol{a}_2+\boldsymbol{b}_2\end{pmatrix}.$$

用矩阵表示出来就是

$$\begin{pmatrix}10 & 3 & 6\\ 8 & 3 & 5\end{pmatrix}+\begin{pmatrix}6 & 5 & 7\\ 4 & 2 & 6\end{pmatrix}=\begin{pmatrix}16 & 8 & 13\\ 12 & 5 & 11\end{pmatrix}.$$

由此可得，矩阵加法的几何意义：它可以将多个向量组合并成一个新的向量组，这个新的向量组包含了原来多个向量组中的所有向量.

2. 矩阵与矩阵乘法的几何意义

矩阵与矩阵相乘可以看作矩阵乘以列向量(或者行向量乘以矩阵的)组合，例如，

$$\boldsymbol{Ac}=\begin{pmatrix}a_1 & a_2\\ b_1 & b_2\end{pmatrix}\begin{pmatrix}c_1\\ c_2\end{pmatrix},\ \boldsymbol{Ad}=\begin{pmatrix}a_1 & a_2\\ b_1 & b_2\end{pmatrix}\begin{pmatrix}d_1\\ d_2\end{pmatrix},\tag{6-1}$$

向量 $\boldsymbol{c}$ 和 $\boldsymbol{d}$ 可以组合成矩阵

$$\boldsymbol{B}=(\boldsymbol{c},\boldsymbol{d}),$$

那么式(6-1)可以用两个矩阵的乘积来表示为

$$\boldsymbol{AB}=\boldsymbol{A}(\boldsymbol{c},\boldsymbol{d})=\begin{pmatrix}a_1 & a_2\\ b_1 & b_2\end{pmatrix}\begin{pmatrix}c_1 & d_1\\ c_2 & d_2\end{pmatrix}.$$

当然，如果有更多的向量组合起来，可以形成这样的矩阵乘法.

矩阵乘以矩阵($\boldsymbol{AB}=\boldsymbol{C}$)的一般几何意义是把一个矩阵($\boldsymbol{B}$)的数个行向量或列向量构成的几何图形进行旋转、缩放、镜像等变换(另一个矩阵 $\boldsymbol{A}$ 起到的作用)得到了数个新向量，这些新向量作为行向量或者列向量组成一个新的矩阵 $\boldsymbol{C}$，这个新矩阵 $\boldsymbol{C}$ 会构成新的几何图形. 对于乘式

$$\boldsymbol{C}=\boldsymbol{AB}=\boldsymbol{A}(\boldsymbol{c},\boldsymbol{d},\boldsymbol{e},\boldsymbol{f},\boldsymbol{g})=\begin{pmatrix}a_1 & a_2\\ b_1 & b_2\end{pmatrix}\begin{pmatrix}c_1 & d_1 & e_1 & f_1 & g_1\\ c_2 & d_2 & e_2 & f_2 & g_2\end{pmatrix}$$

$$=\begin{pmatrix}h_1 & i_1 & j_1 & k_1 & l_1\\ h_2 & i_2 & j_2 & k_2 & l_2\end{pmatrix}=(\boldsymbol{h},\boldsymbol{i},\boldsymbol{j},\boldsymbol{k},\boldsymbol{l})$$

给出具体的数据例子并画出这个变换的图形. 矩阵乘法如图 6-2 所示.

$$\boldsymbol{C}=\boldsymbol{AB}=\begin{pmatrix}1 & 1\\ 1 & -1\end{pmatrix}\begin{pmatrix}2 & 3 & 5 & 3 & 2\\ -3 & -1 & 1 & 1 & 2\end{pmatrix}=\begin{pmatrix}-1 & 2 & 6 & 5 & 4\\ 5 & 4 & 4 & 1 & 0\end{pmatrix}.$$

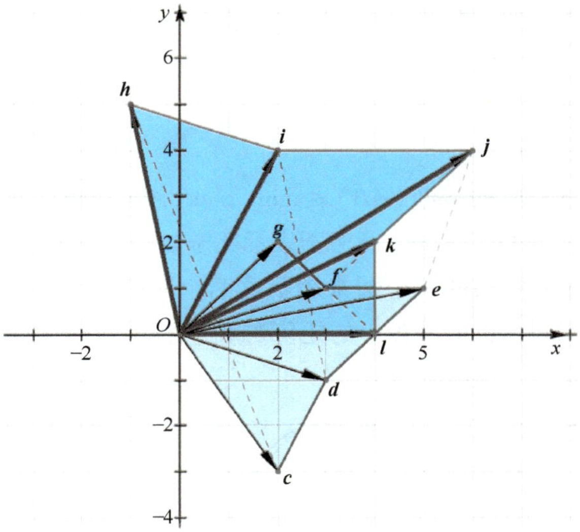

图 6-2　矩阵乘法

6.1.3　矩阵的秩

6.1.2 节矩阵与矩阵乘法的几何意义中向量 $\boldsymbol{c},\boldsymbol{d},\boldsymbol{e},\boldsymbol{f},\boldsymbol{g}$ 在矩阵 $\boldsymbol{A}$ 的作用下变为了向量 $\boldsymbol{h},\boldsymbol{i},\boldsymbol{j},\boldsymbol{k},\boldsymbol{l}$，将各个向量终点依次连接起来

就得到了两个平面图形. 那么可以这么理解, 图形 *Ocdefg* 在矩阵 $\boldsymbol{A}$ 的作用下变为了图形 *Ohijkl*. 如果矩阵 $\boldsymbol{A}$ 的秩不一样, 那么图形 *Ocdefg* 在矩阵 $\boldsymbol{A}$ 的作用下就可能得到不同的图形 *Ohijkl*, 变换后图形可以为平面图形(矩阵的秩 $\text{rank}(\boldsymbol{A})=2$)、线段($\text{rank}(\boldsymbol{A})=1$)、点($\text{rank}(\boldsymbol{A})=0$)(此结论可以在相关图解线性代数课程中查看), 所以可以将矩阵 $\boldsymbol{A}$ 看作一个筛子. 筛子及筛眼如图 6-3 所示.

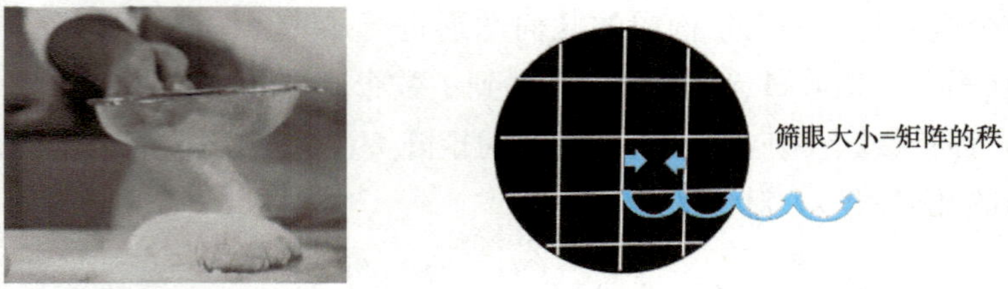

图 6-3　筛子及筛眼

矩阵 $\boldsymbol{A}$ 的秩 $\text{rank}(\boldsymbol{A})$ 可以看作筛眼的大小, $R(\boldsymbol{A})$ 越小对应的筛眼越小(忽略掉筛子的形状, 下面用带网格的圆来表示筛子). 秩与筛子大小如图 6-4 所示.

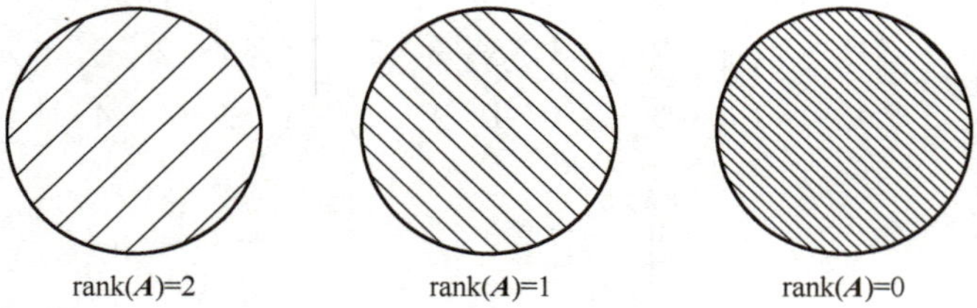

图 6-4　秩与筛子大小

矩阵复合的秩 $\text{rank}(\boldsymbol{AB})\leqslant\min(\text{rank}(\boldsymbol{A}),\ \text{rank}(\boldsymbol{B}))$, 矩阵 $\boldsymbol{A},\boldsymbol{B}$ 可以看作两个筛子. 网格圆表示筛子如图 6-5 所示.

图 6-5　网格圆表示筛子

可以用带网格的两个圆来表示这两个筛子, 可以看到各自的筛眼大小不同, 也就是各自的矩阵的秩不相同. 不同筛眼叠加如图 6-6 所示.

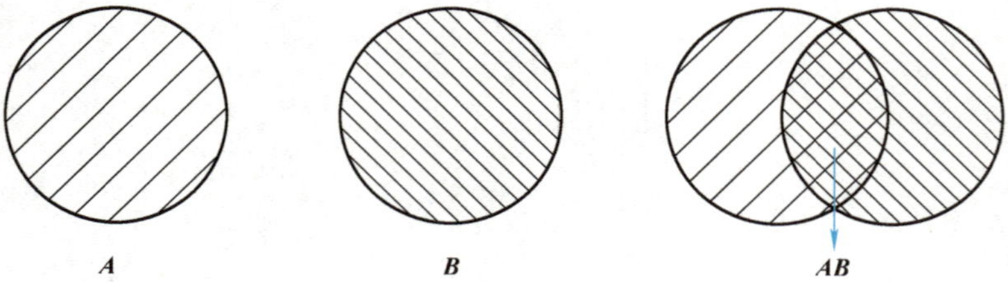

图 6-6　不同筛眼叠加

当这两个筛子叠在一起的时候, 叠加部分的筛眼变小了, 比单独某一个筛子的筛眼要小，此时有 $\mathrm{rank}(\boldsymbol{AB}) < \min(\mathrm{rank}(\boldsymbol{A}), \mathrm{rank}(\boldsymbol{B}))$. 当然还有可能矩阵 $\boldsymbol{A}$、$\boldsymbol{B}$ 的秩相同，筛眼大小相同，这时叠在一起时，叠加部分的筛眼等于其中某一个筛子的筛眼，相同筛眼叠加如图 6-7 所示，此时有 $\mathrm{rank}(\boldsymbol{AB}) = \min(\mathrm{rank}(\boldsymbol{A}), \mathrm{rank}(\boldsymbol{B}))$. 综上所述：$\mathrm{rank}(\boldsymbol{AB}) \leqslant \min(\mathrm{rank}(\boldsymbol{A}), \mathrm{rank}(\boldsymbol{B}))$.

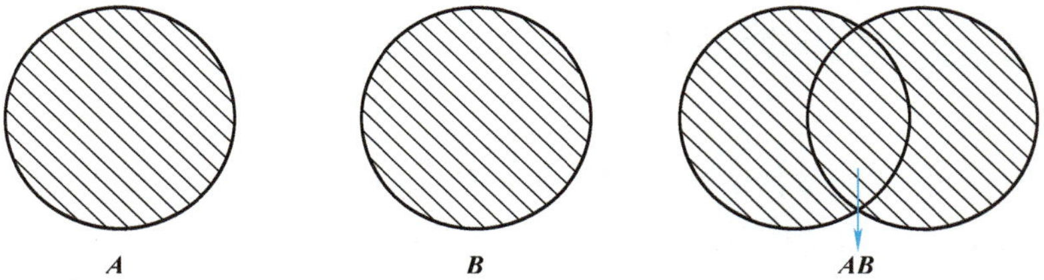

图 6-7　相同筛眼叠加

6.1.4　矩阵的转置

矩阵 $\boldsymbol{A} = \begin{pmatrix} 1 & 2 & 0 \\ 3 & -1 & 1 \end{pmatrix}$ 的转置矩阵为 $\boldsymbol{A}^{\mathrm{T}} = \begin{pmatrix} 1 & 3 \\ 2 & -1 \\ 0 & 1 \end{pmatrix}$. 矩阵 $\boldsymbol{B} = (18, 6)$ 的转置矩阵为 $\boldsymbol{B}^{\mathrm{T}} = \begin{pmatrix} 18 \\ 6 \end{pmatrix}$.

引例 6-2　一个工厂生产甲、乙两种产品，需用 A, B, C 三种原材料. 原材料需求表见表 6-2.

表 6-2　原材料需求表

原材料/t	产品	
	甲	乙
A	9	4
B	4	5
C	3	10

用矩阵 $\begin{pmatrix} 9 & 4 \\ 4 & 5 \\ 3 & 10 \end{pmatrix}$ 来表示表 6-2 中复杂的数据. 若给出产品的单价向量 $\boldsymbol{P}$（单位：t/件），原材料成本的向量 $\boldsymbol{C}$（单位：千元/t），订单向量 $\boldsymbol{X}$（单位：件），有

$$\boldsymbol{P} = \begin{pmatrix} 90 \\ 144 \end{pmatrix}, \ \boldsymbol{C} = \begin{pmatrix} 1 \\ 2 \\ 1 \end{pmatrix}, \ \boldsymbol{X} = \begin{pmatrix} 30 \\ 50 \end{pmatrix}.$$

设甲、乙产品的单件成本向量 $\boldsymbol{Y} = (y_1, y_2)$（单位：千元），则

$$Y = C^{T}\begin{pmatrix}9 & 4\\4 & 5\\3 & 10\end{pmatrix} = (20,24).$$

售出甲、乙产品所获的利润(单位：千元)为 $P^{T}X - YX = (P^{T} - Y)X = 9900 - 1800 = 8100$.

6.1.5 方阵的行列式

微课：方阵行列式

定义 6.1 由 n 阶方阵 A 的元素所构成的行列式(各元素的位置不变)，称为方阵 A 的行列式，记作 $\det A$ 或 $|A|$.

例如，方阵 $A = \begin{pmatrix}1 & 3\\2 & 4\end{pmatrix}$ 的行列式为 $|A| = \begin{vmatrix}1 & 3\\2 & 4\end{vmatrix}$.

方阵的行列式满足下述运算规律(A、B 为 n 阶方阵，λ 为实数)：

1) $|A^{T}| = |A|$.

2) $|\lambda A| = \lambda^{n}|A|$.

3) $|AB| = |A||B|$.

例如：已知 $A = \begin{pmatrix}1 & 3\\2 & 4\end{pmatrix}$, $B = \begin{pmatrix}2 & 5\\1 & 3\end{pmatrix}$, 则

1) $A^{T} = \begin{pmatrix}1 & 2\\3 & 4\end{pmatrix}$, $|A^{T}| = \begin{vmatrix}1 & 2\\3 & 4\end{vmatrix} = -2 = \begin{vmatrix}1 & 3\\2 & 4\end{vmatrix} = |A|$.

2) $|2A| = \begin{vmatrix}2 & 6\\4 & 8\end{vmatrix} = -8 = 2^{2}\begin{vmatrix}1 & 3\\2 & 4\end{vmatrix} = 2^{2}|A|$;

3) $|AB| = \begin{vmatrix}5 & 14\\8 & 22\end{vmatrix} = -2 = \begin{vmatrix}1 & 3\\2 & 4\end{vmatrix}\begin{vmatrix}2 & 5\\1 & 3\end{vmatrix} = |A||B|$.

微课：伴随矩阵

定义 6.2 行列式 $|A|$ 的各个元素的代数余子式 A_{ij} 所构成的矩阵

$$A^{*} = \begin{pmatrix}A_{11} & A_{21} & \cdots & A_{n1}\\A_{12} & A_{22} & \cdots & A_{n2}\\\vdots & \vdots & & \vdots\\A_{1n} & A_{2n} & \cdots & A_{nn}\end{pmatrix}$$

称为矩阵 A 的伴随矩阵，简称伴随阵.

例如，矩阵 $A = \begin{pmatrix}1 & 3\\2 & 4\end{pmatrix}$, $|A|$ 的各个元素的代数余子式分别为：$A_{11} = 4$, $A_{12} = -2$, $A_{21} = -3$, $A_{22} = 1$, 矩阵 A 的伴随矩阵

$$\boldsymbol{A}^* = \begin{pmatrix} 4 & -3 \\ -2 & 1 \end{pmatrix}.$$

定理 6.1　$\boldsymbol{AA}^* = \boldsymbol{A}^*\boldsymbol{A} = |\boldsymbol{A}|\boldsymbol{E}.$

例如，矩阵 $\boldsymbol{A} = \begin{pmatrix} 1 & 3 \\ 2 & 4 \end{pmatrix}$的伴随矩阵 $\boldsymbol{A}^* = \begin{pmatrix} 4 & -3 \\ -2 & 1 \end{pmatrix}$，则有 $\boldsymbol{AA}^* = \begin{pmatrix} 1 & 3 \\ 2 & 4 \end{pmatrix}\begin{pmatrix} 4 & -3 \\ -2 & 1 \end{pmatrix} = \begin{pmatrix} -2 & 0 \\ 0 & -2 \end{pmatrix}$，$\boldsymbol{A}^*\boldsymbol{A} = \begin{pmatrix} 4 & -3 \\ -2 & 1 \end{pmatrix}\begin{pmatrix} 1 & 3 \\ 2 & 4 \end{pmatrix} = \begin{pmatrix} -2 & 0 \\ 0 & -2 \end{pmatrix}$，$|\boldsymbol{A}|\boldsymbol{E} = \begin{vmatrix} 1 & 3 \\ 2 & 4 \end{vmatrix}\begin{pmatrix} 1 & 0 \\ 0 & 1 \end{pmatrix} = -2\begin{pmatrix} 1 & 0 \\ 0 & 1 \end{pmatrix} = \begin{pmatrix} -2 & 0 \\ 0 & -2 \end{pmatrix}$，所以 $\boldsymbol{AA}^* = \boldsymbol{A}^*\boldsymbol{A} = |\boldsymbol{A}|\boldsymbol{E}$. 当 $|\boldsymbol{A}| \neq 0$ 时，$\boldsymbol{A}^{-1} = \boldsymbol{A}^*/|\boldsymbol{A}|$（$\boldsymbol{A}^{-1}$ 详见 6.1.6节）.

6.1.6　矩阵的逆

1. 基于矩阵乘法和逆矩阵定义使用待定系数法求逆矩阵

微课：矩阵的逆

例 6.1.1　求矩阵 $\boldsymbol{A} = \begin{pmatrix} 2 & 0 \\ 1 & 1 \end{pmatrix}$的逆矩阵.

解：设存在矩阵 $\boldsymbol{B} = \begin{pmatrix} a & c \\ b & d \end{pmatrix}$，使 $\boldsymbol{AB} = \boldsymbol{BA} = \boldsymbol{E}$. 先通过 $\boldsymbol{AB} = \boldsymbol{E}$ 求 $\boldsymbol{B}$，有

$$\begin{cases} 2a = 1, \\ 2c = 0, \\ a + b = 0, \\ c + d = 1, \end{cases}$$

解得 $a = \dfrac{1}{2}$，$b = -\dfrac{1}{2}$，$c = 0$，$d = 1$. 经验证，$\boldsymbol{BA} = \boldsymbol{E}$ 也成立，故得 $\boldsymbol{B} = \begin{pmatrix} \dfrac{1}{2} & 0 \\ -\dfrac{1}{2} & 1 \end{pmatrix}$为 $\boldsymbol{A}$ 的逆矩阵.

MATLAB 实现代码：

```
>> A = [2 0; 1 1]      % 输入矩阵
>> inv(A)              % 计算矩阵的逆，MATLAB 中函数 inv( )为计算矩阵逆的命令
```

2. 矩阵分块法求逆矩阵

例 6.1.2　设 $\boldsymbol{A} = \begin{pmatrix} 5 & 0 & 0 \\ 0 & 3 & 1 \\ 0 & 2 & 1 \end{pmatrix}$，求 $\boldsymbol{A}^{-1}$.

例题：例 6.1.2

解：因 $A=\begin{pmatrix}5 & 0 & 0\\ 0 & 3 & 1\\ 0 & 2 & 1\end{pmatrix}=\begin{pmatrix}A_1 & 0\\ 0 & A_2\end{pmatrix}$，$A_1=(5)$，$A_1^{-1}=\left(\frac{1}{5}\right)$，

$A_2=\begin{pmatrix}3 & 1\\ 2 & 1\end{pmatrix}$，$A_2^{-1}=\begin{pmatrix}1 & -1\\ -2 & 3\end{pmatrix}$，所以 $A^{-1}=\begin{pmatrix}\frac{1}{5} & 0 & 0\\ 0 & 1 & -1\\ 0 & -2 & 3\end{pmatrix}$.

3. 逆矩阵的几何意义：线性变换的"逆变换"

例 6.1.3 线性变换$\begin{cases}y_1=x_1+x_2,\\ y_2=x_1-x_2,\end{cases}$如果把它看作关于 x_1,x_2 的线性方程组（y_1,y_2 看作常数），解得

$$\begin{cases}x_1=\frac{1}{2}y_1+\frac{1}{2}y_2,\\ x_2=\frac{1}{2}y_1-\frac{1}{2}y_2,\end{cases}$$

这表明由给定的 y_1,y_2 也可以"反过来"唯一确定 x_1,x_2. 我们把新的线性变换称为原线性变换的"逆变换". 接下来用矩阵语言描述这个逆变换.

给定线性变换

$$\begin{cases}y_1=x_1+x_2,\\ y_2=x_1-x_2,\end{cases}$$

其系数矩阵记为

$$A=\begin{pmatrix}1 & 1\\ 1 & -1\end{pmatrix},$$

并令 $X=\begin{pmatrix}x_1\\ x_2\end{pmatrix}$，$Y=\begin{pmatrix}y_1\\ y_2\end{pmatrix}$，则此线性变换利用矩阵乘法表示为 $Y=AX$，其逆变换

$$\begin{cases}x_1=\frac{1}{2}y_1+\frac{1}{2}y_2,\\ x_2=\frac{1}{2}y_1-\frac{1}{2}y_2\end{cases}$$

的矩阵形式为

$$\begin{pmatrix}x_1\\ x_2\end{pmatrix}=X=A^{-1}Y=\begin{pmatrix}\frac{1}{2} & \frac{1}{2}\\ \frac{1}{2} & -\frac{1}{2}\end{pmatrix}\begin{pmatrix}y_1\\ y_2\end{pmatrix}.$$

4. 逆矩阵的应用：希尔加密算法

密码学在经济和军事方面都起着极其重要的作用. 1929 年，

希尔(Hill)通过矩阵理论对传输信息进行加密处理，提出了在密码学史上有重要地位的希尔加密算法. 下面我们介绍一下这种算法的基本思想.

例 6.1.4　假设我们要发出“attack”这个消息. 首先把字母 $a,b,c,d,\cdots,x,y,z$ 映射到数 1,2,3,4,…,24,25,26. 例如，1 表示 a，3 表示 c，20 表示 t，11 表示 k，另外用 0 表示空格，用 27 表示句号等. 于是可以用以下数集来表示消息“attack”：{1,20,20,1,3,11}，把这个消息按列写成矩阵的形式为

$$\boldsymbol{M}=\begin{pmatrix}1 & 1\\20 & 3\\20 & 11\end{pmatrix}.$$

1）第一步：“加密”工作. 现在任选一个三阶的可逆矩阵，例如

$$\boldsymbol{A}=\begin{pmatrix}1 & 2 & 3\\1 & 1 & 2\\0 & 1 & 2\end{pmatrix},$$

可以把将要发出的消息或者矩阵 $\boldsymbol{M}$ 经过乘以 $\boldsymbol{A}$ 变成“密码”$\boldsymbol{B}$ 后发出，即

$$\boldsymbol{AM}=\begin{pmatrix}1 & 2 & 3\\1 & 1 & 2\\0 & 1 & 2\end{pmatrix}\begin{pmatrix}1 & 1\\20 & 3\\20 & 11\end{pmatrix}=\begin{pmatrix}101 & 40\\61 & 26\\60 & 25\end{pmatrix}=\boldsymbol{B}.$$

2）第二步：“解密”. 解密是加密的逆过程，这里要用到矩阵 $\boldsymbol{A}$ 的逆矩阵 $\boldsymbol{A}^{-1}$，这个可逆矩阵称为解密的钥匙，或称为“密钥”. 当然矩阵 $\boldsymbol{A}$ 是通信双方都知道的，即用

$$\boldsymbol{A}^{-1}=\begin{pmatrix}0 & 1 & -1\\2 & -2 & -1\\-1 & 1 & 1\end{pmatrix}$$

从密码中解出明码为

$$\boldsymbol{A}^{-1}\boldsymbol{B}=\begin{pmatrix}0 & 1 & -1\\2 & -2 & -1\\-1 & 1 & 1\end{pmatrix}\begin{pmatrix}101 & 40\\61 & 26\\60 & 25\end{pmatrix}=\begin{pmatrix}1 & 1\\20 & 3\\20 & 11\end{pmatrix}=\boldsymbol{M},$$

通过反查字母与数字的映射，即可得到消息“attack”.

在实际应用中，可以选择不同的可逆矩阵、不同的映射关系，也可以把字母对应的数字进行不同的排列得到不同的矩阵，这样就有多种加密和解密的方式，从而保证了传递信息的秘密性. 上述例子是矩阵乘法与逆矩阵的应用，将数学与密码学紧密结合起

来，运用数学知识破译密码，进而运用到军事等领域.

6.2 矩阵运算法求解线性方程组

6.2.1 矩阵运算法求解方程组

求解线性方程组常用的方法有克拉默法则、消元法、基础解系法等，其中很多解法的核心都是通过矩阵的初等变换将相应矩阵化为行最简形矩阵，但事实上我们也可以通过矩阵运算(加法、乘法、求逆等)来求解线性方程组，此法更直观且更易理解.

例 6.2.1 已知两个矩阵

$$\boldsymbol{A}=\begin{pmatrix}3&-1\\1&5\end{pmatrix},\ \boldsymbol{B}=\begin{pmatrix}7&5\\3&1\end{pmatrix},$$

满足矩阵方程 $\boldsymbol{A}+2\boldsymbol{X}=\boldsymbol{B}$，求未知矩阵 $\boldsymbol{X}$.

解：$\boldsymbol{X}=\frac{1}{2}(\boldsymbol{B}-\boldsymbol{A})=\frac{1}{2}\begin{pmatrix}7-3&5-(-1)\\3-1&1-5\end{pmatrix}=\frac{1}{2}\begin{pmatrix}4&6\\2&-4\end{pmatrix}$

$$=\begin{pmatrix}2&3\\1&-2\end{pmatrix}.$$

例 6.2.2 解矩阵方程

$$\begin{pmatrix}1&-5\\-1&4\end{pmatrix}\boldsymbol{X}=\begin{pmatrix}3&2\\1&4\end{pmatrix}.$$

分析：已知 $ax=b$，则 $\frac{1}{a}\cdot ax=\frac{1}{a}\cdot b$，即 $x=\frac{b}{a}$，其中 $\frac{1}{a}$ 或 a^{-1} 为数 a 的倒数或逆元，若将数 a,x,b 推广到矩阵，如何求解方程?

解：给方程两端左乘矩阵 $\begin{pmatrix}1&-5\\-1&4\end{pmatrix}^{-1}$ 得

$$\begin{pmatrix}1&-5\\-1&4\end{pmatrix}^{-1}\begin{pmatrix}1&-5\\-1&4\end{pmatrix}\boldsymbol{X}=\begin{pmatrix}1&-5\\-1&4\end{pmatrix}^{-1}\begin{pmatrix}3&2\\1&4\end{pmatrix},$$

所以，

$$\boldsymbol{X}=\begin{pmatrix}1&-5\\-1&4\end{pmatrix}^{-1}\begin{pmatrix}3&2\\1&4\end{pmatrix}=-\begin{pmatrix}4&5\\1&1\end{pmatrix}\begin{pmatrix}3&2\\1&4\end{pmatrix}=-\begin{pmatrix}17&28\\4&6\end{pmatrix}.$$

设 $\boldsymbol{AX}=\boldsymbol{B}$，$\boldsymbol{A}$ 可逆，则 $\boldsymbol{X}=\boldsymbol{A}^{-1}\boldsymbol{B}$，$\boldsymbol{A}^{-1}(\boldsymbol{A},\boldsymbol{B})=(\boldsymbol{E},\boldsymbol{X})$，即 $(\boldsymbol{A},\boldsymbol{B})\xrightarrow{\text{初等行变换}}(\boldsymbol{E},\boldsymbol{X})$. 逆矩阵法求解线性方程组的步骤如图 6-8所示.

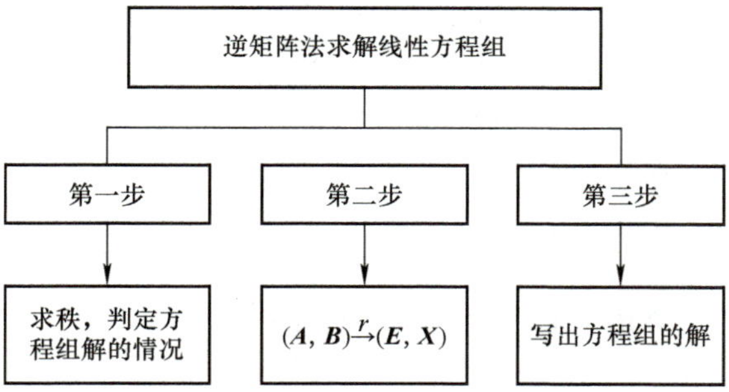

图 6-8　逆矩阵法求解线性方程组

例 6.2.3　解适定非齐次线性方程组

$$\begin{pmatrix}1 & 3\\1 & 4\end{pmatrix}\boldsymbol{X}=\begin{pmatrix}3 & 5\\7 & 9\end{pmatrix}.$$

解：因为 $|\boldsymbol{A}|=1\neq0$，所以 $\boldsymbol{A}$ 可逆.

$$(\boldsymbol{A},\boldsymbol{B})=\left(\begin{array}{cc:cc}1 & 3 & 3 & 5\\1 & 4 & 7 & 9\end{array}\right)\xrightarrow{\text{初等行变换}}\left(\begin{array}{cc:cc}1 & 0 & -9 & -7\\0 & 1 & 4 & 4\end{array}\right),$$

所以 $\boldsymbol{X}=\boldsymbol{A}^{-1}\boldsymbol{B}=\begin{pmatrix}-9 & -7\\4 & 4\end{pmatrix}$.

例 6.2.4　解不定齐次线性方程组

$$\begin{cases}2x_1-x_2+5x_4=0,\\-4x_1+2x_2-2x_3-5x_4=0,\\-2x_1+x_2-4x_3+5x_4=0.\end{cases}$$

解：系数矩阵

$$\boldsymbol{A}=\begin{pmatrix}2 & -1 & 0 & 5\\-4 & 2 & -2 & -5\\-2 & 1 & -4 & 5\end{pmatrix}\xrightarrow{\text{初等行变换}}\begin{pmatrix}2 & -1 & 0 & 5\\0 & 0 & -2 & 5\\0 & 0 & 0 & 0\end{pmatrix}.$$

因为 $R(\boldsymbol{A})=2<4$，从而方程组有非零解且 $\boldsymbol{D}=\begin{vmatrix}-1 & 0\\2 & -2\end{vmatrix}=2\neq0$，

于是原方程组与方程组

$$\begin{cases}-x_2=-2x_1-5x_4,\\2x_2-2x_3=4x_1+5x_4\end{cases}$$

同解，有

$$(\boldsymbol{D},\boldsymbol{B})=\left(\begin{array}{cc:cc}-1 & 0 & -2 & -5\\2 & -2 & 4 & +5\end{array}\right)\xrightarrow{\text{初等行变换}}\left(\begin{array}{cc:cc}1 & 0 & 2 & 5\\0 & 1 & 0 & \frac{5}{2}\end{array}\right).$$

所以此方程组的解为

$$\begin{cases} x_2 = 2x_1 + 5x_4, \\ x_3 = \dfrac{5}{2}x_4. \end{cases}$$

式中，x_1, x_4 为自由未知量.

例 6.2.5　解超定非齐次线性方程组$\begin{cases} 3x_1 - 2x_2 = -3, \\ x_1 + 5x_2 = 5, \\ 5x_1 - 9x_2 = -11. \end{cases}$

解：设系数矩阵为$\boldsymbol{A}$,因为$\begin{vmatrix} 3 & -2 \\ 1 & 5 \end{vmatrix} = 17 \neq 0$, $\begin{vmatrix} 3 & -2 & -3 \\ 1 & 5 & 5 \\ 5 & -9 & -11 \end{vmatrix} = 0$.

所以 $R(\boldsymbol{A}) = 2$，从而方程组有唯一解，且与

$$\begin{cases} 3x_1 - 2x_2 = -3, \\ x_1 + 5x_2 = 5 \end{cases}$$

是同解方程组，于是有

$$\begin{pmatrix} 3 & -2 & \vdots & -3 \\ 1 & 5 & \vdots & 5 \end{pmatrix} \xrightarrow{\text{初等行变换}} \begin{pmatrix} 1 & 0 & \vdots & -\dfrac{5}{17} \\ 0 & 1 & \vdots & \dfrac{18}{17} \end{pmatrix},$$

因此方程组有唯一解 $x_1 = -\dfrac{5}{17}$，$x_2 = \dfrac{18}{17}$.

例 6.2.6　解不定非齐次线性方程组

$$\begin{cases} x_1 + x_2 - 3x_3 - x_4 + 5x_5 = 1, \\ 3x_1 - x_2 - 3x_3 + 4x_4 - x_5 = 0, \\ x_1 - 7x_2 + 9x_3 + 13x_4 - 27x_5 = -5. \end{cases}$$

解：因为$(\boldsymbol{A}, \boldsymbol{B}) = \begin{pmatrix} 1 & 1 & -3 & -1 & 5 & 1 \\ 3 & -1 & -3 & 4 & -1 & 0 \\ 1 & -7 & 9 & 13 & -27 & -5 \end{pmatrix}$

$$\xrightarrow{\text{初等行变换}} \begin{pmatrix} 1 & 1 & -3 & -1 & 5 & 1 \\ 0 & -4 & 6 & 7 & -16 & -3 \\ 0 & 0 & 0 & 0 & 0 & 0 \end{pmatrix}$$

所以 $R(\boldsymbol{A}) =$ 秩$(\boldsymbol{A}, \boldsymbol{B}) = 2 < 5$，线性方程组有无穷多解且 $\boldsymbol{D} = \begin{vmatrix} 1 & 1 \\ 3 & -1 \end{vmatrix} = -4 \neq 0$，于是原方程组与方程组

$\begin{cases} x_1 + x_2 = 1 + 3x_3 + x_4 - 5x_5, \\ 3x_1 - x_2 = 3x_3 - 4x_4 + x_5 \end{cases}$ 同解，

$$(\boldsymbol{A}',\boldsymbol{B}')=\left(\begin{array}{cc:cccc}1&1&3&1&-5&1\\3&-1&3&-4&1&0\end{array}\right)\xrightarrow{\text{初等行变换}}\left(\begin{array}{cc:cccc}1&0&\frac{3}{2}&-\frac{3}{4}&-1&\frac{1}{4}\\0&1&\frac{3}{2}&\frac{7}{4}&-4&\frac{3}{4}\end{array}\right),$$

因此线性方程组的解为

$$\begin{cases}x_1=\dfrac{1}{4}+\dfrac{3}{2}x_3-\dfrac{3}{4}x_4-\ x_5,\\x_2=\dfrac{3}{4}+\dfrac{3}{2}x_3+\dfrac{7}{4}x_4-4x_5.\end{cases}$$

式中，x_3,x_4,x_5 为自由未知量.

6.2.2　应用拓展——求最优问题

例 6.2.7　某动物园饲养动物，设每头动物每天需要 300g 蛋白质，90g 矿物质，100mg 维生素. 现有四种饲料可供使用，各种饲料每千克营养成分含量及单价见表 6-3. 求既满足动物生长的营养需要，又使费用最省的选用饲料方案.

表 6-3　饲料每千克营养成分含量及单价表

饲料	蛋白质/g	矿物质/g	维生素/mg	价格/(元/kg)
1	3	1	0.5	0.2
2	2	0.5	1	0.7
3	6	2	2	0.3
4	1	0.5	0.8	0.4

设四种饲料分别需要 x_1,x_2,x_3,x_4，单位为 kg，则数学模型为

$$\begin{cases}3x_1+\ \ 2x_2+6x_3+\ \ \ x_4=300,\\ \ \ x_1+0.5x_2+2x_3+0.5x_4=90,\\0.5x_1+\ \ x_2+2x_3+0.8x_4=100,\end{cases}\quad x_1\geqslant 0,x_2\geqslant 0,x_3\geqslant 0,x_4\geqslant 0.$$

根据数学模型建立矩阵为

$$\boldsymbol{A}=\begin{pmatrix}3.0&2.0&6.0&1.0\\1.0&0.5&2.0&0.5\\0.5&1.0&2.0&0.8\end{pmatrix},\boldsymbol{b}=\begin{pmatrix}300\\90\\100\end{pmatrix},$$

建立四种饲料每千克营养成分含量矩阵分别为 $\boldsymbol{P}_1,\boldsymbol{P}_2,\boldsymbol{P}_3,\boldsymbol{P}_4$：

$$\boldsymbol{P}_1=\begin{pmatrix}3.0\\1.0\\0.5\end{pmatrix},\boldsymbol{P}_2=\begin{pmatrix}2.0\\0.5\\1.0\end{pmatrix},\boldsymbol{P}_3=\begin{pmatrix}6.0\\2.0\\2.0\end{pmatrix},\boldsymbol{P}_4=\begin{pmatrix}1.0\\0.5\\0.8\end{pmatrix}.$$

建立 A 的任一个三阶可逆矩阵 B，它即为该线性规划问题的一个基，

$$B=\begin{pmatrix}3.0 & 2.0 & 6.0\\1.0 & 0.5 & 2.0\\0.5 & 1.0 & 2.0\end{pmatrix},N=\begin{pmatrix}1.0\\0.5\\0.8\end{pmatrix},$$

则建立各种饲料每千克的单价矩阵为

$$C=(0.2\quad 0.7\quad 0.3\quad 0.4),C_B=(0.2\quad 0.7\quad 0.3),C_N=0.4.$$

根据建立的矩阵求对应于基 B 的基础解便是最优解，即

$$X_B=B^{-1}b=\begin{pmatrix}3.0 & 2.0 & 6.0\\1.0 & 0.5 & 2.0\\0.5 & 1.0 & 2.0\end{pmatrix}^{-1}\begin{pmatrix}300\\90\\100\end{pmatrix}=\begin{pmatrix}40\\60\\10\end{pmatrix},$$

$$C_BB^{-1}N-C_N=(0.2\quad 0.7\quad 0.3)\begin{pmatrix}3.0 & 2.0 & 6.0\\1.0 & 0.5 & 2.0\\0.5 & 1.0 & 2.0\end{pmatrix}^{-1}\begin{pmatrix}1.0\\0.5\\0.8\end{pmatrix}-0.4$$

$$=-1.03<0.$$

于是 $x_1=40$，$x_2=60$，$x_3=10$ 即为最优解，既能满足动物生长的营养需要，又使费用最省的选用饲料方案.

习题 A

1. 判断题(对的打“√”，错的打“×”).

(1) 设矩阵 A 为 n 阶可逆矩阵，则 $((A^{-1})^{\mathrm{T}})^{-1}=((A^{-1})^{-1})^{\mathrm{T}}$.　(　　)

(2) 设 A、B 都为 n 阶矩阵且有 $AB=O$，则 $B=O$ 或 $A=O$.　(　　)

(3) 设矩阵 A 为 n 阶可逆矩阵，则 $((A^{\mathrm{T}})^{\mathrm{T}})^{-1}=((A^{-1})^{-1})^{\mathrm{T}}$.　(　　)

(4) 若 A_n 为 n 阶方阵，则有 $|kA_n|=k|A_n|$.　(　　)

(5) 若 A、B 均为任意 n 阶方阵，则有 $(A+B)^2=A^2+2AB+B^2$.　(　　)

(6) 若 A_n 为 n 阶可逆矩阵，则必有 $|A_n^{\mathrm{T}}|=|A_n|\neq 0$.　(　　)

2. 单项选择题.

(1) 设有矩阵 $A_{2\times 3},B_{3\times 2},C_{2\times 2}$，则下列矩阵运算可行的是(　　).

(A) $A+B$　　(B) $AB-C$

(C) AC　　(D) AB^{T}

(2) 若 A 为四阶矩阵且 $|A|=2$，则 $|-2A|=$(　　).

(A) 32　　(B) -16

(C) 8　　(D) -4

(3) 设 A,B,C 为 n 阶方阵，则以下结论中正确的是(　　).

(A) $AB+BC=(A+C)B$

(B) $(A+B)^2=A^2+2AB+B^2$

(C) $A^2-B^2=(A+B)(A-B)$

(D) $A^2-E=(A+E)(A-E)$

3. 填空题.

(1) 已知矩阵 $A=\begin{pmatrix}5 & 0\\0 & 3\end{pmatrix}$，则 $A^2=$__________.

(2) 矩阵 $\begin{pmatrix}1 & 2\\3 & 4\end{pmatrix}$ 的伴随矩阵 $A^*=$__________.

(3) 已知矩阵 $A=\begin{pmatrix}2 & 0\\0 & 2\end{pmatrix}$，则 $(A-E)^{-1}=$__________.

(4) 矩阵 A,B 都是二阶矩阵，已知 $|A|=a$，

$|\boldsymbol{B}|=b$，则 $|4\boldsymbol{A}^2\boldsymbol{B}^{\mathrm{T}}|=$__________.

4. 计算题.

(1) 已知 $\boldsymbol{A}=\begin{pmatrix}1&2\\-3&-2\end{pmatrix}$，$\boldsymbol{B}=\begin{pmatrix}1&-4\\-2&3\end{pmatrix}$，求：$3\boldsymbol{A}-2\boldsymbol{B}$；$(\boldsymbol{BA})^{\mathrm{T}}$.

(2) 求矩阵 $\boldsymbol{A}=\begin{pmatrix}1&-1&2\\2&3&1\\-1&2&-1\end{pmatrix}$ 的逆矩阵 $\boldsymbol{A}^{-1}$.

(3) 设矩阵 $\boldsymbol{A}=\begin{pmatrix}2&0&0&0\\0&3&0&0\\0&0&1&2\\0&0&4&0\end{pmatrix}$，按分块矩阵方法，求其逆矩阵 $\boldsymbol{A}^{-1}$.

(4) 用矩阵运算法求解矩阵方程 $\boldsymbol{AX}=\boldsymbol{B}$，其中 $\boldsymbol{A}=\begin{pmatrix}2&5\\-1&-2\end{pmatrix}$，$\boldsymbol{B}=\begin{pmatrix}1&2\\1&1\end{pmatrix}$.

(5) 用逆矩阵法求解齐次线性方程组

$$\begin{cases}x_1+2x_2+x_3-x_4=0,\\3x_1+6x_2-x_3-3x_4=0,\\5x_1+10x_2+x_3-5x_4=0.\end{cases}$$

(6) 用逆矩阵法求解非齐次线性方程组

$$\begin{cases}2x_1+x_2-x_3+x_4=1,\\3x_1-2x_2+x_3-3x_4=4,\\x_1+4x_2-3x_3+5x_4=-2.\end{cases}$$

习题 B

1. 单项选择题.

(1) 设 $\boldsymbol{A}$ 为对角矩阵，$\boldsymbol{B},\boldsymbol{P}$ 为 $\boldsymbol{A}$ 的同阶矩阵且 $\boldsymbol{P}$ 可逆，下列结论正确的是(　　).

(A) 若 $\boldsymbol{A}\neq\boldsymbol{O}$，则 $\boldsymbol{A}^m\neq\boldsymbol{O}$

(B) 若 $\boldsymbol{B}\neq\boldsymbol{O}$，则 $\boldsymbol{B}^m\neq\boldsymbol{O}$

(C) $\boldsymbol{AB}=\boldsymbol{BA}$

(D) 若 $\boldsymbol{A}=\boldsymbol{P}^{-1}\boldsymbol{BP}$，则 $|\boldsymbol{A}|>0$ 时，$|\boldsymbol{B}|<0$

(2) 设 n 阶矩阵 $\boldsymbol{A}$ 和 $\boldsymbol{B}$ 等价，下列命题错误的是(　　).

(A) 存在可逆矩阵 $\boldsymbol{P}$ 和 $\boldsymbol{Q}$，使得 $\boldsymbol{PAQ}=\boldsymbol{B}$

(B) 若 $\boldsymbol{A}$ 与 $\boldsymbol{E}$ 等价，则 $\boldsymbol{B}$ 可逆

(C) 若 $|\boldsymbol{A}|\neq 0$，则存在可逆矩阵 $\boldsymbol{P}$，使得 $\boldsymbol{PB}=\boldsymbol{E}$

(D) 若 $|\boldsymbol{A}|>0$，则 $|\boldsymbol{B}|>0$

(3) 设 $\boldsymbol{A}$ 是三阶方阵，有三阶可逆矩阵 $\boldsymbol{P}$，使得 $\boldsymbol{P}^{-1}\boldsymbol{AP}=\begin{pmatrix}1&&\\&2&\\&&3\end{pmatrix}$，$\boldsymbol{A}^*$ 是 $\boldsymbol{A}$ 的伴随矩阵，则 $\boldsymbol{P}^{-1}\boldsymbol{A}^*\boldsymbol{P}=$(　　).

(A) $\begin{pmatrix}1&&\\&\frac{1}{2}&\\&&\frac{1}{3}\end{pmatrix}$　(B) $\begin{pmatrix}3&&\\&6&\\&&2\end{pmatrix}$

(C) $\begin{pmatrix}2&&\\&3&\\&&6\end{pmatrix}$　(D) $\begin{pmatrix}6&&\\&3&\\&&2\end{pmatrix}$

(4) 设 $\boldsymbol{A}$ 为 n 阶可逆矩阵，则下列等式中，不一定成立的是(　　).

(A) $(\boldsymbol{A}+\boldsymbol{A}^{-1})^2=\boldsymbol{A}^2+2\boldsymbol{AA}^{-1}+(\boldsymbol{A}^{-1})^2$

(B) $(\boldsymbol{A}+\boldsymbol{A}^{\mathrm{T}})^2=\boldsymbol{A}^2+2\boldsymbol{AA}^{\mathrm{T}}+(\boldsymbol{A}^{\mathrm{T}})^2$

(C) $(\boldsymbol{A}+\boldsymbol{A}^*)^2=\boldsymbol{A}^2+2\boldsymbol{AA}^*+(\boldsymbol{A}^*)^2$

(D) $(\boldsymbol{A}+\boldsymbol{E})^2=\boldsymbol{A}^2+2\boldsymbol{AE}+\boldsymbol{E}^2$

(5) 设 $\boldsymbol{A}=\begin{pmatrix}a_{11}&a_{12}&a_{13}\\a_{21}&a_{22}&a_{23}\\a_{31}&a_{32}&a_{33}\end{pmatrix}$，$\boldsymbol{B}=\begin{pmatrix}a_{21}&a_{22}&a_{23}\\a_{11}&a_{12}&a_{13}\\a_{31}+a_{11}&a_{32}+a_{12}&a_{33}+a_{13}\end{pmatrix}$，$\boldsymbol{P}_1=\begin{pmatrix}0&1&0\\1&0&0\\0&0&1\end{pmatrix}$，$\boldsymbol{P}_2=\begin{pmatrix}1&0&0\\0&1&0\\1&0&1\end{pmatrix}$，则必有(　　).

(A) $\boldsymbol{AP}_1\boldsymbol{P}_2=\boldsymbol{B}$　(B) $\boldsymbol{AP}_2\boldsymbol{P}_1=\boldsymbol{B}$

(C) $\boldsymbol{P}_1\boldsymbol{P}_2\boldsymbol{A}=\boldsymbol{B}$　(D) $\boldsymbol{P}_2\boldsymbol{P}_1\boldsymbol{A}=\boldsymbol{B}$

(6) 设 $\boldsymbol{A},\boldsymbol{B}$ 均为 n 阶矩阵且 $\boldsymbol{AB}=\boldsymbol{A}+\boldsymbol{B}$，则下列命题中：

1) 若 $\boldsymbol{A}$ 可逆，则 $\boldsymbol{B}$ 可逆；

2) 若 $\boldsymbol{A}+\boldsymbol{B}$ 可逆，则 $\boldsymbol{B}$ 可逆；

3) 若 $\boldsymbol{B}$ 可逆，则 $\boldsymbol{A}+\boldsymbol{B}$ 可逆；

4) $\boldsymbol{A}-\boldsymbol{E}$ 恒可逆.

正确的个数为(　　).

(A) 1 (B) 2 (C) 3 (D) 4

2. 填空题.

(1) 设$\boldsymbol{A},\boldsymbol{B},\boldsymbol{P}$为四阶矩阵，其中$\boldsymbol{P}$可逆，$\boldsymbol{B}=\begin{pmatrix}-1&0&0&0\\0&1&0&0\\0&0&-1&0\\0&0&0&1\end{pmatrix}$，$\boldsymbol{A}=\boldsymbol{P}^{-1}\boldsymbol{BP}$，则$\boldsymbol{A}^{10}=$__________.

(2) 设$\boldsymbol{A}$为实对称矩阵，若$\boldsymbol{A}^2=\boldsymbol{O}$，则$\boldsymbol{A}=$__________.

(3) 设$\boldsymbol{A}$为三阶矩阵，满足$\boldsymbol{A}^2=\boldsymbol{A}$，则$(\boldsymbol{A}+3\boldsymbol{E})^{-1}=$__________.

3. 计算题.

(1) 设$\boldsymbol{A}=\begin{pmatrix}1&-1&1\\0&3&-2\\-1&0&4\end{pmatrix}$，$\boldsymbol{B}=\begin{pmatrix}1&7&-1\\0&3&0\\-3&-2&4\end{pmatrix}$，化简并计算$\boldsymbol{A}^2(\boldsymbol{BA})^*(\boldsymbol{AB}^{-1})^{-1}$.

(2) 设$\boldsymbol{A}_1=\begin{pmatrix}2&1\\5&3\end{pmatrix}$，$\boldsymbol{A}_2=\begin{pmatrix}-3&5\\2&-3\end{pmatrix}$，证明$\boldsymbol{A}=\begin{pmatrix}\boldsymbol{O}&\boldsymbol{A}_1\\\boldsymbol{A}_2&\boldsymbol{O}\end{pmatrix}$可逆，并利用分块矩阵方法计算$\boldsymbol{A}^{-1}$.

第 7 章 向量空间法

向量是线性代数中最基本的概念，在数学和应用科学领域发挥着重要作用，它不仅是解决几何问题的桥梁，而且在物理学、计算机图形学、数学建模等领域中扮演着重要的角色. 向量空间是满足某些性质的集合，在向量空间中通过描述向量与矩阵的关系、向量与向量的线性组合来解决线性方程组解的问题.

本章主要介绍了二维向量、三维向量、n 维向量以及向量空间的基础概念和性质，在向量空间中通过向量组的性质来求解齐次(非齐次)线性方程组的解.

7.1 向量

《自然哲学的数学原理》是牛顿的伟大著作，在这本书中他确立了牛顿物理学的原理，用经典的二维和三维几何学为“运动”和“力”这两个新演员搭建舞台. 牛顿发现，对力的分析需要人们同时获取力的大小以及施力的方向. 在这方面，他预见了向量的概念，向量是具有大小和方向的数学量.

向量是指既有大小又有方向的量，仅有大小没有方向的量叫作标量或数量.

7.1.1 二维向量

存在于同一个平面的“向量”称为二维向量，又称为平面向量. 例如物理中的力和速度，这些量是既有大小又有方向的. 二维向量有以下三种表示.

1) 几何表示：带有方向的线段叫作有向线段，如图 7-1 所示，A 是起点，B 是终点，箭头表示方向. 向量可以用有向线段表示. 其中，有向线段的方向表示向量的方向，有向线段的长度表示向量的大小.

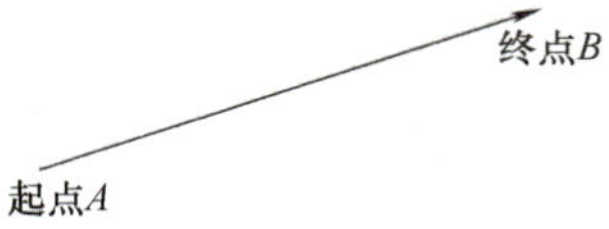

图 7-1　二维向量的几何表示

向量的共性是它们都有大小和方向，因此与起点无关的向量称为自由向量. 即自由向量可在同一平面自由平移，平移后不影响向量的大小及方向. 本文所研究的向量均为**自由向量**.

2）代数表示：向量可以用黑体的小写字母($\boldsymbol{a}, \boldsymbol{b}, \boldsymbol{c}, \cdots$) 表示，书面表达时写为 $\vec{a}, \vec{b}, \vec{c}$，在字母上面加"→". 或者用表示向量的有向线段的起点和终点的字母表示，例如$\overrightarrow{AB}, \overrightarrow{CD}$，起点在前，终点在后.

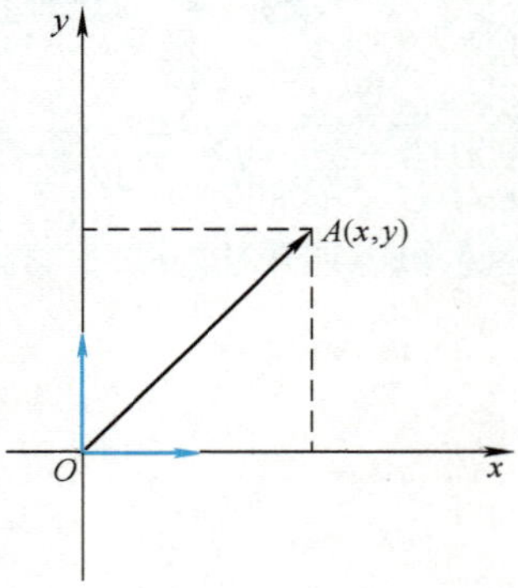

图 7-2 二维向量的坐标表示

3）坐标表示：如图 7-2 所示为向量的坐标表示，在平面内的一个向量 $\boldsymbol{a}$，有且只有一对实数 x 和 y，使得

$$\boldsymbol{a} = x\boldsymbol{i} + y\boldsymbol{j}.$$

这样，在平面内的任意一个向量 $\boldsymbol{a}$ 都可以由 x 和 y 唯一确定，我们把有序数对(x,y)叫作向量 $\boldsymbol{a}$ 的坐标，记作

$$\boldsymbol{a} = (x,y). \tag{7-1}$$

式中，x 叫作 $\boldsymbol{a}$ 在 x 轴上的坐标，y 叫作 $\boldsymbol{a}$ 在 y 轴上的坐标，式(7-1)叫作向量的坐标表示.

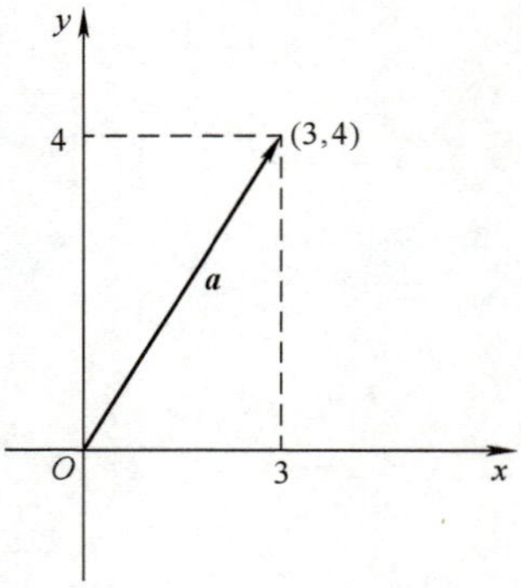

图 7-3 向量 $\boldsymbol{a}$ 的坐标表示

图 7-3 中向量 $\boldsymbol{a}$ 的坐标表示为$(3,4)$.

向量的大小叫作向量的模，即有向线段的长度. 向量 $\boldsymbol{a}$、$\vec{a}$、$\overrightarrow{AB}$ 的模依次记作$|\boldsymbol{a}|$、$|\vec{a}|$、$|\overrightarrow{AB}|$. 若 $\boldsymbol{a} = (x,y)$，则$|\boldsymbol{a}| = \sqrt{x^2+y^2}$.

图 7-3 中向量 $\boldsymbol{a}$ 的模为$|\boldsymbol{a}| = \sqrt{x^2+y^2} = \sqrt{3^2+4^2} = 5$.

模为 0 的向量称为**零向量**，记作 $\mathbf{0}$. 零向量的起点和终点是重合的，方向可以看作是任意的. 模为 1 的向量称为**单位向量**，记作 $\boldsymbol{e}$.

1. 两个向量的夹角及位置关系

本书研究的向量均为自由向量，对于起点不在一起的向量总是可以通过平移让它们共起点，所以下面只讨论有公共起点的向量.

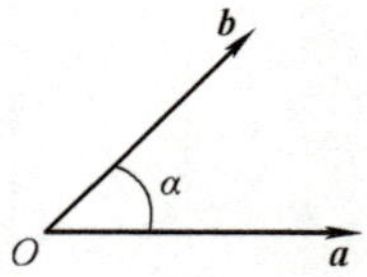

图 7-4 向量的夹角

图 7-4 为向量的夹角，设 α 为向量 $\boldsymbol{a}$、$\boldsymbol{b}$ 的夹角. 设 $\boldsymbol{a}$、$\boldsymbol{b}$ 是两个以 O 为公共起点的非零向量，规定 α 为向量 $\boldsymbol{a}$、$\boldsymbol{b}$ 的夹角，其中 $\alpha \in [0,\pi]$，记作$\angle(\boldsymbol{a},\boldsymbol{b})$或$\angle(\boldsymbol{b},\boldsymbol{a})$. 规定零向量与另一向量的夹角可以是 $0 \sim \pi$ 之间的任意值.

若$\angle(\boldsymbol{a},\boldsymbol{b}) = 0$ 或 π，则称同方向或反方向两个向量互相平行，记作 $\boldsymbol{a} /\!/ \boldsymbol{b}$；若$\angle(\boldsymbol{a},\boldsymbol{b}) = \frac{\pi}{2}$，则称这两个向量互相垂直，记作 $\boldsymbol{a} \perp \boldsymbol{b}$.

2. 向量的共线与共面

设有 $k(k \geqslant 2)$个互相平行的向量，又可称它们共线，因为可以通过平移使它们位于同一条直线上.

设有 $k(k \geqslant 3)$个向量，当把它们的起点放到同一点时，若这 k

个向量的终点以及它们的公共起点位于同一平面上，则称这 k 个向量共面.

3. 二维向量的线性运算

向量与向量之间可以进行线性运算，比如向量的加法、减法和数乘等.

（1）向量加法运算

求两个向量和的运算，叫作向量的加法.

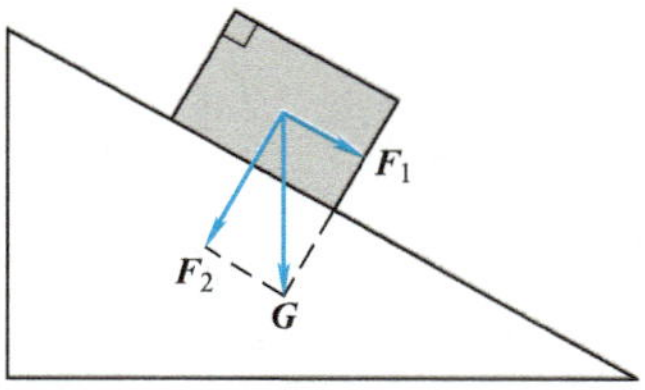

图 7-5　木块滑动

图 7-5 中木块滑动，一个木块受到重力 $\boldsymbol{G}$ 的作用，产生两个效果，一个是木块受平行于斜面的力 $\boldsymbol{F}_1$ 的作用，沿斜面下滑；一个是木块产生垂直于斜面的压力 $\boldsymbol{F}_2$，也就是说，重力 $\boldsymbol{G}$ 的效果等价于 $\boldsymbol{F}_1$ 和 $\boldsymbol{F}_2$ 的合力效果，即

$$\boldsymbol{G}=\boldsymbol{F}_1+\boldsymbol{F}_2,$$

重力可以看作两个力的和.

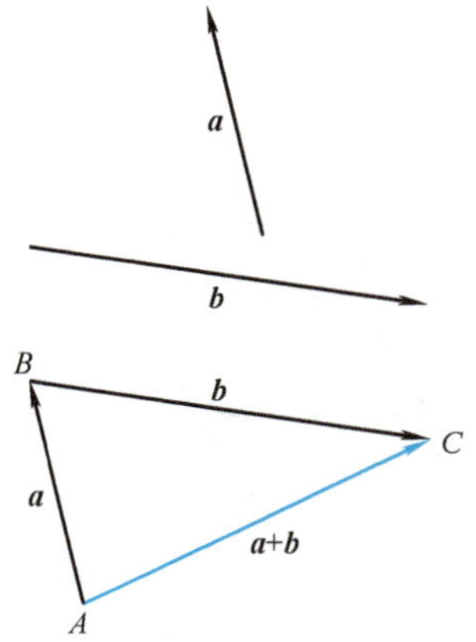

图 7-6　向量加法的三角形法则

向量加法的三角形法则如图 7-6 所示，已知非零向量 $\boldsymbol{a}$、$\boldsymbol{b}$，在平面内任取一点 A，作$\overrightarrow{AB}=\boldsymbol{a}$，$\overrightarrow{BC}=\boldsymbol{b}$，则向量$\overrightarrow{AC}$叫作 $\boldsymbol{a}$、$\boldsymbol{b}$ 的和，记作 $\boldsymbol{a}+\boldsymbol{b}$，即

$$\boldsymbol{a}+\boldsymbol{b}=\overrightarrow{AB}+\overrightarrow{BC}=\overrightarrow{AC}.$$

这种求向量的方法，叫作向量加法的**三角形法则**，即两向量首尾顺次相接，首指向尾为和.

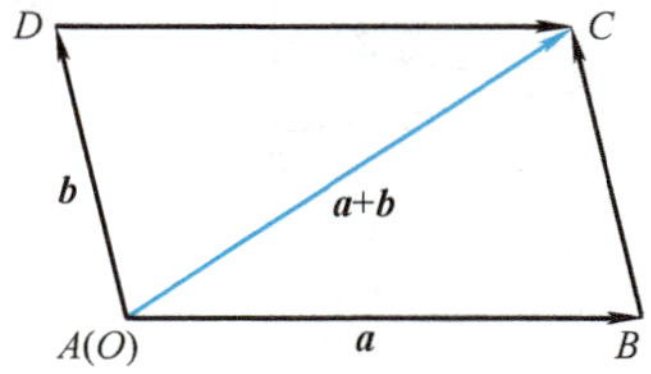

图 7-7　向量加法的平行四边形法则

向量加法的平行四边形法则如图 7-7 所示，已知以 O 为起点的两个向量 $\boldsymbol{a}$、$\boldsymbol{b}$ 为邻边作▱$ABCD$，则以 O 为起点的对角线$\overrightarrow{OC}$就是 $\boldsymbol{a}$ 与 $\boldsymbol{b}$ 的和.

这种求向量的方法，叫作向量加法的**平行四边形法则**，即共起点两向量为邻边作平行四边形，平行四边形的对角线为和.

对于零向量与任意向量 $\boldsymbol{a}$，有

$$\boldsymbol{0}+\boldsymbol{a}=\boldsymbol{a}$$

例 7.1.1　图 7-8 所示为向量 $\boldsymbol{a}$、$\boldsymbol{b}$，求作向量 $\boldsymbol{a}+\boldsymbol{b}$.

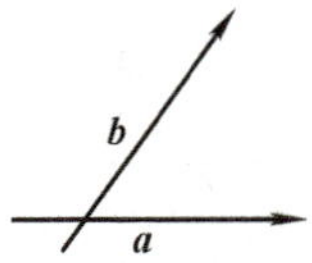

图 7-8　向量 $\boldsymbol{a}$、$\boldsymbol{b}$

解 1：在平面内任取一点 O，如图 7-9 所示. 作$\overrightarrow{OA}=\boldsymbol{a}$，$\overrightarrow{BO}=\boldsymbol{b}$，则 $\boldsymbol{b}+\boldsymbol{a}=\overrightarrow{BO}+\overrightarrow{OA}=\overrightarrow{BA}$.

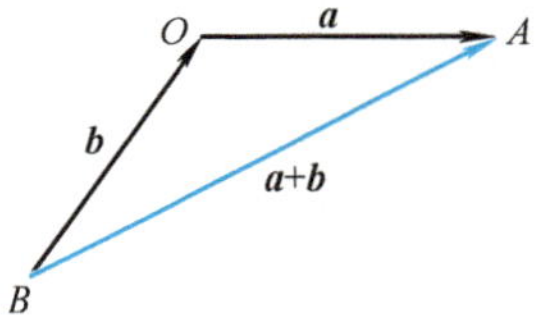

图 7-9　$\boldsymbol{a}$ 与 $\boldsymbol{b}$ 和的三角形法则

解 2：在平面内任取一点 O，如图 7-10 所示. 作$\overrightarrow{OA}=\boldsymbol{a}$，$\overrightarrow{OB}=\boldsymbol{b}$，以 OA、OB 为邻边作▱$OACB$，连接 OC，则$\overrightarrow{OC}=\overrightarrow{OA}+\overrightarrow{OB}=\boldsymbol{a}+\boldsymbol{b}$.

由例 7.1.1 可得，当向量 $\boldsymbol{a}$、$\boldsymbol{b}$ 不共线时，根据三角形三边关系，两边之和大于第三边，有

$$|\boldsymbol{a}+\boldsymbol{b}|<|\boldsymbol{a}|+|\boldsymbol{b}|.$$

两边之差小于第三边，有

$$|\boldsymbol{a}+\boldsymbol{b}|>|\boldsymbol{a}|-|\boldsymbol{b}|.$$

当向量 $\boldsymbol{a}$、$\boldsymbol{b}$ 共线时，平行向量的和如图 7-11 所示，有 $|\boldsymbol{a}+\boldsymbol{b}|=|\boldsymbol{a}|+|\boldsymbol{b}|$，$|\boldsymbol{a}+\boldsymbol{b}|=|\boldsymbol{a}|-|\boldsymbol{b}|$，综上可得

$$|\boldsymbol{a}+\boldsymbol{b}|\leqslant|\boldsymbol{a}|+|\boldsymbol{b}|$$

$$|\boldsymbol{a}+\boldsymbol{b}|\geqslant|\boldsymbol{a}|-|\boldsymbol{b}|(\text{或}|\boldsymbol{b}|-|\boldsymbol{a}|)$$

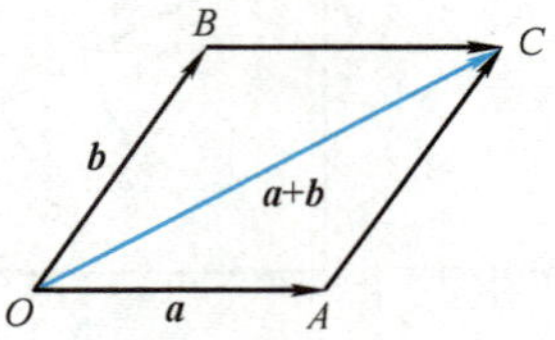

图 7-10　$\boldsymbol{a}$ 与 $\boldsymbol{b}$ 和的平行四边形法则

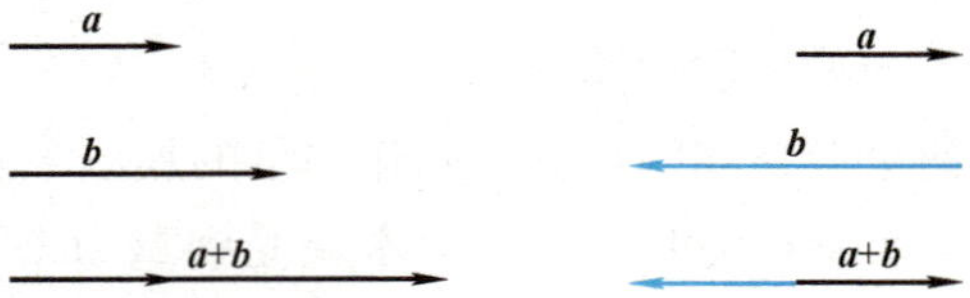

图 7-11　平行向量的和

向量的加法符合下列运算规律：

1）交换律 $\boldsymbol{a}+\boldsymbol{b}=\boldsymbol{b}+\boldsymbol{a}$.

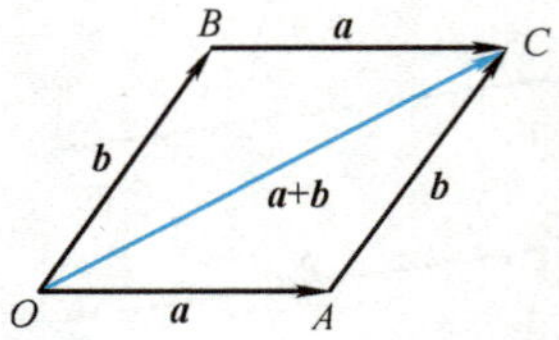

图 7-12　向量加法的交换律

自由向量与起点无关，只考虑它的大小和方向，所以可以在同一平面内任意移动，同时向量的加法满足三角形法则，所以两个向量的加法是可以交换向量的先后顺序的．向量加法的交换律如图 7-12 所示.

2）结合律 $(\boldsymbol{a}+\boldsymbol{b})+\boldsymbol{c}=\boldsymbol{a}+(\boldsymbol{b}+\boldsymbol{c})$.

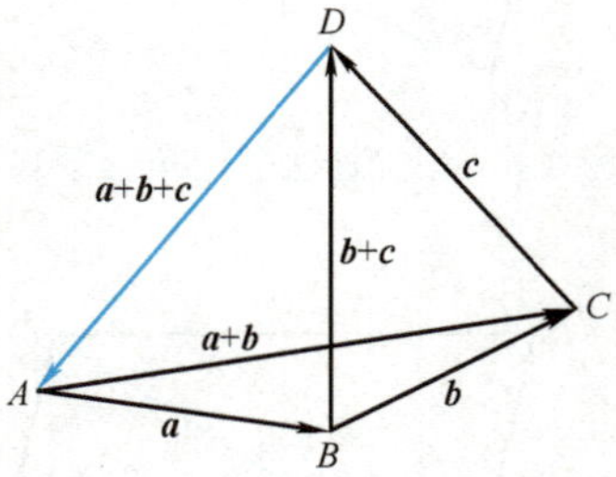

图 7-13　向量加法的结合律

自由向量可以在同一平面自由移动，结合三角形法则，向量的加法可以交换加法的运算顺序．向量加法的结合律如图 7-13 所示.

（2）向量减法运算

我们知道减法是加法的逆运算，如 $-(-2)=2$，数 x 的相反数是 $-x$．如 $5-3=5+(-3)=2$，减去一个数等于加上这个数的相反数．类似地，我们规定与向量 $\boldsymbol{a}$ 大小相同、方向相反的向量，叫作向量 $\boldsymbol{a}$ 的负向量，记作 $-\boldsymbol{a}$．于是

$$-(-\boldsymbol{a})=\boldsymbol{a}.$$

根据加法的逆运算得到两个向量的减法指的是

$$\boldsymbol{a}-\boldsymbol{b}=\boldsymbol{a}+(-\boldsymbol{b}),$$

即减去一个向量等于加上这个向量的负向量.

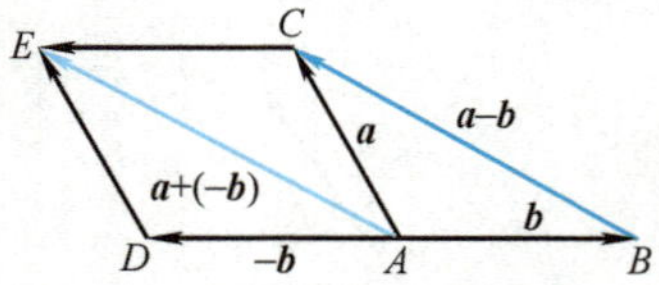

图 7-14　向量减法的平行四边形法则

由图 7-14 可知，设向量 $\overrightarrow{AB}=\boldsymbol{b}$，$\overrightarrow{AC}=\boldsymbol{a}$，则 $\overrightarrow{AD}=-\boldsymbol{b}$，由向量加法的定义知

$$\overrightarrow{AE}=\boldsymbol{a}+(-\boldsymbol{b})=\boldsymbol{a}-\boldsymbol{b},$$

通过平移得

$$\overrightarrow{BC}=\overrightarrow{AE},$$

所以

$$\overrightarrow{BC}=\boldsymbol{a}-\boldsymbol{b}.$$

由此，可得 $\boldsymbol{a}-\boldsymbol{b}$ 的作图方法，即两向量相减，共起点，连终

点，方向指向被减向量.

由图 7-15 可知，已知 $\boldsymbol{a}$、$\boldsymbol{b}$，在平面内任取一点 O，作$\overrightarrow{OA}=\boldsymbol{a}$，$\overrightarrow{OB}=\boldsymbol{b}$，则$\overrightarrow{BA}=\boldsymbol{a}-\boldsymbol{b}$，即 $\boldsymbol{a}-\boldsymbol{b}$ 可以表示为从向量 $\boldsymbol{b}$ 的终点指向向量 $\boldsymbol{a}$ 的终点的向量.

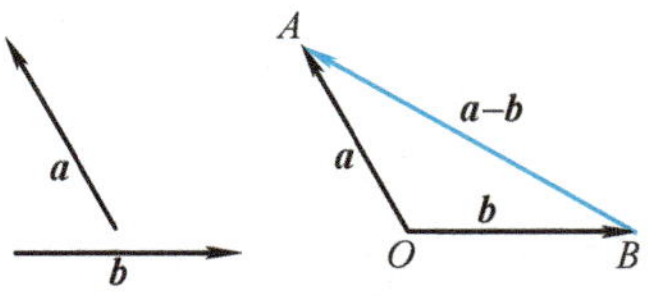

图 7-15　向量减法的三角形法则

（3）向量的数乘运算

在初等教育阶段，我们学习过乘法，事实上，当时说的乘法准确说应该叫数乘法，只是涉及的“加数”刚好都是实数. 用同样的方式，有 λ 个相同的向量 $\boldsymbol{a}$ 的加法可以简化为

$$\boldsymbol{a}+\boldsymbol{a}+\cdots+\boldsymbol{a}=\lambda\boldsymbol{a}.$$

这就是向量的数乘运算，因为相同向量的加法不会改变其方向，只会改变其大小，所以数乘运算所得向量 $\lambda\boldsymbol{a}$ 的方向和原向量 $\boldsymbol{a}$ 一致（$\lambda>0$）或相反（$\lambda<0$），其大小也就是模变成原来的 $|\lambda|$ 倍.

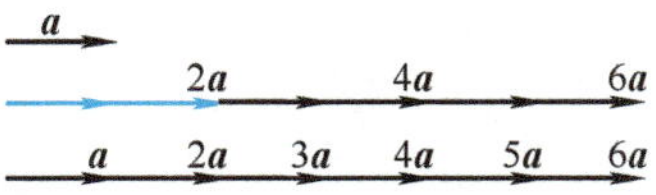

图 7-16　向量数乘的结合律

向量数乘运算的性质：

1）结合律 $\lambda(\mu\boldsymbol{a})=(\lambda\mu)\boldsymbol{a}$.

设 λ、μ 为实数，根据数乘运算的定义作 $3(2\boldsymbol{a})$ 和 $6\boldsymbol{a}$，向量数乘的结合律如图 7-16 所示.

2）分配律 $(\lambda+\mu)\boldsymbol{a}=\lambda\boldsymbol{a}+\mu\boldsymbol{a}$；$\lambda(\boldsymbol{a}+\boldsymbol{b})=\lambda\boldsymbol{a}+\lambda\boldsymbol{b}$.

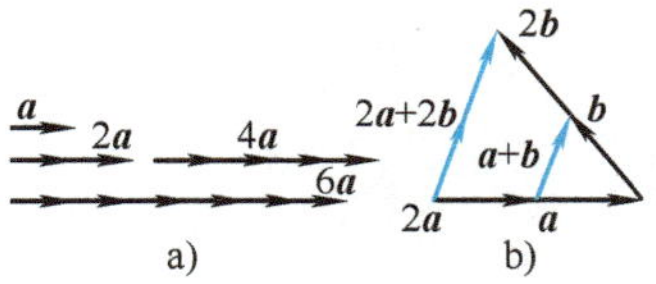

图 7-17　向量数乘的分配律

根据图 7-17a 观察发现，$(2+4)\boldsymbol{a}=2\boldsymbol{a}+4\boldsymbol{a}$；根据图 7-17b 观察发现，$2(\boldsymbol{a}+\boldsymbol{b})=2\boldsymbol{a}+2\boldsymbol{b}$.

若向量 $\boldsymbol{a}$ 与 $\boldsymbol{b}$ 平行，$\boldsymbol{a}\neq\boldsymbol{0}$，由向量数乘定义知，有这么一个数 λ，使向量 $\boldsymbol{b}$ 的长度是 $\boldsymbol{a}$ 长度的 λ 倍，即 $|\boldsymbol{b}|=|\lambda||\boldsymbol{a}|$，当 $\boldsymbol{a}$ 与 $\boldsymbol{b}$ 同向时，$\boldsymbol{b}=\lambda\boldsymbol{a}$；当 $\boldsymbol{a}$ 与 $\boldsymbol{b}$ 反向时，$\boldsymbol{b}=-\lambda\boldsymbol{a}$.

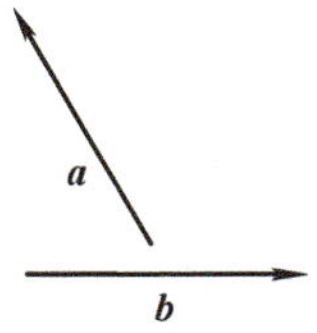

图 7-18　任意两个非零向量 $\boldsymbol{a}$、$\boldsymbol{b}$

定理 7.1　设向量 $\boldsymbol{a}\neq\boldsymbol{0}$，则向量 $\boldsymbol{b}$ 平行于向量 $\boldsymbol{a}$ 的充要条件是，存在唯一的实数 λ，使 $\boldsymbol{b}=\lambda\boldsymbol{a}$.

例 7.1.2　图 7-18 中任意两个非零向量 $\boldsymbol{a}$、$\boldsymbol{b}$，试作$\overrightarrow{OA}=\boldsymbol{a}+\boldsymbol{b}$，$\overrightarrow{OB}=\boldsymbol{a}+2\boldsymbol{b}$，$\overrightarrow{OC}=\boldsymbol{a}+3\boldsymbol{b}$，并判断 A、B、C 三点之间的位置关系，说明原因.

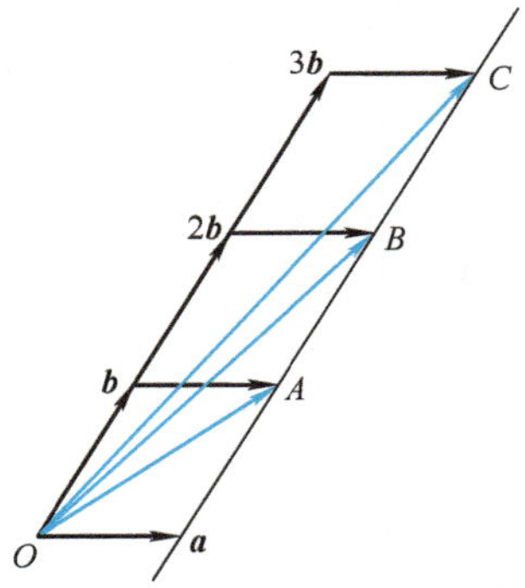

图 7-19　A、B、C 三点的位置关系

解：分别作向量$\overrightarrow{OA}$、$\overrightarrow{OB}$、$\overrightarrow{OC}$，如图 7-19 所示，不论向量 $\boldsymbol{a}$、$\boldsymbol{b}$ 怎么变化，点 B 始终在直线 AC 上. 因为

$$\overrightarrow{AB}=\overrightarrow{OB}-\overrightarrow{OA}=\boldsymbol{a}+2\boldsymbol{b}-(\boldsymbol{a}+\boldsymbol{b})=\boldsymbol{b},$$

$$\overrightarrow{AC}=\overrightarrow{OC}-\overrightarrow{OA}=\boldsymbol{a}+3\boldsymbol{b}-(\boldsymbol{a}+\boldsymbol{b})=2\boldsymbol{b},$$

所以，$\overrightarrow{AC}=2\overrightarrow{AB}$，$A$、$B$、$C$ 三点共线.

单位向量是指模为 1 的向量. 对于一些方向相同但模不相等的向量，为了更好地描述它们共同的方向，由此引入与它们方向相同的**单位向量**.

设$\boldsymbol{e}_a$表示与非零向量$\boldsymbol{a}$方向相同的单位向量，那么根据向量的数乘运算定义可得

$$\boldsymbol{e}_a=\frac{\boldsymbol{a}}{|\boldsymbol{a}|}.$$

例如，设$\boldsymbol{a}=(1,2)$，则$\frac{\boldsymbol{a}}{|\boldsymbol{a}|}=\left(\frac{1}{\sqrt{5}},\frac{2}{\sqrt{5}}\right)$是同方向的单位向量，记作$\boldsymbol{e}_a=\left(\frac{1}{\sqrt{5}},\frac{2}{\sqrt{5}}\right)$，则反方向的单位向量为$-\boldsymbol{e}_a=\left(-\frac{1}{\sqrt{5}},-\frac{2}{\sqrt{5}}\right)$.

4. 向量线性运算的坐标表示

若$\boldsymbol{a}=(1,2)$，$\boldsymbol{b}=(3,4)$，则$\boldsymbol{a}+\boldsymbol{b}=(1,2)+(3,4)=(4,6)$，$\boldsymbol{a}-\boldsymbol{b}=(1,2)-(3,4)=(-2,-2)$，$2\boldsymbol{a}=2(1,2)=(2,4)$，这就是利用向量的坐标表示，可得向量的加法、减法、数乘运算，最终归结到了数的加减乘除.

设$\boldsymbol{a}=(a_x,a_y)$，$\boldsymbol{b}=(b_x,b_y)$，λ为实数，则它们的坐标分解式为

$$\boldsymbol{a}=a_x\boldsymbol{i}+a_y\boldsymbol{j},\boldsymbol{b}=b_x\boldsymbol{i}+b_y\boldsymbol{j}.$$

因此，得出向量线性运算的坐标公式为

$$\boldsymbol{a}+\boldsymbol{b}=(a_x\boldsymbol{i}+a_y\boldsymbol{j})+(b_x\boldsymbol{i}+b_y\boldsymbol{j})=(a_x+b_x)\boldsymbol{i}+(a_y+b_y)\boldsymbol{j},$$
$$\boldsymbol{a}-\boldsymbol{b}=(a_x\boldsymbol{i}+a_y\boldsymbol{j})-(b_x\boldsymbol{i}+b_y\boldsymbol{j})=(a_x-b_x)\boldsymbol{i}+(a_y-b_y)\boldsymbol{j},$$
$$\lambda\boldsymbol{a}=\lambda(a_x\boldsymbol{i}+a_y\boldsymbol{j})=(\lambda a_x)\boldsymbol{i}+(\lambda a_y)\boldsymbol{j},$$

故向量加法、减法及数乘运算的坐标表示为

$$\boldsymbol{a}+\boldsymbol{b}=(a_x+b_x,a_y+b_y),$$

即用坐标表示的两向量相加等于对应分量相加；

$$\boldsymbol{a}-\boldsymbol{b}=(a_x-b_x,a_y-b_y),$$

即用坐标表示的两向量相减等于对应分量相减；

$$\lambda\boldsymbol{a}=(\lambda a_x,\lambda a_y),$$

即用坐标表示的向量与数相乘等于对应分量乘以这个实数.

例 7.1.3　设$\boldsymbol{a}=(1,-1)$，$\boldsymbol{b}=(2,2)$，$\lambda=2$，求$\boldsymbol{a}+\boldsymbol{b}$，$\boldsymbol{a}-\boldsymbol{b}$，$\lambda\boldsymbol{a}$.

解：$\boldsymbol{a}+\boldsymbol{b}=(1,-1)+(2,2)=(3,1)$，$\boldsymbol{a}-\boldsymbol{b}=(1,-1)-(2,2)=(-1,-3)$，$\lambda\boldsymbol{a}=2(1,-1)=(2,-2)$.

7.1.2　三维向量

存在于空间的“向量”称为**三维向量**，又称为**空间向量**.

笛卡儿坐标系如图 7-20 所示，在空间中任取一点O和三个互相垂直的单位向量$\boldsymbol{i},\boldsymbol{j},\boldsymbol{k}$，由此可以确定三条两两垂直的数轴，依次记为$x$轴、$y$轴、$z$轴，统称坐标轴，这样就建立了笛卡儿坐标

系，一般表示为 $Oxyz$.

笛卡儿坐标系的位置可任意放置. 通常 x 轴、y 轴放置于水平面，z 轴与水平面垂直. 三个坐标轴的正方向通常满足右手法则，即四指指向 x 轴的正方向转向 y 轴的正方向，大拇指的指向就是 z 轴的正方向. 右手法则如图 7-21 所示.

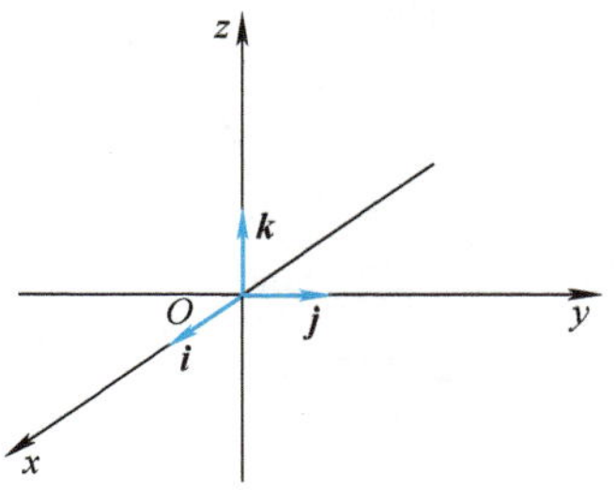

图 7-20　笛卡儿坐标系

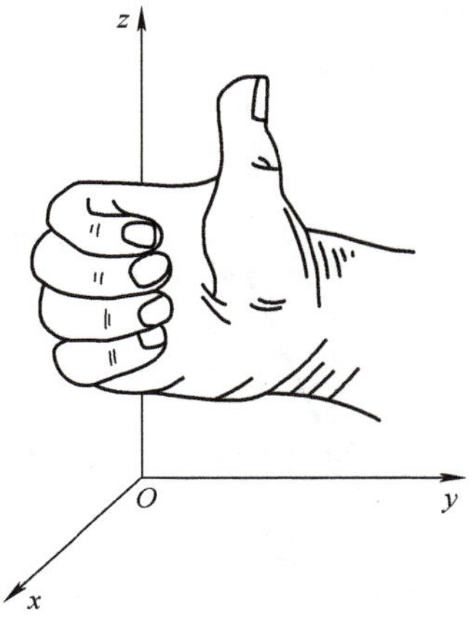

图 7-21　右手法则

笛卡儿坐标系中任意两条坐标轴可以确定一个平面，这样的平面称为坐标面. 笛卡儿坐标系有三个坐标面，分别是由 x 轴、y 轴所确定的 Oxy 面，由 y 轴、z 轴所确定的 Oyz 面，由 x 轴、z 轴所确定的 Ozx 面.

三个坐标面把空间分成八个部分，每一个部分称为一个卦限，笛卡儿坐标系卦限图如图 7-22 所示.

由 x 轴、y 轴、z 轴的正方向组成的这部分称为第一卦限；由 x 轴的负方向，y 轴、z 轴的正方向组成的这部分称为第二卦限；由 x 轴、y 轴的负方向、z 轴的正方向组成的这部分称为第三卦限；由 x 轴的正方向、y 轴的负方向、z 轴的正方向组成的这部分称为第四卦限；由 x 轴、y 轴正方向，z 轴的负方向组成这部分称为第五卦限；由 x 轴的负方向、y 轴的正方向、z 轴的负方向组成的这部分称为第六卦限；由 x 轴、y 轴、z 轴的负方向组成的这部分称为第七卦限；由 x 轴的正方向、y 轴的负方向、z 轴的负方向组成的这部分称为第八卦限. 这八个卦限分别用字母 I、II、III、IV、V、VI、VII、VIII 表示，笛卡儿坐标系的八个卦限见表 7-1.

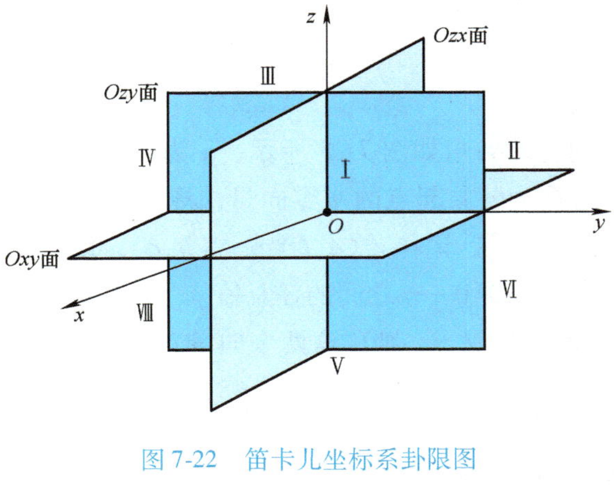

图 7-22　笛卡儿坐标系卦限图

表 7-1　笛卡儿坐标系的八个卦限

x 轴	+	−	−	+	+	−	−	+
y 轴	+	+	−	−	+	+	−	−
z 轴	+	+	+	+	−	−	−	−
卦限	I	II	III	IV	V	VI	VII	VIII

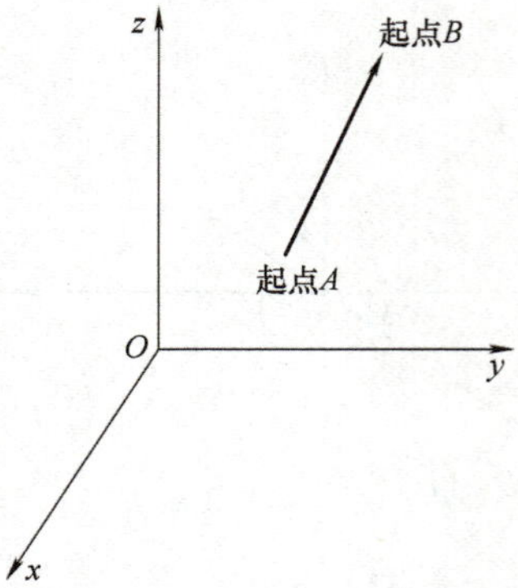

图 7-23　三维向量的几何表示

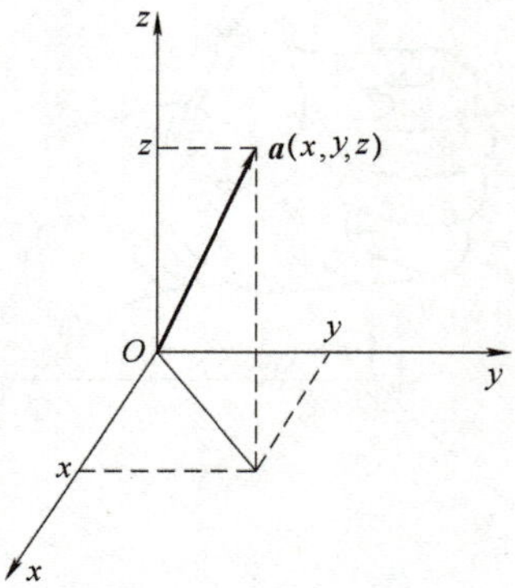

图 7-24　三维向量的坐标表示

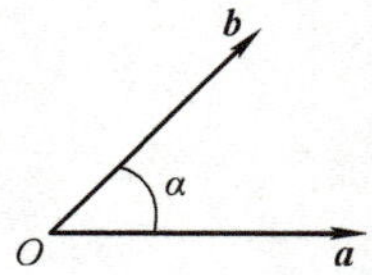

图 7-25　空间两向量的夹角

1. 三维向量的三种表示

1）几何表示：与二维向量类似，空间中的有向线段可以表示三维向量，图 7-23 中 A 是起点，B 是终点，箭头表示方向. 有向线段的方向表示向量的方向，有向线段的长度表示向量的大小.

2）代数表示：三维向量的代数表示与二维向量类似. 用黑体的小写字母($\boldsymbol{a}$，$\boldsymbol{b}$，$\boldsymbol{c}$，…)表示，书面表达时写为 $\vec{a},\vec{b},\vec{c}$. 或者用表示向量的有向线段的起点和终点的字母表示，例如$\overrightarrow{AB},\overrightarrow{CD}$，起点在前，终点在后.

3）坐标表示：三维向量的坐标表示如图 7-24 所示，在空间内的一个向量 $\boldsymbol{a}$，有且只有一组实数 x、y、z，使得

$$\boldsymbol{a}=x\boldsymbol{i}+y\boldsymbol{j}+z\boldsymbol{k}.$$

这样，在空间内的任意一个向量 $\boldsymbol{a}$ 都可以由 x,y,z 唯一确定，我们把有序数对(x,y,z)叫作向量 $\boldsymbol{a}$ 的坐标，记作

$$\boldsymbol{a}=(x,y,z). \tag{7-2}$$

式中，x 叫作 $\boldsymbol{a}$ 在 x 轴上的坐标；y 叫作 $\boldsymbol{a}$ 在 y 轴上的坐标；z 叫作 $\boldsymbol{a}$ 在 z 轴上的坐标，式(7-2)叫作向量 $\boldsymbol{a}$ 的坐标表示.

向量的大小叫作向量的模. 若 $\boldsymbol{a}=(x,y,z)$，则 $|\boldsymbol{a}|=\sqrt{x^2+y^2+z^2}$. 例如，$\boldsymbol{a}=(1,2,-2)$，则$|\boldsymbol{a}|=\sqrt{1^2+2^2+(-2)^2}=3$.

2. 两个向量的夹角及位置关系

三维向量与平面向量类似，所讨论的向量是自由向量，任意给定的三维向量可在空间平移，即在空间中任意给定两个三维向量都可以平移在一起共用一个起点. 下面所讨论的都是共起点的两个向量的夹角.

空间两向量的夹角如图 7-25 所示，α 为向量 $\boldsymbol{a},\boldsymbol{b}$ 的夹角. 设 $\boldsymbol{a},\boldsymbol{b}$ 是两个以 O 为公共起点的非零向量，规定 α 为向量 $\boldsymbol{a},\boldsymbol{b}$ 的夹角，其中 $\alpha\in[0,\pi]$，记作$\angle(\boldsymbol{a},\boldsymbol{b})$或$\angle(\boldsymbol{b},\boldsymbol{a})$. 规定零向量与另一向量的夹角可以是 $0\sim\pi$ 之间的任意值.

若$\angle(\boldsymbol{a},\boldsymbol{b})=0$ 或 π，则称这两个向量互相平行，记作 $\boldsymbol{a}/\!/\boldsymbol{b}$；若$\angle(\boldsymbol{a},\boldsymbol{b})=\dfrac{\pi}{2}$，则称这两个向量互相垂直，记作 $\boldsymbol{a}\perp\boldsymbol{b}$.

3. 向量的共线与共面

设有 $k(k\geqslant 2)$个互相平行的向量，又可称它们共线，因为可以通过平移使它们位于同一条直线上.

设有 $k(k\geqslant 3)$个向量，当把它们的起点放到同一点时，若这 k 个向量的终点以及它们的公共起点位于同一平面上，则称这 k 个向量共面.

4. 三维向量的线性运算

三维向量的运算包含了与二维向量相类似的线性运算.

三维向量的加法符合三角形法则，两向量首位顺次相接，首指向尾为和. 同时也符合平行四边形法则，两向量共起点为邻边作平行四边形，共起点对角线为和. 空间中两向量相减，共起点，连终点，方向指向被减向量. 实数与向量的乘积称为数乘运算，它们的结果依然是向量.

与平面空间类似，设 $\boldsymbol{e}_a$ 表示与非零向量 $\boldsymbol{a}$ 方向相同的单位向量，那么根据向量的数乘运算定义可得

$$\boldsymbol{e}_a = \frac{\boldsymbol{a}}{|\boldsymbol{a}|}.$$

根据定理 7.1，在平面中两向量平行的充要条件是这两个向量只"相差"一个常数倍数. 由三维向量的定义和性质也能得出相类似的定理：向量 $\boldsymbol{b}$ 平行于向量 $\boldsymbol{a}(\boldsymbol{a}\neq\boldsymbol{0})$ 的充要条件是，存在唯一的实数 λ，使 $\boldsymbol{b}=\lambda\boldsymbol{a}$.

5. 向量线性运算的坐标表示

与二维向量类似，当三维向量用坐标表示时，设 $\boldsymbol{a}=(0,1,2)$，$\boldsymbol{b}=(2,1,0)$，$\lambda=-1$，则 $\boldsymbol{a}+\boldsymbol{b}=(0,1,2)+(2,1,0)=(2,2,2)$，$\boldsymbol{a}-\boldsymbol{b}=(0,1,2)-(2,1,0)=(-2,0,2)$，$\lambda\boldsymbol{a}=-(0,1,2)=(0,-1,-2)$. 这就是空间向量坐标表示的向量加法、减法、数乘运算.

设 $\boldsymbol{a}=(a_x,a_y,a_z)$，$\boldsymbol{b}=(b_x,b_y,b_z)$，$\lambda$ 为实数，则它们的坐标分解式为

$$\boldsymbol{a}=a_x\boldsymbol{i}+a_y\boldsymbol{j}+a_z\boldsymbol{k},\boldsymbol{b}=b_x\boldsymbol{i}+b_y\boldsymbol{j}+b_z\boldsymbol{k}.$$

由此得出向量线性运算的坐标公式为：

$$\begin{aligned}\boldsymbol{a}+\boldsymbol{b}&=(a_x\boldsymbol{i}+a_y\boldsymbol{j}+a_z\boldsymbol{k})+(b_x\boldsymbol{i}+b_y\boldsymbol{j}+b_z\boldsymbol{k})\\&=(a_x+b_x)\boldsymbol{i}+(a_y+b_y)\boldsymbol{j}+(a_z+b_z)\boldsymbol{k},\\\boldsymbol{a}-\boldsymbol{b}&=(a_x\boldsymbol{i}+a_y\boldsymbol{j}+a_z\boldsymbol{k})-(b_x\boldsymbol{i}+b_y\boldsymbol{j}+b_z\boldsymbol{k})\\&=(a_x-b_x)\boldsymbol{i}+(a_y-b_y)\boldsymbol{j}+(a_z-b_z)\boldsymbol{k},\\\lambda\boldsymbol{a}&=\lambda(a_x\boldsymbol{i}+a_y\boldsymbol{j}+a_z\boldsymbol{k})=(\lambda a_x)\boldsymbol{i}+(\lambda a_y)\boldsymbol{j}+(\lambda a_z)\boldsymbol{k}.\end{aligned}$$

故向量加法、减法及数乘运算的坐标分别表示为

$$\boldsymbol{a}+\boldsymbol{b}=(a_x+b_x,a_y+b_y,a_z+b_z),$$

即用坐标表示的两向量相加等于对应分量相加；

$$\boldsymbol{a}-\boldsymbol{b}=(a_x-b_x,a_y-b_y,a_z-b_z),$$

即用坐标表示的两向量相减等于对应分量相减；

$$\lambda\boldsymbol{a}=(\lambda a_x,\lambda a_y,\lambda a_z),$$

即用坐标表示的向量与数相乘等于对应分量乘以这个实数.

我们知道三维向量 $\boldsymbol{b}$ 平行于向量 $\boldsymbol{a}(\boldsymbol{a}\neq\boldsymbol{0})$ 的充要条件是，存在唯一的实数 λ，使 $\boldsymbol{b}=\lambda\boldsymbol{a}$. 用向量的坐标可表示为

$$(b_x,b_y,b_z)=\lambda(a_x,a_y,a_z),$$

当 $\boldsymbol{a}\neq\boldsymbol{0}$ 时，可写为

$$\frac{b_x}{a_x}=\frac{b_y}{a_y}=\frac{b_z}{a_z}=\lambda.$$

例如，向量 $\boldsymbol{a}=(1,2,3)$，$\boldsymbol{b}=(2,4,6)$，则有 $(2,4,6)=2(1,2,3)$，即 $\boldsymbol{b}=2\boldsymbol{a}$ 且对应分量成比例 $\frac{2}{1}=\frac{4}{2}=\frac{6}{3}=2$.

6. 向量的方向角与方向余弦

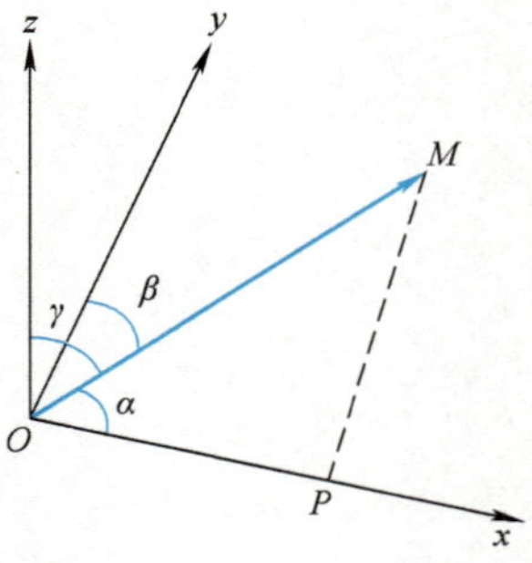

图 7-26　向量的方向角

向量的方向角如图 7-26 所示，把非零向量 $\boldsymbol{r}$ 与三个坐标轴(正向)的夹角 α、β、γ 称为该向量 $\boldsymbol{r}$ 的方向角. 设向量 $\boldsymbol{r}=\overrightarrow{OM}=(x,y,z)$，过点 M 分别作三个坐标轴的垂线，可得

$$(\cos\alpha,\cos\beta,\cos\gamma)=\left(\frac{x}{|\boldsymbol{r}|},\frac{y}{|\boldsymbol{r}|},\frac{z}{|\boldsymbol{r}|}\right)=\frac{1}{|\boldsymbol{r}|}(x,y,z)=\frac{\boldsymbol{r}}{|\boldsymbol{r}|}=\boldsymbol{e}_r.$$

式中，$\cos\alpha$，$\cos\beta$，$\cos\gamma$ 称为向量 $\boldsymbol{r}$ 的方向余弦.

同时，向量 $\boldsymbol{r}$ 的方向余弦组成的向量即为向量 $\boldsymbol{r}$ 的单位向量，并且有

$$\cos^2\alpha+\cos^2\beta+\cos^2\gamma=1.$$

例如，向量 $\boldsymbol{r}=(2,-2,1)$，则 $|\boldsymbol{r}|=\sqrt{2^2+(-2)^2+1^2}=3$，$\boldsymbol{e}_r=\frac{\boldsymbol{r}}{|\boldsymbol{r}|}=\left(\frac{2}{3},-\frac{2}{3},\frac{1}{3}\right)$，$(\cos\alpha,\cos\beta,\cos\gamma)=\left(\frac{x}{|\boldsymbol{r}|},\frac{y}{|\boldsymbol{r}|},\frac{z}{|\boldsymbol{r}|}\right)=\left(\frac{2}{3},-\frac{2}{3},\frac{1}{3}\right)$，于是得 $(\cos\alpha,\ \cos\beta,\ \cos\gamma)=\left(\frac{2}{3},\ -\frac{2}{3},\ \frac{1}{3}\right)$，即向量 $\boldsymbol{r}$ 的方向余弦组成的向量为向量 $\boldsymbol{r}$ 的单位向量，且 $\cos^2\alpha+\cos^2\beta+\cos^2\gamma=\left(\frac{2}{3}\right)^2+\left(-\frac{2}{3}\right)^2+\left(\frac{1}{3}\right)^2=1$.

7. 向量在轴上的投影

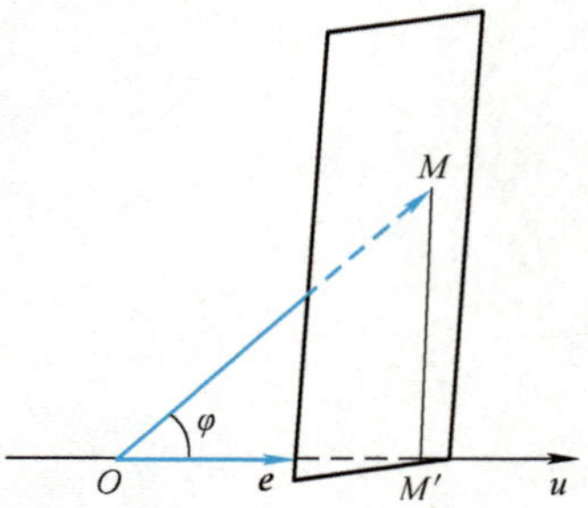

图 7-27　向量投影

给定向量 $\boldsymbol{r}=\overrightarrow{OM}$ 和一个固定方向的 u 轴，过点 M 作垂直于 u 轴的平面，该平面与 u 轴交于点 M'，向量投影如图 7-27 所示，则向量 $\overrightarrow{OM}$ 的有向长度(与 u 轴方向相同时为正，相反时为负)就称为向量 $\boldsymbol{r}$ 在 u 轴上的投影，记作

$$\mathrm{Prj}_u\boldsymbol{r}=|\boldsymbol{r}|\cos\varphi.$$

例如，向量 $\boldsymbol{r}$ 的模是 4，它与 u 轴的夹角是 $\frac{\pi}{6}$，则 $\boldsymbol{r}$ 在 u 轴上的投影 $\mathrm{Prj}_u\boldsymbol{r}=|\boldsymbol{r}|\cos\varphi=4\times\cos\frac{\pi}{6}=2\sqrt{3}$.

由此定义，向量 $\boldsymbol{a}$ 在笛卡儿坐标系 $Oxyz$ 中的坐标 a_x、a_y、a_z，

就是 $\boldsymbol{a}$ 在三条坐标轴上的投影，即

$$a_x = \mathrm{Prj}_x\boldsymbol{a} = |\boldsymbol{a}|\cos\alpha,$$

$$a_y = \mathrm{Prj}_y\boldsymbol{a} = |\boldsymbol{a}|\cos\beta,$$

$$a_z = \mathrm{Prj}_z\boldsymbol{a} = |\boldsymbol{a}|\cos\gamma,$$

式中，α、β、γ 是向量 $\boldsymbol{a}$ 与三条坐标轴的夹角.

由此可得，向量的投影和坐标具有相同的性质.

性质 1　$\mathrm{Prj}_u(\boldsymbol{a}+\boldsymbol{b}) = \mathrm{Prj}_u\boldsymbol{a} + \mathrm{Prj}_u\boldsymbol{b}$.

性质 2　$\mathrm{Prj}_u(\lambda\boldsymbol{a}) = \lambda\mathrm{Prj}_u\boldsymbol{a}$.

8. 数量积

恒力做功如图 7-28 所示，设一物体在恒力 $\boldsymbol{F}$ 的作用下沿直线从点 A 移动到点 B，以 $\boldsymbol{s}$ 表示位移(包含大小和方向)，由物理知识恒力 $\boldsymbol{F}$ 所做的功为 $W=|\boldsymbol{F}||\boldsymbol{s}|\cos\theta$. 其中 θ 表示力 $\boldsymbol{F}$ 与位移 $\boldsymbol{s}$ 的夹角.

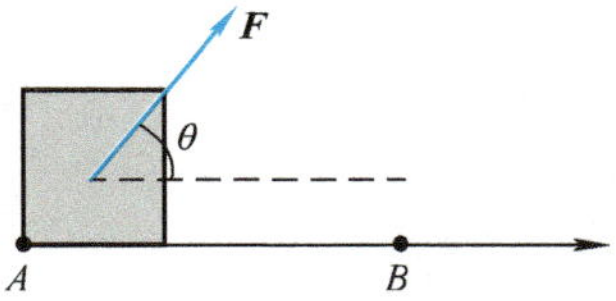

图 7-28　恒力做功

从这个问题可以发现，现实生活中需要两个向量的模长乘以它们夹角的余弦，这个运算的结果是一个数，把这个问题一般化就得到数学中向量数量积的概念.

$|\boldsymbol{a}|$、$|\boldsymbol{b}|$ 与它们夹角 θ 的余弦的乘积，称为 $\boldsymbol{a}$、$\boldsymbol{b}$ 的数量积. 记为

$$\boldsymbol{a}\cdot\boldsymbol{b} = |\boldsymbol{a}||\boldsymbol{b}|\cos\theta.$$

那么它们夹角的余弦值表示为

$$\cos\theta = \frac{\boldsymbol{a}\cdot\boldsymbol{b}}{|\boldsymbol{a}||\boldsymbol{b}|}.$$

例如，$\boldsymbol{a}=(1,-1,1)$，$\boldsymbol{b}=(2,2,0)$，它们的夹角为 $\frac{\pi}{6}$，那么 $\boldsymbol{a}\cdot\boldsymbol{b} = |\boldsymbol{a}||\boldsymbol{b}|\cos\theta = \sqrt{1+1+1}\times\sqrt{4+4+0}\times\cos\frac{\pi}{6} = \sqrt{3}\times\sqrt{8}\times\frac{\sqrt{3}}{2} = 3\sqrt{2}$.

由投影的定义可知，当 $\boldsymbol{a}\neq\boldsymbol{0}$ 时，$|\boldsymbol{b}|\cos\theta$ 是向量 $\boldsymbol{b}$ 在向量 $\boldsymbol{a}$ 上的投影，因此向量的数量积可以用投影表示，即

$$\boldsymbol{a}\cdot\boldsymbol{b} = |\boldsymbol{a}|\mathrm{Prj}_{\boldsymbol{a}}\boldsymbol{b}.$$

当 $\boldsymbol{b}\neq\boldsymbol{0}$ 时，$|\boldsymbol{a}|\cos\theta$ 是向量 $\boldsymbol{a}$ 在 $\boldsymbol{b}$ 上的投影，因此向量的数量积可以用投影表示，即

$$\boldsymbol{a}\cdot\boldsymbol{b} = |\boldsymbol{b}|\mathrm{Prj}_{\boldsymbol{b}}\boldsymbol{a}.$$

也就是说，向量的数量积等于其中一个向量的模和另一个向量在

这个向量方向上投影的乘积. 由数量积的定义可得如下性质:

$$\boldsymbol{a}\cdot\boldsymbol{a}=|\boldsymbol{a}|^2.$$

因为向量自己与自己的夹角 θ 是 $0°$, $\cos 0°=1$, 所以 $\boldsymbol{a}\cdot\boldsymbol{a}=|\boldsymbol{a}||\boldsymbol{a}|\cos\theta=|\boldsymbol{a}|^2$. 例如, 向量 $\boldsymbol{a}=(1,2,2)$, 那么 $\boldsymbol{a}\cdot\boldsymbol{a}=|\boldsymbol{a}|^2=(\sqrt{1^2+2^2+2^2})^2=(\sqrt{9})^2=9$.

9. 数量积的坐标表示

设两向量的坐标表示为 $\boldsymbol{a}=(1,2,3)$, $\boldsymbol{b}=(4,5,6)$, 那么 $\boldsymbol{a}$ 分解到 x 轴、y 轴、z 轴的坐标分别是 1、2、3, $\boldsymbol{b}$ 分解到 x 轴、y 轴、z 轴的坐标分别是 4、5、6, 让两个向量在 x 轴上的坐标 1 和 4 相乘, 在 y 轴上的坐标 2 和 5 相乘, 在 z 轴上的坐标 3 和 6 相乘, 然后再相加, 这个值为向量 $\boldsymbol{a}$ 和 $\boldsymbol{b}$ 的坐标表示的数量积, 即 $\boldsymbol{a}\cdot\boldsymbol{b}=1\times4+2\times5+3\times6=32$.

当 $\boldsymbol{a}=(a_x,a_y,a_z)$, $\boldsymbol{b}=(b_x,b_y,b_z)$, 它们的坐标分解式为

$$\boldsymbol{a}=a_x\boldsymbol{i}+a_y\boldsymbol{j}+a_z\boldsymbol{k},$$
$$\boldsymbol{b}=b_x\boldsymbol{i}+b_y\boldsymbol{j}+b_z\boldsymbol{k},$$

则

$$\begin{aligned}\boldsymbol{a}\cdot\boldsymbol{b}&=(a_x\boldsymbol{i}+a_y\boldsymbol{j}+a_z\boldsymbol{k})\cdot(b_x\boldsymbol{i}+b_y\boldsymbol{j}+b_z\boldsymbol{k})\\&=a_xb_x\boldsymbol{i}\cdot\boldsymbol{i}+a_yb_x\boldsymbol{i}\cdot\boldsymbol{j}+a_zb_x\boldsymbol{i}\cdot\boldsymbol{k}+a_xb_y\boldsymbol{j}\cdot\boldsymbol{i}+a_yb_y\boldsymbol{j}\cdot\boldsymbol{j}+\\&\quad a_zb_y\boldsymbol{j}\cdot\boldsymbol{k}+a_xb_z\boldsymbol{k}\cdot\boldsymbol{i}+a_yb_z\boldsymbol{k}\cdot\boldsymbol{j}+a_zb_z\boldsymbol{k}\cdot\boldsymbol{k}\\&=a_xb_x\boldsymbol{i}\cdot\boldsymbol{i}+a_yb_y\boldsymbol{j}\cdot\boldsymbol{j}+a_zb_z\boldsymbol{k}\cdot\boldsymbol{k}\\&=a_xb_x+a_yb_y+a_zb_z.\end{aligned}$$

根据数量积的定义, 对于任意非零向量 $\boldsymbol{a}$、$\boldsymbol{b}$ 有 $\cos\theta=\dfrac{\boldsymbol{a}\cdot\boldsymbol{b}}{|\boldsymbol{a}||\boldsymbol{b}|}$, 将数量积的坐标表示及模的坐标表示代入得

$$\cos\theta=\frac{\boldsymbol{a}\cdot\boldsymbol{b}}{|\boldsymbol{a}||\boldsymbol{b}|}=\frac{a_xb_x+a_yb_y+a_zb_z}{\sqrt{a_x^2+a_y^2+a_z^2}\sqrt{b_x^2+b_y^2+b_z^2}}$$

例如, 设 $\boldsymbol{a}=(1,-1,1)$, $\boldsymbol{b}=(1,-2,-1)$, 则有

$$|\boldsymbol{a}|=\sqrt{a_x^2+a_y^2+a_z^2}=\sqrt{1+1+1}=\sqrt{3},$$
$$|\boldsymbol{b}|=\sqrt{b_x^2+b_y^2+b_z^2}=\sqrt{1+4+1}=\sqrt{6},$$
$$\boldsymbol{a}\cdot\boldsymbol{b}=a_xb_x+a_yb_y+a_zb_z=1+2-1=2,$$
$$\cos\theta=\frac{\boldsymbol{a}\cdot\boldsymbol{b}}{|\boldsymbol{a}||\boldsymbol{b}|}=\frac{2}{\sqrt{3}\sqrt{6}}=\frac{2}{\sqrt{18}}=\frac{\sqrt{2}}{3}.$$

对于任意非零向量 $\boldsymbol{a}$、$\boldsymbol{b}$, 当它们的夹角 $\theta=0$ 时, 两向量平行, 它们的数量积为

$$\boldsymbol{a}\cdot\boldsymbol{b}=|\boldsymbol{a}||\boldsymbol{b}|.$$

当 $\theta=90°$时, 两向量垂直, 它们的数量积为

$$\boldsymbol{a}\cdot\boldsymbol{b}=0.$$

其几何意义是数量积表示了两个向量的接近程度，即夹角越小，两个向量越靠近. 因此向量的数量积可以用来判断两个移动的物体是否会撞上、是否需要避开等问题.

数量积的运算规律如下，λ 为实数.

1）交换律：$\boldsymbol{a}\cdot\boldsymbol{b}=\boldsymbol{b}\cdot\boldsymbol{a}$.

证明：实数的乘法满足交换率，向量 $\boldsymbol{a}$、$\boldsymbol{b}$ 的模 $|\boldsymbol{a}|$、$|\boldsymbol{b}|$ 是实数，所以 $|\boldsymbol{a}||\boldsymbol{b}|=|\boldsymbol{b}||\boldsymbol{a}|$，即可得 $\boldsymbol{a}\cdot\boldsymbol{b}=|\boldsymbol{a}||\boldsymbol{b}|\cos\theta=|\boldsymbol{b}||\boldsymbol{a}|\cos\theta=\boldsymbol{b}\cdot\boldsymbol{a}$.

例如，$\boldsymbol{a}=(1,1,1)$，$\boldsymbol{b}=(1,2,-1)$，则 $\boldsymbol{a}\cdot\boldsymbol{b}=1+2-1=2$，$\boldsymbol{b}\cdot\boldsymbol{a}=1+2-1=2$，即 $\boldsymbol{a}\cdot\boldsymbol{b}=\boldsymbol{b}\cdot\boldsymbol{a}$.

2）分配律：$(\boldsymbol{a}+\boldsymbol{b})\cdot\boldsymbol{c}=\boldsymbol{a}\cdot\boldsymbol{c}+\boldsymbol{b}\cdot\boldsymbol{c}$.

证明：两向量之和是一个向量，这个“和”与另一向量的数量积是一个数量，而右边是两个数量的和(也是一个数量)，这是等式成立的第一步。

其次，数量积的分配律如图 7-29 所示，设 $\overrightarrow{AB}=\boldsymbol{a}$，$\overrightarrow{BC}=\boldsymbol{b}$，$\overrightarrow{AE}=\boldsymbol{c}$，则

$$|\boldsymbol{a}+\boldsymbol{b}|\cdot\cos\theta_3=|\overrightarrow{AC}|\cdot\cos\theta_3=|\overrightarrow{AE}|,$$

$$|\overrightarrow{AE}|=|\overrightarrow{AF}|+|\overrightarrow{FE}|=|\boldsymbol{a}|\cdot\cos\theta_2+|\boldsymbol{b}|\cdot\cos\theta_1,$$

即

$$|\boldsymbol{a}+\boldsymbol{b}|\cdot\cos\theta_3=|\boldsymbol{a}|\cdot\cos\theta_2+|\boldsymbol{b}|\cdot\cos\theta_1.$$

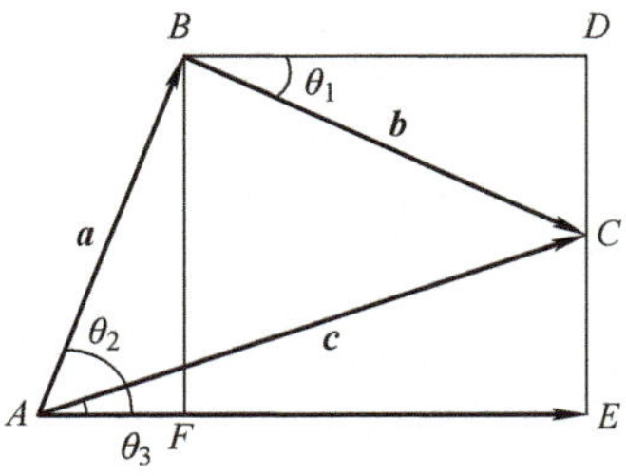

图 7-29　数量积的分配律

根据数量积的定义得

$$\begin{aligned}(\boldsymbol{a}+\boldsymbol{b})\cdot\boldsymbol{c}&=|\boldsymbol{a}+\boldsymbol{b}|\cdot|\boldsymbol{c}|\cdot\cos\theta_3\\&=|\boldsymbol{a}+\boldsymbol{b}|\cdot\cos\theta_3\cdot|\boldsymbol{c}|\\&=(|\boldsymbol{a}|\cdot\cos\theta_2+|\boldsymbol{b}|\cdot\cos\theta_1)|\boldsymbol{c}|\\&=\boldsymbol{a}\cdot\boldsymbol{c}+\boldsymbol{b}\cdot\boldsymbol{c}.\end{aligned}$$

综上，两个向量的和与第三个向量的数量积等于两个向量分别与第三个向量作数量积后加和.

例如，$\boldsymbol{a}=(1,1,1)$，$\boldsymbol{b}=(1,2,-1)$，$\boldsymbol{c}=(0,1,2)$，则 $\boldsymbol{a}+\boldsymbol{b}=(2,3,0)$，$(\boldsymbol{a}+\boldsymbol{b})\cdot\boldsymbol{c}=0+3+0=3$，$\boldsymbol{a}\cdot\boldsymbol{c}+\boldsymbol{b}\cdot\boldsymbol{c}=(0+1+2)+(0+2-2)=3$，因此验证了分配律 $(\boldsymbol{a}+\boldsymbol{b})\cdot\boldsymbol{c}=\boldsymbol{a}\cdot\boldsymbol{c}+\boldsymbol{b}\cdot\boldsymbol{c}$.

3）结合律：$(\lambda\boldsymbol{a})\cdot\boldsymbol{b}=\lambda(\boldsymbol{a}\cdot\boldsymbol{b})$.

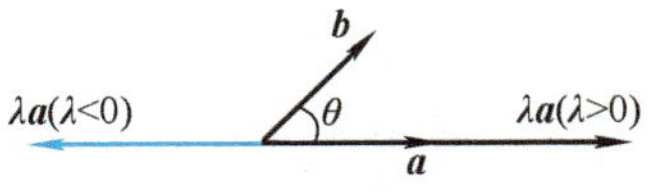

图 7-30　数量积的结合律

证明：向量的数乘运算还是一个向量，如图 7-30 所示. $\boldsymbol{a}$ 与 $\boldsymbol{b}$ 的夹角为 θ. 当 $\lambda>0$ 时，$\lambda\boldsymbol{a}$ 与 $\boldsymbol{a}$ 的方向相同，$\lambda\boldsymbol{a}$ 与 $\boldsymbol{b}$ 的夹角为 θ，大小为原来的 λ 倍；当 $\lambda<0$ 时，$\lambda\boldsymbol{a}$ 与 $\boldsymbol{a}$ 的方向相反，$\lambda\boldsymbol{a}$ 与 $\boldsymbol{b}$ 的夹角为 $(\pi-\theta)$，大小为原来的 $-\lambda$ 倍；当 $\lambda=0$ 时，$\lambda\boldsymbol{a}$ 等于 $\boldsymbol{0}$. 综上，结合律等式显然成立.

根据数量积的定义得

$$\lambda(\boldsymbol{a}\cdot\boldsymbol{b})=\lambda|\boldsymbol{a}|\cdot|\boldsymbol{b}|\cdot\cos\theta.$$

当 $\lambda>0$ 时,

$$\begin{aligned}(\lambda\boldsymbol{a})\cdot\boldsymbol{b}&=|\lambda\boldsymbol{a}|\cdot|\boldsymbol{b}|\cdot\cos\theta\\&=|\lambda|\cdot|\boldsymbol{a}|\cdot|\boldsymbol{b}|\cdot\cos\theta\\&=\lambda|\boldsymbol{a}|\cdot|\boldsymbol{b}|\cdot\cos\theta.\end{aligned}$$

当 $\lambda<0$ 时,

$$\begin{aligned}(\lambda\boldsymbol{a})\cdot\boldsymbol{b}&=|\lambda\boldsymbol{a}|\cdot|\boldsymbol{b}|\cdot\cos(\pi-\theta)\\&=\lambda|\boldsymbol{a}|\cdot|\boldsymbol{b}|\cdot\cos\theta.\end{aligned}$$

综上, $(\lambda\boldsymbol{a})\cdot\boldsymbol{b}=\lambda(\boldsymbol{a}\cdot\boldsymbol{b})$.

10. 向量积的坐标表示

若 $\boldsymbol{a}=(x_1,y_1,z_1)$, $\boldsymbol{b}=(x_2,y_2,z_2)$, 则

$$\begin{aligned}\boldsymbol{c}=\boldsymbol{a}\times\boldsymbol{b}&=\begin{vmatrix}\boldsymbol{i}&\boldsymbol{j}&\boldsymbol{k}\\x_1&y_1&z_1\\x_2&y_2&z_2\end{vmatrix}\\&=\begin{vmatrix}y_1&z_1\\y_2&z_2\end{vmatrix}\boldsymbol{i}-\begin{vmatrix}x_1&z_1\\x_2&z_2\end{vmatrix}\boldsymbol{j}+\begin{vmatrix}x_1&y_1\\x_2&y_2\end{vmatrix}\boldsymbol{k}\end{aligned}$$

称为 $\boldsymbol{a}$ 和 $\boldsymbol{b}$ 的向量积.

两个向量的向量积的结果还是一个向量, 所以它的大小 $|\boldsymbol{a}\times\boldsymbol{b}|=|\boldsymbol{a}||\boldsymbol{b}|\sin\theta$, 其中, θ 是 $\boldsymbol{a}$、$\boldsymbol{b}$ 的夹角. 方向满足右手法则, 即四指指向 $\boldsymbol{a}$ 转向 $\boldsymbol{b}$, 大拇指的指向就是 $\boldsymbol{a}\times\boldsymbol{b}$ 方向, 那么 $\boldsymbol{c}\perp\boldsymbol{a}$ 且 $\boldsymbol{c}\perp\boldsymbol{b}$.

其几何意义是两个向量的向量积所得的新向量与原来的两个向量垂直, 并穿过这两个向量的交叉点. $|\boldsymbol{a}\times\boldsymbol{b}|=|\boldsymbol{a}||\boldsymbol{b}|\sin\theta$ 表示以这两个向量为边长的平行四边形的面积.

向量积的运算规律如下, λ 为实数.

1) 负交换律 $\boldsymbol{a}\times\boldsymbol{b}=-\boldsymbol{b}\times\boldsymbol{a}$.

按右手法则四指由 $\boldsymbol{a}$ 转向 $\boldsymbol{b}$ 得到的方向与由 $\boldsymbol{b}$ 转向 $\boldsymbol{a}$ 得到的方向相反.

2) 分配律 $(\boldsymbol{a}+\boldsymbol{b})\times\boldsymbol{c}=\boldsymbol{a}\times\boldsymbol{c}+\boldsymbol{b}\times\boldsymbol{c}$.

3) 结合律 $(\lambda\boldsymbol{a})\times\boldsymbol{b}=\lambda(\boldsymbol{a}\times\boldsymbol{b})$.

例 7.1.4 设 $\boldsymbol{a}=(1,2,-1)$, $\boldsymbol{b}=(1,0,2)$, $\boldsymbol{c}=(0,1,-1)$, $\lambda=-1$, 请分别计算 $(\boldsymbol{a}+\boldsymbol{b})\times\boldsymbol{c}$, $\boldsymbol{a}\times\boldsymbol{c}+\boldsymbol{b}\times\boldsymbol{c}$, $(\lambda\boldsymbol{a})\times\boldsymbol{b}$, $\lambda(\boldsymbol{a}\times\boldsymbol{b})$.

解: $\boldsymbol{a}+\boldsymbol{b}=(1,2,-1)+(1,0,2)=(2,2,1)$.

$$(\boldsymbol{a}+\boldsymbol{b})\times\boldsymbol{c}=\begin{vmatrix}\boldsymbol{i}&\boldsymbol{j}&\boldsymbol{k}\\2&2&1\\0&1&-1\end{vmatrix}=\begin{vmatrix}2&1\\1&-1\end{vmatrix}\boldsymbol{i}-\begin{vmatrix}2&1\\0&-1\end{vmatrix}\boldsymbol{j}+\begin{vmatrix}2&2\\0&1\end{vmatrix}\boldsymbol{k}$$

$$=-3\boldsymbol{i}+2\boldsymbol{j}+2\boldsymbol{k}.$$

$$\boldsymbol{a}\times\boldsymbol{c}=\begin{vmatrix}\boldsymbol{i}&\boldsymbol{j}&\boldsymbol{k}\\1&2&-1\\0&1&-1\end{vmatrix}=\begin{vmatrix}2&-1\\1&-1\end{vmatrix}\boldsymbol{i}-\begin{vmatrix}1&-1\\0&-1\end{vmatrix}\boldsymbol{j}+\begin{vmatrix}1&2\\0&1\end{vmatrix}\boldsymbol{k}=-\boldsymbol{i}+\boldsymbol{j}+\boldsymbol{k}.$$

$$\boldsymbol{b}\times\boldsymbol{c}=\begin{vmatrix}\boldsymbol{i}&\boldsymbol{j}&\boldsymbol{k}\\1&0&2\\0&1&-1\end{vmatrix}=\begin{vmatrix}0&2\\1&-1\end{vmatrix}\boldsymbol{i}-\begin{vmatrix}1&2\\0&-1\end{vmatrix}\boldsymbol{j}+\begin{vmatrix}1&0\\0&1\end{vmatrix}\boldsymbol{k}=-2\boldsymbol{i}+\boldsymbol{j}+\boldsymbol{k}.$$

$$\boldsymbol{a}\times\boldsymbol{c}+\boldsymbol{b}\times\boldsymbol{c}=(-\boldsymbol{i}+\boldsymbol{j}+\boldsymbol{k})+(-2\boldsymbol{i}+\boldsymbol{j}+\boldsymbol{k})=-3\boldsymbol{i}+2\boldsymbol{j}+2\boldsymbol{k}.$$

观察发现，$(\boldsymbol{a}+\boldsymbol{b})\times\boldsymbol{c}$ 和 $\boldsymbol{a}\times\boldsymbol{c}+\boldsymbol{b}\times\boldsymbol{c}$ 的结果一样，验证了向量积分配律的正确性.

因为 $\lambda\boldsymbol{a}=(-1,-2,1)$，所以

$$(\lambda\boldsymbol{a})\times\boldsymbol{b}=\begin{vmatrix}\boldsymbol{i}&\boldsymbol{j}&\boldsymbol{k}\\-1&-2&1\\1&0&2\end{vmatrix}=\begin{vmatrix}-2&1\\0&2\end{vmatrix}\boldsymbol{i}-\begin{vmatrix}-1&1\\1&2\end{vmatrix}\boldsymbol{j}+\begin{vmatrix}-1&-2\\1&0\end{vmatrix}\boldsymbol{k}$$

$$=-4\boldsymbol{i}+3\boldsymbol{j}+2\boldsymbol{k}.$$

$$\lambda(\boldsymbol{a}\times\boldsymbol{b})=-1\times\begin{vmatrix}\boldsymbol{i}&\boldsymbol{j}&\boldsymbol{k}\\1&2&-1\\1&0&2\end{vmatrix}=-\begin{vmatrix}2&-1\\0&2\end{vmatrix}\boldsymbol{i}+\begin{vmatrix}1&-1\\1&2\end{vmatrix}\boldsymbol{j}-\begin{vmatrix}1&2\\1&0\end{vmatrix}\boldsymbol{k}$$

$$=-4\boldsymbol{i}+3\boldsymbol{j}+2\boldsymbol{k}.$$

观察发现，$(\lambda\boldsymbol{a})\times\boldsymbol{b}$ 和 $\lambda(\boldsymbol{a}\times\boldsymbol{b})$ 的结果一样，验证了向量积结合律的正确性.

7.1.3　n 维向量

我们知道，形如(x,y)称为二维向量，形如(x,y,z)称为三维向量，那么依次类推四维向量就是(x,y,z,w),…，它们是一组有序数组，其中每个分量都表示不同的含义. 例如二维向量(x,y)是平面向量时，x 表示的是向量分解到 x 轴的坐标，y 表示向量分解到 y 轴的坐标. 当然，二维向量也可以不表示平面向量，也可以用来表示两个字的人名，可以规定 x 表示姓，y 表示名，如小明这样的名字就可以用二维向量(小，明)表示. 再如在一个企业的数据仓库中可以这样

('大理','鲜花饼','网上商城 A',200)

描述一条销售信息，那么这就是一个四维向量. 这也就告诉我们向量可以用来表示生活中的很多信息，这些信息所需的向量维数

是不定的，并且不局限于1,2,3，因此我们需要学习 n 维向量来记录更多的信息，n 可以是任意实数.

由二维向量、三维向量可以知道，小括号内数字数量是向量的维数，这和行矩阵形式相同，且行矩阵和列矩阵具有相同的性质，由此可得 n 维向量的定义如下：

形如这样的 $n\times 1$ 阶矩阵

$$\begin{pmatrix} a_1 \\ a_2 \\ \vdots \\ a_n \end{pmatrix}$$

或 $1\times n$ 阶矩阵

$$(a_1, a_2, \cdots, a_n)$$

称为向量. 前者称为列向量，后者称为行向量；$a_i(i=1,2,\cdots,n)$ 称为向量的第 i 个分量. 分量全是实数的向量称为实向量.

根据向量的定义可知向量是矩阵，因此矩阵中的各种运算及性质，向量也自然拥有. 也就是说向量之间的各种运算就是矩阵运算. 根据矩阵的性质可知列向量与行向量具有完全相同的性质，所以由于排版的原因，在仅讨论向量一般性质的时候，我们经常对行向量进行讨论，行向量用 $\boldsymbol{\alpha},\boldsymbol{\beta},\cdots$表示，即

$$\boldsymbol{\alpha}=(a_1, a_2, \cdots, a_n).$$

列向量用它的转置 $\boldsymbol{\alpha}^{\mathrm{T}}$表示，即

$$\boldsymbol{\alpha}^{\mathrm{T}}=\begin{pmatrix} a_1 \\ a_2 \\ \vdots \\ a_n \end{pmatrix}.$$

1. 零向量

零向量是每个分量都为零的向量，如

$$\mathbf{0}=(0,0,\cdots,0).$$

2. 负向量

$-\boldsymbol{\alpha}=(-a_1,-a_2,\cdots,-a_n)$ 叫作向量 $\boldsymbol{\alpha}=(a_1,a_2,\cdots,a_n)$ 的负向量.

3. 向量的运算

（1）相等　维数相同，对应分量相等. 设 $\boldsymbol{\alpha}=(a_1,a_2,\cdots,a_n)$，$\boldsymbol{\beta}=(b_1,b_2,\cdots,b_n)$，则 $\boldsymbol{\alpha}=\boldsymbol{\beta}$ 等价于 $n=m$ 且 $a_i=b_i(i=1,2,\cdots,n)$.

（2）加法　只有同维向量才能相加. 设 $\boldsymbol{\alpha}=(a_1,a_2,\cdots,a_n)$，

$\boldsymbol{\beta}=(b_1,b_2,\cdots,b_n)$，则 $\boldsymbol{\alpha}+\boldsymbol{\beta}=(a_1+b_1,a_2+b_2,\cdots,a_n+b_n)$（即同维向量的对应分量相加）.

例如，$\boldsymbol{\alpha}=(1,2,-1,-2)$，$\boldsymbol{\beta}=(1,0,1,0)$，则 $\boldsymbol{\alpha}+\boldsymbol{\beta}=(2,2,0,-2)$.

加法具有下列基本性质：

1）交换律 $\boldsymbol{\alpha}+\boldsymbol{\beta}=\boldsymbol{\beta}+\boldsymbol{\alpha}$.

2）结合律 $(\boldsymbol{\alpha}+\boldsymbol{\beta})+\boldsymbol{\gamma}=\boldsymbol{\alpha}+(\boldsymbol{\beta}+\boldsymbol{\gamma})$.

3）$\boldsymbol{\alpha}+(-\boldsymbol{\alpha})=\boldsymbol{0}$.

（3）数乘　设 k 为任一实数，$\boldsymbol{\alpha}=(a_1,a_2,\cdots,a_n)$为向量，向量 $k\boldsymbol{\alpha}=(ka_1,ka_2,\cdots,ka_n)$叫作 k 与 $\boldsymbol{\alpha}$ 的数乘向量. 例如，$\boldsymbol{\alpha}=(1,2,3)$，则 $2\boldsymbol{\alpha}=(2,4,6)$.

数乘具有以下基本性质：

1）$1\boldsymbol{\alpha}=\boldsymbol{\alpha}$.

2）结合律 $k(l\boldsymbol{\alpha})=(kl)\boldsymbol{\alpha}$.

3）分配律$(k+l)\boldsymbol{\alpha}=k\boldsymbol{\alpha}+l\boldsymbol{\alpha}$；$k(\boldsymbol{\alpha}+\boldsymbol{\beta})=k\boldsymbol{\alpha}+k\boldsymbol{\beta}$.

向量的加法与数乘合称为向量的线性运算.

（4）乘法　设 $\boldsymbol{\alpha}=(a_1,a_2,\cdots,a_n)$，$\boldsymbol{\alpha}^{\mathrm{T}}=\begin{pmatrix}a_1\\a_2\\\vdots\\a_n\end{pmatrix}$，则

$$\boldsymbol{\alpha}\boldsymbol{\alpha}^{\mathrm{T}}=(a_1,a_2,\cdots,a_n)\begin{pmatrix}a_1\\a_2\\\vdots\\a_n\end{pmatrix}$$

为一阶方阵，是一个数；

$$\boldsymbol{\alpha}^{\mathrm{T}}\boldsymbol{\alpha}=\begin{pmatrix}a_1\\a_2\\\vdots\\a_n\end{pmatrix}(a_1,a_2,\cdots,a_n)=\begin{pmatrix}a_{11}&a_{12}&\cdots&a_{1n}\\a_{21}&a_{22}&\cdots&a_{2n}\\\vdots&\vdots&&\vdots\\a_{n1}&a_{n2}&\cdots&a_{nn}\end{pmatrix}$$

为 n 阶方阵.

例如，$\boldsymbol{\alpha}=(1,2)$，$\boldsymbol{\alpha}^{\mathrm{T}}=\begin{pmatrix}1\\2\end{pmatrix}$，则 $\boldsymbol{\alpha}\boldsymbol{\alpha}^{\mathrm{T}}=(1,2)\begin{pmatrix}1\\2\end{pmatrix}=5$；$\boldsymbol{\alpha}^{\mathrm{T}}\boldsymbol{\alpha}=\begin{pmatrix}1\\2\end{pmatrix}(1,2)=\begin{pmatrix}1&2\\2&4\end{pmatrix}$.

4. 向量与矩阵的关系

矩阵 $\boldsymbol{A}=\begin{pmatrix}1&4&7\\2&5&8\\3&6&9\end{pmatrix}$按行分块可以分为三块，分别记为 $\boldsymbol{x}_1=(1,4,7)$，$\boldsymbol{x}_2=(2,5,8)$，$\boldsymbol{x}_3=(3,6,9)$，则 $\boldsymbol{A}=\begin{pmatrix}\boldsymbol{x}_1\\\boldsymbol{x}_2\\\boldsymbol{x}_3\end{pmatrix}$；按列分块也可以分三块，分别记为 $\boldsymbol{y}_1^{\mathrm{T}}=(1,2,3)$，$\boldsymbol{y}_2^{\mathrm{T}}=(4,5,6)$，$\boldsymbol{y}_3^{\mathrm{T}}=(7,8,9)$，则 $\boldsymbol{A}=(\boldsymbol{y}_1^{\mathrm{T}},\boldsymbol{y}_2^{\mathrm{T}},\boldsymbol{y}_3^{\mathrm{T}})$.

将矩阵按行分块,则

$$\boldsymbol{A}=\begin{pmatrix}a_{11}&a_{12}&\cdots&a_{1n}\\a_{21}&a_{22}&\cdots&a_{2n}\\\vdots&\vdots&&\vdots\\a_{m1}&a_{m2}&\cdots&a_{mn}\end{pmatrix}$$

$$\boldsymbol{A}=\begin{pmatrix}\boldsymbol{x}_1\\\boldsymbol{x}_2\\\vdots\\\boldsymbol{x}_m\end{pmatrix}.$$

这是 m 个 n 维行向量，其中

$$\boldsymbol{x}_i=(a_{i1},a_{i2},\cdots,a_{in}),i=1,2,\cdots,m.$$

将矩阵 $\boldsymbol{A}$ 按列分块，则

$$\boldsymbol{A}=(\boldsymbol{y}_1,\boldsymbol{y}_2,\cdots,\boldsymbol{y}_n).$$

这是 n 个 m 维列向量，其中

$$\boldsymbol{y}_j=\begin{pmatrix}a_{1j}\\a_{2j}\\\vdots\\a_{mj}\end{pmatrix},j=1,2,\cdots,n.$$

5. 向量组

$\boldsymbol{A}=\begin{pmatrix}1&4&7\\2&5&8\\3&6&9\end{pmatrix}$是一个 3×3 的矩阵，它的三列分别是 1,2,3；4,5,6；7,8,9. 可以分别令 $\boldsymbol{y}_1^{\mathrm{T}}=(1,2,3)$，$\boldsymbol{y}_2^{\mathrm{T}}=(4,5,6)$，$\boldsymbol{y}_3^{\mathrm{T}}=(7,8,9)$，那么矩阵可以表示为列向量组 A：$\boldsymbol{y}_1^{\mathrm{T}}$，$\boldsymbol{y}_2^{\mathrm{T}}$，$\boldsymbol{y}_3^{\mathrm{T}}$. 同理有行向量组，矩阵的三行是 1,4,7；2,5,8；3,6,9，分别令 $\boldsymbol{x}_1=(1,4,7)$，$\boldsymbol{x}_2=(2,5,8)$，$\boldsymbol{x}_3=(3,6,9)$，那么矩阵可以表示为行向量组 A：$\boldsymbol{x}_1,\boldsymbol{x}_2,\boldsymbol{x}_3$.

若干个同维数的列向量(或同维数的行向量)所组成的集合叫作向量组. 记作

$$A: \boldsymbol{y}_1^{\mathrm{T}}, \boldsymbol{y}_2^{\mathrm{T}}, \cdots, \boldsymbol{y}_n^{\mathrm{T}}$$

例如,

$$
\boldsymbol{A} = \begin{matrix} \boldsymbol{y}_1^{\mathrm{T}} & \boldsymbol{y}_2^{\mathrm{T}} & & \boldsymbol{y}_n^{\mathrm{T}} \\ \begin{pmatrix} a_{11} & a_{12} & \cdots & a_{1n} \\ a_{21} & a_{22} & \cdots & a_{2n} \\ \vdots & \vdots & & \vdots \\ a_{n1} & a_{n2} & \cdots & a_{nn} \end{pmatrix} \end{matrix}
$$

可表示为向量组 A: $\boldsymbol{y}_1^{\mathrm{T}}, \boldsymbol{y}_2^{\mathrm{T}}, \cdots, \boldsymbol{y}_n^{\mathrm{T}}$, 称为 $\boldsymbol{A}$ 的列向量组.

类似地,

$$
\boldsymbol{A} = \begin{pmatrix} a_{11} & a_{12} & \cdots & a_{1n} \\ a_{21} & a_{22} & \cdots & a_{2n} \\ \vdots & \vdots & & \vdots \\ a_{n1} & a_{n2} & \cdots & a_{nn} \end{pmatrix} \begin{matrix} \boldsymbol{x}_1 \\ \boldsymbol{x}_2 \\ \\ \boldsymbol{x}_n \end{matrix}
$$

可表示为向量组 A: $\boldsymbol{x}_1, \boldsymbol{x}_2, \cdots, \boldsymbol{x}_n$, 称为 $\boldsymbol{A}$ 的行向量组.

反之, 由有限个向量所组成的向量组可以构成一个矩阵. n 个 m 维列向量所组成的向量组是一个 $m \times n$ 的矩阵; m 个 n 维列向量所组成的向量组是一个 $n \times m$ 的矩阵. 换言之, 矩阵与向量组之间一一对应.

6. 线性方程组的向量表示

形如

$$
\begin{cases}
x_1 + 2x_2 + 7x_3 = 1, \\
-2x_1 + 5x_2 + 4x_3 = 2, \\
-5x_1 + 6x_2 - 3x_3 = 3
\end{cases}
$$

这样常数项不全为零的方程组称为非齐次线性方程组, 其中 x_1、x_2、x_3 是方程组的未知量. 它们的系数分别是 $1, -2, -5$; $2, 5, 6$; $7, 4, -3$. 可以用三个列向量 $\boldsymbol{a}_1^{\mathrm{T}} = (1, -2, -5)$, $\boldsymbol{a}_2^{\mathrm{T}} = (2, 5, 6)$, $\boldsymbol{a}_3^{\mathrm{T}} = (7, 4, -3)$ 表示. 这三个列向量合起来刚好是方程组的系数矩阵. 等式右边数是 $1, 2, 3$, 可以写成列向量 $\boldsymbol{b}^{\mathrm{T}} = (1, 2, 3)$, 则方程组可写为

$$
\begin{pmatrix} 1 \\ -2 \\ -5 \end{pmatrix} x_1 + \begin{pmatrix} 2 \\ 5 \\ 6 \end{pmatrix} x_2 + \begin{pmatrix} 7 \\ 4 \\ -3 \end{pmatrix} x_3 = \begin{pmatrix} 1 \\ 2 \\ 3 \end{pmatrix},
$$

即非齐次线性方程组的向量表示为

$$\boldsymbol{a}_1^{\mathrm{T}}x_1+\boldsymbol{a}_2^{\mathrm{T}}x_2+\boldsymbol{a}_3^{\mathrm{T}}x_3=\boldsymbol{b}^{\mathrm{T}}.$$

一般地，设

$$\begin{cases}a_{11}x_1+a_{12}x_2+\cdots+a_{1n}x_n=b_1,\\a_{21}x_1+a_{22}x_2+\cdots+a_{2n}x_n=b_2,\\\qquad\vdots\\a_{m1}x_1+a_{m2}x_2+\cdots+a_{mn}x_n=b_m,\end{cases}$$

则向量组 A：$\boldsymbol{a}_1^{\mathrm{T}},\boldsymbol{a}_2^{\mathrm{T}},\cdots,\boldsymbol{a}_n^{\mathrm{T}}$ 为线性方程组的矩阵列向量组，其中 $\boldsymbol{a}_i^{\mathrm{T}}=(a_{1i},a_{2i},\cdots,a_{mi})^{\mathrm{T}},i=1,2,\cdots,n$，$\boldsymbol{b}^{\mathrm{T}}=(b_1,b_2,\cdots,b_m)^{\mathrm{T}}$，则非齐次线性方程组可表示为

$$\boldsymbol{a}_1^{\mathrm{T}}x_1+\boldsymbol{a}_2^{\mathrm{T}}x_2+\cdots+\boldsymbol{a}_n^{\mathrm{T}}x_n=\boldsymbol{b}^{\mathrm{T}},$$

即

$$(\boldsymbol{a}_1^{\mathrm{T}},\boldsymbol{a}_2^{\mathrm{T}},\cdots,\boldsymbol{a}_n^{\mathrm{T}})\begin{pmatrix}x_1\\x_2\\\vdots\\x_n\end{pmatrix}=\boldsymbol{b}^{\mathrm{T}}\text{或}\boldsymbol{Ax}=\boldsymbol{b}.$$

其中，

$$\boldsymbol{A}=\begin{pmatrix}a_{11}&a_{12}&\cdots&a_{1n}\\a_{21}&a_{22}&\cdots&a_{2n}\\\vdots&\vdots&&\vdots\\a_{m1}&a_{m2}&\cdots&a_{mn}\end{pmatrix}.$$

综上，方程组与增广矩阵$(\boldsymbol{A},\boldsymbol{b}^{\mathrm{T}})$的列向量组之间一一对应.

7.1.4 向量空间

简单来说，向量空间是一个集合，是满足某些性质的向量构成的集合. 例如，在平面空间中，给定一个点就对应一个二维向量，点和向量是一一对应的. 设二维向量 $\boldsymbol{\alpha}=(1,2)$，$\boldsymbol{\beta}=(3,-1)$，则 $\boldsymbol{\alpha}+\boldsymbol{\beta}=(4,1)$和$2\boldsymbol{\alpha}=(2,4)$也是二维向量.

不难验证，任意的两个二维向量的和还是一个二维向量，实数与二维向量的乘积还是一个二维向量，也就是说，全体二维向量构成的集合 $\mathbb{R}^2$ 中的元素对于加法和数乘这两种运算具有“封闭性”，具有这种性质的集合称为“空间”. 类似地，n 维向量空间就是由全体 n 维向量 $\mathbb{R}^n$ 构成的非空集合，其元素对加法和数乘运算具有封闭性.

定义 7.1 设 V 为 n 维向量的集合，λ 为实数，满足以下两个封闭，则称集合 V 为 n 维**向量空间**.

1）加法封闭：若 $\boldsymbol{\alpha}\in V$，$\boldsymbol{\beta}\in V$，则 $\boldsymbol{\alpha}+\boldsymbol{\beta}\in V$.

2）数乘封闭：若 $\boldsymbol{\alpha}\in V$，则若 $\lambda\boldsymbol{\alpha}\in V$.

1. 线性关系

定义 7.2　若存在一组数 $k_1,k_2,\cdots,k_s$，使

$$\boldsymbol{\alpha}=k_1\boldsymbol{\beta}_1+k_2\boldsymbol{\beta}_2+\cdots+k_s\boldsymbol{\beta}_s, \tag{7-3}$$

则称向量 $\boldsymbol{\alpha}$ 可由向量组 $\boldsymbol{\beta}_1,\boldsymbol{\beta}_2,\cdots,\boldsymbol{\beta}_s$ 线性表出，或称向量 $\boldsymbol{\alpha}$ 是 $\boldsymbol{\beta}_1,\boldsymbol{\beta}_2,\cdots,\boldsymbol{\beta}_s$ 的一个线性组合.

例 7.1.5　设 $\boldsymbol{\alpha}=(2,-1,3,-1)$，$\boldsymbol{\beta}_1=(1,0,0,-1)$，$\boldsymbol{\beta}_2=(0,1,0,-1)$，$\boldsymbol{\beta}_3=(0,0,1,0)$，试判断向量 $\boldsymbol{\alpha}$ 是否可由 $\boldsymbol{\beta}_1,\boldsymbol{\beta}_2,\boldsymbol{\beta}_3$ 线性表出.

解：因为 $\boldsymbol{\alpha}=2\boldsymbol{\beta}_1-\boldsymbol{\beta}_2+3\boldsymbol{\beta}_3$，所以向量 $\boldsymbol{\alpha}$ 可以由向量组 $\boldsymbol{\beta}_1$、$\boldsymbol{\beta}_2$、$\boldsymbol{\beta}_3$ 线性表出即向量 $\boldsymbol{\alpha}$ 是向量组 $\boldsymbol{\beta}_1$、$\boldsymbol{\beta}_2$、$\boldsymbol{\beta}_3$ 的一个线性组合.

根据向量与矩阵的关系，式(7-3)也可以写为矩阵乘积的形式：

1）当 $\boldsymbol{\beta}_1,\boldsymbol{\beta}_2,\cdots,\boldsymbol{\beta}_s$ 为列向量时，有

$$\boldsymbol{\alpha}=(\boldsymbol{\beta}_1,\boldsymbol{\beta}_2,\cdots,\boldsymbol{\beta}_s)\begin{pmatrix}k_1\\k_2\\\vdots\\k_s\end{pmatrix}.$$

2）当 $\boldsymbol{\beta}_1,\boldsymbol{\beta}_2,\cdots,\boldsymbol{\beta}_s$ 为行向量时，有

$$\boldsymbol{\alpha}=(k_1,k_2,\cdots,k_s)\begin{pmatrix}\boldsymbol{\beta}_1\\\boldsymbol{\beta}_2\\\vdots\\\boldsymbol{\beta}_s\end{pmatrix}.$$

定义 7.3　若存在一组不全为零的数 $k_1,k_2,\cdots,k_s$，使

$$k_1\boldsymbol{\alpha}_1+k_2\boldsymbol{\alpha}_2+\cdots+k_s\boldsymbol{\alpha}_s=\boldsymbol{0}, \tag{7-4}$$

则向量组 $\boldsymbol{\alpha}_1,\boldsymbol{\alpha}_2,\cdots,\boldsymbol{\alpha}_s$ 称为线性相关，并且不全为零的数 $k_1,k_2,\cdots,k_s$ 是不唯一的. 换句话说，向量组 $\boldsymbol{\alpha}_1,\boldsymbol{\alpha}_2,\cdots,\boldsymbol{\alpha}_s$ 要线性相关，则方程(7-4)存在非零解.

反之，不线性相关的向量组称为线性无关. 换句话说，向量组 $\boldsymbol{\alpha}_1,\boldsymbol{\alpha}_2,\cdots,\boldsymbol{\alpha}_s$ 线性无关，则方程组(7-4)只有零解，即 $k_1=k_2=\cdots=k_s=0$.

例 7.1.6　设向量组 $\boldsymbol{\alpha}_1=(1,2,3,4)$，$\boldsymbol{\alpha}_2=(2,3,4,5)$，$\boldsymbol{\alpha}_3=(3,4,5,6)$，$\boldsymbol{\alpha}_4=(4,5,6,7)$，试判断向量组 $\boldsymbol{\alpha}_1,\boldsymbol{\alpha}_2,\boldsymbol{\alpha}_3,\boldsymbol{\alpha}_4$ 是否线性相关.

解：因为 $\boldsymbol{\alpha}_1-2\boldsymbol{\alpha}_2+\boldsymbol{\alpha}_3+0\boldsymbol{\alpha}_4=\mathbf{0}$，$0\boldsymbol{\alpha}_1+\boldsymbol{\alpha}_2-2\boldsymbol{\alpha}_3+\boldsymbol{\alpha}_4=\mathbf{0}$，故向量组 $\boldsymbol{\alpha}_1,\boldsymbol{\alpha}_2,\boldsymbol{\alpha}_3,\boldsymbol{\alpha}_4$ 是线性相关的，同时线性组合中不全为零的系数的组合是不唯一的.

向量组只有一个向量 $\boldsymbol{\alpha}$ 时，当 $\boldsymbol{\alpha}=\mathbf{0}$ 时，任意一个非零实数乘以 $\boldsymbol{\alpha}$ 依然是 $\mathbf{0}$，即 $\boldsymbol{\alpha}=\mathbf{0}$ 时，线性相关. 当 $\boldsymbol{\alpha}\neq\mathbf{0}$ 时，任意一个非零实数乘以 $\boldsymbol{\alpha}$ 都不可能是 $\mathbf{0}$，即 $\boldsymbol{\alpha}\neq\mathbf{0}$ 时，线性无关.

向量组只有两个向量时，对应分量成比例，则向量组线性相关，即平行向量线性相关. 例如，设 $\boldsymbol{\alpha}_1=(1,2,3)$，$\boldsymbol{\alpha}_2=(2,4,6)$，有 $\boldsymbol{\alpha}_2=2\boldsymbol{\alpha}_1$，则 $2\boldsymbol{\alpha}_1-\boldsymbol{\alpha}_2=\mathbf{0}$，则 $\boldsymbol{\alpha}_1$、$\boldsymbol{\alpha}_2$ 线性相关.

例题：例 7.1.7

例 7.1.7　判断向量组 $\boldsymbol{\alpha}_1=(1,-2,-5)$，$\boldsymbol{\alpha}_2=(2,5,6)$，$\boldsymbol{\alpha}_3=(7,4,-3)$是否线性相关.

分析：根据定义 7.3，向量组 $\boldsymbol{\alpha}_1,\boldsymbol{\alpha}_2,\boldsymbol{\alpha}_3$ 是否线性相关的关键在于是否存在一组不全为零的数 k_1,k_2,k_3 使 $k_1\boldsymbol{\alpha}_1+k_2\boldsymbol{\alpha}_2+k_3\boldsymbol{\alpha}_3=\mathbf{0}$. 因此，问题转化为求解 k_1,k_2,k_3，若 k_1,k_2,k_3 全为零则向量组线性无关，否则线性相关.

解：设有一组实数 k_1,k_2,k_3，使得

$$k_1\boldsymbol{\alpha}_1+k_2\boldsymbol{\alpha}_2+k_3\boldsymbol{\alpha}_3=\mathbf{0},$$

或写成矩阵形式

$$(k_1,k_2,k_3)\begin{pmatrix}\boldsymbol{\alpha}_1\\ \boldsymbol{\alpha}_2\\ \boldsymbol{\alpha}_3\end{pmatrix}=\mathbf{0},$$

即

$$(k_1,k_2,k_3)\begin{pmatrix}1&-2&-5\\2&5&6\\7&4&-3\end{pmatrix}=\begin{pmatrix}0\\0\\0\end{pmatrix},$$

展开得

$$\begin{cases}k_1+2k_2+7k_3=0,\\-2k_1+5k_2+4k_3=0,\\-5k_1+6k_2-3k_3=0.\end{cases}$$

此时，问题就转化为齐次线性方程组 $A\boldsymbol{x}=\mathbf{0}$ 是否有零解的问题. 其中 A：$\boldsymbol{\alpha}_1^{\mathrm{T}},\boldsymbol{\alpha}_2^{\mathrm{T}},\boldsymbol{\alpha}_3^{\mathrm{T}}$，$\boldsymbol{x}=(k_1,k_2,k_3)^{\mathrm{T}}$.

由例 7.1.7，我们可以得到两种**判断向量组是否线性相关**的

方法：

1）通过求矩阵 $\boldsymbol{A}$ 的秩. 当 $\boldsymbol{\alpha}_1, \boldsymbol{\alpha}_2, \cdots, \boldsymbol{\alpha}_m$ 为列向量时，将它排成矩阵 $\boldsymbol{A}=(\boldsymbol{\alpha}_1,\boldsymbol{\alpha}_2,\cdots,\boldsymbol{\alpha}_m)$；当 $\boldsymbol{\alpha}_1,\boldsymbol{\alpha}_2,\cdots,\boldsymbol{\alpha}_m$ 为行向量时，将它排成矩阵 $\boldsymbol{A}=\begin{pmatrix}\boldsymbol{\alpha}_1\\ \boldsymbol{\alpha}_2\\ \vdots\\ \boldsymbol{\alpha}_m\end{pmatrix}$，求 $\boldsymbol{A}$ 的秩. 若 $R(\boldsymbol{A})<m$ 时，即向量组构成的矩阵 $\boldsymbol{A}$ 的秩小于向量组中向量的个数，则向量组线性相关；若 $R(\boldsymbol{A})=m$ 时，向量组线性无关.

2）通过求 $|\boldsymbol{A}|$，当 $\boldsymbol{\alpha}_1,\boldsymbol{\alpha}_2,\cdots,\boldsymbol{\alpha}_m$ 为列向量时，将它排成矩阵 $\boldsymbol{A}=(\boldsymbol{\alpha}_1,\boldsymbol{\alpha}_2,\cdots,\boldsymbol{\alpha}_m)$；当 $\boldsymbol{\alpha}_1,\boldsymbol{\alpha}_2,\cdots,\boldsymbol{\alpha}_m$ 为行向量时，将它排成矩阵 $\boldsymbol{A}=\begin{pmatrix}\boldsymbol{\alpha}_1\\ \boldsymbol{\alpha}_2\\ \vdots\\ \boldsymbol{\alpha}_m\end{pmatrix}$，并且排成的矩阵 $\boldsymbol{A}$ 是方阵，求 $|\boldsymbol{A}|$. 若 $|\boldsymbol{A}|=0$，向量组线性相关；若 $|\boldsymbol{A}|\neq 0$，向量组线性无关.

例 7.1.7 中，矩阵

$$\boldsymbol{A}=\begin{pmatrix}1 & -2 & -5\\ 2 & 5 & 6\\ 7 & 4 & -3\end{pmatrix}\xrightarrow[r_3-7r_1]{r_2-2r_1}\begin{pmatrix}1 & -2 & -5\\ 0 & 9 & 16\\ 0 & 18 & 32\end{pmatrix}\xrightarrow{r_3-2r_2}\begin{pmatrix}1 & -2 & -5\\ 0 & 9 & 16\\ 0 & 0 & 0\end{pmatrix},$$

则 $R(\boldsymbol{A})=2<3$，所以向量组线性相关.

或者，$|\boldsymbol{A}|=\begin{vmatrix}1 & -2 & -5\\ 2 & 5 & 6\\ 7 & 4 & -3\end{vmatrix}=0$，所以向量组线性相关.

MATLAB 实现代码：

```
>> a1 = [1 -2 -5]';
>> a2 = [2 5 6]';
>> a3 = [7 4 -3]';
>> A = [a1 a2 a3] ;    % 输入向量
>> rref(A)             % 方法一：计算矩阵的秩来判断向量是否线性相关
>> det(A)              % 方法二：计算向量组的行列式来判断向量是否线性相关
```

例 7.1.8　设 $\boldsymbol{\alpha}_1=(1,1,1)$，$\boldsymbol{\alpha}_2=(0,2,5)$，$\boldsymbol{\alpha}_3=(2,4,7)$，试

讨论向量组 $\boldsymbol{\alpha}_1,\boldsymbol{\alpha}_2,\boldsymbol{\alpha}_3$ 的线性相关性及向量组 $\boldsymbol{\alpha}_1,\boldsymbol{\alpha}_2$ 的线性相关性.

$$\text{解：}\boldsymbol{A}=\begin{pmatrix}\boldsymbol{\alpha}_1\\ \boldsymbol{\alpha}_2\\ \boldsymbol{\alpha}_3\end{pmatrix}=\begin{pmatrix}1&1&1\\0&2&5\\2&4&7\end{pmatrix}\xrightarrow[r_3-r_2]{r_3-2r_1}\begin{pmatrix}1&1&1\\0&2&5\\0&0&0\end{pmatrix}$$

因为 $R(\boldsymbol{A})=2<3$，所以向量组 $\boldsymbol{\alpha}_1$、$\boldsymbol{\alpha}_2$、$\boldsymbol{\alpha}_3$ 线性相关. 因为，$R\begin{pmatrix}\boldsymbol{\alpha}_1\\ \boldsymbol{\alpha}_2\end{pmatrix}=2$，所以向量组 $\boldsymbol{\alpha}_1$、$\boldsymbol{\alpha}_2$ 线性无关.

例题：例 7.1.9

例 7.1.9 设 $\boldsymbol{\alpha}_1=(1,1,2,2),\boldsymbol{\alpha}_2=(1,2,1,3),\boldsymbol{\alpha}_3=(1,-1,4,0),\boldsymbol{\alpha}_4=(1,0,3,1)$，试讨论向量组 $\boldsymbol{\alpha}_1,\boldsymbol{\alpha}_2,\boldsymbol{\alpha}_3,\boldsymbol{\alpha}_4$ 的线性相关性及向量组 $\boldsymbol{\alpha}_1,\boldsymbol{\alpha}_2,\boldsymbol{\alpha}_3$ 的线性相关性.

解：

$$\boldsymbol{A}=\begin{pmatrix}\boldsymbol{\alpha}_1\\ \boldsymbol{\alpha}_2\\ \boldsymbol{\alpha}_3\\ \boldsymbol{\alpha}_4\end{pmatrix}=\begin{pmatrix}1&1&2&2\\1&2&1&3\\1&-1&4&0\\1&0&3&1\end{pmatrix}\xrightarrow[r_4-r_1]{\substack{r_2-r_1\\ r_3-2r_1}}\begin{pmatrix}1&1&2&2\\0&1&-1&1\\0&-2&2&-2\\0&-1&1&-1\end{pmatrix}$$

$$\xrightarrow[r_4+r_2]{r_3+2r_2}\begin{pmatrix}1&1&1&1\\0&1&-1&-1\\0&0&0&0\\0&0&0&0\end{pmatrix}.$$

因为 $R(\boldsymbol{A})=2<4$，所以向量组 $\boldsymbol{\alpha}_1,\boldsymbol{\alpha}_2,\boldsymbol{\alpha}_3,\boldsymbol{\alpha}_4$ 线性相关. 同时，$R\begin{pmatrix}\boldsymbol{\alpha}_1\\ \boldsymbol{\alpha}_2\\ \boldsymbol{\alpha}_3\end{pmatrix}=2<3$，所以向量组 $\boldsymbol{\alpha}_1$、$\boldsymbol{\alpha}_2$、$\boldsymbol{\alpha}_3$ 线性相关.

MATLAB 实现代码：

```
%输入向量
>> a1 = [1 1 2 2];
>> a2 = [1 2 1 3];
>> a3 = [1 -1 4 0];
>> a4 = [1 0 3 1];
>> A = [a1;a2;a3;a4]        %输入向量
>> [A0,i1] = rref(A)        %计算行最简形，并把一组极大无关组的显示出来
```

观察例 7.1.8 和例 7.1.9 发现，当向量组中部分向量线性相关，则可得整个向量组线性相关.

定理 7.2　若向量组有一个部分组线性相关，则向量组整体线性相关.

同时观察例 7.1.7 得到，向量组部分无关不能得到整体无关，整体相关不能得到部分相关，但是向量组整体无关则部分向量组也无关，如例 7.1.7 中 $R\begin{pmatrix}\boldsymbol{\alpha}_1\\\boldsymbol{\alpha}_2\end{pmatrix}=2$，所以向量组 $\boldsymbol{\alpha}_1$、$\boldsymbol{\alpha}_2$ 线性无关，而 $\boldsymbol{\alpha}_1\neq\mathbf{0}$，所以 $\boldsymbol{\alpha}_1$ 也线性无关.

推论　含有零向量的向量组必线性相关.

证明：因为含有零向量的向量组构成的矩阵 $\boldsymbol{A}$ 的秩一定小于向量组中向量的个数.

例如，$\boldsymbol{\alpha}_1=(0,0,0,0)$，$\boldsymbol{\alpha}_2=(1,2,2,1)$，则 $R\begin{pmatrix}\boldsymbol{\alpha}_1\\\boldsymbol{\alpha}_2\end{pmatrix}=1$，所以向量组 $\boldsymbol{\alpha}_1,\boldsymbol{\alpha}_2$ 线性相关.

定理 7.3　向量组 $\boldsymbol{\alpha}_1,\boldsymbol{\alpha}_2,\cdots,\boldsymbol{\alpha}_m(m>2)$ 线性相关的充要条件是其中有一个向量可被其余向量线性表出.

证明：1）必要性. 设 $\boldsymbol{\alpha}_1,\boldsymbol{\alpha}_2,\cdots,\boldsymbol{\alpha}_m$ 线性相关，则有不全为零的一组数 $k_1,k_2,\cdots,k_m$ 使

$$k_1\boldsymbol{\alpha}_1+k_2\boldsymbol{\alpha}_2+\cdots+k_m\boldsymbol{\alpha}_m=\mathbf{0}.$$

不妨设 $k_1\neq0$，则 $\alpha_1=\left(-\dfrac{k_2}{k_1}\right)\alpha_2+\cdots+\left(-\dfrac{k_m}{k_1}\right)\alpha_2$.

2）充分性. 设 $\boldsymbol{\alpha}_1$ 可被其他向量线性表出，即有一组数 $k_2,k_3,\cdots,k_m$ 使

$$\boldsymbol{\alpha}_1=k_2\boldsymbol{\alpha}_2+k_3\boldsymbol{\alpha}_3+\cdots+k_m\boldsymbol{\alpha}_m,$$

则

$$-\boldsymbol{\alpha}_1+k_2\boldsymbol{\alpha}_2+k_3\boldsymbol{\alpha}_3+\cdots+k_m\boldsymbol{\alpha}_m=\mathbf{0}.$$

式中，$-1,k_2,k_3,\cdots,k_m$ 不全为零，因而向量组 $\boldsymbol{\alpha}_1,\boldsymbol{\alpha}_2,\cdots,\boldsymbol{\alpha}_m$ 线性相关.

例如，$\boldsymbol{\alpha}_1=(1,-1,1,-1)$，$\boldsymbol{\alpha}_2=(2,-2,2,-2)$，则 $R\begin{pmatrix}\boldsymbol{\alpha}_1\\\boldsymbol{\alpha}_2\end{pmatrix}=1$，即 $\boldsymbol{\alpha}_1$、$\boldsymbol{\alpha}_2$ 线性相关且观察发现 $\boldsymbol{\alpha}_2=2\boldsymbol{\alpha}_1$，也就是说，当 $\boldsymbol{\alpha}_1$、$\boldsymbol{\alpha}_2$ 线性相关时 $\boldsymbol{\alpha}_2$ 可以由 $\boldsymbol{\alpha}_1$ 表出，反之也成立.

定理 7.4 设向量组 $\boldsymbol{\alpha}_1,\boldsymbol{\alpha}_2,\cdots,\boldsymbol{\alpha}_m$ 线性无关，$\boldsymbol{\alpha}_1,\boldsymbol{\alpha}_2,\cdots,\boldsymbol{\alpha}_m$，$\boldsymbol{\beta}$ 线性相关，则 $\boldsymbol{\beta}$ 可被 $\boldsymbol{\alpha}_1,\boldsymbol{\alpha}_2,\cdots,\boldsymbol{\alpha}_m$ 线性表出且表出系数唯一.

证明：因为 $\boldsymbol{\alpha}_1,\boldsymbol{\alpha}_2,\cdots,\boldsymbol{\alpha}_m,\boldsymbol{\beta}$ 线性相关，则存在一组不全为零的数 $k_1,k_2,\cdots,k_m,l$ 使得

$$k_1\boldsymbol{\alpha}_1+k_2\boldsymbol{\alpha}_2+k_3\boldsymbol{\alpha}_3+\cdots+k_m\boldsymbol{\alpha}_m+l\boldsymbol{\beta}=\mathbf{0}.$$

若 $l=0$，则 $k_1\boldsymbol{\alpha}_1+k_2\boldsymbol{\alpha}_2+k_3\boldsymbol{\alpha}_3+\cdots+k_m\boldsymbol{\alpha}_m=\mathbf{0}$，又因为向量组 $\boldsymbol{\alpha}_1,\boldsymbol{\alpha}_2,\cdots,\boldsymbol{\alpha}_m$ 线性无关，则 $k_1=k_2=\cdots=k_m=0$. 这与假设矛盾. 故 $l\neq0$，于是有

$$\boldsymbol{\beta}=\left(-\frac{k_1}{l}\right)\boldsymbol{\alpha}_1+\cdots+\left(-\frac{k_m}{l}\right)\boldsymbol{\alpha}_m.$$

定理 7.5 m 个 n 维向量组成的向量组，当 $n<m$ 时，向量组一定线性相关. 特别地，$n+1$ 个 n 维向量一定线性相关.

证明：因为向量组的 m 个 n 维向量构成的矩阵 $\boldsymbol{A}$ 的秩 $R(\boldsymbol{A})\leqslant\min\{n,m\}$，当 $n<m$ 时，$R(\boldsymbol{A})<m$，即向量组构成的矩阵 $\boldsymbol{A}$ 的秩小于向量组中向量的个数，故向量组线性相关.

2. 向量组的秩

前面在讨论向量组的有关问题时，我们都是通过矩阵的秩来研究向量组，于是就考虑是否可以跳过矩阵的秩这个“中介”直接定义向量组秩的概念.

引例 7-1 考虑矩阵 $\boldsymbol{A}=\begin{pmatrix}1&0&1&-1\\0&1&2&-2\\1&1&3&-3\end{pmatrix}$ 的列向量组 $\boldsymbol{\alpha}_1,\boldsymbol{\alpha}_2,\boldsymbol{\alpha}_3,\boldsymbol{\alpha}_4$，显然 $\boldsymbol{\alpha}_1,\boldsymbol{\alpha}_2$ 线性无关，$\boldsymbol{\alpha}_1,\boldsymbol{\alpha}_2,\boldsymbol{\alpha}_3$ 线性相关，并且 $\boldsymbol{\alpha}_3=\boldsymbol{\alpha}_1+2\boldsymbol{\alpha}_2$，$\boldsymbol{\alpha}_4=-\boldsymbol{\alpha}_1-2\boldsymbol{\alpha}_2$. 那么 $\boldsymbol{\alpha}_1,\boldsymbol{\alpha}_2$ 就称为向量组 $\boldsymbol{\alpha}_1,\boldsymbol{\alpha}_2,\boldsymbol{\alpha}_3,\boldsymbol{\alpha}_4$ 的极大线性无关组. 下面给出完整的定义.

定义 7.4 设有向量组 A，如果在 A 中能选出 r 个向量 $\boldsymbol{\alpha}_1,\boldsymbol{\alpha}_2,\cdots,\boldsymbol{\alpha}_r$，满足：

1）向量组$(\boldsymbol{\alpha}_1,\boldsymbol{\alpha}_2,\cdots,\boldsymbol{\alpha}_r)$线性无关.

2）向量组 A 中任意 $r+1$ 个向量（如果 A 中有 $r+1$ 个向量的话）都线性相关.

那么，称 A_0 是向量组 A 的一个极大线性无关组，简称极大无关组.

这个定义告诉我们，A_0 是向量组 A 的一部分，它本身线性无

关，但是往里面添加向量组 A 中的任意一个向量就线性相关，那么 A_0 就是向量组 A 的一个极大无关组. 显然，向量组 A 线性无关当且仅当 A 本身就是极大无关组.

根据定理 7.4，若 A_0 是向量组 A 的一个极大无关组，则向量组 A 中的任意一个向量可由 A_0 线性表出，则向量组 A 与极大无关组 A_0 是等价的.

由此可得定义 7.4 的等价定义如下.

设有向量组 A，如果在 A 中能选出 r 个向量 $\boldsymbol{\alpha}_1,\boldsymbol{\alpha}_2,\cdots,\boldsymbol{\alpha}_r$，满足：

1）向量组 A_0，即 $\boldsymbol{\alpha}_1,\boldsymbol{\alpha}_2,\cdots,\boldsymbol{\alpha}_r$ 线性无关.

2）向量组 A 中的任意一个向量可由 A_0 线性表出.

那么，称 A_0 是向量组 A 的一个极大线性无关组，简称极大无关组.

需要注意的是，向量组的极大线性无关组可能不唯一. 在例题 7.1.9 中 $\boldsymbol{\alpha}_1,\boldsymbol{\alpha}_3$ 也是线性无关的，且 $\boldsymbol{\alpha}_2,\boldsymbol{\alpha}_4$ 也可由 $\boldsymbol{\alpha}_1,\boldsymbol{\alpha}_3$ 线性表出，因此 $\boldsymbol{\alpha}_1,\boldsymbol{\alpha}_3$ 也是 $\boldsymbol{\alpha}_1,\boldsymbol{\alpha}_2,\boldsymbol{\alpha}_3,\boldsymbol{\alpha}_4$ 的一个极大无关组. 虽然极大无关组不唯一，但是极大无关组中的向量个数是相等的，都是两个. 此时，计算矩阵 $\boldsymbol{A}$ 的秩，发现 $R(\boldsymbol{A})=2$，即向量组的极大无关组中的向量个数等于向量组对应矩阵的秩. 由此例题我们就可以跳过矩阵的秩来讨论向量组的性质.

定义 7.5　向量组的极大线性无关组所含向量的个数，称为向量组的秩；若向量组的向量都是零向量，则规定其秩为 0.

向量组 $\boldsymbol{\alpha}_1,\boldsymbol{\alpha}_2,\cdots,\boldsymbol{\alpha}_s$ 的秩记为 $R\{\boldsymbol{\alpha}_1,\boldsymbol{\alpha}_2,\cdots,\boldsymbol{\alpha}_s\}$（或 Rank$\{\boldsymbol{\alpha}_1,\boldsymbol{\alpha}_2,\cdots,\boldsymbol{\alpha}_s\}$）. 那么，向量组 $\boldsymbol{\alpha}_1,\boldsymbol{\alpha}_2,\cdots,\boldsymbol{\alpha}_s$ 的极大线性无关组中向量个数等价于 $R\{\boldsymbol{\alpha}_1,\boldsymbol{\alpha}_2,\cdots,\boldsymbol{\alpha}_s\}=s$.

若向量组 $\boldsymbol{\alpha}_1,\boldsymbol{\alpha}_2,\cdots,\boldsymbol{\alpha}_s$ 的极大线性无关组是前 t 个向量，则 $R\{\boldsymbol{\alpha}_1,\boldsymbol{\alpha}_2,\cdots,\boldsymbol{\alpha}_s\}=t$.

3. 矩阵的秩与向量组秩之间的关系

定理 7.6　矩阵的秩等于它列向量（行向量）组的秩.

例 7.1.10　考虑向量组 $\boldsymbol{\alpha}_1=(1,0,0)$，$\boldsymbol{\alpha}_2=(0,1,0)$，$\boldsymbol{\alpha}_3=(0,0,1)$，$\boldsymbol{\alpha}_4=(1,1,0)$，$\boldsymbol{\alpha}_5=(1,1,1)$ 的极大线性无关组及秩.

解：
$$\boldsymbol{A}=\begin{pmatrix}\boldsymbol{\alpha}_1\\\boldsymbol{\alpha}_2\\\boldsymbol{\alpha}_3\\\boldsymbol{\alpha}_4\\\boldsymbol{\alpha}_5\end{pmatrix}=\begin{pmatrix}1&0&0\\0&1&0\\0&0&1\\1&1&0\\1&1&1\end{pmatrix}\xrightarrow[r_5-r_1-r_2-r_3]{r_4-r_1-r_2}\begin{pmatrix}1&0&0\\0&1&0\\0&0&1\\0&0&0\\0&0&0\end{pmatrix},$$

例题：例 7.1.10

因此，$\boldsymbol{\alpha}_1,\boldsymbol{\alpha}_2,\boldsymbol{\alpha}_3$ 线性无关，并且 $\boldsymbol{\alpha}_4=\boldsymbol{\alpha}_1+\boldsymbol{\alpha}_2$，$\boldsymbol{\alpha}_5=\boldsymbol{\alpha}_1+\boldsymbol{\alpha}_2+\boldsymbol{\alpha}_3$，所以 $\boldsymbol{\alpha}_1,\boldsymbol{\alpha}_2,\boldsymbol{\alpha}_3$ 是向量组 $\boldsymbol{\alpha}_1,\boldsymbol{\alpha}_2,\boldsymbol{\alpha}_3,\boldsymbol{\alpha}_4,\boldsymbol{\alpha}_5$ 的极大线性无关组，并且 $R\{\boldsymbol{\alpha}_1,\boldsymbol{\alpha}_2,\boldsymbol{\alpha}_3,\boldsymbol{\alpha}_4,\boldsymbol{\alpha}_5\}=3$ 且 $R(\boldsymbol{A})=3$.

MATLAB 实现代码：

```
>> a1 = [1 0 0]';
>> a2 = [0 1 0]';
>> a3 = [0 0 1]';
>> a4 = [1 1 0]';
>> a5 = [1 1 1]';
>> A = [a1 a2 a3 a4 a5]          %输入向量
>> [A0,i1] = rref(A)             %计算行最简形，并把一组极大无关组的显示出来
```

在做题过程中，通过矩阵的行变换(列变化)求得极大线性无关组后，向量组的其他向量要用极大无关组表出时不是特别好写，所以我们可以进行如下处理：

把向量组 $\boldsymbol{\alpha}_1,\boldsymbol{\alpha}_2,\boldsymbol{\alpha}_3,\boldsymbol{\alpha}_4,\boldsymbol{\alpha}_5$ 写在最后一列，对这个矩阵进行行变换(列变化)得

$$\begin{pmatrix}1&0&0&\boldsymbol{\alpha}_1\\0&1&0&\boldsymbol{\alpha}_2\\0&0&1&\boldsymbol{\alpha}_3\\1&1&0&\boldsymbol{\alpha}_4\\1&1&1&\boldsymbol{\alpha}_5\end{pmatrix}\xrightarrow{\text{初等行变换}}\begin{pmatrix}1&0&0&\boldsymbol{\alpha}_1\\0&1&0&\boldsymbol{\alpha}_2\\0&0&1&\boldsymbol{\alpha}_3\\0&0&0&\boldsymbol{\alpha}_4-\boldsymbol{\alpha}_1-\boldsymbol{\alpha}_2\\0&0&0&\boldsymbol{\alpha}_5-\boldsymbol{\alpha}_1-\boldsymbol{\alpha}_2-\boldsymbol{\alpha}_3\end{pmatrix}.$$

由此不难看出，向量组的秩是3，并且 $\boldsymbol{\alpha}_1,\boldsymbol{\alpha}_2,\boldsymbol{\alpha}_3$ 是一个极大无关组，第四行、第五行的元素全为0，即 $\boldsymbol{\alpha}_4-\boldsymbol{\alpha}_1-\boldsymbol{\alpha}_2=\boldsymbol{0}$，$\boldsymbol{\alpha}_5-\boldsymbol{\alpha}_1-\boldsymbol{\alpha}_2-\boldsymbol{\alpha}_3=\boldsymbol{0}$，整理得 $\boldsymbol{\alpha}_4=\boldsymbol{\alpha}_1+\boldsymbol{\alpha}_2$，$\boldsymbol{\alpha}_5=\boldsymbol{\alpha}_1+\boldsymbol{\alpha}_2+\boldsymbol{\alpha}_3$.

注意，$\boldsymbol{\alpha}_1,\boldsymbol{\alpha}_4$ 也是线性无关的，但它们并不是“极大”的，因为 $\boldsymbol{\alpha}_5$ 添加进来后，所得到的扩充部分组 $\boldsymbol{\alpha}_1,\boldsymbol{\alpha}_4,\boldsymbol{\alpha}_5$ 仍线性无关. 这个向量组的极大线性无关组还有：$\boldsymbol{\alpha}_1,\boldsymbol{\alpha}_2,\boldsymbol{\alpha}_5$；$\boldsymbol{\alpha}_1,\boldsymbol{\alpha}_3,\boldsymbol{\alpha}_4$；$\boldsymbol{\alpha}_1,\boldsymbol{\alpha}_4,\boldsymbol{\alpha}_5$；$\boldsymbol{\alpha}_1,\boldsymbol{\alpha}_3,\boldsymbol{\alpha}_5$；$\boldsymbol{\alpha}_2,\boldsymbol{\alpha}_3,\boldsymbol{\alpha}_4$；$\boldsymbol{\alpha}_2,\boldsymbol{\alpha}_3,\boldsymbol{\alpha}_5$.

定理 7.7 若向量组 $\boldsymbol{\alpha}_1,\boldsymbol{\alpha}_2,\cdots,\boldsymbol{\alpha}_s$ 可被向量组 $\boldsymbol{\beta}_1,\boldsymbol{\beta}_2,\cdots,\boldsymbol{\beta}_n$ 线性表出，则

$$R\{\boldsymbol{\alpha}_1,\boldsymbol{\alpha}_2,\cdots,\boldsymbol{\alpha}_s\}\leqslant R\{\boldsymbol{\beta}_1,\boldsymbol{\beta}_2,\cdots,\boldsymbol{\beta}_n\}.$$

推论 1 等价的向量组具有相等的秩.

推论 2　向量组 $\boldsymbol{\alpha}_1,\boldsymbol{\alpha}_2,\cdots,\boldsymbol{\alpha}_m$ 线性无关，并且可被 $\boldsymbol{\beta}_1,\boldsymbol{\beta}_2,\cdots,\boldsymbol{\beta}_n$ 线性表出，则 $m\leqslant n$.

证明：$m=R\{\boldsymbol{\alpha}_1,\boldsymbol{\alpha}_2,\cdots,\boldsymbol{\alpha}_m\}\leqslant R\{\boldsymbol{\beta}_1,\boldsymbol{\beta}_2,\cdots,\boldsymbol{\beta}_n\}\leqslant n$.

推论 3　向量组 $\boldsymbol{\alpha}_1,\boldsymbol{\alpha}_2,\cdots,\boldsymbol{\alpha}_m$ 可被 $\boldsymbol{\beta}_1,\boldsymbol{\beta}_2,\cdots,\boldsymbol{\beta}_n$ 线性表出，并且 $m>n$，则 $\boldsymbol{\alpha}_1,\boldsymbol{\alpha}_2,\cdots,\boldsymbol{\alpha}_m$ 线性相关.

证明：假设 $\boldsymbol{\alpha}_1,\boldsymbol{\alpha}_2,\cdots,\boldsymbol{\alpha}_m$ 线性无关，则由推论 3 得 $m\leqslant n$，这与 $m>n$ 矛盾，故 $\boldsymbol{\alpha}_1,\boldsymbol{\alpha}_2,\cdots,\boldsymbol{\alpha}_m$ 线性相关.

7.2　向量空间法求解线性方程组

线性方程组在现实生活中的应用非常广泛，不仅在工程学、计算机科学、通信、航空等学科和领域应用广泛，同时在理工类的后续课程如电工电子、理论力学、计算机图形学、信号与系统、数字信号处理、系统动力学、自动控制原理等课程中也被广泛应用.

为了更好地解决问题，必须理论联系实际，通过适当变换，学会选择最有效的方法来进行解题.

引例 7-2　假设一个经济系统由五金化工、能源、机械这三个行业组成，每个行业的产出在各个行业中的分配见表 7-2，每一列中的元素表示占该行业总产出的比例. 以第三列为例，能源行业的总产出的分配如下：80% 分配到五金化工行业，10% 分配到机械行业，余下的供本行业使用. 因为考虑了所有的产出，所以每一列的数字加起来必须等于 100%. 把五金化工、能源、机械行业每年总产出的价格(即货币价值)分别用 x_1,x_2,x_3 表示，试求出使得每个行业的投入与产出都相等的平衡价格.

表 7-2　经济系统的产出分配表

购买者	产出分配比例		
	五金化工	能源	机械
五金化工	0.2	0.8	0.4
能源	0.3	0.1	0.4
机械	0.5	0.1	0.2

分析：从表 7-2 可以看出，行表示每个行业所需的投入，列表示每个行业的产出分配到何处. 例如，第一行说明五金化工行业购买了 0.2 的五金化工，0.8 的能源和 0.4 的机械，由于三个行

业的总产出价格分别是 x_1, x_2, x_3，因此五金化工行业必须分别向三个行业支付 $0.2x_1, 0.8x_2, 0.4x_3$ 元，五金化工行业的总支出为 $0.2x_1+0.8x_2+0.4x_3$，为了使五金化工行业的收入 x_1 等于它的支出，因此希望

$$x_1=0.2x_1+0.8x_2+0.4x_3.$$

解：根据分析可得，要求得到每个行业的投入与产出都相等的平衡价格，则需要满足如下方程组

$$\begin{cases}x_1=0.2x_1+0.8x_2+0.4x_3,\\x_2=0.3x_1+0.1x_2+0.4x_3,\\x_3=0.5x_1+0.1x_2+0.2x_3.\end{cases}$$

化简得

$$\begin{cases}0.8x_1-0.8x_2-0.4x_3=0,\\-0.3x_1+0.9x_2-0.4x_3=0,\\-0.5x_1-0.1x_2+0.8x_3=0,\end{cases}$$

所以问题转化成了求解方程组.

在前面的章节中，我们介绍了利用高斯消元法、初等变换法、克拉默法则以及利用矩阵求解线性方程组. 那么在学习了向量组的知识后，我们可以进一步讨论当线性方程组有无穷多组解时，这些解具有什么样的"结构"，即解决如下的问题：各组解之间具有什么关系？如何利用"老解"得出"新解"？如何利用已知的解表示出方程组的全部解.

本节仅解决齐次线性方程组有非零解的情况，即 n 个未知数的齐次线性方程组 $\boldsymbol{Ax}=\boldsymbol{0}$ 的系数矩阵的秩 $R(\boldsymbol{A})<n$，以及非齐次线性方程组有无穷多个解的情况，即 n 个未知数的非齐次线性方程组 $\boldsymbol{Ax}=\boldsymbol{b}$ 的 $\boldsymbol{A}$ 的秩等于增广矩阵 $\boldsymbol{B}$ 的秩，并且 $R(\boldsymbol{A})=R(\boldsymbol{B})=r<n$.

7.2.1 齐次线性方程组

1. 齐次线性方程组的向量表示

形如

$$\begin{cases}x_1+2x_2+7x_3=0,\\-2x_1+5x_2+4x_3=0,\\-5x_1+6x_2-3x_3=0\end{cases}$$

这样的方程称为齐次线性方程组，其中 x_1、x_2、x_3 是方程组的未知量，它们的系数分别是 1，−2，−5；2,5,6；7,4，−3；可以令三个列向量为 $\boldsymbol{a}_1^{\mathrm{T}}=(1,-2,-5)$，$\boldsymbol{a}_2^{\mathrm{T}}=(2,5,6)$，$\boldsymbol{a}_3^{\mathrm{T}}=(7,4,-3)$；这三个列向量合起来刚好是方程组的系数矩阵. 等式右边为 $\boldsymbol{b}^{\mathrm{T}}=(0,$

0,0)，则方程组可写为

$$\begin{pmatrix}1\\-2\\-5\end{pmatrix}x_1+\begin{pmatrix}2\\5\\6\end{pmatrix}x_2+\begin{pmatrix}7\\4\\-3\end{pmatrix}x_3=\begin{pmatrix}0\\0\\0\end{pmatrix},$$

即齐次线性方程组的向量表示为

$$\boldsymbol{a}_1^{\mathrm{T}}x_1+\boldsymbol{a}_2^{\mathrm{T}}x_2+\boldsymbol{a}_3^{\mathrm{T}}x_3=\mathbf{0}.$$

一般地，设齐次线性方程组

$$\begin{cases}a_{11}x_1+a_{12}x_2+\cdots+a_{1n}x_n=0,\\a_{21}x_1+a_{22}x_2+\cdots+a_{2n}x_n=0,\\\quad\vdots\\a_{m1}x_1+a_{m2}x_2+\cdots+a_{mn}x_n=0,\end{cases}\tag{7-5}$$

向量组 A：$\boldsymbol{a}_1^{\mathrm{T}},\boldsymbol{a}_2^{\mathrm{T}},\cdots,\boldsymbol{a}_n^{\mathrm{T}}$ 为线性方程组的矩阵列向量组，其中 $\boldsymbol{a}_i^{\mathrm{T}}=(a_{1i},a_{2i},\cdots,a_{mi})^{\mathrm{T}}(i=1,2,\cdots,n)$，$\boldsymbol{b}^{\mathrm{T}}=\mathbf{0}$，则齐次线性方程组的向量表示为

$$\boldsymbol{a}_1^{\mathrm{T}}x_1+\boldsymbol{a}_2^{\mathrm{T}}x_2+\cdots+\boldsymbol{a}_n^{\mathrm{T}}x_n=\mathbf{0},\tag{7-6}$$

即

$$(\boldsymbol{a}_1^{\mathrm{T}},\boldsymbol{a}_2^{\mathrm{T}},\cdots,\boldsymbol{a}_n^{\mathrm{T}})\begin{pmatrix}x_1\\x_2\\\vdots\\x_n\end{pmatrix}=\mathbf{0}\text{ 或 }\boldsymbol{A}\boldsymbol{x}=\mathbf{0}.$$

其中，

$$\boldsymbol{A}=\begin{pmatrix}a_{11}&a_{12}&\cdots&a_{1n}\\a_{21}&a_{22}&\cdots&a_{2n}\\\vdots&\vdots&&\vdots\\a_{m1}&a_{m2}&\cdots&a_{mn}\end{pmatrix}.$$

若 $x_1=\xi_{11},x_2=\xi_{21},\cdots,x_n=\xi_{n1}$ 为齐次线性方程组(7-5)的解，则

$$\boldsymbol{x}=\begin{pmatrix}x_1\\x_2\\\vdots\\x_n\end{pmatrix}=\begin{pmatrix}\boldsymbol{\xi}_{11}\\\boldsymbol{\xi}_{21}\\\vdots\\\boldsymbol{\xi}_{n1}\end{pmatrix}$$

称为方程组(7-5)的解向量，也就是向量方程(7-6)的解向量.

现在先来介绍向量方程解的两个基本性质.

性质 1　若 $\boldsymbol{\xi}_1,\boldsymbol{\xi}_2$ 为向量方程(7-6)的解，则 $\boldsymbol{x}=\boldsymbol{\xi}_1+\boldsymbol{\xi}_2$ 也是向量方程(7-6)的解.

证明：$\boldsymbol{Ax}=\boldsymbol{A}(\boldsymbol{\xi}_1+\boldsymbol{\xi}_2)=\boldsymbol{A\xi}_1+\boldsymbol{A\xi}_2=\boldsymbol{0}$.

性质 2　若 $\boldsymbol{x}=\boldsymbol{\xi}_1$ 为向量方程(7-6)的解，k 为实数，则 $\boldsymbol{x}=k\boldsymbol{\xi}_1$ 也是向量方程(7-6)的解.

证明：$\boldsymbol{Ax}=\boldsymbol{A}(k\boldsymbol{\xi}_1)=k(\boldsymbol{A\xi}_1)=\boldsymbol{0}$.

综上，若 $\boldsymbol{x}=\boldsymbol{\xi}_1$，$\boldsymbol{x}=\boldsymbol{\xi}_2$ 为向量方程(7-6)的解，k 为实数，则 $\boldsymbol{x}=k\boldsymbol{\xi}_1+k\boldsymbol{\xi}_2$ 也是向量方程(7-6)的解.

2. 齐次线性方程组的通解和基础解系

我们知道当方程个数小于未知数个数时，方程组有无数多个解，如 $x+y=0$，能满足此方程的解有无数多个. 那么当 $R(\boldsymbol{A})<n$ 时，n 元齐次线性方程组有无穷多组解，我们把式(7-6)的全部解向量构成的集合称为齐次线性方程组的解集，记为 S. 例如，满足 $x+y=0$ 的解组成的集合成为它的通解. S 可以看作一个具有无穷多个向量的向量组.

设S_0：$\boldsymbol{\xi}_1,\boldsymbol{\xi}_2,\cdots,\boldsymbol{\xi}_t$为 S 的一个极大无关组，则解集 S 中的任意一个向量都可由S_0线性表示，即式(7-6)的全部解向量都可由S_0线性表示，又根据性质 7.2.1 和性质 7.2.2 知道，S_0的任何线性组合

$$\boldsymbol{x}=k\boldsymbol{\xi}_1+k\boldsymbol{\xi}_2+\cdots+k\boldsymbol{\xi}_t$$

都是式(7-6)的解. 我们也把这样的解称为齐次线性方程组的**通解**. 解集 S 的一个极大无关组S_0称为齐次线性方程组(7-5)的**基础解系**.

例 7.2.1　设齐次线性方程组$\begin{cases}x_1+x_2+x_3+x_4=0,\\x_1-x_2-x_3+x_4=0,\end{cases}$求它的通解和基础解系.

解：方程组的系数矩阵 $\boldsymbol{A}=\begin{pmatrix}1&1&1&1\\1&-1&-1&1\end{pmatrix}$，利用矩阵的初等行变换化为最简，即

$$\boldsymbol{A}=\begin{pmatrix}1&1&1&1\\1&-1&-1&1\end{pmatrix}\xrightarrow[-(r_2-r_1)]{\frac{1}{2}(r_1+r_2)}\begin{pmatrix}1&0&0&1\\0&1&1&0\end{pmatrix},$$

则原方程组与$\begin{cases}x_1+x_4=0,\\x_2+x_3=0\end{cases}$同解，即

$$\begin{cases}x_1=-x_4,\\x_2=-x_3.\end{cases}$$

将 x_3,x_4 看作自由未知数，并且令 $x_3=k_1$，$x_4=k_2$，可得方程的通解为

$$\begin{pmatrix} x_1 \\ x_2 \\ x_3 \\ x_4 \end{pmatrix} = k_1 \begin{pmatrix} 0 \\ -1 \\ 1 \\ 0 \end{pmatrix} + k_2 \begin{pmatrix} -1 \\ 0 \\ 0 \\ 1 \end{pmatrix}.$$

式中，k_1, k_2 为任意常数.

记 $\boldsymbol{x} = \begin{pmatrix} x_1 \\ x_2 \\ x_3 \\ x_4 \end{pmatrix}$，$\boldsymbol{\xi}_1 = \begin{pmatrix} 0 \\ -1 \\ 1 \\ 0 \end{pmatrix}$，$\boldsymbol{\xi}_2 = \begin{pmatrix} -1 \\ 0 \\ 0 \\ 1 \end{pmatrix}$，则通解可写为 $\boldsymbol{x} = k_1\boldsymbol{\xi}_1 + k_2\boldsymbol{\xi}_2$. 观察发现 $\boldsymbol{\xi}_1, \boldsymbol{\xi}_2$ 线性无关，则 $\boldsymbol{\xi}_1, \boldsymbol{\xi}_2$ 是方程组解的极大无关组，即 $\boldsymbol{\xi}_1, \boldsymbol{\xi}_2$ 为方程组的基础解系.

一般情况下，若方程组的系数矩阵 $\boldsymbol{A}$ 为 $m \times n$ 阶的且秩为 r，则 n 元齐次线性方程组 $\boldsymbol{Ax} = \boldsymbol{0}$ 有 $n - r$ 个自由未知数，我们可以先对这 $n - r$ 个自由未知数赋一组值，然后再解出其他的非自由未知数，把它们合起来便得到方程的解.

由此我们可以总结得到，齐次线性方程组

$$\begin{cases} a_{11}x_1 + a_{12}x_2 + \cdots + a_{1n}x_n = 0, \\ a_{21}x_1 + a_{22}x_2 + \cdots + a_{2n}x_n = 0, \\ \quad \vdots \\ a_{m1}x_1 + a_{m2}x_2 + \cdots + a_{mn}x_n = 0 \end{cases}$$

求通解和基础解系的步骤：

1) 先将它的系数矩阵 $\boldsymbol{A}$ 利用矩阵的初等行变换化为行最简形，设 $\boldsymbol{A}$ 的秩为 r，不妨设 $\boldsymbol{A}$ 的前 r 个列向量线性无关，于是 $\boldsymbol{A}$ 的行最简形矩阵为

$$\boldsymbol{B} = \begin{pmatrix} 1 & \cdots & 0 & b_{11} & \cdots & b_{1,n-r} \\ \vdots & & \vdots & \vdots & & \vdots \\ 0 & \cdots & 1 & b_{r1} & \cdots & b_{r,n-r} \\ 0 & \cdots & 0 & 0 & \cdots & 0 \\ \vdots & & \vdots & \vdots & & \vdots \\ 0 & \cdots & 0 & 0 & \cdots & 0 \end{pmatrix},$$

则原方程与

$$\begin{cases} x_1 = -b_{11}x_{r+1} - \cdots - b_{1,n-r}x_n, \\ x_2 = -b_{21}x_{r+1} - \cdots - b_{2,n-r}x_n, \\ \quad \vdots \\ x_r = -b_{r1}x_{r+1} - \cdots - b_{r,n-r}x_n \end{cases}$$

等价.

2)把 $x_{r+1},x_{r+2},\cdots,x_n$ 作为自由数，并令它们依次等于 $c_1,c_2,\cdots,c_{n-r}$，即可得原方程组的通解为

$$\begin{pmatrix} x_1 \\ \vdots \\ x_r \\ x_{r+1} \\ x_{r+2} \\ \vdots \\ x_n \end{pmatrix} = c_1\begin{pmatrix} -b_{11} \\ \vdots \\ -b_{r1} \\ 1 \\ 0 \\ \vdots \\ 0 \end{pmatrix} + c_2\begin{pmatrix} -b_{12} \\ \vdots \\ -b_{r2} \\ 0 \\ 1 \\ \vdots \\ 0 \end{pmatrix} + \cdots + c_{n-r}\begin{pmatrix} -b_{1,n-r} \\ \vdots \\ -b_{r,n-r} \\ 0 \\ 0 \\ \vdots \\ 1 \end{pmatrix},$$

记作

$$\boldsymbol{x} = c_1\boldsymbol{\xi}_1 + c_2\boldsymbol{\xi}_2 + \cdots + c_{n-r}\boldsymbol{\xi}_{n-r}.$$

可知解集 S 中的任一向量 $\boldsymbol{x}$ 可由 $\boldsymbol{\xi}_1,\boldsymbol{\xi}_2,\cdots,\boldsymbol{\xi}_{n-r}$ 线性表示，又因为矩阵 $(\boldsymbol{\xi}_1,\boldsymbol{\xi}_2,\cdots,\boldsymbol{\xi}_{n-r})$ 中有 $n-r$ 阶子式 $|\boldsymbol{E}_{n-r}|\neq 0$，故 $r(\boldsymbol{\xi}_1,\boldsymbol{\xi}_2,\cdots,\boldsymbol{\xi}_{n-r})=n-r$，所以 $\boldsymbol{\xi}_1,\boldsymbol{\xi}_2,\cdots,\boldsymbol{\xi}_{n-r}$ 线性无关. 根据极大无关组的性质，$\boldsymbol{\xi}_1,\boldsymbol{\xi}_2,\cdots,\boldsymbol{\xi}_{n-r}$ 是解集的极大无关组，即 $\boldsymbol{\xi}_1,\boldsymbol{\xi}_2,\cdots,\boldsymbol{\xi}_{n-r}$ 是原方程组的基础解系.

上面的讨论中，我们先得出通解后再写出基础解系. 但在今后练习中，我们也可以先写基础解系再写通解，步骤如下：

先令自由未知数 $x_{r+1},x_{r+2},\cdots,x_n$ 为以下 $n-r$ 个向量，即

$$\begin{pmatrix} x_{r+1} \\ x_{r+2} \\ \vdots \\ x_n \end{pmatrix} = \begin{pmatrix} 1 \\ 0 \\ \vdots \\ 0 \end{pmatrix},\begin{pmatrix} 0 \\ 1 \\ \vdots \\ 0 \end{pmatrix},\cdots,\begin{pmatrix} 0 \\ 0 \\ \vdots \\ 1 \end{pmatrix}.$$

再根据等价方程组可得

$$\begin{pmatrix} x_1 \\ x_2 \\ \vdots \\ x_r \end{pmatrix} = \begin{pmatrix} -b_{11} \\ \vdots \\ -b_{r1} \end{pmatrix},\begin{pmatrix} -b_{12} \\ \vdots \\ -b_{r2} \end{pmatrix},\cdots,\begin{pmatrix} -b_{1,n-r} \\ \vdots \\ -b_{r,n-r} \end{pmatrix},$$

然后合起来便得基础解系

$$\boldsymbol{\xi}_1 = \begin{pmatrix} -b_{11} \\ \vdots \\ -b_{r1} \\ 1 \\ 0 \\ \vdots \\ 0 \end{pmatrix},\boldsymbol{\xi}_2 = \begin{pmatrix} -b_{12} \\ \vdots \\ -b_{r2} \\ 0 \\ 1 \\ \vdots \\ 0 \end{pmatrix},\cdots,\boldsymbol{\xi}_{n-r} = \begin{pmatrix} -b_{1,n-r} \\ \vdots \\ -b_{r,n-r} \\ 0 \\ 0 \\ \vdots \\ 1 \end{pmatrix}.$$

例 7.2.2　求解方程组

$$\begin{cases} x_1 + x_2 - x_3 - x_4 = 0, \\ 2x_1 - 5x_2 + 3x_3 + 2x_4 = 0, \\ 7x_1 - 7x_2 + 3x_3 + x_4 = 0 \end{cases}$$

的基础解系与通解.

解：系数矩阵 $\boldsymbol{A}$ 利用矩阵的初等行变换化为行最简形，即

$$\boldsymbol{A} = \begin{pmatrix} 1 & 1 & -1 & -1 \\ 2 & -5 & 3 & 2 \\ 7 & -7 & 3 & 1 \end{pmatrix} \xrightarrow[r_3-7r_1]{r_2-2r_1} \begin{pmatrix} 1 & 1 & -1 & -1 \\ 0 & -7 & 5 & 4 \\ 0 & -14 & 10 & 8 \end{pmatrix}$$

$$\xrightarrow{r_3-2r_2} \begin{pmatrix} 1 & 1 & -1 & -1 \\ 0 & -7 & 5 & 4 \\ 0 & 0 & 0 & 0 \end{pmatrix} \xrightarrow[r_1-r_2]{-\frac{1}{7}r_2} \begin{pmatrix} 1 & 0 & -\frac{2}{7} & -\frac{3}{7} \\ 0 & 1 & -\frac{5}{7} & -\frac{4}{7} \\ 0 & 0 & 0 & 0 \end{pmatrix},$$

使得

$$\begin{cases} x_1 = \frac{2}{7}x_3 + \frac{3}{7}x_4, \\ x_2 = \frac{5}{7}x_3 + \frac{4}{7}x_4, \end{cases}$$

则 x_3, x_4 为自由未知数，令

$$\begin{pmatrix} x_3 \\ x_4 \end{pmatrix} = \begin{pmatrix} 1 \\ 0 \end{pmatrix} \text{ 或 } \begin{pmatrix} 0 \\ 1 \end{pmatrix},$$

对应有

$$\begin{pmatrix} x_1 \\ x_2 \end{pmatrix} = \begin{pmatrix} \frac{2}{7} \\ \frac{5}{7} \end{pmatrix}, \begin{pmatrix} \frac{3}{7} \\ \frac{4}{7} \end{pmatrix},$$

即得基础解系

$$\boldsymbol{\xi}_1 = \begin{pmatrix} \frac{2}{7} \\ \frac{5}{7} \\ 1 \\ 0 \end{pmatrix}, \boldsymbol{\xi}_2 = \begin{pmatrix} \frac{3}{7} \\ \frac{4}{7} \\ 0 \\ 1 \end{pmatrix},$$

通解为

$$\boldsymbol{x} = c_1 \begin{pmatrix} \frac{2}{7} \\ \frac{5}{7} \\ 1 \\ 0 \end{pmatrix} + c_2 \begin{pmatrix} \frac{3}{7} \\ \frac{4}{7} \\ 0 \\ 1 \end{pmatrix}.$$

回到引例，要求出每个行业的投入与产出都相等的平衡价格，等价于求解齐次方程组.

$$\begin{cases} 0.8x_1-0.8x_2-0.4x_3=0, \\ -0.3x_1+0.9x_2-0.4x_3=0, \\ -0.5x_1-0.1x_2+0.8x_3=0. \end{cases}$$

设 $\boldsymbol{A}=\begin{pmatrix} 0.8 & -0.8 & -0.4 \\ -0.3 & 0.9 & -0.4 \\ -0.5 & -0.1 & 0.8 \end{pmatrix}$，利用矩阵的初等行变换化为行最简形：

$$\begin{pmatrix} 0.8 & -0.8 & -0.4 \\ -0.3 & 0.9 & -0.4 \\ -0.5 & -0.1 & 0.8 \end{pmatrix} \xrightarrow{r_2+r_1} \begin{pmatrix} 0.8 & -0.8 & -0.4 \\ 0.5 & 0.1 & -0.8 \\ -0.5 & -0.1 & 0.8 \end{pmatrix}$$

$$\xrightarrow[2r_2]{\substack{r_3+r_2 \\ \frac{5}{4}r_1}} \begin{pmatrix} 1 & -1 & -0.5 \\ 1 & 0.2 & -1.6 \\ 0 & 0 & 0 \end{pmatrix} \xrightarrow{r_2-r_1} \begin{pmatrix} 1 & -1 & -0.5 \\ 0 & 1.2 & -1.1 \\ 0 & 0 & 0 \end{pmatrix} \xrightarrow[r_1+r_2]{\frac{1}{1.2}r_2} \begin{pmatrix} 1 & 0 & -\frac{17}{12} \\ 0 & 1 & -\frac{11}{12} \\ 0 & 0 & 0 \end{pmatrix},$$

得等价方程组

$$\begin{cases} x_1-\frac{17}{12}x_3=0, \\ x_2-\frac{11}{12}x_3=0. \end{cases}$$

式中，x_3 为自由未知数，则等价方程组为

$$\begin{cases} x_1=\frac{17}{12}x_3, \\ x_2=\frac{11}{12}x_3. \end{cases}$$

令为 $x_3=1$，解得 $x_1=\frac{17}{12}$，$x_2=\frac{11}{12}$，即该方程组的基础解系

$$\boldsymbol{\xi}_1=\begin{pmatrix} \frac{17}{12} \\ \frac{11}{12} \\ 1 \end{pmatrix},$$

通解为 $\boldsymbol{x}=k\boldsymbol{\xi}_1$. 同时此向量也是该经济系统的平衡价格向量，每个 x_3 的非负取值都确定一个平衡价格的取值. 例如，我们取 x_3 为 1 亿元，则 $x_1=\frac{17}{12}$亿元，$x_2=\frac{11}{12}$亿元. 即如果五金化工行业产出价

格为$\frac{17}{12}$亿元，则能源行业产出价格为$\frac{11}{12}$亿元，机械行业的产出价格为 1 亿元，那么每个行业的收入和支出相等.

7.2.2 非齐次线性方程组

方程组$\begin{cases} x_1 - \quad x_2 = 0.5, \\ x_1 + 0.2x_2 = 1.6 \end{cases}$是二元二次方程组，这样的方程组与齐次线性方程组的不同是等式的右边不全等于 0，这样的方程组我们称为非齐次线性方程组.

1. 非齐次线性方程组的向量表示

一般地，当 $b_1, b_2, \cdots, b_m$不全为零，我们可以得到非齐次线性方程组的向量表示，设非齐次线性方程组为

$$\begin{cases} a_{11}x_1 + a_{12}x_2 + \cdots + a_{1n}x_n = b_1, \\ a_{21}x_1 + a_{22}x_2 + \cdots + a_{2n}x_n = b_2, \\ \qquad\qquad \vdots \\ a_{m1}x_1 + a_{m2}x_2 + \cdots + a_{mn}x_n = b_m, \end{cases} \tag{7-7}$$

向量组 A：$\boldsymbol{a}_1^{\mathrm{T}}, \boldsymbol{a}_2^{\mathrm{T}}, \cdots, \boldsymbol{a}_n^{\mathrm{T}}$为线性方程组的矩阵列向量组，其中 $\boldsymbol{a}_i^{\mathrm{T}} = (a_{1i}, a_{2i}, \cdots, a_{mi})^{\mathrm{T}} (i = 1, 2, \cdots, n)$，$\boldsymbol{b}^{\mathrm{T}} = (b_1, b_2, \cdots, b_m)^{\mathrm{T}}$，则

$$\boldsymbol{a}_1^{\mathrm{T}}x_1 + \boldsymbol{a}_2^{\mathrm{T}}x_2 + \cdots + \boldsymbol{a}_n^{\mathrm{T}}x_n = \boldsymbol{b}^{\mathrm{T}},$$

即

$$(\boldsymbol{a}_1^{\mathrm{T}}, \boldsymbol{a}_2^{\mathrm{T}}, \cdots, \boldsymbol{a}_n^{\mathrm{T}}) \begin{pmatrix} x_1 \\ x_2 \\ \vdots \\ x_n \end{pmatrix} = \boldsymbol{b}^{\mathrm{T}} \text{或} \boldsymbol{Ax} = \boldsymbol{b}^{\mathrm{T}}, \tag{7-8}$$

其中，

$$\boldsymbol{A} = \begin{pmatrix} a_{11} & a_{12} & \cdots & a_{1n} \\ a_{21} & a_{22} & \cdots & a_{2n} \\ \vdots & \vdots & & \vdots \\ a_{m1} & a_{m2} & \cdots & a_{mn} \end{pmatrix}.$$

所以，向量方程组(7-7)的解即为方程(7-8)的解向量. 非齐次线性方程组的解满足如下性质.

性质 1　设 $\boldsymbol{x} = \boldsymbol{\eta}_1$ 及 $\boldsymbol{x} = \boldsymbol{\eta}_2$ 都是向量方程(7-8)的解，则$\boldsymbol{x} = \boldsymbol{\eta}_1 - \boldsymbol{\eta}_2$ 为对应齐次线性方程组

$$\boldsymbol{Ax} = \boldsymbol{0} \tag{7-9}$$

的解.

证明：$\boldsymbol{A}(\boldsymbol{\eta}_1-\boldsymbol{\eta}_2)=\boldsymbol{A}\boldsymbol{\eta}_1-\boldsymbol{A}\boldsymbol{\eta}_2=\boldsymbol{b}-\boldsymbol{b}=\boldsymbol{0}$，即 $\boldsymbol{\eta}_1-\boldsymbol{\eta}_2$ 为对应齐次线性方程组的解.

性质 2 设 $\boldsymbol{x}=\boldsymbol{\eta}$ 是向量方程(7-8)的解，$\boldsymbol{x}=\boldsymbol{\xi}$ 是方程(7-6)的解，则 $\boldsymbol{x}=\boldsymbol{\xi}+\boldsymbol{\eta}$ 还是方程(7-8)的解.

证明：$\boldsymbol{A}(\boldsymbol{\xi}+\boldsymbol{\eta})=\boldsymbol{A}\boldsymbol{\xi}+\boldsymbol{A}\boldsymbol{\eta}=\boldsymbol{0}+\boldsymbol{b}=\boldsymbol{b}$，即 $\boldsymbol{\xi}+\boldsymbol{\eta}$ 为是向量方程(7-8)的解.

2. 非齐次线性方程组的通解

对于非齐次线性方程组 $\boldsymbol{Ax}=\boldsymbol{b}$，先求出它的一个解 $\boldsymbol{\eta}^*$（特解），然后再求出对应齐次线性方程组的通解 $\boldsymbol{x}_0=k\boldsymbol{\xi}_1+k\boldsymbol{\xi}_2+\cdots+k\boldsymbol{\xi}_t$.

设 $\boldsymbol{\eta}$ 是 $\boldsymbol{Ax}=\boldsymbol{b}$ 的任意解，根据性质 7.2.3 可知，$\boldsymbol{\eta}-\boldsymbol{\eta}^*$ 是 $\boldsymbol{Ax}=\boldsymbol{0}$ 的解，即 $\boldsymbol{Ax}=\boldsymbol{b}$ 的解可以表示为 $\boldsymbol{x}=\boldsymbol{x}_0+\boldsymbol{\eta}^*$，再根据性质 7.2.4 可知 $\boldsymbol{x}_0+\boldsymbol{\eta}^*$ 为 $\boldsymbol{Ax}=\boldsymbol{b}$ 的解，由此可得非齐次线性方程组通解的结构.

非齐次线性方程组通解等于对应齐次线性方程组的通解加非齐次线性方程组的特解，即

$$\boldsymbol{x}=k\boldsymbol{\xi}_1+k\boldsymbol{\xi}_2+\cdots+k\boldsymbol{\xi}_t+\boldsymbol{\eta}^*.$$

式中，$\boldsymbol{\xi}_1,\boldsymbol{\xi}_2,\cdots,\boldsymbol{\xi}_t$ 是方程组(7-7)的基础解系，$k_1,k_2,\cdots,k_t$ 为任意实数.

例 7.2.3 求解方程组

$$\begin{cases}x_1-x_2-x_3+x_4=0,\\ x_1-x_2+x_3-3x_4=1,\\ x_1-x_2-2x_3+3x_4=-\dfrac{1}{2}.\end{cases}$$

解：对增广矩阵进行初等行变换，即

$$\boldsymbol{A}=\begin{pmatrix}1&-1&-1&1&0\\1&-1&1&-3&1\\1&-1&-2&3&-\dfrac{1}{2}\end{pmatrix}\xrightarrow[r_3-r_1]{r_2-r_1}\begin{pmatrix}1&-1&-1&1&0\\0&0&2&-4&1\\0&0&-1&2&-\dfrac{1}{2}\end{pmatrix}$$

$$\xrightarrow[r_3+r_2]{\substack{r_1-r_3\\ \frac{1}{2}r_2}}\begin{pmatrix}1&-1&0&-1&\dfrac{1}{2}\\0&0&1&-2&\dfrac{1}{2}\\0&0&0&0&0\end{pmatrix}=\boldsymbol{B},$$

因为 $R(\boldsymbol{A})=R(\boldsymbol{B})$，故方程组有解，且

$$\begin{cases}x_1=x_2+x_4+\dfrac{1}{2},\\ x_3=2x_4+\dfrac{1}{2}.\end{cases}$$

取 $x_2=x_4=0$，则 $x_1=x_3=\frac{1}{2}$，于是得方程组的特解为

$$\boldsymbol{\eta}^*=\begin{pmatrix}\frac{1}{2}\\0\\\frac{1}{2}\\0\end{pmatrix},$$

对应的齐次线性方程组的等价方程组为

$$\begin{cases}x_1=x_2+x_4,\\x_3=2x_4.\end{cases}$$

式中，x_2,x_4 为自由未知数，令 $\begin{pmatrix}x_2\\x_4\end{pmatrix}=\begin{pmatrix}1\\0\end{pmatrix}$或$\begin{pmatrix}0\\1\end{pmatrix}$，则 $\begin{pmatrix}x_1\\x_3\end{pmatrix}=\begin{pmatrix}1\\0\end{pmatrix}$或$\begin{pmatrix}1\\2\end{pmatrix}$，即对应的齐次线性方程组的基础解系为

$$\boldsymbol{\xi}_1=\begin{pmatrix}1\\1\\0\\0\end{pmatrix},\ \boldsymbol{\xi}_2=\begin{pmatrix}1\\0\\2\\1\end{pmatrix},$$

于是原方程组的通解为

$$\begin{pmatrix}x_1\\x_2\\x_3\\x_4\end{pmatrix}=c_1\begin{pmatrix}1\\1\\0\\0\end{pmatrix}+c_2\begin{pmatrix}1\\0\\2\\1\end{pmatrix}+\begin{pmatrix}\frac{1}{2}\\0\\\frac{1}{2}\\0\end{pmatrix}.$$

习题 A

1. 选择题

(1) 下列说法正确的是(　　).

(A) 设 $\boldsymbol{\alpha},\boldsymbol{\beta}$ 分别为两个 n 维向量，若 $\boldsymbol{\alpha}$ 和 $\boldsymbol{\beta}$ 的各分量对应相等，则称 $\boldsymbol{\alpha}$ 与 $\boldsymbol{\beta}$ 相等

(B) n 维向量中只有一个分量为 0 的向量称为零向量

(C) n 维向量的相等、加法及数乘运算与行(列)矩阵的相等、加法及数乘运算不相同

(D) n 个实数 $a_1,a_2,\cdots,a_n$ 组成的数组称为 n 维向量

(2) 下列说法不正确的是(　　).

(A) 含有 $\mathbf{0}$ 向量的向量组必线性相关

(B) 若 $\boldsymbol{\alpha}_1,\boldsymbol{\alpha}_2,\cdots,\boldsymbol{\alpha}_s$ 线性相关，则增加向量 $\boldsymbol{\alpha}_{s+1},\boldsymbol{\alpha}_{s+2},\cdots,\boldsymbol{\alpha}_m$ 后，$\boldsymbol{\alpha}_1,\boldsymbol{\alpha}_2,\cdots,\boldsymbol{\alpha}_s,\boldsymbol{\alpha}_{s+1},\boldsymbol{\alpha}_{s+2},\cdots,\boldsymbol{\alpha}_m$ 线性相关

(C) 若 $\boldsymbol{\alpha}_1,\boldsymbol{\alpha}_2,\cdots,\boldsymbol{\alpha}_s,\boldsymbol{\alpha}_{s+1},\boldsymbol{\alpha}_{s+2},\cdots,\boldsymbol{\alpha}_m$ 线性无关，则去掉向量 $\boldsymbol{\alpha}_{s+1},\boldsymbol{\alpha}_{s+2},\cdots,\boldsymbol{\alpha}_m$ 后，$\boldsymbol{\alpha}_1,\boldsymbol{\alpha}_2,\cdots,\boldsymbol{\alpha}_s$ 也线性无关

(D) 对于只含有一个向量的向量组，若 $\boldsymbol{\alpha}$ 线性无关当且仅当 $\boldsymbol{\alpha}=\mathbf{0}$

(3) 设向量组 $\boldsymbol{\alpha}_1,\boldsymbol{\alpha}_2,\boldsymbol{\alpha}_3$ 线性无关，则下面的向

量组中线性无关的是(　　).

(A) $\alpha_1+\alpha_2, \alpha_2+\alpha_3, -\alpha_1+\alpha_3$

(B) $\alpha_1+\alpha_2$, $\alpha_2+\alpha_3$, $\alpha_1+2\alpha_2+\alpha_3$

(C) $\alpha_1+2\alpha_2, 2\alpha_2+3\alpha_3, \alpha_1+3\alpha_3$

(D) $\alpha_1+\alpha_2+\alpha_3, 2\alpha_1-3\alpha_2+22\alpha_3, 3\alpha_1+5\alpha_2-5\alpha_3$

(4) 对于任意数 a、b、c，线性无关的向量组是(　　).

(A) $(a,1,2)$，$(2,b,0)$，$(0,0,0)$

(B) $(b,1,1)$，$(a,1,3)$，$(2,3,c)$，$(a,0,c)$

(C) $(1,a,1,1)$，$(1,b,1,0)$，$(1,c,0,0)$

(D) $(1,1,1,a)$，$(2,2,2,b)$，$(0,0,0,c)$

(5) 设 A 是 n 阶矩阵且 A 的行列式 $|A|=0$，则 A 中(　　).

(A) 必有一列元素为 0

(B) 必有两列元素对应成比例

(C) 必有一列向量是其余列向量的线性组合

(D) 任意列向量是其余列向量的线性组合

(6) 若向量组 α,β,γ 线性无关，α,β,σ 线性相关，则(　　).

(A) α 必可由 β,γ,σ 线性表示

(B) β 必可由 α,γ,σ 线性表示

(C) σ 必可由 α,β,γ 线性表示

(D) σ 必不可由 α,β,γ 线性表示

(7) 设 n 阶方阵 A 的秩 $R(A)=r<n$，则在 A 的 n 个行向量中(　　).

(A) 必有 r 个行向量线性无关

(B) 任意 r 个行向量均可构成极大无关组

(C) 任意 r 个行向量均线性无关

(D) 任一个行向量均可由其他 r 个行向量线性表示

(8) 设有向量组 $a_1=(1,-1,2,4)$，$a_2=(0,3,1,2)$，$a_3=(3,0,7,14)$，$a_4=(1,-2,2,0)$，$a_5=(2,1,5,10)$，则该向量组的极大线性无关组是(　　).

(A) a_1,a_2,a_3　　(B) a_1,a_2,a_4

(C) a_1,a_2,a_5　　(D) a_1,a_2,a_4,a_5

(9) 设向量 β 可由向量组 $\alpha_1,\alpha_2,\cdots,\alpha_m$ 线性表示，但不能由向量组(Ⅰ)：$\alpha_1,\alpha_2,\cdots,\alpha_{m-1}$ 线性表示，记向量组(Ⅱ)：$\alpha_1,\alpha_2,\cdots,\alpha_{m-1},\beta$，则(　　).

(A) α_m 不能由(Ⅰ)线性表示，也不能由(Ⅱ)线性表示

(B) α_m 不能由(Ⅰ)线性表示，但能由(Ⅱ)线性表示

(C) α_m 能由(Ⅰ)线性表示，也能由(Ⅱ)线性表示

(D) α_m 能由(Ⅰ)线性表示，但不能由(Ⅱ)线性表示

(10) 设有 n 元非齐次线性方程组 $Ax=b$，则(　　).

(A) 若 $Ax=O$ 只有零解，则 $Ax=b$ 有唯一解

(B) $Ax=b$ 有唯一解的充要条件是 $R(A)=n$

(C) $Ax=b$ 有两个不同的解，则 $Ax=O$ 有无限多解

(D) $Ax=b$ 有两个不同的解，则 $Ax=O$ 的基础解系中含有两个以上向量

2. 填空题

(1) 设 $\alpha=(1,0,-1,2)$，$\beta=(3,2,4,-1)$，则 $2\alpha-\beta=$________.

(2) 设 $\alpha=(5,-1,3,21)$，$\beta=(3,1,-2,2,1)$，如果存在向量 γ，使得 $3\alpha+\gamma=4\beta$，则 $\gamma=$________.

(3) 设 $(a\times b)\cdot c=2$，则 $((a+b)\times(b+c))\cdot(c+a)=$________.

(4) 已知向量组 $a_1=(1,2,3,4)$，$a_2=(2,3,4,5)$，$a_3=(3,4,5,6)$，$a_4=(4,5,6,7)$，则该向量组的秩是________.

(5) 已知向量组 $a_1=(1,2,-1,1)$，$a_2=(2,0,t,0)$，$a_3=(0,-4,5,-2)$的秩为 2，则 $t=$________.

(6) 已知 $a_1=(a,1,1)$，$a_2=(1,a,-1)$，$a_3=(1,-1,a)$线性相关，则 $a=$________.

3. 解答题

(1) 设 $a=(-1,-\sqrt{2},1)$，求向量 a 在 y 轴上的分量，a 的模、方向向量、方向角.

(2) 设 $\alpha_1=(1,0,1)$，$\alpha_2=(1,1,1)$，$\alpha_3=(0,-1,-1)$，$\beta=(3,5,-6)$，求向量 β 用 $\alpha_1,\alpha_2,\alpha_3$ 线性表出的表达式.

(3) 设向量组 $\alpha_1=(a,0,c)$，$\alpha_2=(b,c,0)$，$\alpha_3=(0,a,b)$线性无关，求 a,b,c 必满足的关系式.

(4) 设行向量组$(2,1,1,1)$，$(2,1,a,a)$，$(3,

2,1,a)，(4,3,2,1)线性相关且 $a\neq 1$，则 a 等于多少.

(5) 设三阶矩阵 $\begin{pmatrix}1&2&-2\\2&1&2\\3&0&4\end{pmatrix}$，三维列向量 $\boldsymbol{\alpha}=\begin{pmatrix}a\\1\\1\end{pmatrix}$，已知 $\boldsymbol{A\alpha}$ 与 $\boldsymbol{\alpha}$ 线性相关，求 a.

(6) 证明：当 a 为任意实数时，向量组 $\boldsymbol{\alpha}_1=(a,a,a,a)^{\mathrm{T}}$，$\boldsymbol{\alpha}_2=(a,a+1,a+2,a+3)^{\mathrm{T}}$，$\boldsymbol{\alpha}_3=(a,2a,3a,4a)^{\mathrm{T}}$ 线性相关.

(7) 已知向量组 $\boldsymbol{\alpha}_1$、$\boldsymbol{\alpha}_2$、$\boldsymbol{\alpha}_3$ 线性无关. 设 $\boldsymbol{\beta}_1=\boldsymbol{\alpha}_1-\boldsymbol{\alpha}_2+\boldsymbol{\alpha}_3$，$\boldsymbol{\beta}_2=\boldsymbol{\alpha}_2+\boldsymbol{\alpha}_3$，$\boldsymbol{\beta}_3=2\boldsymbol{\alpha}_1-\boldsymbol{\alpha}_2+3\boldsymbol{\alpha}_3$，讨论 $\boldsymbol{\beta}_1$、$\boldsymbol{\beta}_2$、$\boldsymbol{\beta}_3$ 的线性相关性.

(8) 求向量组 $\boldsymbol{\alpha}_1=\begin{pmatrix}1\\2\\-1\\4\end{pmatrix}$，$\boldsymbol{\alpha}_2=\begin{pmatrix}9\\100\\10\\4\end{pmatrix}$，$\boldsymbol{\alpha}_3=\begin{pmatrix}-2\\-4\\2\\8\end{pmatrix}$ 的秩与一个极大无关组.

(9) 利用初等行变换求矩阵 $\boldsymbol{A}$ 的列向量组的一个最大无关组，并把其余列向量用最大无关组线性表示.

$$\boldsymbol{A}=\begin{pmatrix}25&31&17&43\\75&94&53&132\\75&94&54&134\\25&32&20&48\end{pmatrix}.$$

(10) 设向量组

$$\begin{pmatrix}a\\3\\1\end{pmatrix},\begin{pmatrix}2\\b\\3\end{pmatrix},\begin{pmatrix}1\\2\\1\end{pmatrix},\begin{pmatrix}2\\3\\1\end{pmatrix}$$

的秩为 2，求 a,b.

(11) 求解下列非齐次线性方程组的一个解及对应齐次线性方程组的基础解系.

$$1)\begin{cases}x_1+x_2=5,\\2x_1+x_2+x_3+2x_4=1,\\5x_1+3x_2+2x_3+2x_4=3;\end{cases}$$

$$2)\begin{cases}x_1-5x_2+2x_3-3x_4=11,\\5x_1+3x_2+6x_3-x_4=-1,\\2x_1+4x_2+2x_3+1x_4=-6.\end{cases}$$

习题 B

1. 设 $\boldsymbol{\alpha}_1=(1,1,1)$，$\boldsymbol{\alpha}_2=(1,2,3)$，$\boldsymbol{\alpha}_3=(1,3,t)$.

(1) 问当 t 为何值时，向量组 $\boldsymbol{\alpha}_1,\boldsymbol{\alpha}_2,\boldsymbol{\alpha}_3$ 线性无关.

(2) 问当 t 为何值时，向量组 $\boldsymbol{\alpha}_1,\boldsymbol{\alpha}_2,\boldsymbol{\alpha}_3$ 线性相关.

(3) 当向量组 $\boldsymbol{\alpha}_1,\boldsymbol{\alpha}_2,\boldsymbol{\alpha}_3$ 线性相关时，将 $\boldsymbol{\alpha}_3$ 表示为 $\boldsymbol{\alpha}_1,\boldsymbol{\alpha}_2$ 的线性组合.

2. 求向量组 $\boldsymbol{\alpha}_1=(1,1,c)^{\mathrm{T}}$，$\boldsymbol{\alpha}_2=(b,2b,1)^{\mathrm{T}}$，$\boldsymbol{\alpha}_3=(1,1,1)^{\mathrm{T}}$，$\boldsymbol{\alpha}_4=(3,4,4)^{\mathrm{T}}$ 的秩和极大无关组.

3. 已知向量组 A：$\boldsymbol{\alpha}_1=\begin{pmatrix}a\\2\\10\end{pmatrix}$，$\boldsymbol{\alpha}_2=\begin{pmatrix}-2\\1\\5\end{pmatrix}$，$\boldsymbol{\alpha}_3=\begin{pmatrix}-1\\1\\4\end{pmatrix}$ 及向量；$\boldsymbol{\beta}=\begin{pmatrix}1\\b\\-1\end{pmatrix}$，问 a、b 为何值时，有

(1) 向量 $\boldsymbol{\beta}$ 不能由向量组 A 线性表示.

(2) 向量 $\boldsymbol{\beta}$ 能由向量组 A 线性表示且表示式唯一.

(3) 向量 $\boldsymbol{\beta}$ 能由向量组 A 线性表示且表示式不唯一.

4. A：$\boldsymbol{\alpha}_1=\begin{pmatrix}0\\1\\2\\3\end{pmatrix}$，$\boldsymbol{\alpha}_2=\begin{pmatrix}3\\0\\1\\2\end{pmatrix}$，$\boldsymbol{\alpha}_3=\begin{pmatrix}2\\3\\0\\1\end{pmatrix}$；$B$：$\boldsymbol{\beta}_1=\begin{pmatrix}0\\1\\2\\3\end{pmatrix}$，$\boldsymbol{\beta}_2=\begin{pmatrix}3\\0\\1\\2\end{pmatrix}$，$\boldsymbol{\beta}_3=\begin{pmatrix}2\\3\\0\\1\end{pmatrix}$. 证明：向量组 B 能由向量组 A 线性表示，但向量组 A 不能由向量组 B 线性表示.

第 8 章 线性变换

微课：线性变换

变是绝对的，不变是相对的，数学就是在研究变与不变的客观规律. 变换是一个状态到另一个状态的转化关系，这种关系可以用点的坐标之间的函数关系来刻画；矩阵刚好可以用来反映坐标之间的变换关系，是研究变换的有力工具.

本章主要介绍线性代数中变换和线性性的基本概念，以及线性变换的重要性和应用.

8.1 变换

在日常生活中，如缩放、旋转、投影等现象，都是线性代数中的变换.

用相机拍出的照片，可根据人们的需求进行适当的缩小或放大.

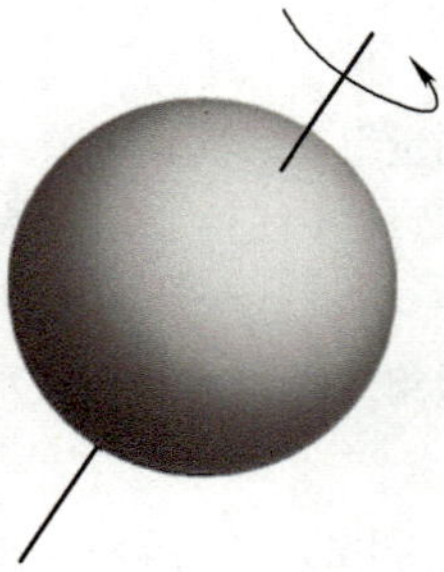

图 8-1 地球自转可看成绕轴进行旋转

如果只考虑拍照，拍照前，现实世界中的事物是原像，拍照后，相机拍出的照片是像. 如果考虑缩放变换，相机拍出的照片的每个点称为原像，原像的集合就是定义域，而将其进行缩放后的图片对应的点称为原像在这个缩放变换下的像，像的集合就是变换的值域.

地球每天都在围绕其自转轴和公转轴进行旋转，某个图形绕一个具体的点按照一个具体方向转动一个角度等，如图 8-1 所示. 如果以某一瞬间的地球为原像，则经过某一段时间后地球就称为像. 固定点 a（固定直线）称为旋转中心 O（旋转轴），给定角度 $\angle AOB$ 称为旋转角，如图 8-2 所示.

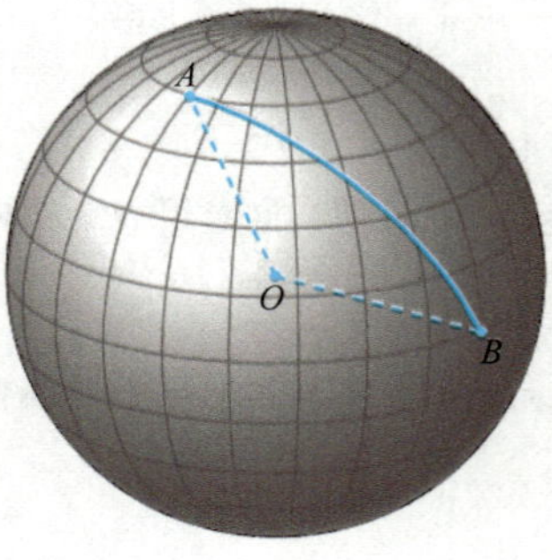

图 8-2 地球表面的点可以看成随自转进行的旋转

夏天大树在阳光下的阴影可以看成大树这个立体对地面的投影，同样地将大树上任意一点叫作原像，对应到地面上的影子为该点在投影变换下的像，如图 8-3 所示. 当然，处理力学问题时讨论力的分解，也可以看成合力在水平、垂直方向的两个投影变换.

“变”这一现象在宇宙中无时无刻不在进行着，不光上面介绍的例子，斗转星移、万物生长、量子纠缠、测量物体等物体前后对应的关系都可以看成数学上的变换.

数学上将这种对应关系称为映射，而在以往的学习中最常见的映射就是函数. 上面提到的变换就是一种映射，它将变化前后的对象以一种特殊但是确定的方式联系在一起，这里的对象可以是数字、向量、函数或任何物体.

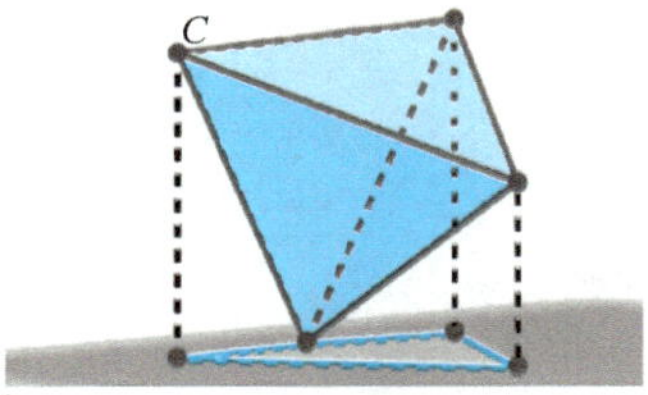

图 8-3 三维空间在平面上的投影

8.2 线性变换

在 8.1 节中介绍的所有变换在生活或是专业学习中经常遇到，如果想要了解这些变换的更多性质，需要借助数学思维将这些含有实际背景的变换抽象出来. 如果不考虑其他因素，将现实世界中的景物拍成照片的过程就可以看作景物对底片做了一次投影变换. 仅考虑投影这一动作会发现还有许多这样的例子，计算机断层(CT)扫描同样是将病人体内的器官投影到影片上，绘制地图的时候也可以看成将地球(曲面)投影到平面上. 而研究地球自转和公转的时候都可以先研究一点的运动方式，比如公转时(将地球绕太阳运行轨道视为圆周)天体所在轨道上的点都可以通过其他任意一点旋转得到. 例如，立春时地球所在的位置可以通过立秋时的位置沿运行方向旋转大约 180°得到. 类似地，生活中的旋转变换很常见，像游乐园中的旋转木马、摩天轮，太阳、月亮的东升西落均是线性代数中的旋转变换.

在观察某些星系的时候需要在特定的季节、特定的位置进行观测，如何通过地球自转、公转的规律确定下一个观测时间和地点？在进行 CT 扫描时，如何确定投影平面才能得到所需内部器官的信息？这些问题都可以总结为变换是如何实现的？这样的变换在工程应用上又有怎样的用途？为了弄清这些问题，线性代数发展出一系列的工具来研究和说明这些问题.

在数学中，变换是指将一个对象映射到另一个对象的函数. 变换通常表示为函数：$y=f(x)$，其中，x 是输入，y 是输出，f 是变换函数. 变换可以是线性的，也可以是非线性的.

前面所提到的例子中，无论是投影变换、伸缩变换还是旋转变换都有一个现象：在同一条直线上的原像经过变换后得到的像仍旧在一条直线上. 例如，拍一张含有道路的照片，如果实际的道路是笔直的那么照片中呈现的像也将会是笔直的. 可能照片上路的两边会相交在一点，但仍旧是直线，也就是说投影变换能够保持直线的像仍是直线，或许角度会发生偏转但不影响直线本身的形状. 即使在图片上继续进行扩大，线性代数上所说的伸缩变换是将图片的一边或两边同时进行拉伸，图片上的景物可能会倾斜但笔直的公路仍然是笔直的. 同样，在旋转变换中也能清楚地看到这一性质：地球表面笔直的公路不会因为旋转变换而变得弯曲.

这些变换有一些共同的性质：在处理两个东西的时候会遵循向量的加法，而在处理一个东西被放大的时候会遵循数乘性. 这种规律不仅在数学中有用，在生活中也能帮助我们更好地理解变换的工作原理. 数学上将这种性质称为变换的**线性性**，即可以将线段变为线段. 保持线性性的变换称为线性变换，是线性代数中最重要的变换也是现实世界中最常见的变换.

因此，可以将线性变换看成一种特殊的变换(函数)，即线性变换是可以保持向量加法和标量乘法的函数. 具体来说，对于任意向量 $\boldsymbol{u}$ 和 $\boldsymbol{v}$，以及任意标量 k，线性变换 T 满足以下条件：

$$T(\boldsymbol{u}+\boldsymbol{v})=T(\boldsymbol{u})+T(\boldsymbol{v}),$$

$$T(k\boldsymbol{v})=kT(\boldsymbol{v}),$$

这两条性质可以保证线性变换能够保持向量之间的线性关系. 这意味着，如果两个向量是线性相关的，那么它们经过线性变换后仍然是线性相关的. 例如，旋转变换不会改变向量之间的角度，因此它保持向量之间的线性关系. 缩放变换会改变向量的大小，但不会改变它们之间的方向，因此它也保持向量之间的线性关系. 在第 9 章中，还将知道线性变换可以用矩阵表示，并且具有许多重要的性质.

但并不是所有的变换都具有线性性，就像 8.1 节中最后提到的动植物的生长就不具有线性性，因为生物在生长的过程中的变化并不一致，会在某一特殊时间段内生长得快一些. 同样，类似量子纠缠的双星系统或者多体系统的轨道也不能由具有线性性的变换得到. 生活中的变换大多都不具有严格的线性性，如果把煮面条看作一个变换，那这个变换也不具有线性性，因为原来看作线段的面条经过“煮”变换后不都会呈现线段状，这说明这个变换在作用的过程中不是“均匀的”. 事实上，这是数学物理中一个复杂的过程，但是在学习数学的过程中总是先简单后复杂，先陌生后熟悉，就像微积分中的微分可以用来以直代曲，在实际应用中也可以通过一些手段用比较简单的线性变换去近似复杂的变换，这也是在大学阶段除了专业课程之外还需学习数学的原因.

在线性代数理论基础上的线性变换，主要有位似变换、旋转变换、投影变换和平移变换等几类常见的线性变换. 因此，线性变换是一类特殊的变换，最特殊的是线性变换可以保持变换前的直线依旧是直线，而变换仅仅是一种对应关系，它不需要变换前后的物体一定要保持线性性，如图 8-4 所示.

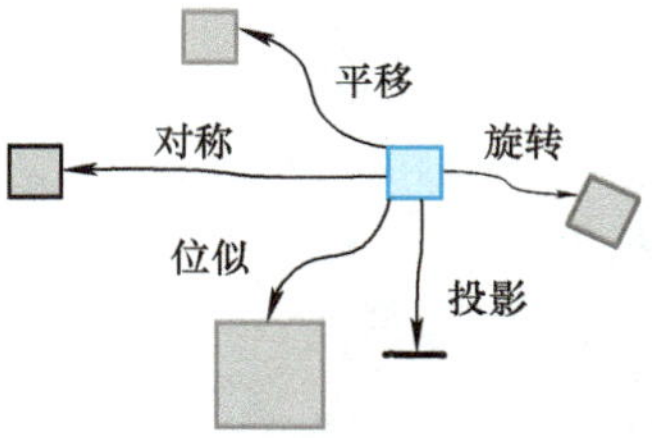

图 8-4　线性代数上几种重要的线性变换

一般地，说 T 是由集合 S 到集合 U 的一个变换（或映射），其实就是指 T 是一个对应规则，它将 S 中的每个元素对应到 U 中的一个元素. 集合 S 称为变换 T 的定义域，U 称为 T 的取值空间.

在线性代数中，上述定义通常被局限在有限维线性空间上，因此变换可以表述为 T: $\mathbb{R}^n \to \mathbb{R}^m$，其定义域为 $\mathbb{R}^n$，$\mathbb{R}^m$ 为取值空间（或上域）. 对于定义域 $\mathbb{R}^n$ 中的向量 $\boldsymbol{x}$，$\mathbb{R}^m$ 中与之对应的 $T(\boldsymbol{x})$ 称为 $\boldsymbol{x}$ 在 T 下的像，将所有像 $T(\boldsymbol{x})$ 的集合称为 T 的值域，如图 8-5 所示.

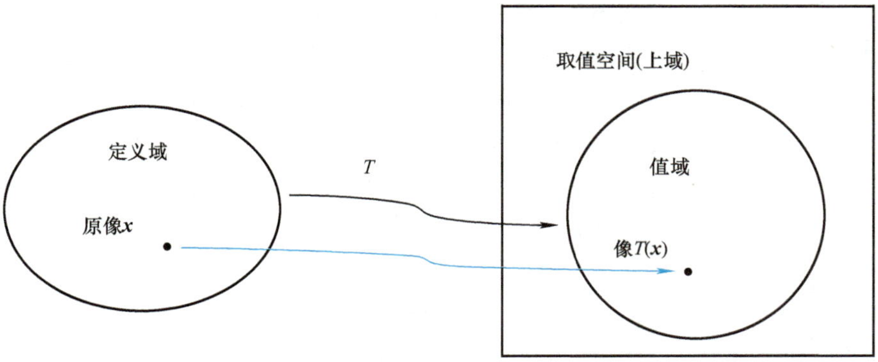

图 8-5　变换的定义域、取值空间和值域

第 9 章 位似变换和伸缩变换

图形的位似在生活中被广泛应用. 比如，在查看不同比例尺的地图时，就是在进行位似变换. 地图的缩放可以让使用者在不同比例下观察到相同区域的形状和相对位置，而不改变它们的相似性. 在数码摄影中，拍摄者可以使用变焦镜头进行缩放，这也是一种位似变换，因为它同时改变了场景的大小和形状，但保持了物体之间的相对位置和几何形状，如图 9-1 所示.

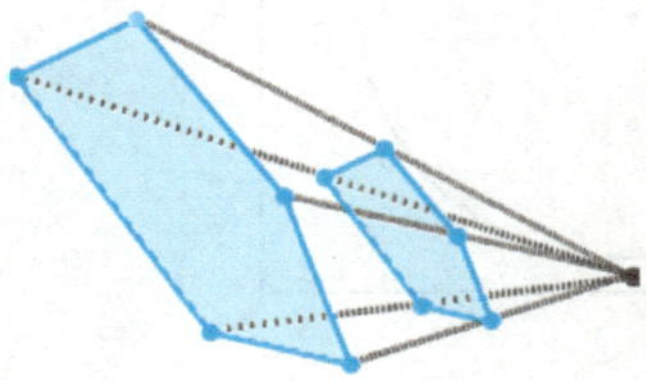

图 9-1　保持图形相似的位似变换

在几何学中，如果两个三角形的对应角相等，它们被认为是相似的. 通过位似变换，可以将一个三角形转换为另一个，保持它们的形状和角度关系. 在计算机图形学的图像处理中也涉及位似变换. 通过缩放和旋转，可以调整图像的大小和方向，而仍然保持物体之间的几何相似性. 在三维建模和计算机辅助设计(CAD)中，位似变换用于调整和编辑三维模型的大小和形状，同时保持模型内部的比例关系.

本章主要介绍一种特殊的线性变换：位似变换，主要阐述其标准矩阵通过矩阵乘法作用在向量上实现变换；介绍位似变换的一种更一般的形式：伸缩变换，它可以改变图形的形状和比例，常用于图像编辑、地理信息系统、医学图像处理等领域. 本章主要通过数学表达和几何解释介绍了位似变换和伸缩变换的概念和实现方式，包括它们的标准矩阵表示和几何意义并得到一般性结论和一个重要推论(如果变换前后的坐标之间的关系是不含常数的一次式，那么这个变换一定是线性变换). 另外在 9.3 节展现了伸缩变换在数据处理中的作用.

9.1　位似变换及其矩阵表示

先考虑将某张图片“扩大”三倍，将图像的每个维度(宽度和高度)都增加到原始尺寸的三倍，如图 9-2 所示，这是通过进行缩放操作来实现的. 除了落在坐标原点的顶点坐标未发生改变外，其余所有的坐标均变为原坐标的三倍.

图 9-2　将原图形“扩大”三倍

在工程应用上，建立线性变换的时候通常是观察其表现即点与点之间的对应关系得到其几何表现或语言描述．就像 8.1 节中，通过文字的描述可以得到一个给定的点经过变换之后像的位置．

思考：线性变换有没有可以进行直接计算的显式公式?

因为空间中的点与其坐标之间的关系是一一对应的，所以要了解点之间的对应关系，可以从点的坐标着手．

现在需思考的问题是如何从原像的坐标(x,y)直接计算出像的坐标(x',y')? 线性变换是线性代数最重要的一类变换，由于其具有线性性，即像和原像坐标之间的关系是一次函数

$$\begin{cases} x'=ax+by+c, \\ y'=dx+ey+f, \end{cases}$$

一次函数中最简单的情形为常数项为零的一次函数关系

$$\begin{cases} x'=ax+by, \\ y'=dx+ey, \end{cases}$$

这正是二元一次方程组(随着坐标系的维度增加，未知元的数量也增加，就需要一般线性方程组的理论来解决线性变换的矩阵表示)．从线性方程组可以知道像的坐标(x',y')和原像的坐标(x,y)之间关系可以由方程组的系数矩阵$\begin{pmatrix} a & b \\ d & e \end{pmatrix}$完全决定．结合矩阵乘法，上面的线性方程组可以写成

$$\begin{pmatrix} x' \\ y' \end{pmatrix}=\begin{pmatrix} a & b \\ d & e \end{pmatrix}\begin{pmatrix} x \\ y \end{pmatrix}.$$

于是线性变换就可以看成一个矩阵 $\boldsymbol{A}$ 通过矩阵乘法作用在向量 $\boldsymbol{x}$ 上进而产生一个新向量 $\boldsymbol{Ax}$．从这个角度来看，解线性方程组就是求出所有经过 $\boldsymbol{A}$ 的作用后变为目标向量 $\boldsymbol{b}$ 的向量 $\boldsymbol{x}$．

因此，矩阵乘法可以反映坐标之间的变换关系，从矩阵乘法的观点来理解线性代数或物理系统中的数学模型很方便．线性代

数中的变换可以看作与矩阵乘法相关的映射，对于每个向量 $\boldsymbol{x}$，在线性变换 T 作用下得到的像 $T(\boldsymbol{x})$ 可以由 $\boldsymbol{Ax}$ 计算得到，其中 $\boldsymbol{A}$ 是一个矩阵，称为线性变换 T 的标准矩阵.

综上，线性变换可以表示为矩阵乘法：$\boldsymbol{y}=T(\boldsymbol{x})=\boldsymbol{Ax}$. 其中，$\boldsymbol{A}$ 是变换矩阵，$\boldsymbol{x}$ 是输入向量，$\boldsymbol{y}$ 是输出向量. 于是确定一个线性变换仅需要得到其标准矩阵的信息就可以了.

引例 根据图 9-2，想要找到一个矩阵 $\boldsymbol{A}=\begin{pmatrix} a & b \\ d & e \end{pmatrix}$ 可以刻画"扩大三倍"的位似变换. 将图像的每个维度（宽度和高度）都增加到原始尺寸的三倍等价于将原图像中的坐标均扩大三倍，因此得到像的坐标与原像坐标之间的关系：

$$\begin{cases} x'=3x \\ y'=3y \end{cases} \Leftrightarrow \begin{pmatrix} x' \\ y' \end{pmatrix}=\begin{pmatrix} 3 & 0 \\ 0 & 3 \end{pmatrix}\begin{pmatrix} x \\ y \end{pmatrix},$$

因此扩大三倍的线性变换的标准矩阵为

$$\boldsymbol{A}=\begin{pmatrix} 3 & 0 \\ 0 & 3 \end{pmatrix}.$$

根据引例发现可以将平面的情形很容易地推广到高维空间. 同在平面上将图片进行放大一样需要将"高维"空间中的图片在每个维度上同时变为原来的 k 倍，例如在三维空间 $\mathbb{R}^3$ 中物体的长（x 轴坐标）、宽（y 轴坐标）和高（z 轴坐标）均变为原来坐标的三倍. 因此，考虑 $\mathbb{R}^n$ 中的位似变换，将 $\mathbb{R}^n$ 中的某个物体做位似变换：将物体扩大 k 倍. $\mathbb{R}^n$ 中进行位似变换后像 $(x_1',x_2',\cdots,x_n')$ 与原像 $(x_1,x_2,\cdots,x_n)$ 坐标之间的关系为

$$\begin{cases} x_1'=kx_1 \\ x_2'=kx_2 \\ \quad\vdots \\ x_n'=kx_n \end{cases} \Leftrightarrow \begin{pmatrix} x_1' \\ x_2' \\ \vdots \\ x_n' \end{pmatrix}=\begin{pmatrix} k & 0 & \cdots & 0 \\ 0 & k & \cdots & 0 \\ \vdots & \vdots & & \vdots \\ 0 & 0 & \cdots & k \end{pmatrix}\begin{pmatrix} x_1 \\ x_2 \\ \vdots \\ x_n \end{pmatrix}.$$

这样就得到一般形式的位似变换 S 的公式，设空间中任意向量为 $\boldsymbol{x}$，则进行位似变换 S 后得到的像记为 $S(\boldsymbol{x})$ 且可由位似变换的标准矩阵计算出来：

$$S(\boldsymbol{x})=k\boldsymbol{E}_n\boldsymbol{x}=\begin{pmatrix} k & 0 & \cdots & 0 \\ 0 & k & \cdots & 0 \\ \vdots & \vdots & & \vdots \\ 0 & 0 & \cdots & k \end{pmatrix}_{n\times n}\cdot\boldsymbol{x}.$$

式中，$\boldsymbol{E}_n$ 为 n 阶单位矩阵；n 是向量 $\boldsymbol{x}$ 所在空间的维数.

结合位似变换的几何意义可以看出：

1）当 $k>1$ 时，表示在每个方向上进行拉伸，并且拉伸程度一致，这时位似变换的作用相当于等比例放大物体.

2）当 $k<1$ 时，则表现收缩，因为收缩程度一致，所以相当于等比例缩小物体.

3）在临界情况 $k=1$ 的时候标准矩阵就为单位矩阵 $\boldsymbol{E}_n$，$\boldsymbol{E}_n$ 可以保持原向量不变，因此称 $k=1$ 时的位似变换为恒等变换.

在上述过程中，在很多地方用到矩阵的表达式并且还知道线性变换本身的性质和其标准矩阵息息相关. 如果 $\boldsymbol{A}$ 是一个 $m\times n$ 矩阵，则变换 $T(\boldsymbol{x})$：$\boldsymbol{x}\to\boldsymbol{A}\boldsymbol{x}$ 具有矩阵乘法的性质：

1）$\boldsymbol{A}(\boldsymbol{u}+\boldsymbol{v})=\boldsymbol{A}\boldsymbol{u}+\boldsymbol{A}\boldsymbol{v}$.

2）$\boldsymbol{A}(c\boldsymbol{u})=c\boldsymbol{A}\boldsymbol{u}$.

式中，$\boldsymbol{u}$、$\boldsymbol{v}$是 n 维向量；c 是任意实数. 可以注意到矩阵乘法具有的性质 1）和性质 2）是保持线性性的关键，如图 9-3 所示. 所以说如果变换对应的标准矩阵满足性质 1）和性质 2），就称变换具有线性性.

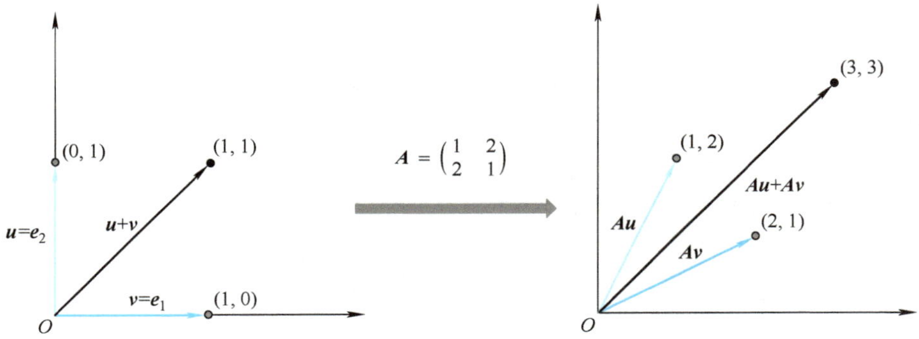

图 9-3　矩阵乘法作用在向量上的效果

若变换 T 具有与矩阵相似的性质，即对变换 T 的定义域中的任意向量 $\boldsymbol{u}$、$\boldsymbol{v}$和任意实数 k，总有 $T(\boldsymbol{u}+\boldsymbol{v})=T(\boldsymbol{u})+T(\boldsymbol{v})$ 和 $T(k\boldsymbol{u})=kT(\boldsymbol{u})$ 成立，称变换 T 是一个线性变换. 所有的矩阵变换都是线性变换，但也有一些非矩阵变换的线性变换，例如，微分算子是一个线性变换，但它无法用有限维矩阵表示，因为函数空间是一个无限维的向量空间，无法用有限维的矩阵来描述.

性质 1）说明将线性变换 T 作用在 $\boldsymbol{u}$、$\boldsymbol{v}$进行加法运算后的结果得到的 $T(\boldsymbol{u}+\boldsymbol{v})$ 和先将变换 T 分别作用到 $\boldsymbol{u}$、$\boldsymbol{v}$得到 $T(\boldsymbol{u})$、$T(\boldsymbol{v})$ 再进行向量加法得到的结果 $T(\boldsymbol{u})+T(\boldsymbol{v})$ 是一样的；性质 2）说明将 T 作用在伸缩后的向量 $k\boldsymbol{u}$ 上等价于将向量 $\boldsymbol{u}$ 的像 $T(\boldsymbol{u})$ 进行同样的伸缩，这也证明了线性变换将线段映射成线段. 从线性变换的性质容易得到：若 T 是线性变换，则 $T(\boldsymbol{0})=\boldsymbol{0}$ 且对变换 T 的定

义域中的任意向量 $\boldsymbol{u}$、$\boldsymbol{v}$和任意实数 k、l，恒成立

$$T(k\boldsymbol{u}+l\boldsymbol{v})=kT(\boldsymbol{u})+lT(\boldsymbol{v}). \tag{9-1}$$

由线性变换的定义易证：若一个变换满足式(9-1)，必是线性变换. 将式(9-1)中的 k、l 取成 $k=l=1$，得到性质 1)的等价形式，将 $l=0$ 代入则得到性质 2)的等价形式.

9.2 伸缩变换及其矩阵表示

注意到位似变换的效果是将图形在各个方向上进行相同程度的伸缩，但是现实生活中可能并不需要这种保持图形一直相似的变化，像在图像编辑软件中，将图像缩小以适应网页布局或将图像放大以用于打印. 这类变换主要用于改变图像中特定区域的大小，进行图像修复或图像合成等操作. 将这种更一般的变换称为伸缩变换，与位似变换不同的是在伸缩变换过程中可能会使图形失去原来的比例，如图 9-4 所示.

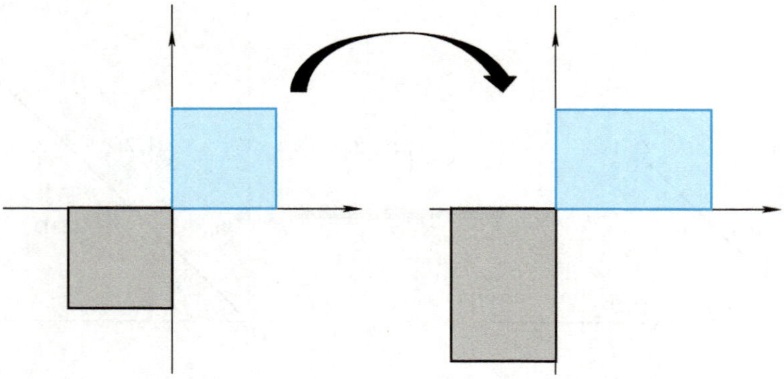

图 9-4 伸缩变换可能会改变原图形的形状

实际生活中，常常使用伸缩变换. 在地理信息系统(GIS)中，伸缩变换用于调整地图的比例尺. 通过伸缩变换，可以将地图的大小调整到适合特定的显示尺寸，让使用者能够更清晰地观察地图上的细节或将其与其他地图进行比较. 在生产过程中可能需要将零件的尺寸放大或缩小以满足特定的要求. 此外，伸缩变换也可以用于调整产品的比例，进行模型测试或设计优化. 伸缩变换还可用于调整医学图像的比例尺，使医生能够更准确地测量和分析病变区域的大小. 此外，伸缩变换还可以用于医学图像的增强和重建，以提供更清晰的图像. 在地震学和地质学中，伸缩变换可用于处理地震数据和地质数据，以研究地球内部的结构和特征. 通过对地震波形数据进行伸缩变换，可以更准确地分析地球内部

的地质结构和地震活动.

位似变换与伸缩变换的作用均是将图形进行拉伸和收缩. 接下来，将讨论在已有位似变换的基础上，怎么通过调整位似变换的标准矩阵得到伸缩变换的标准矩阵.

通过简单的分析可知，伸缩变换与位似变换的区别在于位似变换是在所有方向上均做同等程度的伸缩，以此一直保持物体的相似性. 而伸缩变换仅在某些方向进行伸缩并且伸缩的程度不一致. 两种变换均表现为“伸”或“缩”的变化，于是可以将位似变换看作特殊的伸缩变换. 所以仅需在位似变换的标准矩阵中找到如何表现这种差异的部分就可以解决伸缩变换表达式的问题.

例 9.2.1　考虑平面上的伸缩变换.

1）D_1：将原图像沿 x 轴方向拉长 2 倍，y 轴方向上不进行改变.

2）D_2：将原图像沿 y 轴方向拉长 2 倍，x 轴方向上不进行改变.

3）D_3：将原图像沿 x 轴方向拉长 2 倍，y 轴方向收缩为原来的 1/3.

写出对应的伸缩变换的标准矩阵.

例题：例 9.2.1

解：设原像的坐标为(x,y)，经过伸缩变换 D_i 得到的像坐标为(x_i,y_i). 由题意，则有(x,y)与(x_i,y_i)之间的关系为：

1）像的 x 坐标变为原来的 2 倍，y 坐标不变，即

$$\begin{cases} x_1 = 2x \\ y_1 = y \end{cases} \Leftrightarrow \begin{pmatrix} x' \\ y' \end{pmatrix} = \begin{pmatrix} 2 & 0 \\ 0 & 1 \end{pmatrix} \begin{pmatrix} x \\ y \end{pmatrix}.$$

2）像的 y 坐标变为原来的 2 倍，x 坐标不变，即

$$\begin{cases} x_2 = x \\ y_2 = 2y \end{cases} \Leftrightarrow \begin{pmatrix} x' \\ y' \end{pmatrix} = \begin{pmatrix} 1 & 0 \\ 0 & 2 \end{pmatrix} \begin{pmatrix} x \\ y \end{pmatrix}.$$

3）像的 x 坐标变为原来的 2 倍，y 坐标变为原来的 1/3，即

$$\begin{cases} x_3 = 2x \\ y_3 = \dfrac{1}{3}y \end{cases} \Leftrightarrow \begin{pmatrix} x' \\ y' \end{pmatrix} = \begin{pmatrix} 2 & 0 \\ 0 & \dfrac{1}{3} \end{pmatrix} \begin{pmatrix} x \\ y \end{pmatrix}.$$

综上，所求伸缩变换的标准矩阵分别为

$$\boldsymbol{A}_1 = \begin{pmatrix} 2 & 0 \\ 0 & 1 \end{pmatrix}, \boldsymbol{A}_2 = \begin{pmatrix} 1 & 0 \\ 0 & 2 \end{pmatrix}, \boldsymbol{A}_3 = \begin{pmatrix} 2 & 0 \\ 0 & \dfrac{1}{3} \end{pmatrix}.$$

MATLAB 实现代码：

```
>> x=[-pi:0.1:pi];
>> y=sin(x);
>> plot(x,y)                    % 画出 y = sinx 在[-2π, 2π]的图像，或者是任意想要
                                  变换图像
>>hold on
>> S1=[2,0;0,1]                 % 分别计算三个伸缩变换矩阵
>> S2=[1,0;0,2]
>> S3=[2,0;0,1/3]
>>A=[x' y']'                    % 将图像的信息存为向量(矩阵)
>> A1=S1*A;
>> A2=S2*A;
>> A3=S3*A;                     % 计算变换作用在图像后的坐标
>> plot(A1(1,:),A1(2,:))        % 分别画出图像
>> plot(A2(1,:),A2(2,:))
>> plot(A3(1,:),A3(2,:))
```

观察例 9.2.1 的三个伸缩变换，是否可以直接将其结果推广到 $\mathbb{R}^n$？

结合 9.1 节中的位似变换，可知标准矩阵为

$$\boldsymbol{A}=k\begin{pmatrix}1&0&\cdots&0\\0&1&\cdots&0\\\vdots&\vdots&&\vdots\\0&0&\cdots&1\end{pmatrix}=\begin{pmatrix}k&0&\cdots&0\\0&k&\cdots&0\\\vdots&\vdots&&\vdots\\0&0&\cdots&k\end{pmatrix}.$$

再结合例 9.2.1 可知，两种变换的标准矩阵都是对角矩阵且在对角线上元素的差异看起来可以解释两者之间的不同. 位似变换的各向同性表现在其对角元均是一样的数字，而伸缩变换的各向异性则表示在对角元不完全一致. 并且每个数字所在的位置也蕴含着变换的不同.

事实上，想要严格证明上述事实只需要回忆一下矩阵乘法的含义和中学所学的坐标基底. 在第 7 章的介绍中已经知道，在有限维空间 $\mathbb{R}^n$ 中一定存在一个线性无关的向量组，使得 $\mathbb{R}^n$ 中的任何向量均可以被表示成这些向量的线性组合. 但在这些向量组中有一个最简单的向量组，刚好是 n 阶单位矩阵的各列，通常称为

这个空间的一个自然基底. 比如，二阶单位矩阵$\begin{pmatrix}1 & 0\\0 & 1\end{pmatrix}$的两列分别对应平面 $\mathbb{R}^2$ 的自然基底 $\boldsymbol{e}_1=\begin{pmatrix}1\\0\end{pmatrix}$，$\boldsymbol{e}_2=\begin{pmatrix}0\\1\end{pmatrix}$，那么所有变换都可以用自然基底的语言来解释了.

令变换 T 可以由其标准矩阵 $\boldsymbol{A}$ 表出，则变换后的像可由其标准矩阵计算出，即

$$T(\boldsymbol{x})=\boldsymbol{A}\boldsymbol{x}.$$

于是线性变换可以看成标准矩阵和空间向量的乘法，借由初等矩阵的含义可以解释位似变换和伸缩变换的几何意义. 例 9.2.1 中的 D_1 可以看作

$$D_1(x_1,x_2)=\boldsymbol{A}_1\boldsymbol{x}=\begin{pmatrix}2 & 0\\0 & 1\end{pmatrix}\begin{pmatrix}x_1\\x_2\end{pmatrix}.$$

由矩阵乘法的含义“左行右列”，所以矩阵左乘向量表示对向量做行变换. 初等矩阵$\begin{pmatrix}2 & 0\\0 & 1\end{pmatrix}$可以看成将单位矩阵$\begin{pmatrix}1 & 0\\0 & 1\end{pmatrix}$的第一行扩大两倍，因此矩阵乘法

$$\begin{pmatrix}2 & 0\\0 & 1\end{pmatrix}\begin{pmatrix}x_1\\x_2\end{pmatrix}$$

的结果可以看成将原像的坐标$\begin{pmatrix}x_1\\x_2\end{pmatrix}$的第一行扩大两倍所得，第二行不做变化，刚好就是所要刻画的矩阵.

从另一个角度，$\begin{pmatrix}2 & 0\\0 & 1\end{pmatrix}$的列向量可以看作$\begin{pmatrix}2\\0\end{pmatrix}=2\begin{pmatrix}1\\0\end{pmatrix}=2\boldsymbol{e}_1$，$\boldsymbol{e}_2=\begin{pmatrix}0\\1\end{pmatrix}$，那么线性变换 D_1 的作用就为将原来基底的 $\boldsymbol{e}_1$ 拉长 2 倍，$\boldsymbol{e}_2$ 不变，等价于 $\boldsymbol{e}_1$ 方向上的量扩大 2 倍，即第一个坐标扩大 2 倍，$\boldsymbol{e}_1$ 方向上的量不变.

类似地，可以从位似变换的标准矩阵得到变换的具体信息.

$\boldsymbol{A}=\begin{pmatrix}k & 0 & \cdots & 0\\0 & k & \cdots & 0\\\vdots & \vdots & & \vdots\\0 & 0 & \cdots & k\end{pmatrix}$的各列分别是自然基底 $\boldsymbol{e}_1=\begin{pmatrix}1\\0\\\vdots\\0\end{pmatrix}$，

$e_2=\begin{pmatrix}0\\1\\\vdots\\0\end{pmatrix}$，…，$e_n=\begin{pmatrix}0\\0\\\vdots\\1\end{pmatrix}$的 k 倍，相当于分别将自然基底 e_1，e_2，…，e_n 拉长 k 倍，对应地将原坐标变为原来的 k 倍．同理，矩阵 $\begin{pmatrix}k&0&\cdots&0\\0&k&\cdots&0\\\vdots&\vdots&&\vdots\\0&0&\cdots&k\end{pmatrix}$相当于将 n 阶单位矩阵$\begin{pmatrix}1&0&\cdots&0\\0&1&\cdots&0\\\vdots&\vdots&&\vdots\\0&0&\cdots&1\end{pmatrix}$每一行都乘 k，即将向量 $\boldsymbol{x}=\begin{pmatrix}x_1\\x_2\\\vdots\\x_n\end{pmatrix}$的各行都乘 k 得到了同样的效果．

现在可以很自然地写出 $\mathbb{R}^n$ 中伸缩变换的标准矩阵，设伸缩变换 D 将物体沿 x_i 轴的方向伸缩 k 倍，其余方向保持不变．则伸缩变换 D 的标准矩阵为

$$\boldsymbol{A}=\begin{pmatrix}1&\cdots&0&\cdots&1\\0&\cdots&0&\cdots&0\\\vdots&&k&&\vdots\\0&\cdots&0&\cdots&0\\1&\cdots&0&\cdots&1\end{pmatrix}.$$

式中，k 称为伸缩因子．$k>1$ 时表示拉伸，$k<1$ 时表示收缩．对应地，在高维空间 $\mathbb{R}^n$ 中，可以将线性变换的等价定义推广到一般情况，因为在工程和物理上一般会需要处理更复杂的情况，于是数学上可以将式(9-1)进行推广：

$$T(k_1\boldsymbol{u}_1+k_2\boldsymbol{u}_2+\cdots+k_n\boldsymbol{u}_n)=k_1T(\boldsymbol{u}_1)+k_2T(\boldsymbol{u}_2)+\cdots+k_nT(\boldsymbol{u}_n). \tag{9-2}$$

式(9-2)被称为叠加原理．如果 $\boldsymbol{u}_1,\boldsymbol{u}_2,\cdots,\boldsymbol{u}_n$ 为某个系统所接受的输入信号，$T(\boldsymbol{u}_1),T(\boldsymbol{u}_2),\cdots,T(\boldsymbol{u}_n)$分别为该系统对相应输入信号的响应(输出)．系统满足叠加原理意味着，若系统接收的一个复合信号可以表示为这些输入信号的线性组合，则系统的表现就为这些输入信号响应相同的线性组合．

伸缩变换可以用来调整图像的宽高比例，改变物体的形状，或者进行透视效果的调整．例如，修复图像中的畸变或调整图像中的元素的形状．位似变换为伸缩变换的特例，即每个方向都做伸缩因子相同的伸缩变换．

观察例 9.2.1 还可以得到一个有用的事实. 一般地，若变换前后的坐标之间的关系是不含常数的一次式，那这个变换一定是线性变换. 这个结果在判断一个变换是否为线性变换时简单有效，但是在解释变换的作用时却不是很直接.

9.3 伸缩变换的应用：数据的标准化

线性代数中的伸缩变换和位似变换是两种重要的线性变换方法，它们在几何学、计算机图形学、物理学以及工程领域等方面发挥着关键作用. 本节主要介绍位似变换在统计应用中的作用.

通常建立数学模型的过程包括：首先，确定建模的目标和问题类型，明确需要解决的业务问题或科学问题. 然后再收集与问题相关的数据，并对收集到的数据进行预处理，进一步分析数据为后续建模提供参考. 根据问题的性质和数据的特点，选择合适的统计模型或机器学习模型进行建模，例如线性回归、逻辑回归、决策树、支持向量机等，之后就是模型训练、模型评估、模型调优、模型解释和应用、部署和监控、反馈和迭代等步骤. 但无论是用数学模型还是机器学习模型进行建模，往往不能直接使用收集到的原始数据，因为原始数据可能有表示不同特征的量纲(单位)，这会导致模型在训练过程中对于不同特征的权重分配不均匀，进而影响模型的性能. 因此对得到的数据一般会进行标准化，可以将不同单位的值变换到相同的范围，消除量纲差异，使得模型更加稳定和准确.

将数据标准化的一般过程如下：在计算机上计算数据$(x_1,x_2,\cdots,x_n)$的均值μ 和方差σ，为了简化，假设$\mu=0$. 利用计算数据标准化的公式，可以直接得到标准化后的数据$(x_1',x_2',\cdots,x_n')$为

$$x_i'=\frac{x_i-\mu}{\sigma}=\frac{x_i}{\sigma}.$$

所以简化后的标准化过程展现的就是将原始数据进行伸缩因子为 $1/\sigma$ 的位似变换，可以将这个过程用位似变换表述出来，即

$$S(x_1,x_2,\cdots,x_n)=\begin{pmatrix}x_1'\\x_2'\\\vdots\\x_n'\end{pmatrix}=\begin{pmatrix}\frac{x_1}{\sigma}\\\frac{x_2}{\sigma}\\\vdots\\\frac{x_n}{\sigma}\end{pmatrix}=\begin{pmatrix}\frac{1}{\sigma}&0&\cdots&0\\0&\frac{1}{\sigma}&\cdots&0\\\vdots&\vdots&&\vdots\\0&0&\cdots&\frac{1}{\sigma}\end{pmatrix}\begin{pmatrix}x_1\\x_2\\\vdots\\x_n\end{pmatrix}.$$

由位似变换的几何意义可知，标准化的过程相当于对每个原

始特征应用缩放和偏移，在标准化后的整个数据集中，x_i' 的平均值接近于0，标准差在1左右．每个原始数据的标准化处理是应用模型的第一步．标准化后的数据有助于防止模型过拟合的问题，特别是在样本量较少或特征维度较高的情况下．通过对数据进行标准化，可以减少模型对噪声和异常值的敏感度，提高模型的泛化能力，从而在新数据上获得更好的性能．而且标准化可以加速模型的收敛速度，提高训练效率．

通过线性变换实现数据标准化使得计算变得更加简洁和直观．通过缩放原始数据，可以将数据调整为具有零均值和单位方差的形式，消除特征间的量纲差异，从而更容易理解和解释标准化的过程．同时使用线性变换进行数据标准化，可以利用线性代数的性质，通过矩阵运算来实现标准化的计算，从而提高计算的效率和速度．尤其是在处理大规模数据集时，线性变换可以更快地完成标准化过程，节省计算资源和时间成本，并且线性变换具有很好的可扩展性，可以轻松应用于多维数据集和高维特征空间．通过构建适当的线性变换矩阵，同时对数据集中的所有数据进行标准化，而不需要分别处理每种特征，从而简化了标准化的过程并提高了效率．通过将数据标准化与线性变换相结合，可以更深入地理解数据的特征和结构，并将其应用于更广泛的数据分析和建模问题中．

需要进一步补充的是，在 $\mu\neq0$ 时，有

$$x_i'=\frac{x_i-\mu}{\sigma}$$

式中，$x_i-\mu$ 相当于对原始数据 x_i 做 $-\mu$ 的平移，因此得到

$$\begin{pmatrix}x_1'\\x_2'\\\vdots\\x_n'\end{pmatrix}=\begin{pmatrix}\dfrac{x_1-\mu}{\sigma}\\\dfrac{x_2-\mu}{\sigma}\\\vdots\\\dfrac{x_n-\mu}{\sigma}\end{pmatrix}=\begin{pmatrix}\dfrac{1}{\sigma}&0&\cdots&0\\0&\dfrac{1}{\sigma}&\cdots&0\\\vdots&\vdots&&\vdots\\0&0&\cdots&\dfrac{1}{\sigma}\end{pmatrix}\begin{pmatrix}x_1-\mu\\x_2-\mu\\\vdots\\x_n-\mu\end{pmatrix}$$

$$=\begin{pmatrix}\dfrac{1}{\sigma}&0&\cdots&0\\0&\dfrac{1}{\sigma}&\cdots&0\\\vdots&\vdots&&\vdots\\0&0&\cdots&\dfrac{1}{\sigma}\end{pmatrix}\begin{pmatrix}x_1\\x_2\\\vdots\\x_n\end{pmatrix}-\frac{1}{\sigma}\begin{pmatrix}\mu&0&\cdots&0\\0&\mu&\cdots&0\\\vdots&\vdots&&\vdots\\0&0&\cdots&\mu\end{pmatrix}$$

$$=S(x_1,x_2,\cdots,x_n)-\frac{\mu}{\sigma}\boldsymbol{E}_n,$$

称这种在每个数据进行加减运算的作用叫作平移变换，平移变换是生活中常见的简单变换，但是不属于线性变换，一般将完整的标准化过程称为一个仿射变换，详见本章习题 A 第 5 题，这里不再赘述.

对本章介绍的两种重要线性变换进行总结. 伸缩变换和位似变换都涉及改变对象的大小，但它们之间存在一些不同之处：

1）性质不同：伸缩变换是一种线性变换，它沿着每个坐标轴的方向分别缩放或拉伸对象，使得对象在每个方向上的尺寸都发生变化，但不一定保持角度或比例关系. 位似变换是一种保持对象形状和比例关系的线性变换，它包括缩放、旋转和平移，保持对象的几何相似性.

2）影响范围不同：伸缩变换可以分别沿着每个坐标轴的方向进行缩放，可以产生不同的缩放因子，使得对象在每个方向上的大小都可以单独控制. 位似变换通过统一的变换矩阵来同时影响对象的所有坐标轴方向，以保持对象的形状和比例关系.

3）保持性质不同：伸缩变换在进行缩放时，不一定能保持对象的角度或比例关系，因为不同方向上的缩放因子可以是不同的. 位似变换保持对象的几何相似性，即保持对象的形状和比例关系不变，因此角度和比例关系会得到保留.

习题 A

1. 判断各个命题的正误，给出理由.

(1) 所有的矩阵变换都是线性变换.　(　　)

(2) 若 $\boldsymbol{A}$ 是 3×5 矩阵，变换 T 由矩阵 $\boldsymbol{A}$ 所决定，则变换 T 的定义域为 $\mathbb{R}^3$.　(　　)

(3) 若 $\boldsymbol{A}$ 是 $m\times n$ 矩阵，变换 T 由矩阵 $\boldsymbol{A}$ 所决定，则变换 T 的值域为 $\mathbb{R}^m$.　(　　)

(4) 所有的线性变换都是矩阵变换.　(　　)

(5) 线性变换保持向量加法和标量乘法运算.　(　　)

(6) 每一个从 $\mathbb{R}^n$ 到 $\mathbb{R}^m$ 的线性变换不都是矩阵变换.　(　　)

2. 设 T: $\mathbb{R}^7\to\mathbb{R}^3$ 为 $T(\boldsymbol{x})=\boldsymbol{A}\boldsymbol{x}$，$\boldsymbol{A}$ 为一矩阵，$\boldsymbol{x}\in\mathbb{R}^7$，$\boldsymbol{A}$ 的大小为？

3. 由原点 O 到空间中任意向量 $\boldsymbol{x}$ 的线段可以表示为 $y(t)=tu$，$0\leqslant t\leqslant1$. 证明：任何线性变换都将此线段变为从 O 到 $T(\boldsymbol{x})$ 的线段.

4. 求将椭圆 $4x^2+9y^2=36$ 变为圆的伸缩变换.

5. 仿射变换在计算机图形学中的应用十分广泛，仿射变换 T: $\mathbb{R}^n\to\mathbb{R}^m$ 的矩阵形式可以写成 $T(\boldsymbol{x})=\boldsymbol{A}\boldsymbol{x}+\boldsymbol{b}$，$\boldsymbol{A}$ 为 $m\times n$ 矩阵，$\boldsymbol{b}\in\mathbb{R}^m$. 证明：当 $\boldsymbol{b}\neq\boldsymbol{0}$ 时，仿射变换不是线性变换.

6. 在直角坐标系下画出向量 $\boldsymbol{u}=(5,2)$，$\boldsymbol{v}=(-2,4)$和它们在变换 T 下的像，给出变换 T 对 $\mathbb{R}^2$ 中的向量 $\boldsymbol{x}$ 的作用的几何描述.

(1) $T(\boldsymbol{x})=\begin{pmatrix}-1&0\\0&-1\end{pmatrix}\begin{pmatrix}x_1\\x_2\end{pmatrix}$.

(2) $T(\boldsymbol{x})=\begin{pmatrix}\frac{1}{2}&0\\0&\frac{1}{2}\end{pmatrix}\begin{pmatrix}x_1\\x_2\end{pmatrix}$.

(3) $T(\boldsymbol{x})=\begin{pmatrix}0&0\\0&1\end{pmatrix}\begin{pmatrix}x_1\\x_2\end{pmatrix}$.

(4) $T(\boldsymbol{x})=\begin{pmatrix}0&1\\1&0\end{pmatrix}\begin{pmatrix}x_1\\x_2\end{pmatrix}$.

7. 由函数 $y=\sin x$ 的图像做出 $y=2\sin x$ 和 $y=$

$\sin 2x$ 的图像，并分别写出实现这个过程的变换及其标准矩阵.

8. 下列哪些变换是 $\mathbb{R}^3$ 中的线性变换，若是线性变换写出其标准矩阵.

(1) $T(x_1,x_2,x_3)=(x_1+2x_2+x_3,x_2-2x_3,x_3-x_1)$.

(2) $T(x_1,x_2)=(2x_2-3x_1,x_1-4x_2,0,x_2)$.

(3) $T(x_1,x_2,x_3)=(x_1-5x_2+4x_3,x_2-6x_3)$.

(4) $T(x_1,x_2,x_3,x_4)=(0,x_1+x_2,x_2+x_3,x_3+x_4)$.

(5) $T(x_1,x_2,x_3,x_4)=2x_1+3x_2-4x_3$.

(6) $T(x_1,x_2,x_3)=(x_1^2,x_2+2x_3^3,x_3+x_1)$.

(7) $T(x_1,x_2,x_3)=(x_1-2x_2,0,4x_1-x_2+2x_3)$.

(8) $T(x_1,x_2,x_3)=(x_1,|x_1+x_2|,|x_2|)$.

9. 试确定以原点为中心的菱形满足什么条件时，可以通过矩阵为$\begin{pmatrix}1&0\\0&2\end{pmatrix}$的变换变为正方形?

习题 B

1. 判断下列的变换中哪些是线性变换，若是线性变换写出其标准矩阵并根据变换前后的坐标之间的关系解释线性变换的作用.

(1) 在空间 $\mathbb{R}^n$ 中，定义 $T(\boldsymbol{x})=\boldsymbol{x}_0$，$\boldsymbol{x}\in\mathbb{R}^n$，$\boldsymbol{x}_0$ 为一常向量.

(2) 在空间 $\mathbb{R}^3$ 中，定义 $T(x_1,x_2,x_3)=(x_1+2x_2,x_2,x_2-x_3)$.

(3) 在空间 $\mathbb{P}$ 中，定义 $T[f(x)]=xf(x)$，$f(x)\in\mathbb{P}$.

(4) 在空间 $\mathbb{M}$ 中，定义 $T(A)=A+A_0,A,A_0\in\mathbb{M}$.

2. 设 T 是线性变换，求出 T 的标准矩阵，$T:\mathbb{R}^2\to\mathbb{R}^4$，$T(\boldsymbol{e}_1)=(2,1,2,1)$，$T(\boldsymbol{e}_2)=(-5,2,0,0)$，其中 $\boldsymbol{e}_1$，$\boldsymbol{e}_2$ 是 2×2 单位矩阵的列.

3. 证明：由 $T(x_1,x_2)=(4x_1-2x_2,3|x_2|)$ 定义的变换 T 不是线性的.

4. 证明：由 $T(x_1,x_2)=(4x_1-2x_2,x_2+5)$ 定义的变换 T 不是线性的.

第 10 章 旋转变换、对称变换和反射变换

旋转变换、对称变换和反射变换是描述和处理几何对象的重要工具，通过对这些变换的理解和运用，可以更好地描述和分析对象的形状、方向和位置，从而为各种实际问题提供有效的解决方案.

通过旋转变换，可以改变对象的方向和位置，而不改变其形状和大小. 例如在三维建模中调整物体的方向，或者在机器人控制中控制机器人的姿态. 通过对称变换，可以实现对象的镜像对称、旋转对称或轴对称等操作，从而产生具有对称性的图形. 对称变换在几何学、艺术、生物学等领域都有重要的应用，例如在结构设计中考虑物体的对称性，或者在生物学中研究生物体的对称结构. 通过反射变换，可以将对象的左右、上下或前后进行镜像对称，保持其形状和大小不变. 反射变换常被用于镜面对称的几何问题、光学中的反射现象以及计算机图形学中的镜像渲染等领域.

本章主要介绍了几何对象的常见变换形式，包括旋转变换、对称变换和反射变换，并说明了它们在几何学、线性代数、计算机图形学等领域的重要性和广泛应用. 10.1 节主要介绍旋转变换，一种基本的几何变换，通过指定旋转中心、旋转轴和旋转角度来描述对象的旋转. 10.2 节介绍了对称变换，是围绕某个中心点、中心线或中心面进行的对称操作，产生对称效果. 在这两个部分中，还介绍了如何通过矩阵表示这些变换，以及如何利用基底向量的变换来确定线性变换的标准矩阵. 最后，简单说明反射变换作为一种特殊的对称变换，用于描述物体围绕平面进行镜像翻转的操作.

10.1 旋转变换及其矩阵表示

旋转变换是一种基本的几何变换，它可以描述物体在空间中的旋转运动. 通过旋转变换，可以改变对象的方向和位置，但不

改变其形状和大小，从而实现对物体的控制和调整．旋转变换可以分为二维旋转和三维旋转两种．二维旋转是指将二维平面上的图形绕着一个中心点进行旋转的变换．二维旋转的特点是图形的形状不变，但位置和大小可能会发生变化．二维旋转的实例有旋转图片（使用旋转变换可以将图片旋转到任意角度）和旋转物体（使用旋转变换可以将物体旋转到任意角度）．三维旋转是指将三维空间中的物体绕着一个中心点进行旋转的变换，其特点是，物体的形状和大小不变，但位置和姿态可能会发生变化．例如地球自转就是一种三维旋转．地球绕着地轴进行旋转，导致地球上不同地区出现了昼夜变化．

旋转变换通常通过指定旋转中心、旋转轴和旋转角度来进行描述，其中旋转中心可以是任意点，旋转轴可以是任意直线或向量，旋转角度可以是任意实数．自然界中有许多与旋转变换相关的现象，在数学、物理、工程和计算机图形学等领域也都有着广泛的应用．旋转变换被广泛应用于图形处理、动画制作和虚拟现实等方面．通过旋转变换，可以实现对图像和物体的旋转效果，从而产生生动和逼真的视觉效果．旋转变换还被用于飞行器的姿态控制和导航系统设计．通过旋转变换，可以调整飞行器的姿态和方向，实现精确的航向控制和航行路径规划．行星围绕自身的轴线进行自转运动，产生了昼夜交替的现象．行星和星系围绕中心点进行旋转运动，产生了星空的变化和行星的季节变化．这种旋转运动影响了天体的运行轨迹和星系的结构，对宇宙中的各种现象产生了重要影响．

引例 10-1 如果想用计算机画出曲线图形则需要知道曲线的方程，一般使用曲线的参数方程：$\begin{cases} x=\varphi(t), \\ y=\phi(t), \end{cases} t\in[a,b]$．对于定义域$[a,b]$中的每一个值 t 代入参数方程就得到一个点，让 t 取遍$[a,b]$内所有值，得到的所有的点的集合就组成一个曲线图形．因此利用参数方程可以在数学软件中画出“任意”图形．

思考：有些时候需要在计算机上对照片进行旋转，怎样将上述曲线图形旋转 $30°$？

引例 10-2 反比例函数 $y=\dfrac{1}{x}$ 的图像是什么曲线？事实上，可以知道函数的图像 C 是双曲线．但是方程不是标准的双曲线方程，如果将 C 绕原点旋转 $45°$ 得到 C'，如图 10-1 所示，C' 的方程可能会是标准的双曲线方程？如何从 C 的方程求从 C' 的方程？

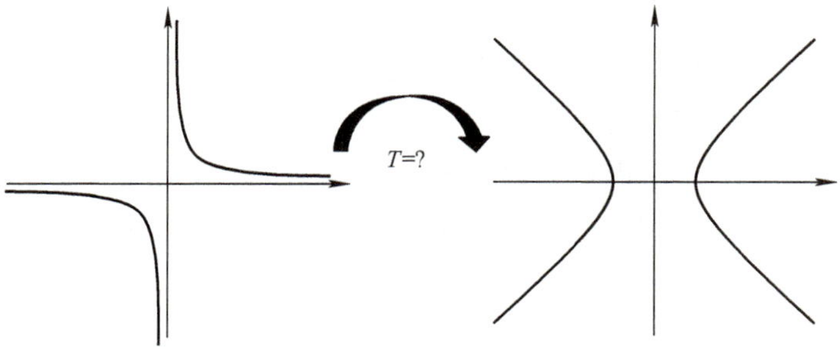

图 10-1　反比例函数的图像可经旋转得到标准的双曲线

在上面的两个引例中，都遇到需要从旋转前的坐标计算旋转变换后的坐标.

先将视角局限在平面图形上，图形绕原点旋转 α 可以看成一个变换，因为它建立了将平面上两个点 (x,y) 到 (x',y') 的对应关系，并且 (x,y) 经旋转后的点 (x',y') 构成的集合刚好就是所需要的旋转后的图形. 因此，将引例中的变换称为旋转变换，(x,y) 为原像坐标，(x',y') 为 (x,y) 在旋转变换 R 下的像，例如，旋转变换作用下的单位正方形如图 10-2 所示.

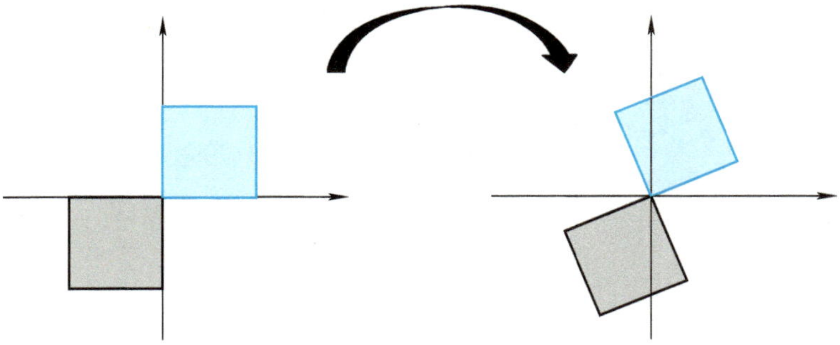

图 10-2　旋转变换作用下的单位正方形

在现实世界中普遍存在的刚体运动，比如行驶中的车轮、自转中的地球. 在刚体运动中，物体刚体的每一点都按照相同的方式运动，因此其物体形状和大小在运动过程中不发生改变. 因此车轮上的点可以看作以轴为圆心的圆周，研究这样的圆周运动就可以看成一点绕圆心旋转的运动. 因为圆周上的点到圆心的距离相同，一旦确定某一点后圆周上的任意一点都可由这一点旋转得到，如图 10-3 所示.

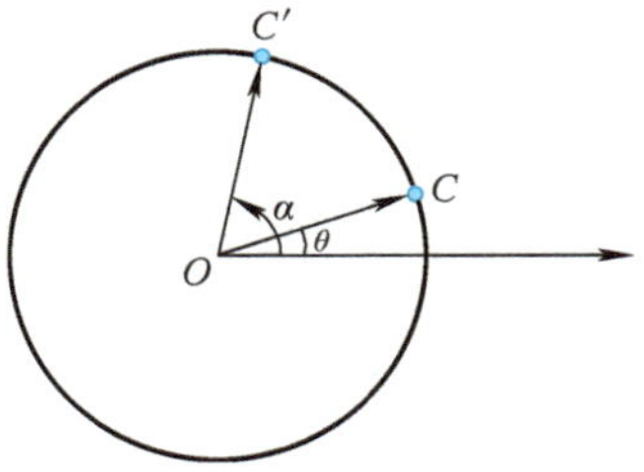

图 10-3　圆周可以看成由一点旋转而得

通过圆的定义可以知道，旋转之后的像和原像均落在同一圆周上，因此它们到圆心的距离均为半径. 事实上如果一开始确定圆周上的两点（两个原像），在经过同一个旋转变换（如都沿逆时针旋转 60°）后得到圆周上的另外两个点（两个像）. 通过简单的计算可以得到两个原像之间的距离和变换后两个像之间的距离是一样的，也就是说旋转变换不会改变两点之间的距离，因此称旋转变换是保长的.

需要注意的是，并不是所有的变换都是保长的，像图像伸缩的例子中原点到各顶点之间的距离均发生改变，因此伸缩变换不是保长的.

如何找到旋转变换(沿逆时针旋转 60°)的标准矩阵？因为在圆周上的点用极坐标表示可以简化运算，所以设原像的坐标为

$$\begin{cases} x = r\cos\theta, \\ y = r\sin\theta. \end{cases}$$

由于旋转变换是保长的，因此像的坐标中半径仍然为 r，但幅角增加至 $\theta + 60° = \theta + \pi/3$. 因此像的极坐标表示为

$$\begin{cases} x' = r\cos(\theta + \pi/3) = r\cos\theta\cos\dfrac{\pi}{3} - r\sin\theta\sin\dfrac{\pi}{3} = x\cos\dfrac{\pi}{3} - y\sin\dfrac{\pi}{3}, \\ y' = r\sin(\theta + \pi/3) = r\cos\theta\sin\dfrac{\pi}{3} + r\sin\theta\cos\dfrac{\pi}{3} = x\sin\dfrac{\pi}{3} + y\cos\dfrac{\pi}{3}, \end{cases}$$

整理得

$$\begin{cases} x' = x\cos\dfrac{\pi}{3} - y\sin\dfrac{\pi}{3}, \\ y' = x\sin\dfrac{\pi}{3} + y\cos\dfrac{\pi}{3} \end{cases} \Leftrightarrow \begin{pmatrix} \cos\dfrac{\pi}{3} & -\sin\dfrac{\pi}{3} \\ \sin\dfrac{\pi}{3} & \cos\dfrac{\pi}{3} \end{pmatrix}\begin{pmatrix} x \\ y \end{pmatrix}.$$

所以沿逆时针旋转 60°的旋转变换可以用其标准矩阵

$$\boldsymbol{A} = \begin{pmatrix} \cos\dfrac{\pi}{3} & -\sin\dfrac{\pi}{3} \\ \sin\dfrac{\pi}{3} & \cos\dfrac{\pi}{3} \end{pmatrix}$$

来表示. 那么旋转角度为任意角 α 时的旋转变换的标准矩阵为

$$\boldsymbol{A} = \begin{pmatrix} \cos\alpha & -\sin\alpha \\ \sin\alpha & \cos\alpha \end{pmatrix}.$$

因此，将平面上的物体旋转角度 α 的旋转变换的一般表达式为

$$R(x_1, x_2) = \begin{pmatrix} \cos\alpha & -\sin\alpha \\ \sin\alpha & \cos\alpha \end{pmatrix}\begin{pmatrix} x_1 \\ x_2 \end{pmatrix} = \begin{pmatrix} x_1\cos\alpha - x_2\sin\alpha \\ x_1\sin\alpha + x_2\cos\alpha \end{pmatrix}.$$

例 10.1.1 对图 10-4 中的图形进行从左到右的变化，并求出其变换的标准矩阵.

解：若要将图像左面的“L”变化为右面的图形，可以考虑将“L”以原点为旋转中心，沿逆时针旋转 90°进行旋转变换. 由旋转变换的标准矩阵得到 $\alpha = 90°$时，

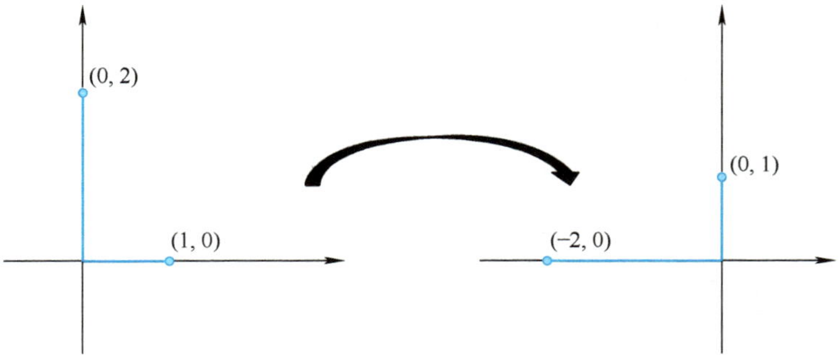

图 10-4　字符“L”在某个旋转变换下的作用

$$\boldsymbol{A}=\begin{pmatrix}\cos 90^\circ & -\sin 90^\circ \\ \sin 90^\circ & \cos 90^\circ\end{pmatrix}=\begin{pmatrix}0 & -1 \\ 1 & 0\end{pmatrix}.$$

因为旋转变换是线性变换，且

$$R(0,0)=\begin{pmatrix}0 & -1 \\ 1 & 0\end{pmatrix}\begin{pmatrix}0 \\ 0\end{pmatrix}=\begin{pmatrix}0 \\ 0\end{pmatrix},$$

$$R(0,2)=\begin{pmatrix}0 & -1 \\ 1 & 0\end{pmatrix}\begin{pmatrix}0 \\ 2\end{pmatrix}=\begin{pmatrix}-2 \\ 0\end{pmatrix},$$

即旋转变换将连接(0, 0)和(0, 2)的竖直线段变为端点为(0, 0)和(−2, 0)的水平线段，同理可以验证连接(0, 0)和(1, 0)的线段的变化情况. 故所求变换即为以原点为旋转中心，沿逆时针旋转 90°的旋转变换，标准矩阵为

$$\boldsymbol{A}=\begin{pmatrix}0 & -1 \\ 1 & 0\end{pmatrix}.$$

MATLAB 实现代码：

```
>> x = [ - pi:0.1:pi];
>> y = sin(x);
>> plot(x,y)                  % 画出 y = sinx 在[ -2π, 2π]的图像，或者是任意想要变
                                换图像
>> hold on
S3 = [1 0; 0 -1]              % 分别计算三个对称变换矩阵
S4 = [0 1; 1 0 ]
S5 = [ -1 0;0 -1]
>> A = [x'y']'                % 将图像的信息存为向量(矩阵)
A6 = S3 * A;
A7 = S4 * A;
```

```
A8 = S5 * A;                   % 计算对称变换作用在图像后的坐标
plot(A6(1,:),A6(2,:))          % 分别画出图像
plot(A7(1,:),A7(2,:))
plot(A8(1,:),A8(2,:))
```

10.2 对称变换及其矩阵表示

对称变换是一种几何变换，一般是将图形相对于某个轴或点进行变换，使其与原图形具有对称关系的一种变换. 常见的对称变换可以分为两种.

1）轴（关于直线）对称：使像与原像具有关于该直线的对称关系.

2）中心对称：图形相对于某个点进行对称变换，使其与原图形具有中心对称关系.

图 10-5 自然界中的对称现象

对称变换在自然界和生活中的许多领域都有着广泛的应用. 通过对称变换，可以观察到自然界中形形色色的对称现象，也可以在人类设计和艺术创作中看到对称的美学价值. 自然界中存在许多对称现象，例如许多植物的花瓣排列具有对称性，像玫瑰花的五瓣对称或向日葵的对称排列. 这种花瓣的对称排列不仅美观，还有助于吸引传粉昆虫，促进植物的繁殖和生长；许多动物的身体都具有左右对称的特点，例如人类、大多数哺乳动物和昆虫，如图 10-5 所示. 这种身体对称性有助于动物在环境中的移动和捕食，同时也为生物进化提供了重要的适应优势.

同时，对称变换也在科学研究、工程技术和日常生活中发挥着重要作用. 在化学和材料科学中，对称变换被用于研究分子结构、晶体结构和材料性质. 晶体具有各种不同的对称结构，例如立方体、正六棱柱等. 这些对称结构反映了晶体内部原子或分子的排列规律，对晶体的物理性质和化学性质有着重要的影响. 通过对称性分析，可以揭示分子和晶体的对称性和稳定性，为材料设计和性能优化提供理论指导等. 这些对称现象反映了自然界的秩序和美学，也为科学研究提供了重要的线索和启示.

在艺术和设计领域，对称变换被广泛应用于绘画、雕塑、建筑和装饰品设计等方面. 例如，在建筑设计和城市规划中，对称常被用于设计建筑物的立面、景观和城市布局，比如故宫几乎成轴对称图形. 通过对称设计，可以提高建筑物和城市的整体美感和视觉效果，增强人们的舒适感和归属感，也可以创造出具有和

谐美感和视觉吸引力的艺术作品，激发人们的情感和想象力.

线性代数中的对称变换是一种几何变换，它通过围绕某个中心点、中心线或中心面进行对称操作，产生对称的效果. 对称变换可以包括镜像对称、旋转对称和轴对称等操作，它们都是围绕某个中心进行的对称操作.

对称变换和旋转变换是两种不同的几何变换，但它们之间存在一定的联系. 旋转变换可以被视为一种特殊的对称变换. 当旋转的角度是180°时，旋转变换就等价于镜像对称；当旋转的角度是360°的整数倍时，旋转变换就等价于恒等变换，即保持不变.

从计算伸缩变换和旋转变换的过程可以看出，计算线性变换的前提是知道每个原像到像是如何变化的，然后总结规律，建立坐标系得出等价关系进而计算标准矩阵. 但是在一些变换中点的变换规律不是一致的或不易写出一般点的坐标表达式. 例如计算旋转变换时，若旋转角不是特殊角，所推导出的标准矩阵将会十分复杂. 为解决这一难题，必须找到计算线性变换标准矩阵更一般的方法.

已知任何空间都有自然基底，其他的任何向量均可以表示成自然基底的线性组合. 对于一般空间 $\mathbb{R}^n$，称 $\boldsymbol{e}_1=(1,0,\cdots,0)$，$\boldsymbol{e}_2=(0,1,\cdots,0)$，…，$\boldsymbol{e}_n=(0,0,\cdots,1)$ 为 n 维空间的一组自然基底. 例如，平面的一组自然基底为 $\boldsymbol{e}_1=(1,0)$，$\boldsymbol{e}_2=(0,1)$，平面内任意一个点的坐标都可以写成自然基底的向量和，即 $\boldsymbol{M}=(5,7)=5(1,0)+7(0,1)=5\boldsymbol{e}_1+7\boldsymbol{e}_2$. 由于线性变换保持向量组的无关性，即线性无关的向量组在同一个线性变换下的像仍然是线性无关的. 所以自然基底的像仍然可以构成值域的一组基底. 因此一旦知道自然基底的变换规律，其余点的变化均可以从变换后的基底得到.

例 10.2.1　讨论平面上分别关于 x 轴、y 轴和原点的对称变换及其标准矩阵.

解：因为题目中没有涉及具体点的坐标，不妨利用自然基底 $\boldsymbol{e}_1=\begin{pmatrix}1\\0\end{pmatrix}$，$\boldsymbol{e}_2=\begin{pmatrix}0\\1\end{pmatrix}$ 在对称变换下的像.

1）关于 x 轴对称：

$$\boldsymbol{e}_1=\begin{pmatrix}1\\0\end{pmatrix}\to\begin{pmatrix}1\\0\end{pmatrix}=\boldsymbol{e}_1,$$

$$\boldsymbol{e}_2=\begin{pmatrix}0\\1\end{pmatrix}\to\begin{pmatrix}0\\-1\end{pmatrix}=-\boldsymbol{e}_2.$$

结合自然基底的变化和几何含义可知，关于 x 轴的对称变换的作用为保持基底 $\boldsymbol{e}_1$ 方向上的坐标不变，$\boldsymbol{e}_2$ 方向上的坐标变为原坐标的相反数. 并且由基底在变换下的像组成的矩阵为

$$\boldsymbol{A}=\begin{pmatrix}1 & 0\\0 & -1\end{pmatrix}.$$

检验其他坐标(x,y)都有

$$\begin{pmatrix}1 & 0\\0 & -1\end{pmatrix}\begin{pmatrix}x\\y\end{pmatrix}=\begin{pmatrix}x\\-y\end{pmatrix}.$$

于是矩阵 $\boldsymbol{A}$ 的确满足要求，故关于 x 轴的对称变换的标准矩阵即为基底在变换下的像组成的矩阵

$$\boldsymbol{A}_1=\begin{pmatrix}1 & 0\\0 & -1\end{pmatrix}.$$

2）关于 y 轴对称：

同样只需关心基底 $\boldsymbol{e}_1,\boldsymbol{e}_2$ 在变换下的像为

$$\boldsymbol{e}_1=\begin{pmatrix}1\\0\end{pmatrix}\to\begin{pmatrix}-1\\0\end{pmatrix}=-\boldsymbol{e}_1,$$

$$\boldsymbol{e}_2=\begin{pmatrix}0\\1\end{pmatrix}\to\begin{pmatrix}0\\1\end{pmatrix}=\boldsymbol{e}_2.$$

因此基底在变换下的像为$\begin{pmatrix}-1\\0\end{pmatrix}$, $\begin{pmatrix}0\\1\end{pmatrix}$，则关于 y 轴的对称变换的标准矩阵为

$$\boldsymbol{A}_2=\begin{pmatrix}-1 & 0\\0 & 1\end{pmatrix}.$$

3）关于原点对称：

基底 $\boldsymbol{e}_1,\boldsymbol{e}_2$ 在关于原点对称变换下的像为

$$\boldsymbol{e}_1=\begin{pmatrix}1\\0\end{pmatrix}\to\begin{pmatrix}-1\\0\end{pmatrix}=-\boldsymbol{e}_1,$$

$$\boldsymbol{e}_2=\begin{pmatrix}0\\1\end{pmatrix}\to\begin{pmatrix}0\\-1\end{pmatrix}=-\boldsymbol{e}_2.$$

同理，关于原点的对称变换的标准矩阵为

$$\boldsymbol{A}_3=\begin{pmatrix}-1 & 0\\0 & -1\end{pmatrix}.$$

综上可以总结出：寻找线性变换对应的矩阵 $\boldsymbol{A}$ 的关键在于变换 T 对自然基底的作用. 因为计算出自然基底在线性变换 T 下的像 $T(\boldsymbol{e}_1),T(\boldsymbol{e}_2),\cdots,T(\boldsymbol{e}_n)$后，任意向量 $\boldsymbol{x}$ 的像 $T(\boldsymbol{x})$都可以表示

为 $T(\boldsymbol{e}_1)$ 和 $T(\boldsymbol{e}_2)$ 的线性组合，可以将这些向量作为矩阵 $\boldsymbol{A}$ 的列向量，即

$$\boldsymbol{A}=(T(\boldsymbol{e}_1),T(\boldsymbol{e}_2),\cdots,T(\boldsymbol{e}_n)).$$

那么线性变换就可以写成

$$T(\boldsymbol{x})=(T(\boldsymbol{e}_1),T(\boldsymbol{e}_2),\cdots,T(\boldsymbol{e}_n))\begin{pmatrix}x_1\\x_2\\\vdots\\x_n\end{pmatrix}=\boldsymbol{A}\boldsymbol{x}.$$

例 10.2.2　讨论三维空间 $\mathbb{R}^3$ 中分别关于原点、x 轴、Oxy 平面的对称变换及其标准矩阵.

解：选取 $\mathbb{R}^3$ 中的自然基底为

$$\boldsymbol{e}_1=\begin{pmatrix}1\\0\\0\end{pmatrix},\boldsymbol{e}_2=\begin{pmatrix}0\\1\\0\end{pmatrix},\boldsymbol{e}_3=\begin{pmatrix}0\\0\\1\end{pmatrix},$$

然后找到自然基底在变换下的像.

1）关于原点的对称变换作用在 $\boldsymbol{e}_1,\boldsymbol{e}_2,\boldsymbol{e}_3$ 上有

$$\boldsymbol{e}_1=\begin{pmatrix}1\\0\\0\end{pmatrix}\to\begin{pmatrix}-1\\0\\0\end{pmatrix}=-\boldsymbol{e}_1,$$

$$\boldsymbol{e}_2=\begin{pmatrix}0\\1\\0\end{pmatrix}\to\begin{pmatrix}0\\-1\\0\end{pmatrix}=-\boldsymbol{e}_2,$$

$$\boldsymbol{e}_3=\begin{pmatrix}0\\0\\1\end{pmatrix}\to\begin{pmatrix}0\\0\\-1\end{pmatrix}=-\boldsymbol{e}_3,$$

即关于原点的对称变换的作用为将三个基底对应的坐标都变为原坐标的相反数，则标准矩阵为

$$\boldsymbol{B}_1=(-\boldsymbol{e}_1,-\boldsymbol{e}_2,-\boldsymbol{e}_3)=\begin{pmatrix}-1&0&0\\0&-1&0\\0&0&-1\end{pmatrix}.$$

2）关于 x 轴的对称变换作用在 $\boldsymbol{e}_1,\boldsymbol{e}_2,\boldsymbol{e}_3$ 上有

$$\boldsymbol{e}_1=\begin{pmatrix}1\\0\\0\end{pmatrix}\to\begin{pmatrix}1\\0\\0\end{pmatrix}=\boldsymbol{e}_1,$$

$$\boldsymbol{e}_2=\begin{pmatrix}0\\1\\0\end{pmatrix}\to\begin{pmatrix}0\\-1\\0\end{pmatrix}=-\boldsymbol{e}_2,$$

$$e_3=\begin{pmatrix}0\\0\\1\end{pmatrix}\rightarrow\begin{pmatrix}0\\0\\-1\end{pmatrix}=-e_3,$$

即关于 x 轴的对称变换的作用为将 e_2,e_3 方向对应的坐标都变为原坐标的相反数，e_1 方向上的坐标保持不变，则标准矩阵为

$$B_2=(e_1,-e_2,-e_3)=\begin{pmatrix}1&0&0\\0&-1&0\\0&0&-1\end{pmatrix}.$$

3）关于 Oxy 平面的对称变换作用在 e_1,e_2,e_3 上有

$$e_1=\begin{pmatrix}1\\0\\0\end{pmatrix}\rightarrow\begin{pmatrix}1\\0\\0\end{pmatrix}=e_1,$$

$$e_2=\begin{pmatrix}0\\1\\0\end{pmatrix}\rightarrow\begin{pmatrix}0\\1\\0\end{pmatrix}=e_2,$$

$$e_3=\begin{pmatrix}0\\0\\1\end{pmatrix}\rightarrow\begin{pmatrix}0\\0\\-1\end{pmatrix}=-e_3,$$

即关于 Oxy 平面的对称变换的作用为将 e_3 方向对应的坐标都变为原坐标的相反数，e_1,e_2 方向上的坐标保持不变，则标准矩阵为

$$B_3=(e_1,e_2,-e_3)=\begin{pmatrix}1&0&0\\0&1&0\\0&0&-1\end{pmatrix}.$$

MATLAB 实现代码：

```
>> x = [ -pi:0.1:pi];
>> y = sin(x);
>> plot(x,y)        % 画出 y = sinx 在[ -2π, 2π]的图像，或者是任意想要变换图像
>>hold on
>> R = [sqrt(3)/2, -1/2;1/2,sqrt(3)/2]   % 由书上的公式计算旋转变换矩阵
>>A = [x'y']'                            % 将图像的信息存为向量(矩阵)
>> A1 = R * A;                           % 计算旋转变换作用在图像后的坐标
>> plot(A1(1,:),A1(2,:))                 % 分别画出变换后的图像
```

通过上述的例题可以得到一个重要的事实：一个线性变换完全由它作用在空间基底的作用所决定，这里选用的基底并不一定是自然基底，但通常在自然基底下的计算会比较简单. 因而对于

任一线性变换，一旦知道基底向量的像，那么任意向量的像就可以借助基底向量的像表示出来.

对称变换和旋转变换都是几何学中常见的重要变换形式，它们都可以改变对象的方向和位置，但对称变换强调的是对称性，而旋转变换强调的是旋转操作. 两者之间的关系在于旋转变换可以被视为对称变换的一种特例. 它们都是围绕某个中心点进行的对称操作之一.

10.3 反射变换

最后简单介绍一类特殊的对称变换——反射变换. 当涉及物体围绕一个中心进行镜像翻转时，常常用反射变换对这个过程进行描述：想象一面镜子，当把一个物体放在镜子前时，镜子会将物体沿着镜面进行镜像翻转，即得到物体的镜像. 这种镜像翻转的操作就是反射变换.

反射变换是指将图形相对于某个轴或点进行变换，使其与原图形具有镜像关系的一种变换. 自然界中的反射有水中的倒影，其是物体相对于水面进行反射的结果. 许多光学仪器也是利用反射原理工作的，例如望远镜、显微镜、雷达等.

因此，可以说反射变换是对称变换的一种特殊情况，即当对称变换围绕一个平面进行时，就变成了反射变换. 在数学和几何学中，常常用对称变换来描述物体的对称性和形状的变化，而反射变换则是对称变换的一种重要形式，用于描述物体在平面镜中的镜像翻转.

习题 A

1. 令 $\boldsymbol{A}=\begin{bmatrix}1 & 0\\ 0 & -1\end{bmatrix}$，描述变换：$\boldsymbol{x}\to\boldsymbol{A}\boldsymbol{x}$ 的几何表现.

2. 将平面绕原点沿逆时针方向旋转 90°，写出这个线性变换对应的矩阵.

3. 求双曲线 C：$x^2-y^2=1$ 被直线 $x+y=0$ 反射后得到曲线 C' 的方程.

4. 旋转变换 T 将平面上的每一点绕原点旋转角度 α. 计算直线 $y=x\tan\alpha$ 经变换后所得直线的方程.

5. 反比例函数 $y=k/x$（其中常数 $k\neq0$）的图像经过怎样的变换可以得到标准的双曲线方程，写出此变换及其标准矩阵.

6. 方程 $x^2+xy+y^2=1$ 经过怎样的旋转变换可以变换为标准的圆锥曲线，请写出变换后的标准方程.

7. 写出关于直线 $y=2x$ 的反射矩阵.

8. 设 T 是线性变换，求出 T 的标准矩阵，T：$\mathbb{R}^2\to\mathbb{R}^2$ 将每一点绕原点逆时针旋转 $3\pi/2$ 弧度.

9. 设 T 是线性变换，求出 T 的标准矩阵，T：$\mathbb{R}^2\to\mathbb{R}^2$ 将每一点绕原点顺时针旋转 $\pi/4$ 弧度.

10. 设 T 是线性变换，求出 T 的标准矩阵，T：$\mathbb{R}^2\to\mathbb{R}^2$ 先绕原点顺时针旋转 $3\pi/4$ 弧度，再关于水平 x_1 轴做对称变换.

11. 设 T 是线性变换，求出 T 的标准矩阵，T：$\mathbb{R}^2\to\mathbb{R}^2$ 先关于水平 x_1 轴做对称变换，再关于直线

$x_1=x_2$ 做对称变换.

12. 设 T 是线性变换，求出 T 的标准矩阵，T：$\mathbb{R}^2\to\mathbb{R}^2$ 先关于垂直 x_2 轴做对称变换，再绕原点逆时针旋转 $3\pi/2$ 弧度.

13. 线性变换 T：$\mathbb{R}^2\to\mathbb{R}^2$ 先关于 x_1 轴做对称变换，再关于 x_2 轴做对称变换. 证明：T 也可以被描述为一个绕原点旋转的线性变换并求出旋转角度.

14. 证明：若 T：$\mathbb{R}^2\to\mathbb{R}^2$ 把向量绕原点旋转一角度 φ，则 T 是线性变换.

15. 令 $\boldsymbol{A}=\begin{pmatrix}1&-5&-7\\-3&7&5\end{pmatrix}$，$\boldsymbol{a}=(3,-2,1)^{\mathrm{T}}$，$\boldsymbol{b}=(-2,-2)^{\mathrm{T}}$，$\boldsymbol{c}=(1,1)^{\mathrm{T}}$. 定义变换 T：$\mathbb{R}^3\to\mathbb{R}^2$ 为 $T(\boldsymbol{x})=\boldsymbol{A}\boldsymbol{x}$，即

$$T(\boldsymbol{x})=\boldsymbol{A}\boldsymbol{x}=\begin{pmatrix}1&-5&-7\\-3&7&5\end{pmatrix}\begin{pmatrix}x_1\\x_2\\x_3\end{pmatrix}$$
$$=\begin{pmatrix}x_1-5x_2-7x_3\\-3x_1+7x_2+5x_3\end{pmatrix}$$
$$=x_1\begin{pmatrix}1\\-3\end{pmatrix}+x_2\begin{pmatrix}-5\\7\end{pmatrix}+x_3\begin{pmatrix}-7\\5\end{pmatrix}.$$

(1) 计算 $\boldsymbol{a}$ 在变换 T 下的像 $T(\boldsymbol{a})$.

(2) 求出一个 $\mathbb{R}^3$ 中的一个向量 $\boldsymbol{x}$，使得 $\boldsymbol{x}$ 在 T 下的像刚好是向量 $\boldsymbol{b}$.

(3) 问题(2)中的 $\boldsymbol{x}$ 是不是唯一的?

(4) $\boldsymbol{c}$ 是不是在变换 T 的像?

16. 线性变换 T 由表达式 $\begin{pmatrix}x'\\y'\end{pmatrix}=\begin{pmatrix}0&-1\\1&0\end{pmatrix}\begin{pmatrix}x\\y\end{pmatrix}$ 所决定.

(1) 写出由 x,y 计算 x',y' 的表达式.

(2) 已知 $O=(0,0)$，$A=(1,0)$，$B=(1,1)$，$C=(0,1)$，计算这四个点经过变换后的像 O',A',B',C' 的坐标. 正方形 $OABC$ 被线性变换 T 变成什么图形?

(3) 试说明线性变换 T 的几何意义.

(4) 线性变换 T 将问题(2)中的点 O',A',B',C' 分别变换为 O'',A'',B'',C''，分别计算 O'',A'',B'',C'' 的坐标.

17. 线性变换 T 是将平面上的每一点绕原点 O 旋转 $\pi/2$ 的变换. 求下列图形在变换下的像.

(1) 平行四边形 $OABC$，其中 $A=(2,0)$，$B=(3,3)$.

(2) 直线 $y=kx$，k 为任意实数.

(3) 椭圆 $x^2+4y^2=4$.

习题 B

1. 在平面直角坐标系中，设变换 T 将平面上每一个点绕原点 O 沿逆时针旋转 $45°$，$A=(1,1)$. 讨论变换 T 将以下图形变成什么图形?

(1)点 A. (2)线段 OA. (3)直线 $y=x$. (4)直线 $x+y=1$. (5)反比例函数 $y=1/x$ 的图像.

2. 求根据下列线性变换 T 作用在基底上的效果，写出线性变换的标准矩阵和 $T(x_1,x_2,x_3)$.

(1) $T(1,0,0)=(1,0,1)$.

(2) $T(0,1,0)=(1,1,0)$.

(3) $T(0,0,1)=(0,1,1)$.

3. $\mathbb{R}^2$ 中的自然基底为 $\boldsymbol{e}_1=\begin{pmatrix}1\\0\end{pmatrix}$ 和 $\boldsymbol{e}_2=\begin{pmatrix}0\\1\end{pmatrix}$，设 T 是 $\mathbb{R}^2$ 到 $\mathbb{R}^3$ 的线性变换，并且将 $\boldsymbol{e}_1$ 变为$(5,-7,2)^{\mathrm{T}}$，$\boldsymbol{e}_2$ 变为$(-3,8,0)^{\mathrm{T}}$. 即

$$T(\boldsymbol{e}_1)=\begin{pmatrix}5\\-7\\2\end{pmatrix},T(\boldsymbol{e}_2)=\begin{pmatrix}-3\\8\\0\end{pmatrix}.$$

试确定在满足上述条件的线性变换 T 下任意向量 $\boldsymbol{x}\in\mathbb{R}^2$ 的像的坐标.

4. 证明：从 $\mathbb{R}^2$ 到 $\mathbb{R}^2$ 的线性变换对点做关于水平轴、垂直轴和原点的对称变换，则其标准矩阵的形式为 $\begin{pmatrix}a&0\\0&b\end{pmatrix}$，其中 a 和 b 等于 ±1.

第11章 投影变换

投影变换通常是指将一个高维空间中的对象投影到一个低维空间中的过程. 在投影变换中，高维空间中的每个点都被映射到低维空间中的点上，这是通过将高维空间中的每个点投影到低维空间的一个子空间或平面上来实现的. 日晷是一种利用太阳投影的装置，用于测量时间，如图 11-1 所示. 当太阳光线投射到日晷上时，将三维空间中的指针变成日晷面(二维空间)上的影子，太阳的位置和时间会通过投影的影子来表示，从而实现了时间的测量和记录.

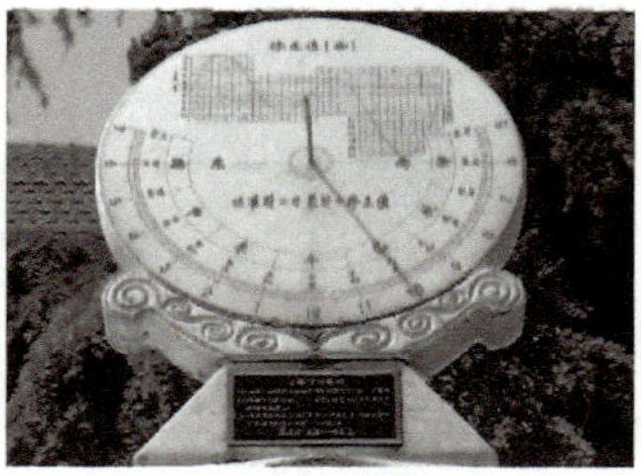

图 11-1　利用投影计时的日晷

月食和日食是地球、月球和太阳之间的投影现象. 当月球或地球经过太阳光线的投影区域时，就会出现月球或地球的投影遮挡了太阳光线，从而形成了月食或日食的现象. 当阳光透过树叶时，树叶的轮廓和纹理会投影到地面上，形成美丽的树影. 这种投影现象不仅在自然界中常见，也常常被人们用来欣赏和拍摄.

本章主要介绍了投影变换及其在几何学和线性代数中的应用. 首先，先了解什么是投影变换. 其次，将讨论投影变换的特性，特别是其不可逆性. 最后，介绍关于可逆的线性变换的概念. 可逆的线性变换可以实现向量和矩阵的操作，解决复杂的数学问题和工程应用.

11.1 投影变换及其矩阵表示

投影变换是一种几何变换，它将一个对象或空间中的点映射到另一个对象或平面上，以产生投影的效果. 在投影变换中，原始空间中的点被投影到目标平面上，从而形成了投影图像. 这种变换常常涉及点、直线和平面之间的关系，是日常生活和工程应用中经常遇到的一种现象.

微课：投影变换及其矩阵表示

例如，在建筑设计中，投影变换被广泛用于绘制建筑的立面、平面图和透视图. 建筑师可以通过投影变换将三维建筑模型投影到二维平面上，以便进行设计、规划和施工. 在工程绘图中，投影变换被用于绘制工程零件、机械图和装配图. 工程师可以通过投影变换将三维工程模型投影到二维图纸上，以便进行设计和制造. 在摄影和摄像中，投影变换被用于捕捉和显示物体的影像. 摄影师可以通过摄像机的投影变换将三维场景投影到二维照片或视频中，从而记录和展示物体的形象. 通过投影变换，可以实现物体的投影显示、时间的测量和天文现象的观测，为人们的生活和工作提供了重要的帮助和支持.

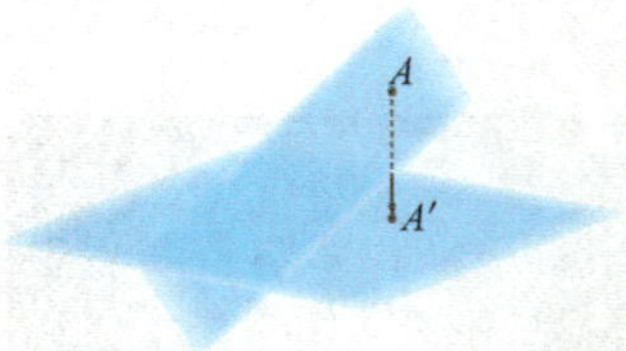

图 11-2 投影的“正过程”

投影变换将一个对象或者空间中的点映射到另一个平面或者曲面上，形成投影，如图 11-2 所示. 在投影变换中，原始空间中的点被映射到一个投影平面上，通常通过直线或射线的方式，保持了原始空间中的点与其投影之间的位置关系. 投影点(像)的位置取决于原像相对于投影平面的位置和投影的方法. 常见的投影方式包括平行投影和透视投影.

在平行投影中，所有的投影线都是平行的. 物体在投影平面上的大小不会随着物体与投影平面之间的距离而变化，但是不同深度的物体大小关系可能会改变，产生近大远小的效果. 平行投影常见于地图制作、工程图、建筑设计等领域. 透视投影是一种模拟人眼看到物体的投影方式，投影线不是平行的，而是会汇聚到一个视点. 随着物体与观察者之间距离的增加，物体在投影上的大小会逐渐减小，产生了近大远小的透视效果. 透视投影常见于绘画、摄影、电影制作和 3D 图形学中，用于产生更加逼真的图像效果，增强空间感和深度感. 在平行投影中，投影线与投影平面不一定垂直，若投影线与投影平面垂直时，对应的是一种特殊的投影变换：正交投影. 因为投影线与投影平面垂直，投影不会因为物体与投影平面之间的距离而发生变化，所以所有的平行线在投影上仍然是平行的，因此不会发生透视效果. 正交投影保持了物体在不同深度上的大小关系，没有近大远小的效果. 在图形学中，投影变换常用于技术绘图、工程图和 CAD 软件等领域.

例 11.1.1 设 l 是平面上的一条直线，对平面上任意一点 A，过 A 作 AP 垂直于直线 l，与 l 相交于 P，则 P 称为 A 在 l 上的投影. 将平面上每个点 A 变到它在 l 上的投影的变换称为平面到直线 l 上的投影变换. 当 l 为 x 轴时，讨论平面到 x 轴上的投影变换所对应的矩阵的标准矩阵，如图 11-3 所示.

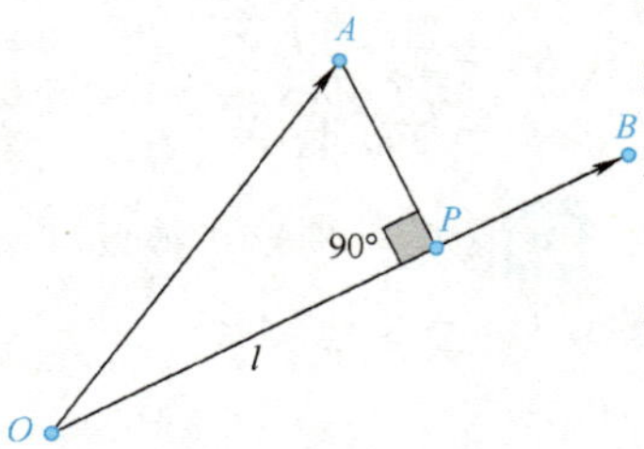

图 11-3 关于直线的投影

解：设 $P=(x', y')$ 为平面上任意一点 $A=(x, y)$ 到 x 轴上的投影点，则

$$\begin{cases} x'=x, \\ y'=0 \end{cases} \Leftrightarrow \begin{pmatrix} x' \\ y' \end{pmatrix} = \begin{pmatrix} 1 & 0 \\ 0 & 0 \end{pmatrix} \begin{pmatrix} x \\ y \end{pmatrix}.$$

因此，平面到 x 轴上的投影变换所对应的矩阵的标准矩阵为

$$C=\begin{pmatrix}1&0\\0&0\end{pmatrix}.$$

例 11.1.2　求平面到直线 l：$Ax+By=0$ 上的投影变换的标准矩阵.

解：设 $P=(x',y')$ 为平面上任意一点 $Q=(x,y)$ 到 x 轴上的投影点. 由几何关系有 $\boldsymbol{n}=(A,B)$ 即为直线的法向量，因为 $\overrightarrow{PQ}$ 垂直于直线 l，则有 $\overrightarrow{PQ}/\!/\boldsymbol{n}$，即 $\overrightarrow{PQ}$ 与 $\boldsymbol{n}$ 成比例：$\overrightarrow{PQ}=(x'-x,y'-y)=\lambda\boldsymbol{n}=\lambda(A,B)$，有

$$\begin{cases}x'=x+\lambda A,\\ y'=y+\lambda B,\end{cases}\lambda\in\mathbb{R}.$$

又投影点 P 在直线 l 上，则点 $P=(x',y')$ 满足的直线方程 $Ax'+By'=0$ 等价于

$$A(x+\lambda A)+B(y+\lambda B)=0\Leftrightarrow\lambda=-\frac{Ax+By}{A^2+B^2}.$$

那么，

$$\begin{cases}x'=x-\dfrac{A(Ax+By)}{A^2+B^2}=\dfrac{B^2}{A^2+B^2}x+\dfrac{-AB}{A^2+B^2}y,\\[2ex] y'=y-\dfrac{B(Ax+By)}{A^2+B^2}=\dfrac{-AB}{A^2+B^2}x+\dfrac{A^2}{A^2+B^2}y\end{cases}$$

$$\Leftrightarrow\begin{pmatrix}x'\\y'\end{pmatrix}=\begin{pmatrix}\dfrac{B^2}{A^2+B^2}&\dfrac{-AB}{A^2+B^2}\\[2ex]\dfrac{-AB}{A^2+B^2}&\dfrac{A^2}{A^2+B^2}\end{pmatrix}\begin{pmatrix}x\\y\end{pmatrix}.$$

因此，所求矩阵为

$$C=\begin{pmatrix}\dfrac{B^2}{A^2+B^2}&\dfrac{-AB}{A^2+B^2}\\[2ex]\dfrac{-AB}{A^2+B^2}&\dfrac{A^2}{A^2+B^2}\end{pmatrix}.\tag{11-1}$$

例 11.1.3　设线性变换 T 是平面到直线 l：$y=x$ 上的投影变换. 求下列图形在变换 T 作用下的像.

1) 直线 l_1：$y=2x$.

2) 直线 l_2：$y=-x$.

3) 正方形 $OCDE$，其中 $O=(0,0)$，$C=(2,1)$，$E=(-1,2)$.

解：直线 $y=x$ 的一般式为 $x-y=0$. 设投影变换 T 将 (x, y) 变成 (x',y')，由式(11-1)可以得到，该投影变换的标准矩阵为

$$C=\begin{pmatrix}\frac{1}{2}&\frac{1}{2}\\\frac{1}{2}&\frac{1}{2}\end{pmatrix}.$$

1）当 x 取遍全体实数时，点 $(x,2x)$ 取遍直线 $y=2x$ 上所有的点，计算

$$\begin{pmatrix}x'\\y'\end{pmatrix}=\begin{pmatrix}\frac{1}{2}&\frac{1}{2}\\\frac{1}{2}&\frac{1}{2}\end{pmatrix}\begin{pmatrix}x\\2x\end{pmatrix}=\begin{pmatrix}\frac{3}{2}x\\\frac{3}{2}x\end{pmatrix}.$$

因此，$x'=y'$. 当 x 取遍所有实数时，$x'=3x/2$ 也取遍所有实数，(x',y') 取遍直线 $y=x$ 上所有的点. 故直线 $y=2x$ 在 $y=x$ 上的投影是整条直线 $y=x$.

2）当 x 取遍全体实数时，点 $(x,-x)$ 取遍直线 $y=-x$ 上所有的点，通过计算，得

$$\begin{pmatrix}x'\\y'\end{pmatrix}=\begin{pmatrix}\frac{1}{2}&\frac{1}{2}\\\frac{1}{2}&\frac{1}{2}\end{pmatrix}\begin{pmatrix}x\\-x\end{pmatrix}=\begin{pmatrix}0\\0\end{pmatrix}.$$

因此，不管 x 取何值，其投影都是原点，即直线 $y=-x$ 到 $y=x$ 上的投影的像为原点.

3）由平行四边形法则计算出 $\overrightarrow{OD}=\overrightarrow{OC}+\overrightarrow{OE}=(2,1)+(-1,2)=(1,3)$，所以 $D=(1,3)$. 计算 C 的像 C' 为

$$\begin{pmatrix}\frac{1}{2}&\frac{1}{2}\\\frac{1}{2}&\frac{1}{2}\end{pmatrix}\begin{pmatrix}2\\1\end{pmatrix}=\begin{pmatrix}\frac{3}{2}\\\frac{3}{2}\end{pmatrix}.$$

同理，O,D,E 的像分别为 $O'=(0,0)$，$D'=(2,2)$，$E'=(1/2,1/2)$. 因此，正方形 $OCDE$ 的像为四条边在 $y=x$ 的合并投影，即为 OD'.

MATLAB 实现代码：

```
>> x = [ -pi:0.1:pi];
>> y = sin(x);
>> plot(x,y)                 % 画出 y = sinx 在[ -2π, 2π]的图像，或者是任意想
                               要变换图像
>> hold on
>> P1 = [1 0; 0 0 ]          % 分别计算水平投影变换和垂直投影变换的矩阵
```

```
>> P2 = [0 0; 0 1 ]
>> A = [x' y']'% 将图像的信息存为向量(矩阵)
>> A4 = P1 * A;
>> A5 = P2 * A;% 计算变换作用在图像后的坐标
>> plot(A4(1,:),A4(2,:)) % 分别画出变换后的图像
>> plot(A5(1,:),A5(2,:))
```

11.2* 可逆变换

对比几种线性变换，发现当定义域为整个平面的时候，旋转变换、反射变换、位似变换、伸缩变换都是将平面变成整个平面，并且平面上不同的点对应变到不同的点. 但是投影变换是例外，它将整个平面变到一条直线上，并且，与投影直线 l 垂直的任何一条直线上所有的点都被投影到 l 上的同一个点上.

如图 11-4 所示，在任意一条垂直于 l 的直线 s 上任取两个点 A_1、A_2，关于 l 的投影变换将 A_1、A_2 变到 l 的同一个点 P 上. 反之，若现在知道变换下的像，欲求其原像，该如何进行？换言之，投影变换的这个动作是否可逆？事实上，平面上任何一个线性变换都只能将一个点变到一个点，不能同时将同一个点变换成两个不同的点. 因此不存在与投影变换动作相反的线性变换.

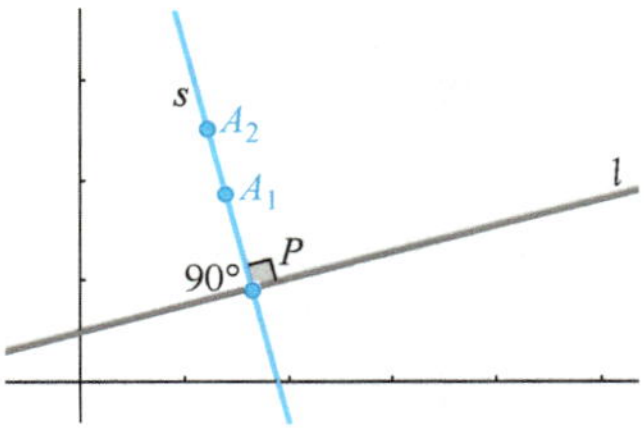

图 11-4　垂直于投影直线上的点对应到投影直线上的同一点

通过前面学习的几种变换，了解到线性变换是一种数学对应关系，它将一个空间中的向量(原像)变成另一个空间中的向量(像)，同时保持了向量之间的线性关系. 而可逆的线性变换是指存在另一个变换，可以将变换后的向量(像)再次变回原始向量(原像)，使得原始向量不会丢失信息. 简单来说，可逆的线性变换可以进行正向和反向的过程，并在过程中不会导致信息的丢失. 若线性变换可逆，一般称线性变换本身为正向过程，而起反向过程称为线性变换的逆变换.

引例　考虑一个二维平面上的线性变换，将所有的点都沿逆时针以某个角度进行旋转. 这个变换是线性的，因为它保持了点与点之间的线性关系：直线仍然变为直线，原点仍然保持不变且向量的加法和数乘仍然有效. 如果沿着相反的方向再次进行相同角度的旋转，就可以将沿逆时针旋转的像还原回原始位置. 因此，这个旋转变换是可逆的，并且沿顺时针旋转称为沿逆时针旋转的逆变换.

例 11.2.1　投影变换是否有逆变换？为什么？

解：考虑常见的投影变换是将一个三维向量空间中的所有向量都映射到一个二维平面上的投影变换. 具体来说，T：$\mathbb{R}^3 \to \mathbb{R}^2$，将 $\mathbb{R}^3$ 任意一点(x,y,z)投影到 Oxy 平面上. 原像与像之间的关系为

$$\begin{cases} x' = x, \\ y' = y, \\ z' = 0. \end{cases}$$

因此投影矩阵为

$$A = \begin{pmatrix} 1 & 0 & 0 \\ 0 & 1 & 0 \\ 0 & 0 & 0 \end{pmatrix}.$$

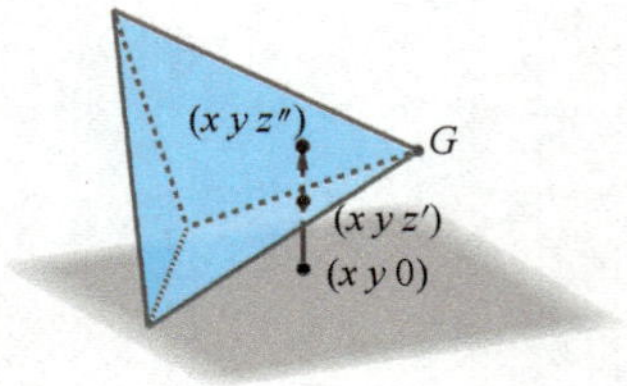

图 11-5　投影变换的“逆过程”

这个矩阵 A 将三维向量空间中的每个点投影到一个二维平面 Oxy 上，忽略了原始向量的 z 分量. 这个映射是线性的，因为它保持了点与点之间的线性关系. 然而，由于信息的丢失，这个变换是不可逆的. 因为无法从一个二维平面上的点确定原始三维空间中的唯一一点，如图 11-5 所示，所以无法逆向还原原始向量. 因此，这个投影变换是一个不可逆的线性变换.

因此投影变换没有逆变换.

由此可见，并非所有线性变换都有逆变换，一般要使线性变换 T 是可逆的，必须满足两个条件：

1)首先，空间中不同的点被 T 变换到不同的点.

2)其次，线性变换 T 的值域刚好就是整个取值空间. 也就是说，取值空间中的任意一点都能找到原像.

将上述两个条件对应到线性方程组解的理论中：解是否存在、解是否唯一，对应到线性变换概念中的存在性和唯一性.

简单地说，若 T 的值域是整个取值空间时，线性变换 T 是满的. 也就是说，对取值空间中的每个向量 $\boldsymbol{b}$，方程 $T(\boldsymbol{x}) = \boldsymbol{Ax} = \boldsymbol{b}$ 至少有一个解. “线性变换 T 是不是满的?”对应到线性方程组解的存在性问题，“线性变换 T 不是满的”等价于有 $\mathbb{R}^m$ 中的某个向量 $\boldsymbol{b}$ 使方程 $\boldsymbol{Ax} = \boldsymbol{b}$ 无解.

另一方面，若线性变换 T 是单的，对应到值域中的每个向量 $\boldsymbol{b}$，线性方程组 $\boldsymbol{Ax} = \boldsymbol{b}$ 有唯一的解或没有解. 类似地，“线性变换 T 是不是单的”是线性方程组解的唯一性问题. “线性变换不是单的”等价于有值域中的某个向量 $\boldsymbol{b}$ 是定义域中多个向量的像.

因此，当线性变换具有这些特殊的性质的时候，可以得到一

些便利的结果. 例如，若变换 T 是满的，那么标准矩阵 $\boldsymbol{A}$ 列向量构成 $\mathbb{R}^m$ 的一组基底；若变换 T 是单的，则 $\boldsymbol{A}$ 的列向量是线性无关的. 作为这两个表述的推论，可以直接得到齐次线性方程组的重要结果之一：若线性变换 T 是单的当且仅当线性方程组 $\boldsymbol{Ax}=\boldsymbol{0}$ 仅有零解.

总体来说，线性变换的可逆性与其标准矩阵之间有着重要的关系. 以下结论供读者阅读了解，欲了解更多相关知识可参阅相关资料. 若线性变换 T 完全由对应的标准矩阵 $\boldsymbol{A}$ 决定，则变换前后的点之间的坐标 $\boldsymbol{x}$，$\boldsymbol{x}'$之间的关系为

$$\boldsymbol{x}'=\boldsymbol{Ax}. \tag{11-2}$$

如果对任意 $\boldsymbol{x}'$，将式(11-2)看成以 $\boldsymbol{x}$ 为未知数的线性方程组都有唯一解，那么线性变换 T 就是可逆的线性变换. 从前几章的内容可以知道线性方程组有唯一解的等价条件为其系数矩阵可逆，即标准矩阵 $\boldsymbol{A}$ 可逆. 结合逆矩阵和逆变换的含义，还可以得到下述关系：

若线性变换 T 是可逆的线性变换，其逆变换记为 T^{-1}. 设 T 的标准矩阵为 $\boldsymbol{A}$，T^{-1}的标准矩阵为 $\boldsymbol{B}$，则有 $\boldsymbol{B}=\boldsymbol{A}^{-1}$. 也就是说线性变换及其逆变换的标准矩阵的乘积为单位矩阵. 因此，在讨论某个空间中的线性变换 T 是否可逆时，实际上就是问是否存在另一变换 S，使得

$$TS=ST=E.$$

在计算上一般就用这一性质来得到逆变换的标准矩阵.

可逆的线性变换是一种重要的数学概念，它在多个领域中都有着广泛的应用，如线性代数、几何学、信号处理和图像处理等. 通过可逆的线性变换，可以实现对向量和矩阵的操作，从而解决复杂的数学问题和工程应用.

习题 A

1. 判断各个命题的正误，并给出理由.

(1) 两个线性变换的复合不一定是线性变换. (　　)

(2) 设 $\boldsymbol{A}$ 为 3×2 矩阵，则由 $\boldsymbol{A}$ 决定的线性变换不是单的. (　　)

(3) 设 $\boldsymbol{A}$ 为 3×2 矩阵，则由 $\boldsymbol{A}$ 决定的线性变换不是满的. (　　)

(4) 线性变换 T：$\mathbb{R}^n\to\mathbb{R}^m$ 完全由它对单位矩阵 $\boldsymbol{E}_n$ 的列向量的作用所确定. (　　)

(5) 变换 T：$\mathbb{R}^n\to\mathbb{R}^m$ 是一对一的，那么 T 将 $\mathbb{R}^n$ 中的每一个向量都变成 $\mathbb{R}^m$ 中唯一的向量. (　　)

(6) 从 $\mathbb{R}^n$ 到 $\mathbb{R}^m$ 的线性变换的标准矩阵的列向量是 $\boldsymbol{E}_n$ 的列向量在变换下的像. (　　)

(7) 变换：$\boldsymbol{x}\to\boldsymbol{Ax}$ 的取值空间是 $\boldsymbol{A}$ 的列向量的所有线性组合所构成的集合. (　　)

2. 设线性变换 T 是平面到直线上 $y=2x$ 上的投影变换，试求线性变换 T 的标准矩阵并求出直线 $y=x$ 在线性变换 T 作用下的像.

3. 设 $T(x_1,x_2)=(x_1+2x_2,2x_1+x_1,5x_1)$，$T$：$\mathbb{R}^4\to\mathbb{R}^3$ 是不是线性变换？此变换是不是满的？是不是单的？

4. 对矩阵$\begin{pmatrix}1 & -1\\1 & 1\end{pmatrix}$所决定的线性变换 T，讨论以下问题：

（1）求任意一条直线 l 在线性变换 T 下的像的方程. 方程的图像是什么形状？

（2）若直线 l_1、l_2 互相平行，它们在线性变换 T 下的像是什么图形？是否仍互相平行？

（3）通过画图或理论证明，线性变换 T 是否保持图形的形状或大小.

5. 设变换 T 是关于直线 $y=x$ 的反射，求它的逆变换 T^{-1}.

6. 设线性变换 T 的标准矩阵为$\begin{pmatrix}1 & 0\\0 & k\end{pmatrix}$，其中 $k\neq0$，线性变换 T 的逆变换 T^{-1} 是什么？写出 T^{-1} 的标准矩阵.

7. 设 $\boldsymbol{A}=\begin{pmatrix}a & b\\c & d\end{pmatrix}$，什么时候 $\boldsymbol{A}$ 决定的变换是可逆的？当 $\boldsymbol{A}$ 可逆时求出 $\boldsymbol{A}^{-1}$.

8. 根据变换的几何意义，求下列矩阵对应的变换的逆变换及其标准矩阵.

（1）$\boldsymbol{A}=\begin{pmatrix}\sqrt{2}/2 & -\sqrt{2}/2\\\sqrt{2}/2 & \sqrt{2}/2\end{pmatrix}$.

（2）$\boldsymbol{B}=\begin{pmatrix}2 & 0\\0 & 2\end{pmatrix}$.

（3）$\boldsymbol{C}=\begin{pmatrix}1 & 0\\0 & 2\end{pmatrix}$.

（4）$\boldsymbol{D}=\begin{pmatrix}2 & 0\\0 & 2\end{pmatrix}$.

（5）$\boldsymbol{F}=\begin{pmatrix}1 & 0 & 0\\0 & 1 & 0\\0 & 0 & 3\end{pmatrix}$.

9. 设线性变换 T 的标准矩阵为

$$\boldsymbol{A}=\begin{pmatrix}1 & 2 & 3 & 4\\0 & 3 & 2 & 1\\0 & 0 & 0 & 5\end{pmatrix},$$

求 T：$\mathbb{R}^4\to\mathbb{R}^3$ 是不是满的？是不是单的？

10. 已知变换 T 由矩阵$\frac{1}{\sqrt{2}}\begin{pmatrix}1 & 1\\-1 & 1\end{pmatrix}$所决定. 试确定变换 T 作用在图形上的特点？研究变换 T 是否可逆？若可逆，写出逆变换的标准矩阵.

11. 定义线性变换 T 为

$$T(x_1,x_2,x_3)=(x_1+x_2,x_2+x_3,x_3),$$

证明：线性变换 T 是可逆的，并求 $T^{-1}(x_1,x_2,x_3)$ 及其标准矩阵.

习题 B

1. 设实数 a,b 不全为零，求证：$\begin{pmatrix}a & -b\\b & a\end{pmatrix}$决定的变换可以保持图形的相似.

2. n 维线性空间中的线性变换 T 可逆的充分必要条件是 T 将空间中线性无关的向量组变换为线性无关的向量组.

3. n 维线性空间中的线性变换 T 可逆的充分必要条件是 T 将空间的一组基变换为一组基.

4. n 维线性空间中的线性变换 T 可逆的充分必要条件是 T 将空间中的非零向量变换非零向量.

第 12 章 切变变换

第 9 ~ 11 章讨论了一些特殊的线性变换，它们的几何性质各不相同，但都可以由矩阵表示. 有的保持图形的形状和大小不变，变换前后的图形全等，如旋转、对称和反射. 有的虽然改变图形的大小，但保持形状不变，变换前后的图形相似，如位似变换. 伸缩变换改变了图形的形状，将圆变为椭圆，但仍将直线变为直线. 投影变换将整个平面变成一条直线，将某些直线变成一个点.

微课：切变变换

本章主要介绍线性变换和线性方程组之间的对应关系，并引入切变变换的概念，讨论其在实际应用中的作用：在坐标变换和数学物理中的应用，说明了线性变换的矩阵表示和基底变换之间的关系，以及可逆线性变换的性质.

给定 n^2 个常数，矩阵 $\boldsymbol{A}$ 可以确定一个变换 T，使得

$$T(\boldsymbol{x})=\boldsymbol{A}\boldsymbol{x}=\begin{pmatrix} a_{11} & a_{12} & \cdots & a_{1n} \\ a_{21} & a_{22} & \cdots & a_{2n} \\ \vdots & \vdots & & \vdots \\ a_{n1} & a_{n2} & \cdots & a_{nn} \end{pmatrix}\begin{pmatrix} x_1 \\ x_2 \\ \vdots \\ x_n \end{pmatrix},$$

也就是确定一个线性方程组

$$\begin{cases} x_1'=a_{11}x_1+a_{12}x_2+\cdots+a_{1n}x_n, \\ x_2'=a_{21}x_1+a_{22}x_2+\cdots+a_{2n}x_n, \\ \qquad\qquad\vdots \\ x_n'=a_{n1}x_1+a_{n2}x_2+\cdots+a_{nn}x_n. \end{cases}$$

以给定矩阵为标准矩阵的变换具有什么性质？通过前面的学习已知线性变换既可以改变物体的形状，也可以改变物体的大小，那么线性变换可以保持物体的哪些性质呢？接下来通过作图来观察线性变换的几何性质，看看所有的线性变换是否有一些共同的性质.

例 12.1.1 研究标准矩阵为$\begin{pmatrix} 1 & 1 \\ 0 & 1 \end{pmatrix}$的变换的几何性质.

总结前面的讨论可以知道若线性变换的标准矩阵为$\begin{pmatrix}1&1\\0&1\end{pmatrix}$，那么变换前后的点坐标之间的关系为

$$\begin{pmatrix}x'\\y'\end{pmatrix}=\begin{pmatrix}1&1\\0&1\end{pmatrix}\begin{pmatrix}x\\y\end{pmatrix}=\begin{pmatrix}x+y\\y\end{pmatrix},$$

即为

$$\begin{cases}x'=x+y,\\y'=y.\end{cases}\tag{12-1}$$

为了观察变换的作用，直接考虑平面的自然基底$\boldsymbol{e}_1=\begin{pmatrix}1\\0\end{pmatrix}$，$\boldsymbol{e}_2=\begin{pmatrix}0\\1\end{pmatrix}$在变换下的像，如图 12-1 所示.

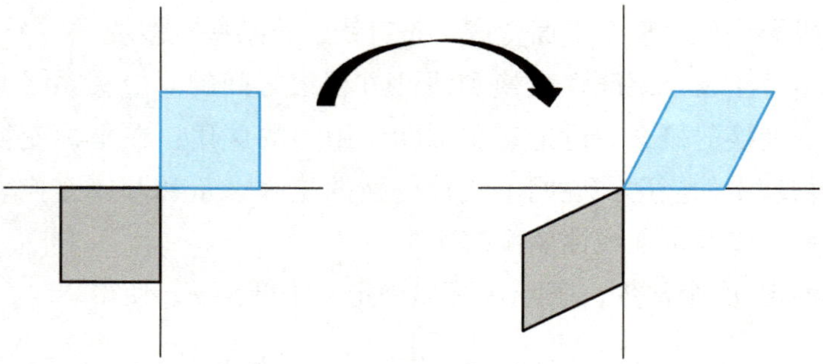

图 12-1　常见的水平剪切和垂直剪切

由于$\begin{pmatrix}1&1\\0&1\end{pmatrix}\begin{pmatrix}1\\0\end{pmatrix}=\begin{pmatrix}1\\0\end{pmatrix}=\boldsymbol{e}_1$，即$\boldsymbol{e}_1$在变换下保持不变，所以所有的点的$y$坐标不变，平行或重合于$x$轴的直线$y=a$变换后仍为自身.

而$\begin{pmatrix}1&1\\0&1\end{pmatrix}\begin{pmatrix}0\\1\end{pmatrix}=\begin{pmatrix}1\\1\end{pmatrix}$，即$y$轴的单位向量被变成起点为原点、终点为$\begin{pmatrix}1\\1\end{pmatrix}$的向量，将式(12-1)进行代换得

$$x=x'-y=x'-y'.$$

因此平行于y轴的直线$x=a$变为$x'-y'=a$，仍然是一条直线且仍过点$(a,0)$，但是斜率变为 1，倾角为 45°. 这些直线并不是由原直线沿顺时针方向旋转 45°得到的，因为平行于x轴的直线未发生变化. 如果再多计算几条直线可以看出，直线之所以发生倾斜是因为直线上的点向右($y>0$)或向左($y<0$)平移$|y|$个单位.

所以原来边平行于坐标轴的边就都变成了平行四边形，圆变为椭圆，如图12-2所示.

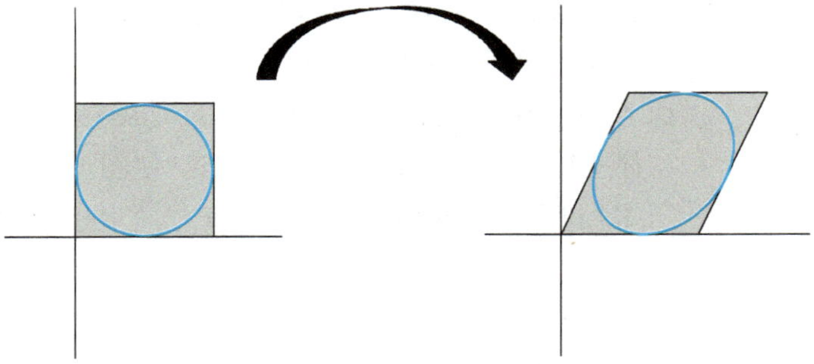

图12-2 剪切变换的效果并不是由直线旋转实现

因为矩阵$\begin{pmatrix}1 & 1\\0 & 1\end{pmatrix}$仍旧保持直线的性质，所以$\begin{pmatrix}1 & 1\\0 & 1\end{pmatrix}$对应的变换也是一个线性变换. 一般地，由矩阵$\begin{pmatrix}1 & k\\0 & 1\end{pmatrix}$对应的变换都是将平行或重合于$x$轴的直线沿着$x$轴方向平移，带动垂直于$x$轴的直线向右或向左倾斜，称这样的变换为沿$x$轴方向的切变变换. 类似地，矩阵$\begin{pmatrix}1 & 0\\k & 1\end{pmatrix}$对应的变换是沿$y$轴方向的切变变换.

MATLAB 实现代码：

```
>> x =[ -pi:0.1:pi];
>> y = sin(x);
>> plot(x,y)                    % 画出 y = sinx 在[ -2π, 2π]的图像，或者是任意想要
                                  变换图像
>> hold on
>> A =[x' y']'                  % 将图像的信息存为向量(矩阵)
>> S6 =[1 2;0 1 ]               % 分别计算水平剪切变换，和垂直剪切变换的矩阵
>> S7 =[1 0; 2 1 ]
>> A9 = S6 * A;                 % 计算剪切变换作用在图像后的坐标
>> A0 = S7 * A;
>> plot(A9(1,:),A9(2,:))        % 分别画出变换后的图像
>> plot(A0(1,:),A0(2,:))
```

从上面的论述中可以总结得到：切变变换是一种线性变换，

通过这种变换，对象在平面上沿着某个方向进行平移，同时沿着垂直方向进行拉伸或压缩，从而改变了对象的形状和大小，但保持了对象的面积不变. 在切变变换中，对象的形状会被扭曲，但平行线仍然保持平行，这保持了对象的平行性质. 特别在二维平面上，对图形进行切变变换的特点是图形在水平或垂直方向上被拉伸或压缩，分别被称为水平切变(使图形在水平方向上被拉伸或压缩)和垂直切变(使图形在垂直方向上被拉伸或压缩). 除此之外，当在各个方向上均进行动作时，所得的切变变换称为倾斜切变(使图形在水平和垂直方向上同时被拉伸或压缩).

切变变换的概念并不仅仅停留在理论框架中，它融入了现实世界的种种应用场景，为解决实际问题提供了强有力的工具. 切变变换改变了对象的形状和大小的同时保持了对象的面积不变. 虽然对象的形状被扭曲，但平行线仍然保持平行.

切变变换在实际应用中常用于调整图像的形状和大小. 例如，可以使用切变变换来拉伸或压缩图像的某个区域，以修正图像中的畸变或改变图像的透视效果. 在工程设计中，切变变换常用于调整构件的形状和尺寸. 例如，在建筑设计中，可以使用切变变换来调整建筑结构中的梁或柱的形状，以适应不同的建筑需求. 在地质学中，切变变换被用来描述地球表面的形变和地壳运动. 地球表面的地震活动和地质构造会导致地层发生切变变换，形成断层和地裂缝等地质现象，引发地质灾害和自然灾害. 冰川流动是另一个自然界中发生切变变换的例子. 冰川内部的冰层会随着冰川的运动而发生切变变换，形成冰川的流动和形态的改变，影响着地形的演变和生态系统的变化.

数学和物理学中，经常遇到坐标系的变换或坐标变换，比如狭义相对论中两个做相对匀速运动的惯性参考系之间的洛伦兹变换，经典力学中两个以均速相对移动的参考系之间的伽利略变换等，这些变换本质上可以看作原坐标系进行了一些变换后的结果.

常见的伽利略变换的描述为：假设(x,y,t)和(x',y',t')分别为同一个事件在两个坐标系 S 和 S' 中的坐标. 两个坐标系以相对速度 v 运行，运行方向为 x 和 x'，原点在时间为 $t=t'=0$ 时重合. 那么

$$\begin{cases} x' = x - vt, \\ y' = y, \\ t' = t. \end{cases}$$

其实从线性变换的角度来说这就是一个切变变换，自然就可以写成一般的形式. 当参考系只沿着 x 轴移动时，伽利略变换只

涉及两个分量，即

$$\begin{pmatrix} x' \\ t' \end{pmatrix} = \begin{pmatrix} 1 & 0 \\ -v & 1 \end{pmatrix} \begin{pmatrix} x \\ t \end{pmatrix}.$$

尽管在初等数学和物理中没有使用矩阵表示，但是矩阵表示是量子力学、狭义相对论等领域中统一的表示方法.

在数学中可以考虑更一般的坐标变换，如图 12-3 所示. 从线性变换的角度理解这个关系简单得多，因为仅需要讨论两个坐标系基底之间的对应关系. 通常坐标系变换之间的关系就是已知新坐标系、旧坐标系的信息，最简单的情形即已知新坐标系、旧坐标系中的基底为 $\boldsymbol{e}_1, \boldsymbol{e}_2, \cdots, \boldsymbol{e}_n$ 和 $\boldsymbol{e}_1', \boldsymbol{e}_2', \cdots, \boldsymbol{e}_n'$，若坐标系之间的变换关系是线性的，则两个坐标系之间的对应关系对应到一个线性方程组

$$\begin{cases} \boldsymbol{e}_1' = T(\boldsymbol{e}_1) = a_{11}\boldsymbol{e}_1 + a_{12}\boldsymbol{e}_2 + \cdots + a_{1n}\boldsymbol{e}_n, \\ \boldsymbol{e}_2' = T(\boldsymbol{e}_2) = a_{21}\boldsymbol{e}_1 + a_{22}\boldsymbol{e}_2 + \cdots + a_{2n}\boldsymbol{e}_n, \\ \qquad \vdots \\ \boldsymbol{e}_n' = T(\boldsymbol{e}_n) = a_{n1}\boldsymbol{e}_1 + a_{n2}\boldsymbol{e}_2 + \cdots + a_{nn}\boldsymbol{e}_n. \end{cases}$$

由线性方程组的系数可确定矩阵

$$\boldsymbol{A} = \begin{pmatrix} a_{11} & a_{12} & \cdots & a_{1n} \\ a_{21} & a_{22} & \cdots & a_{2n} \\ \vdots & \vdots & & \vdots \\ a_{n1} & a_{n2} & \cdots & a_{nn} \end{pmatrix},$$

这是由线性变换的关系唯一确定的，称为线性变换 T 在基底 $\boldsymbol{e}_1, \boldsymbol{e}_2, \cdots, \boldsymbol{e}_n$ 下的矩阵，因此给出一个变换在一组基底下的矩阵，这个线性变换就完全确定了. 一般情况下，仅需借由所给变换的定义就可以确定线性变换在一组基底下的矩阵.

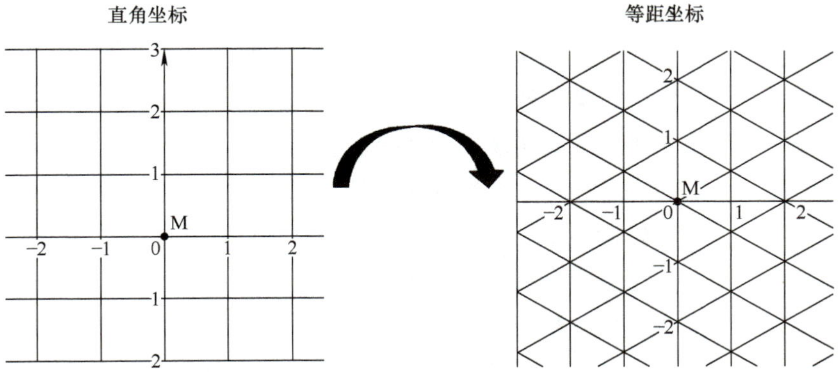

图 12-3 剪切变换用于坐标变换

例 12.1.2 $\mathbb{R}^3$ 中的变换定义为

$$T(x_1,x_2,x_3)=(2x_1+x_2-x_3,x_2+3x_3,3x_3),$$

问变换 T 是否为线性变换？若是，求出变换 T 在基底 $\boldsymbol{e}_1=(1,0,0)$，$\boldsymbol{e}_2=(0,1,0)$，$\boldsymbol{e}_3=(0,0,1)$下的矩阵.

解：因为向量的分量经变换后是原向量分量的不合常数的一次式，所以这个变换一定是线性变换；由于

$$\begin{cases}T(\boldsymbol{e}_1)=T(1,0,0)=(2,0,0)=2\boldsymbol{e}_1\\ T(\boldsymbol{e}_2)=T(0,1,0)=(1,1,0)=\boldsymbol{e}_1+\boldsymbol{e}_2,\\ T(\boldsymbol{e}_3)=T(0,0,1)=(-1,3,3)=-\boldsymbol{e}_1+3\boldsymbol{e}_2+3\boldsymbol{e}_3,\end{cases}$$

因此，线性变换 T 在 $\boldsymbol{e}_1,\boldsymbol{e}_2,\boldsymbol{e}_3$ 下的矩阵为

$$\boldsymbol{A}=\begin{pmatrix}2&1&-1\\0&1&3\\0&0&3\end{pmatrix}.$$

进一步，若线性变换 T 是可逆的，即有逆变换 T^{-1}，那么坐标变换的关系就可以表示为：

若已知旧坐标系中的信息，考虑从旧坐标到新坐标的变换，那么

$$\begin{pmatrix}x_1'\\x_2'\\\vdots\\x_n'\end{pmatrix}=T(\boldsymbol{x})=\boldsymbol{A}\boldsymbol{x}=\begin{pmatrix}a_{11}&a_{12}&\cdots&a_{1n}\\a_{21}&a_{22}&\cdots&a_{2n}\\\vdots&\vdots&&\vdots\\a_{n1}&a_{n2}&\cdots&a_{nn}\end{pmatrix}\begin{pmatrix}x_1\\x_2\\\vdots\\x_n\end{pmatrix}.$$

反过来，若考虑从新坐标到旧坐标的变换，则有

$$\begin{pmatrix}x_1\\x_2\\\vdots\\x_n\end{pmatrix}=T^{-1}(\boldsymbol{x})=\boldsymbol{A}^{-1}\boldsymbol{x}=\begin{pmatrix}a_{11}&a_{12}&\cdots&a_{1n}\\a_{21}&a_{22}&\cdots&a_{2n}\\\vdots&\vdots&&\vdots\\a_{n1}&a_{n2}&\cdots&a_{nn}\end{pmatrix}^{-1}\begin{pmatrix}x_1'\\x_2'\\\vdots\\x_n'\end{pmatrix}.$$

类似地，若是涉及多个坐标系之间的转换，可以借由标准矩阵的乘法实现多个变换的复合.

在讨论线性变换性质的时候，我们知道所有线性变换下原点保持不动. 除了原点之外，是否还有其他的点在变换下保持不动？恒等变换可以保持所有的点不动. 旋转变换和伸缩变换除了原点之外所有的点都会被移动. 反射变换和对称变换保持对称轴上的点不动. 除此之外，一般的线性变换仅能保持线性相关性，但是可逆的线性变换可以保持所有的线性关系. 在生活中我们十分关心对于给定线性变换，是否有某条直线不受变换的影响，变换前

后均保持一致. 这就是接下来我们要继续讨论的主题：特征值与特征向量——线性变换下的不变量.

习题 A

1. 写出一个可以直接将 $(1,1)$ 变成 $(0,-1)$ 的线性变换.

2. 设 T 是线性变换，求出 T 的标准矩阵，T：$\mathbb{R}^3\to\mathbb{R}^2$，$T(\boldsymbol{e}_1)=(1,3)$，$T(\boldsymbol{e}_2)=(4,2)$，$T(\boldsymbol{e}_3)=(-5,4)$，其中 $\boldsymbol{e}_1,\boldsymbol{e}_2,\boldsymbol{e}_3$ 是 3×3 单位矩阵的列.

3. 设 T 是线性变换，求出 T 的标准矩阵，T：$\mathbb{R}^2\to\mathbb{R}^2$ 是垂直剪切切变，将 $\boldsymbol{e}_1$ 变为 $\boldsymbol{e}_1-2\boldsymbol{e}_2$，而 $\boldsymbol{e}_2$ 保持不变.

4. 设 T 是线性变换，求出 T 的标准矩阵，T：$\mathbb{R}^2\to\mathbb{R}^2$ 是水平剪切切变，将 $\boldsymbol{e}_2$ 变为 $3\boldsymbol{e}_1+2\boldsymbol{e}_2$，而 $\boldsymbol{e}_1$ 保持不变.

5. 设 T 是线性变换，求出 T 的标准矩阵，T：$\mathbb{R}^2\to\mathbb{R}^2$ 先做水平剪切切变，将 $\boldsymbol{e}_2$ 变为 $-3\boldsymbol{e}_1+\boldsymbol{e}_2$，而 $\boldsymbol{e}_1$ 保持不变，再关于直线 $x_1=-x_2$ 做对称变换.

6. 试证明线性变换 T：$\mathbb{R}^2\to\mathbb{R}^2$ 先做水平剪切切变，将 $\boldsymbol{e}_2$ 变为 $-3\boldsymbol{e}_1+\boldsymbol{e}_2$，而 $\boldsymbol{e}_1$ 保持不变，再关于直线 $x_1=-x_2$ 所做的对称变换只不过是一个绕原点的旋转，求出旋转角度.

7. 试找到 $\mathbb{R}^3$ 中两个不同的线性变换 T_1,T_2，均可以将 $(1,0,0)$ 变成 $(1,-1,2)$，将 $(0,1,0)$ 变成 $(1,0,1)$.

8. 设 T：$\mathbb{R}^2\to\mathbb{R}^2$ 是满足 $T(x_1,x_2)=(x_1+x_2,4x_1+5x_2)$ 的线性变换，求出 $\boldsymbol{x}$，使得 $T(\boldsymbol{x})=(3,8)$.

9. 设 T：$\mathbb{R}^2\to\mathbb{R}^3$ 是满足 $T(x_1,x_2)=(x_1-2x_2,-x_1+3x_2,3x_1-2x_2)$ 的线性变换，求出 $\boldsymbol{x}$，使得 $T(\boldsymbol{x})=(-1,4,9)$.

10. 定义 $\mathbb{R}^3$ 中的线性变换 T 为 $T(x_1,x_2,x_3)=(x_1+x_2-x_3,x_2+x_3,x_3)$，试求出线性变换 T 在基底 $\boldsymbol{a}_1=(0,1,0)$，$\boldsymbol{a}_2=(1,0,0)$，$\boldsymbol{a}_3=(0,0,1)$ 下的矩阵.

习题 B

1. 设 $\mathbb{R}^2$ 上的线性变换 T 在基底 $\boldsymbol{e}_1=(1,0)$，$\boldsymbol{e}_2=(0,1)$ 下的矩阵为 $\begin{pmatrix}2&1\\-1&0\end{pmatrix}$，若 $\boldsymbol{a}_1=-(k-1)\boldsymbol{e}_1+k\boldsymbol{e}_2$，$\boldsymbol{a}_2=-k\boldsymbol{e}_1+(k+1)\boldsymbol{e}_2$，其中 k 是自然数，求 $\boldsymbol{A}^{-k}$ 在基底 $\boldsymbol{a}_1,\boldsymbol{a}_2$ 下的矩阵.

2. 设 $\boldsymbol{a}_1,\boldsymbol{a}_2,\boldsymbol{a}_3$ 是线性空间 $\mathbb{R}^3$ 的一组基，若线性变换 T 满足关系

$$\begin{cases}T(\boldsymbol{a}_1)=\boldsymbol{a}_2+2\boldsymbol{a}_3,\\T(\boldsymbol{a}_1+\boldsymbol{a}_2)=\boldsymbol{a}_1+\boldsymbol{a}_2,\\T(\boldsymbol{a}_1+\boldsymbol{a}_2+\boldsymbol{a}_3)=-\boldsymbol{a}_1+\boldsymbol{a}_2+\boldsymbol{a}_3,\end{cases}.$$

求线性变换 T 在基底 $\boldsymbol{a}_1,\boldsymbol{a}_2,\boldsymbol{a}_3$ 下的矩阵.

3. 已知 $\mathbb{R}^3$ 中的线性变换 T 满足 $T(\boldsymbol{e}_i)=\boldsymbol{a}_i$，$i=1,2,3$. 其中 $\boldsymbol{e}_1=(1,0,0)$，$\boldsymbol{e}_2=(0,1,0)$，$\boldsymbol{e}_3=(0,0,1)$. 而 $\boldsymbol{a}_1=(1,0,2)$，$\boldsymbol{a}_2=(-1,2,-1)$，$\boldsymbol{a}_3=(1,0,0)$. 求线性变换 T 在基底 $\boldsymbol{e}_1,\boldsymbol{e}_2,\boldsymbol{e}_3$ 下的矩阵 $\boldsymbol{A}$，且称 $\boldsymbol{A}$ 为从坐标系 $\boldsymbol{e}_1,\boldsymbol{e}_2,\boldsymbol{e}_3$ 到新坐标系 $\boldsymbol{a}_1,\boldsymbol{a}_2,\boldsymbol{a}_3$ 的过渡矩阵.

第 13 章

特征值与特征向量

矩阵的特征值与特征向量是矩阵理论的重要组成部分. 数学中的矩阵对角化、微分方程的求解、动力系统问题及工程技术中的振动问题、图像处理、稳定性问题等都可以归结为方阵的特征值与特征向量问题.

本章主要讨论矩阵的特征向量、特征值、特征值与特征向量的应用.

13.1 方阵的特征值与特征向量

矩阵可以刻画空间中向量的位置变换, 如: 在平面上, 如果有 $\boldsymbol{\alpha}=\begin{pmatrix}1\\1\end{pmatrix}$, $\boldsymbol{\beta}=\begin{pmatrix}-2\\2\end{pmatrix}$, $\boldsymbol{A}=\begin{pmatrix}-2&0\\0&2\end{pmatrix}$, 则有 $\boldsymbol{\beta}=\boldsymbol{A\alpha}$, 即可以看作向量 $\boldsymbol{\beta}$ 是向量 $\boldsymbol{\alpha}$ 绕原点逆时针旋转 90°后, 再沿径向伸长 2 倍的结果, 如图 13-1 所示.

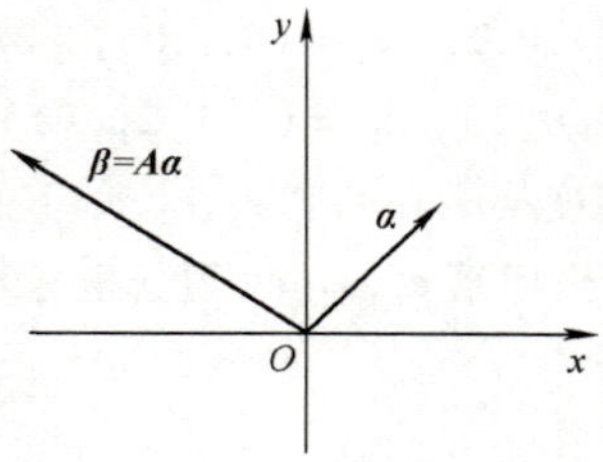

图 13-1　向量的位置变换

对于空间位置里的同一个向量, 选取不同的基底进行表示, 其坐标值就是不同的. 例如, 在基底 $\begin{pmatrix}1\\0\end{pmatrix}$, $\begin{pmatrix}0\\1\end{pmatrix}$ 的描述下, 向量 $\boldsymbol{\alpha}=\begin{pmatrix}3\\3\end{pmatrix}$, 而在基底 $\begin{pmatrix}1\\2\end{pmatrix}$, $\begin{pmatrix}2\\1\end{pmatrix}$ 的描述下, 向量的坐标则为 $\begin{pmatrix}1\\1\end{pmatrix}$.

对于空间中向量的同一个位置变换, 在不同的基底下, 用于表示的矩阵也是不相同的. 这些表示位置变换的矩阵之间将如何相互转化? 如何在这些矩阵中获取表示空间转换的最佳矩阵? 解决这些问题的落脚点就是特征值与特征向量.

13.1.1 特征值与特征向量

引例 13-1　设矩阵 $\boldsymbol{A}=\begin{pmatrix}3&-2\\1&0\end{pmatrix}$, $\boldsymbol{\alpha}=\begin{pmatrix}-1\\1\end{pmatrix}$, $\boldsymbol{\beta}=\begin{pmatrix}2\\1\end{pmatrix}$, 则有

$$A\boldsymbol{\alpha}=\begin{pmatrix}3 & -2\\1 & 0\end{pmatrix}\begin{pmatrix}-1\\1\end{pmatrix}=\begin{pmatrix}-5\\-1\end{pmatrix},$$

$$A\boldsymbol{\beta}=\begin{pmatrix}3 & -2\\1 & 0\end{pmatrix}\begin{pmatrix}2\\1\end{pmatrix}=\begin{pmatrix}4\\2\end{pmatrix}=2\boldsymbol{\beta}.$$

其几何意义如图 13-2 所示.

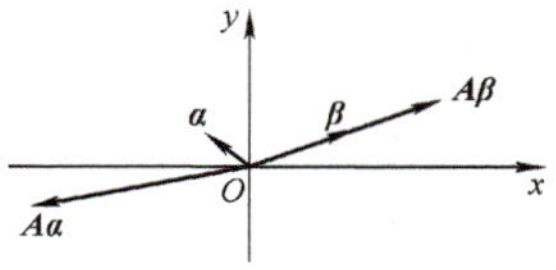

图 13-2　矩阵描述的线性变换

由计算结果及图 13-2 可知：线性变换 $\boldsymbol{y}=A\boldsymbol{x}$ 对向量 $\boldsymbol{\beta}$ 的作用仅仅是"拉伸"了向量 $\boldsymbol{\beta}$，而没有改变它的方向. 但对向量 $\boldsymbol{\alpha}$ 不仅起到了"拉伸"作用，同时也改变了向量的方向.

引例 13-1 有 $A\boldsymbol{x}=2\boldsymbol{x}$，许多数学及工程技术问题都可以归结为形如 $A\boldsymbol{x}=\lambda\boldsymbol{x}$ 的方程，并且去寻找那些被 A 变换成自身一个数量倍的非零向量. 为了研究的方便，先引入下列定义.

定义 13.1　设 A 是 n 阶矩阵，若存在数 λ 和 n 维非零向量 $\boldsymbol{x}$ 使得

$$A\boldsymbol{x}=\lambda\boldsymbol{x}$$

成立，则数 λ 称为矩阵 A 的**特征值**，非零向量 $\boldsymbol{x}$ 称为 A 的对应于特征值 λ 的**特征向量**.

例如，引例 13.1 中 $A\boldsymbol{\beta}=\begin{pmatrix}3 & -2\\1 & 0\end{pmatrix}\begin{pmatrix}2\\1\end{pmatrix}=\begin{pmatrix}4\\2\end{pmatrix}=2\boldsymbol{\beta}$，所以，2 是矩阵$\begin{pmatrix}3 & -2\\1 & 0\end{pmatrix}$的特征值，$\begin{pmatrix}2\\1\end{pmatrix}$是对应于 2 的特征向量. 从几何上看，$\begin{pmatrix}2\\1\end{pmatrix}$在方阵$\begin{pmatrix}3 & -2\\1 & 0\end{pmatrix}$的作用下变成了$\begin{pmatrix}4\\2\end{pmatrix}=2\begin{pmatrix}2\\1\end{pmatrix}$，则意味着向量$\begin{pmatrix}2\\1\end{pmatrix}$在方阵$\begin{pmatrix}3 & -2\\1 & 0\end{pmatrix}$的作用下，其长度沿着本身的方向进行了 2 倍的拉伸.

微课：特征值与特征向量

一般来说，一个向量在某个矩阵的作用下，会发生长度和方向的改变，即旋转、平移和伸缩，甚至有时候连向量的维度都会发生改变. 而特征向量的特殊之处在于，矩阵作用于它，仅仅是长度沿着本身(或相反)的方向进行了$|\lambda|$倍的伸缩.

例 13.1.1　设 $A=\begin{pmatrix}2 & 2\\1 & 3\end{pmatrix}$，$\boldsymbol{\alpha}=\begin{pmatrix}2\\2\end{pmatrix}$，$\boldsymbol{\beta}=\begin{pmatrix}2\\1\end{pmatrix}$，问 $\boldsymbol{\alpha}$ 和 $\boldsymbol{\beta}$ 是否是 A 的特征向量？

解：$A\boldsymbol{\alpha}=\begin{pmatrix}2 & 2\\1 & 3\end{pmatrix}\begin{pmatrix}2\\2\end{pmatrix}=\begin{pmatrix}8\\8\end{pmatrix}=4\boldsymbol{\alpha}$，$A\boldsymbol{\beta}=\begin{pmatrix}2 & 2\\1 & 3\end{pmatrix}\begin{pmatrix}2\\1\end{pmatrix}=\begin{pmatrix}6\\5\end{pmatrix}\neq\lambda\boldsymbol{\beta}$.

因此，$\boldsymbol{\alpha}$ 是特征值 4 对应的特征向量，但 $\boldsymbol{A\beta}$ 不是 $\boldsymbol{\beta}$ 的倍数，故 $\boldsymbol{\beta}$ 不是 $\boldsymbol{A}$ 的特征向量.

例 13.1.2 验证 4 是 $\boldsymbol{A}=\begin{pmatrix}3 & 1\\5 & -1\end{pmatrix}$ 的特征值，并求特征值 4 对应的特征向量.

解：数 4 是 $\boldsymbol{A}$ 的特征值当且仅当方程

$$\boldsymbol{Ax}=4\boldsymbol{x}$$

有非零解，即 $\boldsymbol{Ax}-4\boldsymbol{x}=\boldsymbol{0}$ 或 $(\boldsymbol{A}-4\boldsymbol{E})\boldsymbol{x}=\boldsymbol{0}$. 为解该齐次线性方程组，计算得

$$\boldsymbol{A}-4\boldsymbol{E}=\begin{pmatrix}3 & 1\\5 & -1\end{pmatrix}-\begin{pmatrix}4 & 0\\0 & 4\end{pmatrix}=\begin{pmatrix}-1 & 1\\5 & -5\end{pmatrix}.$$

所以 $\boldsymbol{A}-4\boldsymbol{E}$ 的列向量组线性相关，故 $(\boldsymbol{A}-4\boldsymbol{E})\boldsymbol{x}=\boldsymbol{0}$ 有非零解，因此 4 是 $\boldsymbol{A}$ 的特征值. 为求其对应的特征向量，用行初等变换化简矩阵，即

$$\boldsymbol{A}-4\boldsymbol{E}=\begin{pmatrix}-1 & 1\\5 & -5\end{pmatrix}\to\begin{pmatrix}1 & -1\\0 & 0\end{pmatrix}.$$

通解为 $c\begin{pmatrix}1\\1\end{pmatrix}$，所有此种形式且 $c\neq 0$ 的向量都是 $\lambda=4$ 对应的特征向量.

从例 13.1.2 及图 13-3 可知，矩阵 $\boldsymbol{A}=\begin{pmatrix}3 & 1\\5 & -1\end{pmatrix}$ 对应 $\lambda=4$ 的特征向量和零向量是向量 $\begin{pmatrix}1\\1\end{pmatrix}$ 的所有倍数组成，因此，所有特征向量和零向量是过点 $(1,1)$ 和原点的直线.

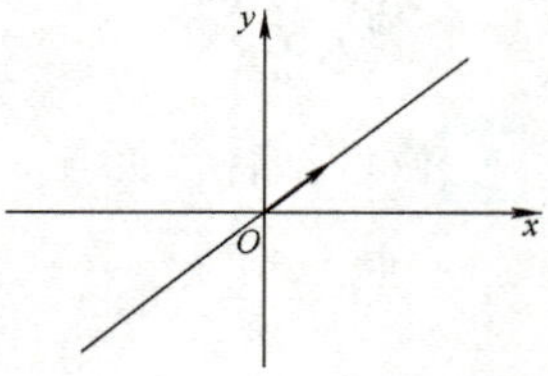

图 13-3 所有的特征向量和零向量

13.1.2 特征方程

为了求出方阵的特征值和特征向量，$\boldsymbol{Ax}=\lambda\boldsymbol{x}$ 可化为

$$(\boldsymbol{A}-\lambda\boldsymbol{E})\boldsymbol{x}=\boldsymbol{0} \text{ 或者 } (\lambda\boldsymbol{E}-\boldsymbol{A})\boldsymbol{x}=\boldsymbol{0}.$$

$(\boldsymbol{A}-\lambda\boldsymbol{E})\boldsymbol{x}=\boldsymbol{0}$ 是 n 个未知数、n 个方程的齐次线性方程组，该方程组有非零解的充分必要条件是行列式 $|\boldsymbol{A}-\lambda\boldsymbol{E}|=0$，即

$$|\boldsymbol{A}-\lambda\boldsymbol{E}|=\begin{vmatrix}a_{11}-\lambda & a_{12} & \cdots & a_{1n}\\a_{21} & a_{22}-\lambda & \cdots & a_{2n}\\\vdots & \vdots & & \vdots\\a_{m1} & a_{m2} & \cdots & a_{mn}-\lambda\end{vmatrix}=0. \quad (13\text{-}1)$$

式(13-1)是以 λ 为未知数的一元 n 次方程，也称矩阵 $\boldsymbol{A}$ 的特

征方程，其左端$|A-\lambda E|$是 λ 的 n 次多项式，称为矩阵 A 的**特征多项式**，记作$f_A(\lambda)$.

显然 A 的特征值就是特征方程在复数范围内的解. 解的个数为方程的次数(重根按重数计算)，因此 n 阶矩阵 A 在复数范围内有 n 个特征值.

方程$(A-\lambda E)x=\mathbf{0}$ 的每一个非零解，都对应于 λ 的特征向量.

由上面的分析可知，求 n 阶方阵 A 的特征值和特征向量的步骤：

1)解 A 的特征方程$|A-\lambda E|=0$，求出 A 的特征值$\lambda_1,\lambda_2,\cdots,\lambda_n$(其中可能有重根).

2)对于每一个特征值$\lambda_i(i=1,2,\cdots,n)$，求解齐次线性方程组$(A-\lambda_i E)x=\mathbf{0}$，得此方程组的基础解系 $p_1,p_2,\cdots,p_s$，则 A 的对应于λ_i 的全部特征向量为

$$k_1p_1+k_2p_2+\cdots+k_sp_s(k_1,k_2,\cdots,k_s\text{不同时为零}).$$

例 13.1.3　求矩阵 $A=\begin{pmatrix}2&2\\1&3\end{pmatrix}$的特征值和特征向量.

解：A 的特征多项式为

$$|A-\lambda E|=\begin{vmatrix}2-\lambda&2\\1&3-\lambda\end{vmatrix}=(\lambda-1)(\lambda-4),$$

所以 A 的特征值为$\lambda_1=1$，$\lambda_2=4$.

当$\lambda_1=1$ 时，解$(A-E)x=\mathbf{0}$，由

$$A-E=\begin{pmatrix}2-1&2\\1&3-1\end{pmatrix}=\begin{pmatrix}1&2\\1&2\end{pmatrix}\xrightarrow{r}\begin{pmatrix}1&2\\0&0\end{pmatrix}$$

得基础解系为 $p_1=\begin{pmatrix}-2\\1\end{pmatrix}$，所以 A 的对应于$\lambda_1=1$ 的全部特征向量为$k_1p_1(k_1\neq0)$.

当$\lambda_2=4$ 时，解$(A-4E)x=\mathbf{0}$，由

$$A-4E=\begin{pmatrix}2-4&2\\1&3-4\end{pmatrix}=\begin{pmatrix}-2&2\\1&-1\end{pmatrix}\xrightarrow{r}\begin{pmatrix}1&-1\\0&0\end{pmatrix}$$

得基础解系为 $p_2=\begin{pmatrix}1\\1\end{pmatrix}$，所以 A 的对应于$\lambda_2=4$ 的全部特征向量为$k_2p_2(k_2\neq0)$.

例题：例 13.1.3

例 13.1.4　求矩阵 $A=\begin{pmatrix}-1&1&0\\-4&3&0\\1&0&2\end{pmatrix}$的特征值和特征向量.

例题：例 13.1.4

解：$\boldsymbol{A}$ 的特征多项式为

$$|\boldsymbol{A}-\lambda\boldsymbol{E}|=\begin{vmatrix}-1-\lambda & 1 & 0\\ -4 & 3-\lambda & 0\\ 1 & 0 & 2-\lambda\end{vmatrix}=(2-\lambda)(\lambda-1)^2,$$

所以 $\boldsymbol{A}$ 的特征值为 $\lambda_1=2$，$\lambda_2=\lambda_3=1$.

当 $\lambda_1=2$ 时，解 $(\boldsymbol{A}-2\boldsymbol{E})\boldsymbol{x}=\boldsymbol{0}$，由

$$\boldsymbol{A}-2\boldsymbol{E}=\begin{pmatrix}-3 & 1 & 0\\ -4 & 1 & 0\\ 1 & 0 & 0\end{pmatrix}\xrightarrow{r}\begin{pmatrix}1 & 0 & 0\\ 0 & 1 & 0\\ 0 & 0 & 0\end{pmatrix}$$

得基础解系 $\boldsymbol{p}_1=\begin{pmatrix}0\\0\\1\end{pmatrix}$，所以 $\boldsymbol{A}$ 的对应于 $\lambda_1=2$ 的全部特征向量为 $k_1\boldsymbol{p}_1(k_1\neq0)$.

当 $\lambda_2=\lambda_3=1$ 时，解 $(\boldsymbol{A}-\boldsymbol{E})\boldsymbol{x}=\boldsymbol{0}$，由

$$\boldsymbol{A}-\boldsymbol{E}=\begin{pmatrix}-2 & 1 & 0\\ -4 & 2 & 0\\ 1 & 0 & 1\end{pmatrix}\xrightarrow{r}\begin{pmatrix}1 & 0 & 1\\ 0 & 1 & 2\\ 0 & 0 & 0\end{pmatrix}$$

得基础解系 $\boldsymbol{p}_2=\begin{pmatrix}-1\\-2\\1\end{pmatrix}$，所以 $\boldsymbol{A}$ 的对应于 $\lambda_2=\lambda_3=1$ 的全部特征向量为 $k_2\boldsymbol{p}_2(k_2\neq0)$.

MATLAB 实现代码：

```
>> A = [ -1 1 0; -4 3 0,1 0 2]      % 输入矩阵
>> P = poly(A)                      % 确定特征多项式
>> v = roots(P)                     % 求解特征多项式的零点，即特征值
>> [Q,d] = eig(A)                   % 计算特征值和特征向量
```

13.1.3 特征值与特征向量的性质

微课：特征值与特征向量的例题求解

设二阶方阵 $\boldsymbol{A}=\begin{pmatrix}a_{11} & a_{12}\\ a_{21} & a_{22}\end{pmatrix}$，则

$$f_A(\lambda)=\begin{vmatrix}a_{11}-\lambda & a_{12}\\ a_{21} & a_{22}-\lambda\end{vmatrix}=\lambda^2-(a_{11}+a_{22})\lambda+(a_{11}a_{22}-a_{12}a_{21}).$$

设 λ_1,λ_2 是此二次多项式的方程的两个根，则可得

$$f_A(\lambda)=(\lambda-\lambda_1)(\lambda-\lambda_2)=\lambda^2-(\lambda_1+\lambda_2)\lambda+\lambda_1\lambda_2.$$

所以，$\lambda_1+\lambda_2=a_{11}+a_{22}$，$\lambda_1\lambda_2=a_{11}a_{22}-a_{12}a_{21}=|\boldsymbol{A}|$.

定理 13.1　设矩阵 $\boldsymbol{A}=(a_{ij})_{n\times n}$ 的特征值为 $\lambda_1,\lambda_2,\cdots,\lambda_n$，则有：

1) $\lambda_1+\lambda_2+\cdots+\lambda_n=a_{11}+a_{22}+\cdots+a_{nn}$，称 $a_{11}+a_{22}+\cdots+a_{nn}$ 为 $\boldsymbol{A}$ 的迹，记为 $\operatorname{tr}(A)$；

2) $\lambda_1\lambda_2\cdots\lambda_n=|\boldsymbol{A}|$.

该定理的证明要用到 n 次多项式根与系数的关系，在此不予证明.

如例 13.1.4，矩阵 $\boldsymbol{A}=\begin{pmatrix}-1&1&0\\-4&3&0\\1&0&2\end{pmatrix}$，特征值 $\lambda_1=2$，$\lambda_2=\lambda_3=1$. 则显然有 $2+1+1=-1+3+2$，即 $\lambda_1+\lambda_2+\lambda_3=a_{11}+a_{22}+a_{33}$. 再有

$$|\boldsymbol{A}|=\begin{vmatrix}-1&1&0\\-4&3&0\\1&0&2\end{vmatrix}=2\times\begin{vmatrix}-1&1\\-4&3\end{vmatrix}=2,$$

而 $\lambda_1\lambda_2\lambda_3=2\times1\times1=2$，即 $\lambda_1\lambda_2\lambda_3=|\boldsymbol{A}|$.

微课：特征值与特征向量的注意事项

推论　方阵 $\boldsymbol{A}$ 可逆当且仅当它的特征值全不为 0.

如例 13.1.3，矩阵 $\boldsymbol{A}=\begin{pmatrix}2&2\\1&3\end{pmatrix}$，则 $|\boldsymbol{A}|=4$，所以 $\boldsymbol{A}$ 是可逆的，它的特征值为 $\lambda_1=1$，$\lambda_2=4$. 若 $\boldsymbol{A}=\begin{pmatrix}2&4\\1&2\end{pmatrix}$，则 $|\boldsymbol{A}|=0$，所以 A 是不可逆的，可求得它的特征值为 $\lambda_1=0$，$\lambda_2=4$.

假设矩阵

$$\boldsymbol{A}=\begin{pmatrix}a_{11}&a_{12}&a_{13}\\0&a_{22}&a_{23}\\0&0&a_{33}\end{pmatrix}$$

是一个上三角矩阵，则

$$\boldsymbol{A}-\lambda\boldsymbol{E}=\begin{pmatrix}a_{11}&a_{12}&a_{13}\\0&a_{22}&a_{23}\\0&0&a_{33}\end{pmatrix}-\begin{pmatrix}\lambda&0&0\\0&\lambda&0\\0&0&\lambda\end{pmatrix}$$

$$=\begin{pmatrix}a_{11}-\lambda&a_{12}&a_{13}\\0&a_{22}-\lambda&a_{23}\\0&0&a_{33}-\lambda\end{pmatrix}.$$

所以，特征多项式 $|\boldsymbol{A}-\lambda\boldsymbol{E}|=(a_{11}-\lambda)(a_{22}-\lambda)(a_{33}-\lambda)$，故 $\boldsymbol{A}$ 的特征值是 a_{11},a_{22},a_{33}.

定理 13.2 三角矩阵的主对角线的元素是其特征值.

根据此定理，可以为一些特殊的矩阵的特征值的计算带来方便. 例如，$\boldsymbol{A}=\begin{pmatrix}1&5&4\\0&2&0\\0&0&3\end{pmatrix}$，则 $\boldsymbol{A}$ 的特征方程为

$$|\boldsymbol{A}-\lambda\boldsymbol{E}|=\begin{vmatrix}1-\lambda&5&4\\0&2-\lambda&0\\0&0&3-\lambda\end{vmatrix}=(1-\lambda)(2-\lambda)(3-\lambda).$$

故 $\boldsymbol{A}$ 的特征值为 1,2,3，是其主对角线上的元素.

定理 13.3 矩阵 $\boldsymbol{A}$ 与它的转置 $\boldsymbol{A}^{\mathrm{T}}$有相同的特征值.

该定理利用特征值的定义即可证明.

由例 13.1.3 可知 $\boldsymbol{A}=\begin{pmatrix}2&2\\1&3\end{pmatrix}$的特征值为$\lambda_1=1$，$\lambda_2=4$，它的转置为 $\boldsymbol{A}^{\mathrm{T}}=\begin{pmatrix}2&1\\2&3\end{pmatrix}$的特征多项式为$\begin{vmatrix}2-\lambda&1\\2&3-\lambda\end{vmatrix}=(\lambda-1)(\lambda-4)$，故它的特征值也为$\lambda_1=1$，$\lambda_2=4$.

定理 13.4 设 $\boldsymbol{A}$ 是 n 阶方阵，λ 是 $\boldsymbol{A}$ 的特征值，则

1) λ^2 是 $\boldsymbol{A}^2$ 的特征值.

2) 当 $\boldsymbol{A}$ 可逆时，$\dfrac{1}{\lambda}$是 $\boldsymbol{A}^{-1}$的特征值.

该定理利用特征值的定义即可证明.

例如，设 $\boldsymbol{A}=\begin{pmatrix}2&1\\1&2\end{pmatrix}$，则它的特征多项式为

$$|\boldsymbol{A}-\lambda\boldsymbol{E}|=\begin{vmatrix}2-\lambda&1\\1&2-\lambda\end{vmatrix}=(\lambda-1)(\lambda-3),$$

特征值为$\lambda_1=1$，$\lambda_2=3$；

$$\boldsymbol{A}^2=\begin{pmatrix}2&1\\1&2\end{pmatrix}^2=\begin{pmatrix}2&1\\1&2\end{pmatrix}\begin{pmatrix}2&1\\1&2\end{pmatrix}=\begin{pmatrix}5&4\\4&5\end{pmatrix},$$

则它的特征多项式为$|\boldsymbol{A}^2-\lambda\boldsymbol{E}|=\begin{vmatrix}5-\lambda&4\\4&5-\lambda\end{vmatrix}=(\lambda-1)(\lambda-9)$，

故特征值为

$$\lambda_1' = 1^2 = 1, \lambda_2' = 3^2 = 9.$$

A 是可逆的且 $A^{-1} = \frac{1}{3}\begin{pmatrix} 2 & -1 \\ -1 & 2 \end{pmatrix}$，则它的特征多项式为

$$|A^{-1} - \lambda E| = \frac{1}{9}\begin{vmatrix} 2-3\lambda & -1 \\ -1 & 2-3\lambda \end{vmatrix} = (\lambda - 1)(9\lambda - 3),$$

故特征值为$\lambda_1'' = \frac{1}{1} = 1$，$\lambda_2'' = \frac{1}{3}$.

按此例类推，不难证明：若 λ 是 A 的特征值，则λ^k是A^k的特征值；$\varphi(\lambda)$是$\varphi(A)$的特征值，其中 $\varphi(\lambda) = a_0 + a_1\lambda + \cdots + a_m\lambda^m$ 是 λ 多项式，$\varphi(A) = a_0E + a_1A + \cdots + a_mA^m$ 是矩阵 A 的多项式，这是特征值的一个重要性质.

例 13.1.5　设三阶矩阵 A 的特征值为 1，−1,2，求 $A^* + 3A - 2E$ 的特征值.

解：因 A 的特征值全不为 0，知 A 可逆，故 $A^* = A^{-1}|A|$，且 $|A| = \lambda_1\lambda_2\lambda_3 = -2$，所以 $A^* + 3A - 2E = -2A^{-1} + 3A - 2E$，记作 $\varphi(A)$，则有 $\varphi(\lambda) = -\frac{2}{\lambda} + 3\lambda - 2$，从而可得 $\varphi(A)$的特征值为 $\varphi(1) = -1$，$\varphi(-1) = -3$，$\varphi(2) = 3$.

定理 13.5　设λ_1，λ_2，…，λ_m是方阵 A 的 m 个互不相同的特征值，p_1，p_2，…，p_m是与之相对应的特征向量，则p_1，p_2，…，p_m线性无关.

该定理的证明可以用数学归纳法，在此不予证明.

如例 13.1.3 中 $A = \begin{pmatrix} 2 & 2 \\ 1 & 3 \end{pmatrix}$的两个不同的特征值$\lambda_1 = 1$，$\lambda_2 = 4$，并且 $p_1 = \begin{pmatrix} -2 \\ 1 \end{pmatrix}$，$p_2 = \begin{pmatrix} 1 \\ 1 \end{pmatrix}$是与之对应的特征向量，设 $B = (p_1, p_2) = \begin{pmatrix} -2 & 1 \\ 1 & 1 \end{pmatrix} \xrightarrow{r} \begin{pmatrix} 1 & 1 \\ 0 & 3 \end{pmatrix}$，故矩阵 B 的秩 $R(B) = 2$，所以特征向量 p_1、p_2 线性无关.

推论　设λ_1 和λ_2 是方阵 A 的两个不同特征值，ξ_1，ξ_2，…，ξ_s 和η_1，η_2，…，η_t分别是对应于λ_1 和λ_2 线性无关的特征向量，则ξ_1，ξ_2，…，ξ_s线性无关，η_1，η_2，…，η_t线性无关.

如设$A=\begin{pmatrix}1&2&2\\2&1&2\\2&2&1\end{pmatrix}$，$\lambda_1=5$，$\lambda_2=-1$是$A$的两个不同的特征值，$p_1=\begin{pmatrix}1\\1\\1\end{pmatrix}$是对应于$\lambda_1=5$的特征向量，$p_2=\begin{pmatrix}-1\\1\\0\end{pmatrix}$，$p_3=\begin{pmatrix}-1\\0\\1\end{pmatrix}$是对应于$\lambda_2=-1$的特征向量且$p_2,p_3$线性无关，设$B=(p_1,p_2,p_3)=\begin{pmatrix}1&-1&-1\\1&1&0\\1&0&1\end{pmatrix}\xrightarrow{r}\begin{pmatrix}1&-1&-1\\0&1&2\\0&0&-3\end{pmatrix}$，故矩阵$B$的秩$R(B)=3$，所以特征向量$p_1,p_2,p_3$线性无关.

例 13.1.6 设x_0,y_0表示某地区目前的平均收入水平和经济发展水平. x_t,y_t分别表示该地区t年后的平均收入水平和经济发展水平，有如下关系式：

$$\begin{cases}x_t=3x_{t-1}+y_{t-1},\\ y_t=2x_{t-1}+2y_{t-1},\end{cases}\quad t=1,\ 2,\ \cdots,\ k.$$

试预测该地区t年后的平均收入水平和经济发展水平之间的关系.

解：令$\boldsymbol{\alpha}_0=\begin{pmatrix}x_0\\y_0\end{pmatrix}$，$\boldsymbol{\alpha}_t=\begin{pmatrix}x_t\\y_t\end{pmatrix}$，$A=\begin{pmatrix}3&1\\2&2\end{pmatrix}$，则有$\boldsymbol{\alpha}_t=A\boldsymbol{\alpha}_{t-1}=\cdots=A^t\boldsymbol{\alpha}_0$，$A$的特征多项式为

$$|A-\lambda E|=\begin{vmatrix}3-\lambda&1\\2&2-\lambda\end{vmatrix}=(\lambda-1)(\lambda-4),$$

所以A的特征值为$\lambda_1=1$，$\lambda_2=4$.

当$\lambda_1=1$时，解$(A-E)x=0$，由

$$A-E=\begin{pmatrix}3-1&1\\2&2-1\end{pmatrix}=\begin{pmatrix}2&1\\2&1\end{pmatrix}\xrightarrow{r}\begin{pmatrix}2&1\\0&0\end{pmatrix}$$

得基础解系为$p_1=\begin{pmatrix}1\\-2\end{pmatrix}$，所以$A$的对应于$\lambda_1=1$的特征向量为$k_1p_1(k_1\neq0)$.

当$\lambda_2=4$时，解$(A-4E)x=0$，由

$$A-4E=\begin{pmatrix}3-4&1\\2&2-4\end{pmatrix}=\begin{pmatrix}-1&1\\2&-2\end{pmatrix}\xrightarrow{r}\begin{pmatrix}1&-1\\0&0\end{pmatrix}$$

得基础解系为 $\boldsymbol{p}_2=\begin{pmatrix}1\\1\end{pmatrix}$，所以 $\boldsymbol{A}$ 的对应于 $\lambda_2=4$ 的特征向量为 $k_2\boldsymbol{p}_2$ $(k_2\neq 0)$. 显然 $\boldsymbol{p}_1$ 和 $\boldsymbol{p}_2$ 是线性无关的.

1）取 $\boldsymbol{\alpha}_0=\boldsymbol{p}_1$，因为 $y_0<0$，所以不必讨论此种情况.

2）取 $\boldsymbol{\alpha}_0=\boldsymbol{p}_2=\begin{pmatrix}1\\1\end{pmatrix}$，则根据特征值和特征向量的定义及性质可得

$$\boldsymbol{\alpha}_t=\boldsymbol{A}^t\boldsymbol{\alpha}_0=\boldsymbol{A}^t\boldsymbol{p}_2=\boldsymbol{\lambda}_2^t\boldsymbol{p}_2=4^t\begin{pmatrix}1\\1\end{pmatrix},$$

即 $\begin{pmatrix}x_t\\y_t\end{pmatrix}=4^t\begin{pmatrix}1\\1\end{pmatrix}$，这表明在当前平均收入水平和经济发展水平的前提下，t 年后经济发展水平较高时，平均收入水平也保持同步增长的趋势.

3）$\boldsymbol{\alpha}_0=\begin{pmatrix}1\\7\end{pmatrix}$，则有 $\boldsymbol{\alpha}_0=-2\boldsymbol{p}_1+3\boldsymbol{p}_2$，则有

$$\begin{aligned}\boldsymbol{\alpha}_t&=\boldsymbol{A}^t\boldsymbol{\alpha}_0=\boldsymbol{A}^t(-2\boldsymbol{p}_1+3\boldsymbol{p}_2)=-2\boldsymbol{A}^t\boldsymbol{p}_1+3\boldsymbol{A}^t\boldsymbol{p}_2\\&=-2\lambda_1^t\boldsymbol{p}_1+3\lambda_2^t\boldsymbol{p}_2=\begin{pmatrix}3\times 4^t-2\\3\times 4^t+4\end{pmatrix},\end{aligned}$$

即 $\begin{pmatrix}x_t\\y_t\end{pmatrix}=\begin{pmatrix}3\times 4^t-2\\3\times 4^t+4\end{pmatrix}$.

对于更一般的 $\boldsymbol{\alpha}_0$，读者可采用类似的方法分析. 从本例可看出，特征值和特征向量在数学建模的分析和讨论中有着非常重要的应用价值.

13.2 相似矩阵及其性质

对于空间中向量的同一个位置变换，在不同的基底下，用于表示的矩阵一般是不相同的，而这些不同的矩阵，彼此之间就是相似矩阵.

相信读者都听过一句诗："横看成岭侧成峰，远近高低各不同". 站在不同的角度去看庐山，人们看到的景象是不同的. 那么，对于一个表示向量空间变换的矩阵而言，是否应该选择一个合适的基底，使我们可以用一个最佳矩阵来表示某一个向量空间变换呢？这个最佳的矩阵就是本节要讨论的对角矩阵.

微课：相似矩阵的概念及性质

13.2.1 相似矩阵的概念及性质

引例 13-2 在二维空间 $\mathbb{R}^2$ 中，在默认的基底 $\boldsymbol{e}_1=\begin{pmatrix}1\\0\end{pmatrix}$，$\boldsymbol{e}_2=\begin{pmatrix}0\\1\end{pmatrix}$下，向量 $\boldsymbol{x}$ 的坐标为 $\boldsymbol{x}=\begin{pmatrix}1\\3\end{pmatrix}$，若坐标由$\begin{pmatrix}1\\3\end{pmatrix}$变换成$\begin{pmatrix}5\\7\end{pmatrix}$，对于这个线性变换，它的描述矩阵为 $\boldsymbol{A}=\begin{pmatrix}2&1\\1&2\end{pmatrix}$，即有$\begin{pmatrix}2&1\\1&2\end{pmatrix}\begin{pmatrix}1\\3\end{pmatrix}=\begin{pmatrix}5\\7\end{pmatrix}$，就是 $\boldsymbol{Ax}=\begin{pmatrix}5\\7\end{pmatrix}$.

而在基底 $\boldsymbol{p}_1=\begin{pmatrix}1\\1\end{pmatrix}$，$\boldsymbol{p}_2=\begin{pmatrix}-1\\1\end{pmatrix}$下，向量的坐标为$\begin{pmatrix}2\\1\end{pmatrix}$，记为 $\boldsymbol{y}=\begin{pmatrix}2\\1\end{pmatrix}$，在新的基底下，对上述过程进行描述，坐标则由$\begin{pmatrix}2\\1\end{pmatrix}$变换成了$\begin{pmatrix}6\\1\end{pmatrix}$，它的描述矩阵为 $\boldsymbol{B}=\begin{pmatrix}3&0\\0&1\end{pmatrix}$，即有$\begin{pmatrix}3&0\\0&1\end{pmatrix}\begin{pmatrix}2\\1\end{pmatrix}=\begin{pmatrix}6\\1\end{pmatrix}$，就是 $\boldsymbol{By}=\begin{pmatrix}6\\1\end{pmatrix}$，如图 13-4 所示.

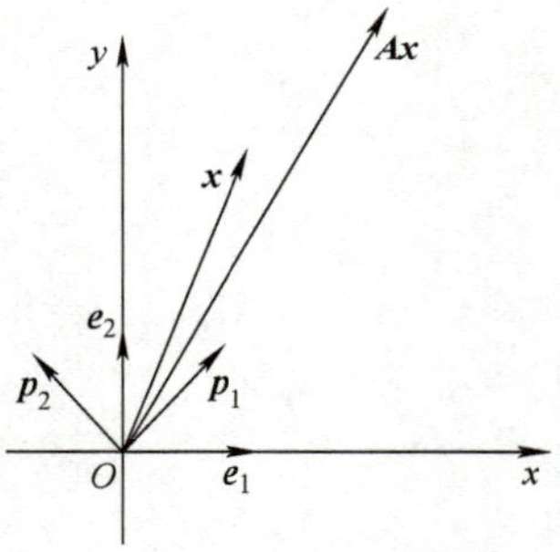

图 13-4 用不同基底描述同一向量和线性变换

通过引例 13-2 可知，对于同一个线性变换，由于我们选择的基底不同，因此表征其线性变换的矩阵就不同. 为了更好地说明不同基底下表征线性变换的矩阵之间的关系，我们引入如下定义.

定义 13.2 设 $\boldsymbol{A},\boldsymbol{B}$ 都是 n 阶矩阵，若存在可逆矩阵 $\boldsymbol{P}$，使$\boldsymbol{P}^{-1}\boldsymbol{AP}=\boldsymbol{B}$，则称 $\boldsymbol{B}$ 是 $\boldsymbol{A}$ 的**相似矩阵**，或称矩阵 $\boldsymbol{A}$ 与 $\boldsymbol{B}$ **相似**，记作 $\boldsymbol{A}\sim\boldsymbol{B}$。通过$\boldsymbol{P}^{-1}\boldsymbol{AP}=\boldsymbol{B}$ 把 $\boldsymbol{A}$ 化为 $\boldsymbol{B}$ 的过程称为对 $\boldsymbol{A}$ 进行**相似变换**，$\boldsymbol{P}$ 称为**相似变换矩阵**.

分析引例 13-2 可知，令矩阵 $\boldsymbol{P}=(\boldsymbol{p}_1,\boldsymbol{p}_2)=\begin{pmatrix}1&-1\\1&1\end{pmatrix}$，则有 $\boldsymbol{P}^{-1}=\frac{1}{2}\begin{pmatrix}1&1\\-1&1\end{pmatrix}$，且有$\begin{pmatrix}1&-1\\1&1\end{pmatrix}\begin{pmatrix}2\\1\end{pmatrix}=\begin{pmatrix}1\\3\end{pmatrix}$，即 $\boldsymbol{x}=\boldsymbol{Py}$，所以 $\boldsymbol{y}=\boldsymbol{P}^{-1}\boldsymbol{x}$. 也就是说从基底$(\boldsymbol{e}_1,\boldsymbol{e}_2)$变换到基底$(\boldsymbol{p}_1,\boldsymbol{p}_2)$下，向量的坐标由 $\boldsymbol{x}$ 变换到$\boldsymbol{P}^{-1}\boldsymbol{x}$. 接着在新的基底下进行线性变换 $\boldsymbol{By}=\boldsymbol{BP}^{-1}\boldsymbol{x}=\begin{pmatrix}6\\1\end{pmatrix}$. 线性变换结束后，重新回到原基底$(\boldsymbol{e}_1,\boldsymbol{e}_2)$下进行坐标表示，

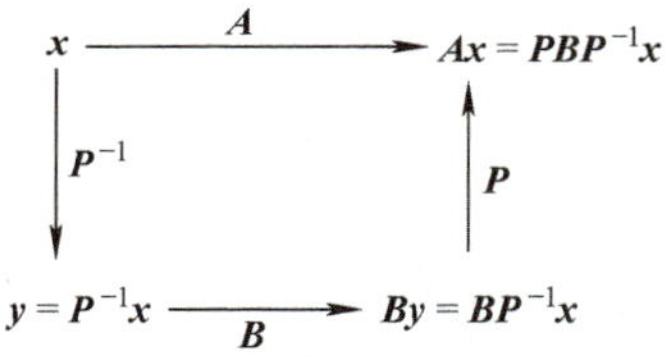

图 13-5　相似矩阵间的转换关系

所以我们再做一次逆变换，即 $\boldsymbol{PBP}^{-1}\boldsymbol{x}=\begin{pmatrix}1 & -1\\1 & 1\end{pmatrix}\begin{pmatrix}6\\1\end{pmatrix}=\begin{pmatrix}5\\7\end{pmatrix}=\boldsymbol{Ax}$. 从上述过程可知，按照这种方式所进行的整个变换过程其实和变换 $\boldsymbol{Ax}$ 是殊途同归的，且有 $\boldsymbol{PBP}^{-1}=\boldsymbol{A}$，也就是$\boldsymbol{P}^{-1}\boldsymbol{AP}=\boldsymbol{B}$，即 $\boldsymbol{A}\sim\boldsymbol{B}$.

相似矩阵间的转换关系如图 13-5 所示.

通过上面的分析可知，两个相似矩阵是空间中向量的同一个位置变换在两组基下对应的矩阵.

由定义可知，相似关系满足：

1）自反性：$\boldsymbol{A}\sim\boldsymbol{A}$.

2）对称性：若 $\boldsymbol{A}\sim\boldsymbol{B}$，则 $\boldsymbol{B}\sim\boldsymbol{A}$.

3）传递性：若 $\boldsymbol{A}\sim\boldsymbol{B}$，$\boldsymbol{B}\sim\boldsymbol{C}$，则 $\boldsymbol{A}\sim\boldsymbol{C}$.

因此，矩阵的相似关系是一种等价关系. 彼此相似的矩阵具有一些共性，也称为相似不变性.

定理 13.6　若 n 阶矩阵 $\boldsymbol{A}$ 与 $\boldsymbol{B}$ 相似，则有：

1) $\boldsymbol{A}^2\sim\boldsymbol{B}^2$.

2) $\boldsymbol{A}^{\mathrm{T}}\sim\boldsymbol{B}^{\mathrm{T}}$.

3) 若 $\boldsymbol{A}$ 与 $\boldsymbol{B}$ 都可逆，则有 $\boldsymbol{A}^{-1}\sim\boldsymbol{B}^{-1}$.

证明：1）因为 $\boldsymbol{A}$ 与 $\boldsymbol{B}$ 相似，即有可逆矩阵 $\boldsymbol{P}$，使$\boldsymbol{P}^{-1}\boldsymbol{AP}=\boldsymbol{B}$，故

$$\boldsymbol{B}^2=(\boldsymbol{P}^{-1}\boldsymbol{AP})^2=\boldsymbol{P}^{-1}\boldsymbol{AP}\cdot\boldsymbol{P}^{-1}\boldsymbol{AP}=\boldsymbol{P}^{-1}\boldsymbol{A}^2\boldsymbol{P}$$

所以，$\boldsymbol{A}^2\sim\boldsymbol{B}^2$，类似的方法可证得 2) 和 3).

由上面的分析可知，若 $\boldsymbol{A}=\begin{pmatrix}2 & 1\\1 & 2\end{pmatrix}$，$\boldsymbol{B}=\begin{pmatrix}3 & 0\\0 & 1\end{pmatrix}$，则 $\boldsymbol{A}\sim\boldsymbol{B}$. 计算可得

$$\boldsymbol{A}^2=\begin{pmatrix}5 & 4\\4 & 5\end{pmatrix},\boldsymbol{B}^2=\begin{pmatrix}9 & 0\\0 & 1\end{pmatrix}.$$

若 $\boldsymbol{P}=\begin{pmatrix}1 & -1\\1 & 1\end{pmatrix}$，则$\boldsymbol{P}^{-1}=\dfrac{1}{2}\begin{pmatrix}1 & 1\\-1 & 1\end{pmatrix}$，于是有

$$\frac{1}{2}\begin{pmatrix}1 & 1\\-1 & 1\end{pmatrix}\begin{pmatrix}5 & 4\\4 & 5\end{pmatrix}\begin{pmatrix}1 & -1\\1 & 1\end{pmatrix}=\begin{pmatrix}9 & 0\\0 & 1\end{pmatrix},$$

即有$\boldsymbol{P}^{-1}\boldsymbol{A}^2P=\boldsymbol{B}^2$，所以，$\boldsymbol{A}^2\sim\boldsymbol{B}^2$.

同理可证得：若 $\boldsymbol{A}\sim\boldsymbol{B}$，则 $\boldsymbol{A}^k\sim\boldsymbol{B}^k$，更一般地有 $\varphi(\lambda)=a_0+a_1\lambda+\cdots+a_m\lambda^m$，有 $\varphi(\boldsymbol{A})\sim\varphi(\boldsymbol{B})$.

定理 13.7 若 n 阶矩阵 $\boldsymbol{A}$ 与 $\boldsymbol{B}$ 相似，则有

1）$\boldsymbol{A}$ 与 $\boldsymbol{B}$ 有相同的秩，即 $R(\boldsymbol{A})=R(\boldsymbol{B})$.

2）$\boldsymbol{A}$ 与 $\boldsymbol{B}$ 有相同的行列式，即 $|\boldsymbol{A}|=|\boldsymbol{B}|$.

证明：1）因为相似矩阵一定是等价的，所以 $R(\boldsymbol{A})=R(\boldsymbol{B})$.

2）因为 $\boldsymbol{A}$ 与 $\boldsymbol{B}$ 相似，即有可逆矩阵 $\boldsymbol{P}$，使 $\boldsymbol{P}^{-1}\boldsymbol{AP}=\boldsymbol{B}$，故

$$|\boldsymbol{B}|=|\boldsymbol{P}^{-1}\boldsymbol{AP}|=|\boldsymbol{P}^{-1}||\boldsymbol{A}||\boldsymbol{P}|=|\boldsymbol{A}|.$$

由引例 13-2 可得，若 $\boldsymbol{A}=\begin{pmatrix}2&1\\1&2\end{pmatrix}$，$\boldsymbol{B}=\begin{pmatrix}3&0\\0&1\end{pmatrix}$，则 $\boldsymbol{A}\sim\boldsymbol{B}$.

$$\boldsymbol{A}=\begin{pmatrix}2&1\\1&2\end{pmatrix}\to\begin{pmatrix}1&2\\0&-3\end{pmatrix}.$$

所以，可得 $R(\boldsymbol{A})=2=R(\boldsymbol{B})$. 又 $|\boldsymbol{A}|=\begin{vmatrix}2&1\\1&2\end{vmatrix}=3=\begin{vmatrix}3&0\\0&1\end{vmatrix}$.

定理 13.8 若 n 阶矩阵 $\boldsymbol{A}$ 与 $\boldsymbol{B}$ 相似，则 $\boldsymbol{A}$ 与 $\boldsymbol{B}$ 的特征多项式相同，从而 $\boldsymbol{A}$ 与 $\boldsymbol{B}$ 的特征值也相同.

证明：因为 $\boldsymbol{A}$ 与 $\boldsymbol{B}$ 相似，即有可逆矩阵 $\boldsymbol{P}$，使 $\boldsymbol{P}^{-1}\boldsymbol{AP}=\boldsymbol{B}$，故

$$\begin{aligned}|\boldsymbol{B}-\lambda\boldsymbol{E}|&=|\boldsymbol{P}^{-1}\boldsymbol{AP}-\boldsymbol{P}^{-1}\lambda\boldsymbol{EP}|=|\boldsymbol{P}^{-1}(\boldsymbol{A}-\lambda\boldsymbol{E})\boldsymbol{P}|\\&=|\boldsymbol{P}^{-1}||\boldsymbol{A}-\lambda\boldsymbol{E}||\boldsymbol{P}|=|\boldsymbol{A}-\lambda\boldsymbol{E}|.\end{aligned}$$

例如，设 $\boldsymbol{A}=\begin{pmatrix}3&1\\5&-1\end{pmatrix}$，$\boldsymbol{B}=\begin{pmatrix}4&0\\0&-2\end{pmatrix}$，$\boldsymbol{P}=\begin{pmatrix}1&1\\1&-5\end{pmatrix}$，则有 $\boldsymbol{P}^{-1}=\dfrac{1}{6}\begin{pmatrix}5&1\\1&-1\end{pmatrix}$，$\boldsymbol{P}^{-1}\boldsymbol{AP}=\boldsymbol{B}$，所以 $\boldsymbol{A}\sim\boldsymbol{B}$. 于是 $\boldsymbol{A}$ 与 $\boldsymbol{B}$ 的特征多项式为

$$|\boldsymbol{A}-\lambda\boldsymbol{E}|=\begin{vmatrix}3-\lambda&1\\5&-1-\lambda\end{vmatrix}=(\lambda+2)(\lambda-4),$$

$$|\boldsymbol{B}-\lambda\boldsymbol{E}|=\begin{vmatrix}4-\lambda&0\\0&-2-\lambda\end{vmatrix}=(\lambda+2)(\lambda-4),$$

所以 $\boldsymbol{A}$ 与 $\boldsymbol{B}$ 的特征多项式相同且 $\lambda_1=-2$，$\lambda_2=4$. 所以，$\boldsymbol{A}$ 与 $\boldsymbol{B}$ 的特征值也相同.

推论 若 n 阶矩阵 $\boldsymbol{A}$ 与对角矩阵 $\boldsymbol{\Lambda}=\begin{pmatrix}\lambda_1&0&\cdots&0\\0&\lambda_2&\cdots&0\\\vdots&\vdots&&\vdots\\0&0&\cdots&\lambda_n\end{pmatrix}$ 相似，则 $\lambda_1,\lambda_2,\cdots,\lambda_n$ 是 $\boldsymbol{A}$ 的 n 个特征值.

证明：根据定理 13.2，$\lambda_1,\lambda_2,\cdots,\lambda_n$ 即是 $\boldsymbol{\Lambda}$ 的 n 个特征值，由定理 13.8 可知$\lambda_1,\lambda_2,\cdots,\lambda_n$ 也是 $\boldsymbol{A}$ 的 n 个特征值.

13.2.2　方阵的相似对角化

由 13.2.1 节的分析可知，两个相似矩阵是空间中向量的同一个位置变换在两组基下对应的矩阵. 那么，对于一个描述线性变换的矩阵而言，是否应该选择一个合适的基底，使我们可以用一个最佳矩阵来描述一个线性变换呢？这个最佳矩阵就是对角矩阵，因为利用对角矩阵描述线性变换具有一些优势，我们以引例 13-2 中的矩阵予以说明.

微课：方阵的相似对角化

一方面，$\boldsymbol{B}=\begin{pmatrix}3&0\\0&1\end{pmatrix}$，则

$$\begin{pmatrix}3&0\\0&1\end{pmatrix}\begin{pmatrix}2\\1\end{pmatrix}=\begin{pmatrix}3\times2\\1\times1\end{pmatrix}.$$

这说明对角矩阵描述线性变换仅仅是各个基向量的方向上的伸缩，而不对应旋转和平移等.

另一方面，对于连续的线性变换，可以用矩阵的乘法来表示，即

$$\boldsymbol{B}^2=\begin{pmatrix}3&0\\0&1\end{pmatrix}\begin{pmatrix}3&0\\0&1\end{pmatrix}=\begin{pmatrix}3^2&0\\0&1^2\end{pmatrix},$$

推广可得

$$\boldsymbol{B}^n=\begin{pmatrix}3^n&0\\0&1^n\end{pmatrix}.$$

由上面的分析可看出，对角矩阵反映的是一种非常简便的线性变换方式. 因此，在实际使用过程中，可以尝试把普通的非对角矩阵转换为与其相似的对角矩阵来进行计算处理，从而简化线性变换过程，为此引入如下定义.

定义 13.3　对于 n 阶矩阵 $\boldsymbol{A}$，若存在可逆矩阵 $\boldsymbol{P}$，使得$\boldsymbol{P}^{-1}\boldsymbol{A}\boldsymbol{P}=\boldsymbol{\Lambda}$ 为对角矩阵，则称 $\boldsymbol{A}$ **可相似对角化**，简称 $\boldsymbol{A}$ **可对角化**.

在引例 13-2 中，$\boldsymbol{A}=\begin{pmatrix}2&1\\1&2\end{pmatrix}$，$\boldsymbol{P}=\begin{pmatrix}1&-1\\1&1\end{pmatrix}$，则

$$\boldsymbol{P}^{-1}=\frac{1}{2}\begin{pmatrix}1&1\\-1&1\end{pmatrix},$$

故

$$P^{-1}AP=\frac{1}{2}\begin{pmatrix}1&1\\-1&1\end{pmatrix}\begin{pmatrix}2&1\\1&2\end{pmatrix}\begin{pmatrix}1&-1\\1&1\end{pmatrix}=\begin{pmatrix}3&0\\0&1\end{pmatrix}.$$

所以 A 可对角化.

但并不是所有的方阵都可对角化，下面讨论方阵对角化的条件，先继续分析引例 13-2.

A 的特征多项式为

$$|A-\lambda E|=\begin{vmatrix}2-\lambda&1\\1&2-\lambda\end{vmatrix}=(\lambda-3)(\lambda-1),$$

所以 A 的特征值为$\lambda_1=3$，$\lambda_2=1$.

当$\lambda_1=3$ 时，解$(A-3E)x=0$，由

$$A-3E=\begin{pmatrix}2-3&1\\1&2-3\end{pmatrix}=\begin{pmatrix}-1&1\\1&-1\end{pmatrix}\xrightarrow{r}\begin{pmatrix}1&-1\\0&0\end{pmatrix}$$

得基础解系为 $p_1=\begin{pmatrix}1\\1\end{pmatrix}$，所以 A 的对应于 $\lambda_1=3$ 的全部特征向量为 $k_1p_1(k_1\neq0)$.

当 $\lambda_2=1$ 时，解$(A-E)x=0$，由

$$A-E=\begin{pmatrix}2-1&1\\1&2-1\end{pmatrix}=\begin{pmatrix}1&1\\1&1\end{pmatrix}\xrightarrow{r}\begin{pmatrix}1&1\\0&0\end{pmatrix}$$

得基础解系为 $p_2=\begin{pmatrix}-1\\1\end{pmatrix}$，所以 A 的对应于 $\lambda_2=1$ 的全部特征向量为 $k_2p_2(k_2\neq0)$.

可以看出，存在以特征向量为列组成的可逆矩阵 $P=(p_1,p_2)=\begin{pmatrix}1&-1\\1&1\end{pmatrix}$，使得$P^{-1}AP=\begin{pmatrix}3&0\\0&1\end{pmatrix}$，是一个对角矩阵且主对角线上的元素是对应的特征值.

结合上面的分析可以看出，在默认的基底 $e_1=\begin{pmatrix}1\\0\end{pmatrix}$，$e_2=\begin{pmatrix}0\\1\end{pmatrix}$下的变换 $Ax=\begin{pmatrix}2&1\\1&2\end{pmatrix}\begin{pmatrix}1\\3\end{pmatrix}$，可以在特征向量 $p_1=\begin{pmatrix}1\\1\end{pmatrix}$和 $p_2=\begin{pmatrix}-1\\1\end{pmatrix}$为基底下用对角矩阵$\begin{pmatrix}3&0\\0&1\end{pmatrix}$来进行表示.

下面讨论更一般的矩阵对角化的条件.

设存在可逆矩阵 P，使得 $P^{-1}AP=\Lambda=\begin{pmatrix}\lambda_1&&&\\&\lambda_2&&\\&&\ddots&\\&&&\lambda_n\end{pmatrix}$为

对角矩阵，其中 $\lambda_1,\lambda_2,\cdots,\lambda_n$ 为 $\boldsymbol{A}$ 的 n 个特征值；把 $\boldsymbol{P}$ 用其列向量表示为 $\boldsymbol{P}=(\boldsymbol{p}_1,\boldsymbol{p}_2,\cdots,\boldsymbol{p}_n)$，由 $\boldsymbol{P}^{-1}\boldsymbol{AP}=\boldsymbol{\Lambda}$，可得 $\boldsymbol{AP}=\boldsymbol{P\Lambda}$，即

$$\boldsymbol{A}(\boldsymbol{p}_1,\boldsymbol{p}_2,\cdots,\boldsymbol{p}_n)=(\boldsymbol{p}_1,\boldsymbol{p}_2,\cdots,\boldsymbol{p}_n)\begin{pmatrix}\lambda_1 & 0 & \cdots & 0\\ 0 & \lambda_2 & \cdots & 0\\ \vdots & \vdots & & \vdots\\ 0 & 0 & \cdots & \lambda_n\end{pmatrix}$$

$$=(\lambda_1\boldsymbol{p}_1,\lambda_2\boldsymbol{p}_2,\cdots,\lambda_n\boldsymbol{p}_n),$$

从而有 $\boldsymbol{Ap}_i=\lambda_i\boldsymbol{p}_i(i=1,2,\cdots,n)$，可见 λ_i 是 $\boldsymbol{A}$ 的特征值，而 $\boldsymbol{P}$ 的列向量就是 $\boldsymbol{A}$ 对应于特征值 λ_i 的特征向量.

反之，若 $\boldsymbol{P}$ 由 $\boldsymbol{A}$ 的 n 个特征向量 $\boldsymbol{p}_1,\boldsymbol{p}_2,\cdots,\boldsymbol{p}_n$ 构成，则总有 $\boldsymbol{AP}=\boldsymbol{P\Lambda}$，于是余下的问题是：$\boldsymbol{P}$ 是否可逆，即 $\boldsymbol{p}_1,\boldsymbol{p}_2,\cdots,\boldsymbol{p}_n$ 是否线性无关？如果 $\boldsymbol{P}$ 可逆，则有 $\boldsymbol{P}^{-1}\boldsymbol{AP}=\boldsymbol{\Lambda}$，即 $\boldsymbol{A}$ 与对角矩阵 $\boldsymbol{\Lambda}$ 相似.

定理 13.9　n 阶矩阵 $\boldsymbol{A}$ 与对角矩阵相似(即 $\boldsymbol{A}$ 能对角化)的充分必要条件是 $\boldsymbol{A}$ 有 n 个线性无关的特征向量.

推论　如果 n 阶矩阵 $\boldsymbol{A}$ 的 n 个特征值互不相等，则 $\boldsymbol{A}$ 与对角矩阵相似.

当 $\boldsymbol{A}$ 的特征方程有重根时，就不一定有 n 个线性无关的特征向量，从而不一定能对角化. 在例 13.1.4 中 $\boldsymbol{A}$ 的特征方程有二重根 $\lambda_2=\lambda_3=1$，但却只能找到一个线性无关的特征向量，因此例 13.1.4 中的矩阵 $\boldsymbol{A}$ 不能对角化.

例 13.2.1　设 $\boldsymbol{A}=\begin{pmatrix}0 & 0 & 1\\ 1 & 1 & t\\ 1 & 0 & 0\end{pmatrix}$，问 t 为何值时，矩阵 $\boldsymbol{A}$ 能对角化？

解：$\boldsymbol{A}$ 的特征多项式为

$$|\boldsymbol{A}-\lambda\boldsymbol{E}|=\begin{vmatrix}-\lambda & 0 & 1\\ 1 & 1-\lambda & t\\ 1 & 0 & -\lambda\end{vmatrix}=(1-\lambda)\begin{vmatrix}-\lambda & 1\\ 1 & -\lambda\end{vmatrix}$$

$$=-(1-\lambda)^2(\lambda+1),$$

解得 $\lambda_1=-1$，$\lambda_2=\lambda_3=1$.

当单根 $\lambda_1=-1$ 时，可求得线性无关的特征向量恰有一个，故矩阵 $\boldsymbol{A}$ 可对角化的充分必要条件是：对应于重根 $\lambda_2=\lambda_3=1$，有两个线性无关的特征向量，即方程 $(\boldsymbol{A}-\boldsymbol{E})\boldsymbol{x}=\boldsymbol{0}$ 有两个线性无

关的解，亦即系数矩阵 $\boldsymbol{A}-\boldsymbol{E}$ 的秩 $R(\boldsymbol{A}-\boldsymbol{E})=1$，由

$$\boldsymbol{A}-\boldsymbol{E}=\begin{pmatrix}-1&0&1\\1&0&t\\1&0&-1\end{pmatrix}\xrightarrow{r}\begin{pmatrix}1&0&-1\\0&0&t+1\\0&0&0\end{pmatrix}$$

可知，要使 $R(\boldsymbol{A}-\boldsymbol{E})=1$，得 $t+1=0$，则 $t=-1$. 因此 $t=-1$ 时，矩阵 $\boldsymbol{A}$ 可以对角化.

由上面的分析，可总结将 n 阶方阵 $\boldsymbol{A}$ 对角化的步骤：

1）求出方阵 $\boldsymbol{A}$ 的全部特征值 $\lambda_1,\lambda_2,\cdots,\lambda_n$.

2）若 λ_i 是单根，求出对应的特征向量；若 λ_i 是 r 重根，则求出对应的 r 个线性无关的特征向量，从而得到 n 个线性无关的特征向量 $\boldsymbol{p}_1,\boldsymbol{p}_2,\cdots,\boldsymbol{p}_n$.

3）以 $\boldsymbol{p}_1,\boldsymbol{p}_2,\cdots,\boldsymbol{p}_n$ 为列作矩阵 $\boldsymbol{P}$，则 $\boldsymbol{P}^{-1}\boldsymbol{A}\boldsymbol{P}=\mathrm{diag}(\lambda_1,\lambda_2,\cdots,\lambda_n)$，其中 $\lambda_1,\lambda_2,\cdots,\lambda_n$ 是按特征向量的次序对应的.

例题：例 13.2.2

例 13.2.2 设矩阵 $\boldsymbol{A}=\begin{pmatrix}0&0&1\\1&1&-1\\1&0&0\end{pmatrix}$，问 $\boldsymbol{A}$ 能否对角化？若能则求可逆矩阵 $\boldsymbol{P}$ 和对角矩阵 $\boldsymbol{\Lambda}$，使 $\boldsymbol{P}^{-1}\boldsymbol{A}\boldsymbol{P}=\boldsymbol{\Lambda}$.

解： $\boldsymbol{A}$ 的特征多项式为

$$|\boldsymbol{A}-\lambda\boldsymbol{E}|=\begin{vmatrix}-\lambda&0&1\\1&1-\lambda&-1\\1&0&-\lambda\end{vmatrix}=(1-\lambda)\begin{vmatrix}-\lambda&1\\1&-\lambda\end{vmatrix}$$

$$=-(1-\lambda)^2(\lambda+1),$$

所以 $\boldsymbol{A}$ 的特征值为 $\lambda_1=-1$，$\lambda_2=\lambda_3=1$.

当 $\lambda_1=-1$ 时，解 $(\boldsymbol{A}+\boldsymbol{E})\boldsymbol{x}=\boldsymbol{0}$，由

$$\boldsymbol{A}+\boldsymbol{E}=\begin{pmatrix}1&0&1\\1&2&-1\\1&0&1\end{pmatrix}\xrightarrow{r}\begin{pmatrix}1&0&1\\0&1&-1\\0&0&0\end{pmatrix}$$

得基础解系 $\boldsymbol{p}_1=\begin{pmatrix}-1\\1\\1\end{pmatrix}$.

当 $\lambda_2=\lambda_3=1$ 时，解 $(\boldsymbol{A}-\boldsymbol{E})\boldsymbol{x}=\boldsymbol{0}$，由

$$\boldsymbol{A}-\boldsymbol{E}=\begin{pmatrix}-1&0&1\\1&0&-1\\1&0&-1\end{pmatrix}\xrightarrow{r}\begin{pmatrix}1&0&-1\\0&0&0\\0&0&0\end{pmatrix}$$

得基础解系 $\boldsymbol{p}_2=\begin{pmatrix}1\\0\\1\end{pmatrix}$，$\boldsymbol{p}_3=\begin{pmatrix}0\\1\\0\end{pmatrix}$.

因为 $\boldsymbol{p}_1,\boldsymbol{p}_2,\boldsymbol{p}_3$ 线性无关，所以 $\boldsymbol{A}$ 可对角化；若记

$$\boldsymbol{P}=(\boldsymbol{p}_1,\boldsymbol{p}_2,\boldsymbol{p}_3)=\begin{pmatrix}-1&1&0\\1&0&1\\1&1&0\end{pmatrix},$$

则有

$$\boldsymbol{P}^{-1}\boldsymbol{A}\boldsymbol{P}=\begin{pmatrix}-1&&\\&1&\\&&1\end{pmatrix}.$$

需要注意的是，式中对角矩阵的对角元的排列次序应与 $\boldsymbol{P}$ 中列向量的排列次序一致.

MATLAB 实现代码：

```
>> A=[0 0 1;1 1 -1;1 0 0]          % 输入矩阵
>> [Q,d]=eig(A)                    % 求特征值与特征向量，Q 即为所求矩阵
```

下面举例说明矩阵相似对角化的一些具体应用.

若 $\boldsymbol{A}$ 可对角化，存在可逆矩阵 $\boldsymbol{P}$，使得

$$\boldsymbol{P}^{-1}\boldsymbol{A}\boldsymbol{P}=\boldsymbol{\Lambda}=\begin{pmatrix}\lambda_1&&&\\&\lambda_2&&\\&&\ddots&\\&&&\lambda_n\end{pmatrix},$$

即 $\boldsymbol{A}=\boldsymbol{P}\boldsymbol{\Lambda}\boldsymbol{P}^{-1}$，于是 $\boldsymbol{A}^k=\boldsymbol{P}\boldsymbol{\Lambda}^k\boldsymbol{P}^{-1}$；类似地，可得 $\boldsymbol{A}$ 的多项式 $\varphi(\boldsymbol{A})=\boldsymbol{P}\varphi(\boldsymbol{\Lambda})\boldsymbol{P}^{-1}$，而对于对角矩阵 $\boldsymbol{\Lambda}$，有

$$\boldsymbol{\Lambda}^k=\begin{pmatrix}\lambda_1^k&&&\\&\lambda_2^k&&\\&&\ddots&\\&&&\lambda_n^k\end{pmatrix},\varphi(\boldsymbol{\Lambda})=\begin{pmatrix}\varphi(\lambda_1)&&&\\&\varphi(\lambda_2)&&\\&&\ddots&\\&&&\varphi(\lambda_n)\end{pmatrix}.$$

由此可方便计算出 $\boldsymbol{A}^k$ 和 $\boldsymbol{A}$ 的多项式 $\varphi(\boldsymbol{A})$，这是矩阵相似对角化的一个具体应用.

例 13.2.3　已知 $\boldsymbol{A}=\begin{pmatrix}3&-1\\-1&3\end{pmatrix}$，求 $\boldsymbol{A}^{100}$.

解：易求得 $\boldsymbol{A}$ 的特征值为 $\lambda_1=2$，$\lambda_2=4$，对应的特征向量分别为

$$\boldsymbol{p}_1=\begin{pmatrix}1\\1\end{pmatrix},\ \boldsymbol{p}_2=\begin{pmatrix}1\\-1\end{pmatrix}.$$

令 $\boldsymbol{P}=(\boldsymbol{p}_1,\boldsymbol{p}_2)=\begin{pmatrix}1&1\\1&-1\end{pmatrix}$，则$\boldsymbol{P}^{-1}=\dfrac{1}{2}\begin{pmatrix}1&1\\1&-1\end{pmatrix}$，于是有

$$\boldsymbol{P}^{-1}\boldsymbol{AP}=\begin{pmatrix}2&\\&4\end{pmatrix},$$

从而可得

$$\boldsymbol{A}=\boldsymbol{P}\begin{pmatrix}2&\\&4\end{pmatrix}\boldsymbol{P}^{-1},$$

所以有

$$\boldsymbol{A}^{100}=\left(\boldsymbol{P}\begin{pmatrix}2&\\&4\end{pmatrix}\boldsymbol{P}^{-1}\right)^{100}=\boldsymbol{P}\begin{pmatrix}2&\\&4\end{pmatrix}^{100}\boldsymbol{P}^{-1}$$
$$=\begin{pmatrix}1&1\\1&-1\end{pmatrix}\begin{pmatrix}2^{100}&\\&4^{100}\end{pmatrix}\frac{1}{2}\begin{pmatrix}1&1\\1&-1\end{pmatrix}=\frac{1}{2}\begin{pmatrix}2^{100}+4^{100}&2^{100}-4^{100}\\2^{100}-4^{100}&2^{100}+4^{100}\end{pmatrix}.$$

习题 A

1. 判断题.

(1) 任何一个矩阵都可以求特征值. ( )

(2) 设 $\boldsymbol{A}$ 是 n 阶矩阵，如果存在数 λ 与 n 维向量 $\boldsymbol{x}$，使 $\boldsymbol{Ax}=\lambda\boldsymbol{x}$，则向量 $\boldsymbol{x}$ 是 $\boldsymbol{A}$ 的对应于特征值 λ 的特征向量. ( )

(3) 向量 $\boldsymbol{x}$ 是矩阵 $\boldsymbol{A}$ 的对应于特征值 λ 的特征向量，则对任意常数 k，$k\boldsymbol{x}$ 也是 $\boldsymbol{A}$ 的对应于特征值 λ 的特征向量. ( )

(4) 如果是 n 阶矩阵 $\boldsymbol{A}$ 有 n 个特征值，则它相似于对角矩阵. ( )

(5) 设 $\boldsymbol{A}$ 与 $\boldsymbol{B}$ 是两个 n 阶矩阵，则 $\boldsymbol{AB}$ 与 $\boldsymbol{BA}$ 有相同的特征多项式. ( )

2. 单项选择题.

(1) 设 $\boldsymbol{A}$ 是 n 阶矩阵，λ_1,λ_2 是 $\boldsymbol{A}$ 的特征值，$\boldsymbol{x}_1,\boldsymbol{x}_2$ 是 $\boldsymbol{A}$ 的分别属于λ_1,λ_2 的特征向量，下列结论中正确的是( ).

(A) 若$\lambda_1=\lambda_2$，则 $\boldsymbol{x}_1$ 与 $\boldsymbol{x}_2$ 对应分量成比例

(B) 若$\lambda_1\neq\lambda_2$ 且$\lambda_3=\lambda_1+\lambda_2$ 也是 $\boldsymbol{A}$ 的特征值，则对应的特征向量为 $\boldsymbol{x}_1+\boldsymbol{x}_2$

(C) 若$\lambda_1\neq\lambda_2$，则 $\boldsymbol{x}_1+\boldsymbol{x}_2$ 不可能是 $\boldsymbol{A}$ 的特征向量

(D) 若$\lambda_1=0$，则 $\boldsymbol{x}_1=\boldsymbol{0}$

(2) 矩阵 $\boldsymbol{A}$ 与 $\boldsymbol{B}$ 相似的充分条件是( ).

(A) $|\boldsymbol{A}|=|\boldsymbol{B}|$ (B) $R(\boldsymbol{A})=R(\boldsymbol{B})$

(C) $\boldsymbol{A}$ 与 $\boldsymbol{B}$ 有相同的特征多项式

(D) n 阶矩阵 $\boldsymbol{A}$ 与 $\boldsymbol{B}$ 有相同的特征值且 n 个特征值互不相同

(3) 设λ_1，λ_2 是矩阵 $\boldsymbol{A}$ 的两个不同的特征值，对应的特征向量为 $\boldsymbol{x}_1,\boldsymbol{x}_2$，则下列结论正确的是( ).

(A) 对任意 $k_1\neq0$，$k_2\neq0$，$k_1\boldsymbol{x}_1+k_2\boldsymbol{x}_2$ 都是 $\boldsymbol{A}$ 的特征向量

(B) 存在常数 $k_1\neq0$，$k_2\neq0$，$k_1\boldsymbol{x}_1+k_2\boldsymbol{x}_2$ 是 $\boldsymbol{A}$ 的特征向量

(C) 当 $k_1\neq0$，$k_2\neq0$，$k_1\boldsymbol{x}_1+k_2\boldsymbol{x}_2$ 不可能是 $\boldsymbol{A}$ 的特征向量

(D) 存在唯一的一组常数 $k_1\neq0$，$k_2\neq0$，使 $k_1\boldsymbol{x}_1+k_2\boldsymbol{x}_2$ 是 $\boldsymbol{A}$ 的特征向量

(4) 设矩阵 $\boldsymbol{A}=\begin{pmatrix}0&0&1\\x&1&0\\1&0&0\end{pmatrix}$有三个线性无关的特征向量，则 $x=$( ).

(A) -1 (B) 0 (C) 1 (D) 2

(5) 设矩阵 $\boldsymbol{A}$ 与 $\boldsymbol{B}$ 相似，其中 $\boldsymbol{A}=\begin{pmatrix}1&2&3\\-1&x&2\\0&0&1\end{pmatrix}$，已知 $\boldsymbol{B}$ 有特征值 1,2,3，$x=$( ).

(A) 4 (B) -3 (C) -4 (D) 3

(6) 设λ_1,λ_2 是矩阵 $\boldsymbol{A}$ 的两个不同的特征值，

对应的特征向量为 $\boldsymbol{x}_1, \boldsymbol{x}_2$，则 $\boldsymbol{x}_1, \boldsymbol{A}(\boldsymbol{x}_1+\boldsymbol{x}_2)$ 线性无关的充要条件是(　　).

(A) $\lambda_1 \neq 0$　(B) $\lambda_2 \neq 0$

(C) $\lambda_1 = 0$　(D) $\lambda_2 = 0$

3. 解答题.

(1) $\lambda=2$ 是矩阵 $\begin{pmatrix} 3 & 2 \\ 3 & 8 \end{pmatrix}$ 的特征值吗？为什么？

(2) $\begin{pmatrix} 1 \\ 4 \end{pmatrix}$ 是矩阵 $\begin{pmatrix} -3 & 1 \\ -3 & 8 \end{pmatrix}$ 的特征向量吗？如果是，求对应的特征值.

(3) 求下列矩阵的特征值和特征向量.

1) $\begin{pmatrix} 5 & 0 \\ 2 & 1 \end{pmatrix}$；　2) $\begin{pmatrix} 2 & 1 \\ 1 & 2 \end{pmatrix}$；

3) $\begin{pmatrix} 2 & -1 & 2 \\ 5 & -3 & 3 \\ -1 & 0 & -2 \end{pmatrix}$；　4) $\begin{pmatrix} -2 & 1 & 1 \\ 0 & 2 & 0 \\ -4 & 1 & 3 \end{pmatrix}$.

(4) 已知三阶矩阵 $\boldsymbol{A}$ 的特征值为 $1, -1, 2$，求矩阵 $\boldsymbol{B}=2\boldsymbol{A}+\boldsymbol{E}$ 的特征值.

(5) 已知三阶矩阵 $\boldsymbol{A}$ 的一个特征值 $\lambda=2$，对应的特征向量为 $\boldsymbol{x}=\begin{pmatrix} 1 \\ 2 \\ -1 \end{pmatrix}$ 且 $\boldsymbol{A}$ 的主对角线上元素全为零，求矩阵 $\boldsymbol{A}$.

(6) 设矩阵 $\boldsymbol{A}=\begin{pmatrix} 1 & -1 & 0 \\ 2 & x & 0 \\ 4 & 2 & 1 \end{pmatrix}$，已知 $\boldsymbol{A}$ 有特征值 $\lambda_1=1, \lambda_2=2$，求 x 的值和 $\boldsymbol{A}$ 的另一个特征值 λ_3.

(7) 设矩阵 $\boldsymbol{A}=\begin{pmatrix} 1 & -3 & 3 \\ 3 & a & 3 \\ 6 & -6 & b \end{pmatrix}$ 的特征值 $\lambda_1=-2, \lambda_2=4$，求常数 a 与 b.

(8) 已知矩阵 $\boldsymbol{A}=\begin{pmatrix} 3 & 2 & -1 \\ a & -2 & 2 \\ 3 & b & -1 \end{pmatrix}$，如果 $\boldsymbol{A}$ 的特征值 λ_1 对应的一个特征向量 $\boldsymbol{p}_1=\begin{pmatrix} 1 \\ -2 \\ 3 \end{pmatrix}$，求 a, b 和 λ_1 的值.

(9) 下列三个矩阵是否相似？

$$\boldsymbol{A}=\begin{pmatrix} 1 & & \\ & 2 & \\ & & 0 \end{pmatrix}, \boldsymbol{B}=\begin{pmatrix} 1 & & \\ & 0 & \\ & & 2 \end{pmatrix}, \boldsymbol{C}=\begin{pmatrix} 2 & & \\ & 0 & \\ & & 1 \end{pmatrix}.$$

(10) 若矩阵 $\boldsymbol{A}$ 与 $\boldsymbol{B}$ 相似，则它们有相同的特征值. 反过来，若矩阵有相同的特征值，那么：

1) 它们是否相似？

2) 在什么条件下它们必定相似？

(11) 若 $\begin{pmatrix} 22 & 31 \\ y & x \end{pmatrix}$ 与 $\begin{pmatrix} 1 & 2 \\ 3 & 4 \end{pmatrix}$ 相似，求 x 与 y.

(12) 若矩阵 $\boldsymbol{A}$ 与 $\boldsymbol{B}$ 相似，矩阵 $\boldsymbol{A}$ 的特征值为 $\frac{1}{2}, \frac{1}{3}, \frac{1}{4}, \frac{1}{5}$，求 $|\boldsymbol{B}^{-1}-\boldsymbol{E}|$.

(13) 已知矩阵 $\boldsymbol{A}=\begin{pmatrix} 2 & 0 & 0 \\ 0 & 0 & 1 \\ 0 & 1 & a \end{pmatrix}$ 与 $\boldsymbol{B}=\begin{pmatrix} 2 & 0 & 0 \\ 0 & 3 & 4 \\ 0 & -2 & b \end{pmatrix}$ 相似，试确定 a 与 b.

(14) 设 $\boldsymbol{A}=\begin{vmatrix} 3 & 2 & -2 \\ -k & 1 & k \\ 4 & k & -3 \end{vmatrix}$ 有特征值为 0，问 $\boldsymbol{A}$ 能否对角化？

(15) 设矩阵 $\boldsymbol{A}=\begin{pmatrix} 4 & 6 & 0 \\ -3 & -5 & 0 \\ -3 & -6 & 1 \end{pmatrix}$，求可逆矩阵 $\boldsymbol{P}$，使 $\boldsymbol{P}^{-1}\boldsymbol{A}\boldsymbol{P}$ 为对角矩阵.

(16) 设矩阵 $\boldsymbol{A}=\begin{pmatrix} 2 & 0 & 1 \\ 3 & 1 & x \\ 4 & 0 & 5 \end{pmatrix}$ 可对角化，求 x.

(17) 设 $\boldsymbol{A}=\begin{pmatrix} 1 & 4 & 2 \\ 0 & 3 & 4 \\ 0 & 4 & 3 \end{pmatrix}$，求 $\boldsymbol{A}^{100}$.

(18) 设 $\boldsymbol{A}$ 为非零的 n 阶方阵，如果存在正整数 k，使得 $\boldsymbol{A}^k=\boldsymbol{0}$，证明：$\boldsymbol{A}$ 不能与对角矩阵相似.

(19) 设 $\boldsymbol{A}$ 为 $m \times n$ 矩阵，$\boldsymbol{B}$ 为 $n \times m$ 矩阵，证明：$\boldsymbol{AB}$ 与 $\boldsymbol{BA}$ 有相同的非零特征值.

习题 B

1. 设 $\boldsymbol{A}$ 是四阶矩阵，伴随矩阵 $\boldsymbol{A}^*$ 的特征值是

1, -2, -4, 8, 求 $\boldsymbol{A}$ 的特征值.

2. 已知三阶矩阵 $\boldsymbol{A}$ 的特征值为 1, 2, -3, 求 $|\boldsymbol{A}^* + 3\boldsymbol{A} + 2\boldsymbol{E}|$.

3. 设 $\boldsymbol{A}$ 是 n 阶矩阵, $\lambda = 2, 4, \cdots, 2n$ 是 $\boldsymbol{A}$ 的 n 个特征值, 求行列式 $|\boldsymbol{A} - 3\boldsymbol{E}|$的值.

4. 已知 $\boldsymbol{p} = \begin{pmatrix} 1 \\ 1 \\ 1 \end{pmatrix}$是矩阵 $\boldsymbol{A} = \begin{pmatrix} 2 & -1 & 2 \\ 5 & a & 3 \\ -1 & b & -2 \end{pmatrix}$的一个特征向量.

(1) 求参数 a、b 及特征向量 $\boldsymbol{p}$ 所对应的特征值.

(2) $\boldsymbol{A}$ 能否对角化, 并说明理由.

5. 设三阶矩阵 $\boldsymbol{A}$ 的特征值为 2, -2, 1; 对应的特征向量依次为 $\boldsymbol{p}_1 = \begin{pmatrix} 0 \\ 1 \\ 1 \end{pmatrix}$, $\boldsymbol{p}_2 = \begin{pmatrix} 1 \\ 1 \\ 1 \end{pmatrix}$, $\boldsymbol{p}_3 = \begin{pmatrix} 1 \\ 1 \\ 0 \end{pmatrix}$, 求 $\boldsymbol{A}$.

习题答案

第 3 章

习题 A

1. $\begin{pmatrix}1 & 0\\0 & 1\end{pmatrix}$. 2. $A+E$.

3. (1) $\begin{cases}x=5,\\y=0,\\z=-2;\end{cases}$ (2) $\begin{cases}x_1=2-c,\\x_2=c,\\x_3=-2;\end{cases}$ (3) 无解.

4. (1) $R(A)=3$; (2) $R(B)=2$.

5. (1) $A^{-1}=\dfrac{1}{2}\begin{pmatrix}4 & -1\\-6 & 2\end{pmatrix}$; (2) $B^{-1}=\begin{pmatrix}2^{-1} & 0\\0 & 5^{-1}\end{pmatrix}$;

(3) $C^{-1}=\begin{pmatrix}2^{-1} & 0 & 0\\0 & 4^{-1} & 0\\0 & 0 & 6^{-1}\end{pmatrix}$; (4) $D^{-1}=\begin{pmatrix}-2 & -3 & -3\\2 & 1 & 2\\1 & 1 & 1\end{pmatrix}$.

习题 B

1. $A^{-1}=\dfrac{1}{3}(A-2E)$; $(A-2E)^{-1}=\dfrac{1}{3}A$; $(A+2E)^{-1}=-\dfrac{1}{5}(A-4E)$.

2. 证明略，$(A+3E)^{-1}=-\dfrac{1}{12}(A-4E)$.

第 4 章

习题 A

1. B 2. C 3. $\begin{pmatrix}2 & 1\\1 & 0\\3 & 2\end{pmatrix}$. 4. $\begin{pmatrix}1 & 0 & 0\\0 & 1 & 0\\0 & 0 & 1\end{pmatrix}$. 5. C 6. D 7. C 8. D 9. B

10. (1) $R(A)=3$; (2) $R(B)=3$.

11. $a=3$.

12. (1) 当 $\lambda=1$ 时，$R(A)=1$; (2) 当 $\lambda=-2$ 时，$R(A)=2$.

13. (1) $A\to\begin{pmatrix}1 & 0 & 0 & -2\\0 & 1 & 0 & 2\\0 & 0 & 1 & 1\end{pmatrix}$; (2) $B\to\begin{pmatrix}1 & 0 & 0 & 3\\0 & 1 & 0 & 0\\0 & 0 & 1 & -1\\0 & 0 & 0 & 0\end{pmatrix}$.

14. (1) $A^{-1}=\begin{pmatrix}4&-3&1\\0&3&-2\\-1&-1&1\end{pmatrix}$; (2) $B^{-1}=\begin{pmatrix}-1&8&5\\-1&7&5\\1&-6&-4\end{pmatrix}$.

15. (1) $x=\begin{pmatrix}x_1\\x_2\\x_3\\x_4\end{pmatrix}=c_1\begin{pmatrix}3\\-4\\1\\0\end{pmatrix}+c_2\begin{pmatrix}-4\\5\\0\\1\end{pmatrix}$, $c_1,c_2\in\mathbb{R}$;

(2) $x=\begin{pmatrix}x_1\\x_2\\x_3\\x_4\end{pmatrix}=c_1\begin{pmatrix}-1\\2\\1\\0\end{pmatrix}+c_2\begin{pmatrix}2\\-3\\0\\1\end{pmatrix}$, $c_1,c_2\in\mathbb{R}$;

(3) $x=\begin{pmatrix}x_1\\x_2\\x_3\\x_4\end{pmatrix}=c_1\begin{pmatrix}-2\\1\\0\\0\end{pmatrix}+c_2\begin{pmatrix}2\\0\\-1\\1\end{pmatrix}$, $c_1,c_2\in\mathbb{R}$;

16. (1) $x=\begin{pmatrix}x_1\\x_2\\x_3\end{pmatrix}=\begin{pmatrix}-2\\-3\\4\end{pmatrix}$; (2) $\begin{pmatrix}x_1\\x_2\\x_3\end{pmatrix}=\begin{pmatrix}-2c-2\\c\\1\end{pmatrix}$, $c\in\mathbb{R}$;

(3) $\begin{pmatrix}x_1\\x_2\\x_3\end{pmatrix}=\begin{pmatrix}-3c+1\\-c+1\\c\end{pmatrix}$, $c\in\mathbb{R}$; (4) 无解.

17. $9x_1+5x_2-3x_3=-5$.

18. $\lambda\neq2$ 且 $\lambda\neq-4$.

19. 当 $\lambda=0$ 或 $\lambda=3$ 或 $\lambda=2$ 时，方程组有非零解.

20. 当 $a=2$ 时，方程组有解，$x=\begin{pmatrix}-1\\2\\0\end{pmatrix}+k\begin{pmatrix}-2\\1\\1\end{pmatrix}$, $k\in\mathbb{R}$.

21. 当 $a=1$ 时，$x=k\begin{pmatrix}-2\\1\\1\end{pmatrix}$, $k\in\mathbb{R}$；当 $a=-1$ 时，$x=k\begin{pmatrix}1\\1\\0\end{pmatrix}$, $k\in\mathbb{R}$.

习题 B

1. D　2. B　3. A　4. D　5. A

6. 当 $a=0$ 时，方程组无解；

当 $a=1$ 时，$x=k\begin{pmatrix}-1\\2\\1\end{pmatrix}+k\begin{pmatrix}2\\-9\\0\end{pmatrix}$, $k\in\mathbb{R}$;

当 $a \neq 0$ 且 $a \neq 1$ 时，有唯一解 $x_1 = -\frac{a^2+9}{a^2}$，$x_2 = \frac{3a^2+3a+9}{a^2}$，$x_3 = \frac{3a+9}{a^2}$.

7. 当 $a \neq 0$ 且 $a \neq 1$ 时，方程组有唯一解；当 $a=0$ 时，方程组无解；

当 $a=1$ 时，通解为 $\begin{cases} x_1 = 1-c, \\ x_2 = -3+2c, \\ x_3 = c, \end{cases}$ c 为任意数.

8. 当 $a \neq -2$，$b=5$ 时，方程组有唯一解，$x_1=-20$，$x_2=13$，$x_3=0$；

当 $a=-2$，$b=5$ 时，方程组有无穷多解，$\begin{cases} x_1 = -20+7c, \\ x_2 = 13-5c, \\ x_3 = c, \end{cases}$ c 为任意数；

当 $b \neq 5$ 时，方程组无解.

9. 证明略.

第 5 章

习题 A

1. (1) 19；(2) -1.
2. (1) 18；(2) 0.
3. (1) 2，是偶排列；(2) 7，是奇排列.
4. (1) 负；(2) -12；(3) 6.
5. (1) $x_1=1$，$x_2=0$，$x_3=0$；

   (2) $x_1=2$，$x_2=-\frac{1}{2}$，$x_3=\frac{1}{2}$；

   (3) $x_1=1$，$x_2=0$，$x_3=0$，$x_4=0$.
6. (1) A；(2) B；(3) C.
7. 余子式 $M_{32} = \begin{vmatrix} 3 & 4 & 1 \\ 1 & 1 & 1 \\ 5 & -2 & 2 \end{vmatrix}$，代数余子式 $A_{32} = (-1)^{3+2}\begin{vmatrix} 3 & 4 & 1 \\ 1 & 1 & 1 \\ 5 & -2 & 2 \end{vmatrix} = -17$.

习题 B

1. $\frac{n(n-1)}{2}$.
2. 正号.
3. (1) $D=0$；(2) 1；(3) $4abdf$；(4) 2.
4. (1) B；(2) B；(3) D.
5. $4(a-b)(a-c)(b-c)$.
6. $2n+1$.
7. $k \neq 2$.

第6章

习题A

1. (1) √; (2) ×; (3) ×; (4) ×; (5) ×; (6)√.

2. (1) B; (2)A; (3)D.

3. (1) $\begin{pmatrix}25 & 0\\ 0 & 9\end{pmatrix}$. (2) $\begin{pmatrix}4 & -2\\ -3 & 1\end{pmatrix}$. (3) $\begin{pmatrix}1 & 0\\ 0 & 1\end{pmatrix}$. (4) $16a^2b$.

4.

(1) $3\boldsymbol{A}-2\boldsymbol{B}=3\begin{pmatrix}1 & 2\\ -3 & -2\end{pmatrix}-2\begin{pmatrix}1 & -4\\ -2 & 3\end{pmatrix}=\begin{pmatrix}3 & 6\\ -9 & -6\end{pmatrix}-\begin{pmatrix}2 & -8\\ -4 & 6\end{pmatrix}=\begin{pmatrix}1 & 14\\ -5 & -12\end{pmatrix}$;

$$\boldsymbol{BA}=\begin{pmatrix}1 & -4\\ -2 & 3\end{pmatrix}\begin{pmatrix}1 & 2\\ -3 & -2\end{pmatrix}=\begin{pmatrix}1+12 & 2+8\\ -2-9 & -4-6\end{pmatrix}=\begin{pmatrix}13 & 10\\ -11 & -10\end{pmatrix};$$

$$(\boldsymbol{BA})^{\mathrm{T}}=\begin{pmatrix}13 & -11\\ 10 & -10\end{pmatrix}.$$

(2) $\boldsymbol{A}$ 的逆矩阵公式为 $\boldsymbol{A}^{-1}=\dfrac{1}{|\boldsymbol{A}|}\boldsymbol{A}^{*}$.

因为 $|\boldsymbol{A}|=\begin{vmatrix}1 & -1 & 2\\ 2 & 3 & 1\\ -1 & 2 & -1\end{vmatrix}=8\neq 0$，所以 $\boldsymbol{A}$ 可逆. $\boldsymbol{A}$ 的伴随矩阵为

$$\boldsymbol{A}^{*}=\begin{pmatrix}A_{11} & A_{21} & A_{31}\\ A_{12} & A_{22} & A_{32}\\ A_{13} & A_{23} & A_{33}\end{pmatrix}=\begin{pmatrix}-5 & 3 & -7\\ 1 & 1 & 3\\ 7 & -1 & 5\end{pmatrix},\ \boldsymbol{A}^{-1}=\frac{1}{|\boldsymbol{A}|}\boldsymbol{A}^{*}=\begin{pmatrix}-\frac{5}{8} & \frac{3}{8} & -\frac{7}{8}\\ \frac{1}{8} & \frac{1}{8} & \frac{3}{8}\\ \frac{7}{8} & -\frac{1}{8} & \frac{5}{8}\end{pmatrix}.$$

(3) 设 $\boldsymbol{A}=\begin{pmatrix}\boldsymbol{A}_1 & \boldsymbol{O}\\ \boldsymbol{O} & \boldsymbol{A}_2\end{pmatrix}$，则 $\boldsymbol{A}^{-1}=\begin{pmatrix}\boldsymbol{A}_1^{-1} & \boldsymbol{O}\\ \boldsymbol{O} & \boldsymbol{A}_2^{-1}\end{pmatrix}$，其中，

$$\boldsymbol{A}_1^{-1}=\begin{pmatrix}\frac{1}{2} & 0\\ 0 & \frac{1}{3}\end{pmatrix},\ \boldsymbol{A}_2^{-1}=\frac{\boldsymbol{A}_2^{*}}{|\boldsymbol{A}_2|}=-\frac{1}{8}\begin{pmatrix}0 & -2\\ -4 & 1\end{pmatrix}=\begin{pmatrix}0 & \frac{1}{4}\\ \frac{1}{2} & -\frac{1}{8}\end{pmatrix},$$

于是 $\boldsymbol{A}^{-1}=\begin{pmatrix}\frac{1}{2} & 0 & 0 & 0\\ 0 & \frac{1}{3} & 0 & 0\\ 0 & 0 & 0 & \frac{1}{4}\\ 0 & 0 & \frac{1}{2} & \frac{-1}{8}\end{pmatrix}$.

(4) 解法1：因为 $|\boldsymbol{A}|=1\neq 0$，所以 $\boldsymbol{A}$ 可逆，且 $\boldsymbol{A}^{-1}=\begin{pmatrix}-2 & -5\\ 1 & 2\end{pmatrix}$，所以

$$X=A^{-1}B=\begin{pmatrix}-2&-5\\1&2\end{pmatrix}\begin{pmatrix}1&2\\1&1\end{pmatrix}=\begin{pmatrix}-7&-9\\3&4\end{pmatrix}.$$

解法 2：$(A\mid B)=\begin{pmatrix}2&5&1&2\\-1&-2&1&1\end{pmatrix}\sim\begin{pmatrix}1&2&-1&-1\\2&5&1&2\end{pmatrix}\sim\begin{pmatrix}1&2&-1&-1\\0&1&3&4\end{pmatrix}\sim$
$\begin{pmatrix}1&0&-7&-9\\0&1&3&4\end{pmatrix}$，所以 $X=\begin{pmatrix}-7&-9\\3&4\end{pmatrix}$.

（5）系数矩阵

$$A=\begin{pmatrix}1&2&1&-1\\3&6&-1&-3\\5&10&1&-5\end{pmatrix}\xrightarrow{\text{初等行变换}}\begin{pmatrix}1&2&0&-1\\0&0&1&0\\0&0&0&0\end{pmatrix}$$

因为 $R(A)=2<4$，从而方程组有非零解且 $D=\begin{vmatrix}1&1\\3&-1\end{vmatrix}=-4\neq0$，于是原方程组与方程组

$$\begin{cases}x_1+x_3=-2x_2+x_4,\\3x_1-x_3=-6x_2+3x_4\end{cases}$$

同解，有

$$(A,B)=\left(\begin{array}{cc:c}1&1&-2x_2+x_4\\3&-1&-6x_2+3x_4\end{array}\right)\xrightarrow{r}\left(\begin{array}{cc:c}1&0&-2x_1+x_4\\0&1&0\end{array}\right),$$

所以此方程组的解为

$$\begin{cases}x_1=-2x_2+x_4,\\x_3=0.\end{cases}$$

式中，x_2,x_4 为自由未知量.

（6）因为$(A,B)=\begin{pmatrix}2&1&-1&1&1\\3&-2&1&-3&4\\1&4&-3&5&-2\end{pmatrix}\xrightarrow{r}\begin{pmatrix}1&4&-3&5&-2\\0&1&-\frac{5}{7}&\frac{9}{7}&-\frac{5}{7}\\0&0&0&0&0\end{pmatrix}$，所以 $R(A)=$
$R(A,B)=2<4$，线性方程组有无穷多解且 $D=\begin{vmatrix}1&-1\\-2&1\end{vmatrix}=-1\neq0$，于是原方程组与方程组
$\begin{cases}x_2-x_3=1-2x_1-x_4,\\-2x_2+x_3=4-3x_1+3x_4\end{cases}$同解，有

$$(A,B)=\left(\begin{array}{cc:c}1&-1&1-2x_1-x_4\\-2&1&4-3x_1+3x_4\end{array}\right)\xrightarrow{r}\left(\begin{array}{cc:c}1&0&-4+3x_1-6x_4\\0&1&-6+7x_1-x_4\end{array}\right),$$

因此线性方程组的解为

$$\begin{cases}x_2=-4+3x_1-6x_4,\\x_3=-6+7x_1-x_4.\end{cases}$$

式中，x_1,x_4 为自由未知量.

习题 B

1.（1）A；（2）D；（3）D；（4）B；（5）C；（6）D.

2. (1) $\boldsymbol{E}$. (2) $\boldsymbol{O}$. (3) $-\frac{1}{12}(\boldsymbol{A}-4\boldsymbol{E})$.

3. (1) 由 $|\boldsymbol{A}|=\begin{vmatrix}1 & -1 & 1\\0 & 3 & -2\\-1 & 0 & 4\end{vmatrix}=13$，$|\boldsymbol{B}|=\begin{vmatrix}1 & 7 & -1\\0 & 3 & 0\\-3 & -2 & 4\end{vmatrix}=3$ 可知 $\boldsymbol{A},\boldsymbol{B}$ 可逆且

$\boldsymbol{A}^*=|\boldsymbol{A}|\boldsymbol{A}^{-1}=13\boldsymbol{A}^{-1},\boldsymbol{B}^*=|\boldsymbol{B}|\boldsymbol{B}^{-1}=3\boldsymbol{B}^{-1}$，于是 $\boldsymbol{A}^2((\boldsymbol{B}\boldsymbol{A})^*(\boldsymbol{A}\boldsymbol{B})^{-1})^{-1}=\boldsymbol{A}^2\boldsymbol{A}^*\boldsymbol{B}^*(\boldsymbol{B}^{-1})^{-1}\boldsymbol{A}^{-1}=\boldsymbol{A}^2|\boldsymbol{A}|\boldsymbol{A}^{-1}(\boldsymbol{B}^*\boldsymbol{B})\boldsymbol{A}^{-1}=|\boldsymbol{A}|\boldsymbol{A}|\boldsymbol{B}|\boldsymbol{A}^{-1}=|\boldsymbol{A}||\boldsymbol{B}|\boldsymbol{E}=39\boldsymbol{E}$.

(2) 由 $|\boldsymbol{A}_1|=1,|\boldsymbol{A}_2|=-1,|\boldsymbol{A}|=\begin{vmatrix}\boldsymbol{O} & \boldsymbol{A}_1\\\boldsymbol{A}_2 & \boldsymbol{O}\end{vmatrix}=(-1)^{2\times2}|\boldsymbol{A}_1||\boldsymbol{A}_2|=-1$，知 $\boldsymbol{A}$ 可逆. 下面求 $\boldsymbol{A}^{-1}$. 由逆矩阵的定义，可设定方程并求解方程得到.

设 $\boldsymbol{A}^{-1}=\begin{pmatrix}\boldsymbol{X}_{11} & \boldsymbol{X}_{12}\\\boldsymbol{X}_{21} & \boldsymbol{X}_{22}\end{pmatrix}$，其中$\boldsymbol{X}_{ij}(i,j=1,2)$ 为二阶矩阵，从而有

$$\boldsymbol{A}^{-1}\boldsymbol{A}=\begin{pmatrix}\boldsymbol{X}_{11} & \boldsymbol{X}_{12}\\\boldsymbol{X}_{21} & \boldsymbol{X}_{22}\end{pmatrix}\begin{pmatrix}\boldsymbol{O} & \boldsymbol{A}_1\\\boldsymbol{A}_2 & \boldsymbol{O}\end{pmatrix}=\begin{pmatrix}\boldsymbol{X}_{12}\boldsymbol{A}_2 & \boldsymbol{X}_{11}\boldsymbol{A}_1\\\boldsymbol{X}_{22}\boldsymbol{A}_2 & \boldsymbol{X}_{21}\boldsymbol{A}_1\end{pmatrix}=\begin{pmatrix}\boldsymbol{E} & \boldsymbol{O}\\\boldsymbol{O} & \boldsymbol{E}\end{pmatrix},$$

解得$\boldsymbol{X}_{12}\boldsymbol{A}_2=\boldsymbol{E}$，$\boldsymbol{X}_{11}\boldsymbol{A}_1=\boldsymbol{O}$，$\boldsymbol{X}_{22}\boldsymbol{A}_2=\boldsymbol{O}$，$\boldsymbol{X}_{21}\boldsymbol{A}_1=\boldsymbol{E}$，由此可得$\boldsymbol{X}_{12}=\boldsymbol{A}_2^{-1}$，$\boldsymbol{X}_{11}=\boldsymbol{O}$，$\boldsymbol{X}_{22}=\boldsymbol{O}$，$\boldsymbol{X}_{21}=\boldsymbol{A}_1^{-1}$. 因此，

$$\boldsymbol{A}^{-1}=\begin{pmatrix}\boldsymbol{O} & \boldsymbol{A}_2^{-1}\\\boldsymbol{A}_1^{-1} & \boldsymbol{O}\end{pmatrix}=\begin{pmatrix}0 & 0 & 3 & 5\\0 & 0 & 2 & 3\\3 & -1 & 0 & 0\\-5 & 2 & 0 & 0\end{pmatrix},$$

式中，$\boldsymbol{A}_1^{-1}=\begin{pmatrix}3 & -1\\-5 & 2\end{pmatrix}$，$\boldsymbol{A}_2^{-1}=\begin{pmatrix}3 & 5\\2 & 3\end{pmatrix}$.

第 7 章

习题 A

1. (1) A; (2) C ; (3) C; (4) C; (5) C; (6) C; (7) A; (8) B; (9) B; (10) C.

2. (1) (−1, −2, −6, 5). (2) (−3, 7, −17, 2, 1). (3) 4. (4) 2. (5) 7. (6) $a=-1$ 或 -2.

3. (1) $\boldsymbol{a}$ 在 y 上的分量为 $-\sqrt{2}$；$|\boldsymbol{a}|=\sqrt{1+2+1}=2$；$\frac{\boldsymbol{a}}{|\boldsymbol{a}|}=\frac{1}{2}(-1,\ -\sqrt{2},\ 1)=\left(-\frac{1}{2},\ -\frac{\sqrt{2}}{2},\ \frac{1}{2}\right)$，故方向余弦为 $\cos\alpha=-\frac{1}{2}$，$\cos\beta=-\frac{\sqrt{2}}{2}$，$\cos\gamma=\frac{1}{2}$，方向角为 $\alpha=\frac{2\pi}{3}$，$\beta=\frac{3\pi}{4}$，$\gamma=\frac{\pi}{3}$.

(2) 由$\begin{cases}k_1+k_2=3,\\k_2-k_3=5,\\k_1+k_2-k_3=-6,\end{cases}$ 得$k_1=-11$，$k_2=14$，$k_3=9$，即$\boldsymbol{\beta}=-11\boldsymbol{\alpha}_1+14\boldsymbol{\alpha}_2+9\boldsymbol{\alpha}_3$.

(3) $abc\neq0$.

(4) $a=\frac{1}{2}$.

(5) $\boldsymbol{A\alpha}=\begin{pmatrix}1&2&-2\\2&1&2\\3&0&4\end{pmatrix}\begin{pmatrix}a\\1\\1\end{pmatrix}=\begin{pmatrix}a\\2a+3\\3a+4\end{pmatrix}$，即 $a=-1$.

(6) $\begin{pmatrix}a&a&a\\a&a+1&2a\\a&a+2&3a\\a&a+3&4a\end{pmatrix}\to\begin{pmatrix}a&a&a\\0&1&a\\0&0&0\\0&0&0\end{pmatrix}$，$R=2<3$，线性相关.

(7) $\begin{pmatrix}1&-1&1\\0&1&1\\2&-1&3\end{pmatrix}\to\begin{pmatrix}1&-1&1\\0&1&1\\0&1&1\end{pmatrix}$，所以，$\boldsymbol{\beta}_1,\boldsymbol{\beta}_2,\boldsymbol{\beta}_3$ 的线性相关.

(8) 秩为 2，$\boldsymbol{\alpha}_1,\boldsymbol{\alpha}_2$ 是极大线性无关组.

(9) 设 $\boldsymbol{A}=(\alpha_1,\alpha_2,\alpha_3,\alpha_4)$，因 $\begin{pmatrix}25&31&17&43\\75&94&53&132\\75&94&54&134\\25&32&20&48\end{pmatrix}\to\begin{pmatrix}25&31&0&9\\0&1&0&-1\\0&0&1&2\\0&0&0&0\end{pmatrix}\to\begin{pmatrix}1&0&0&-\frac{8}{5}\\0&1&0&-1\\0&0&1&2\\0&0&0&0\end{pmatrix}$，

从 $\boldsymbol{A}$ 的行最简形可知：$\boldsymbol{\alpha}_1,\boldsymbol{\alpha}_2,\boldsymbol{\alpha}_3$ 是 $\boldsymbol{A}$ 的列向量组的一个最大无关组，且 $\boldsymbol{\alpha}_4=\frac{8}{5}\boldsymbol{\alpha}_3-\boldsymbol{\alpha}_2+2\boldsymbol{\alpha}_3$.

(10) $a=2$，$b=5$.

(11)

1) 基础解系 $\boldsymbol{\xi}=\begin{pmatrix}-1\\1\\1\\0\end{pmatrix}$. 取 $x_3=0$，得特解 $\boldsymbol{\eta}=\begin{pmatrix}-8\\13\\0\\2\end{pmatrix}$.

2) 基础解系 $\boldsymbol{\xi}_1=\begin{pmatrix}-9\\1\\7\\0\end{pmatrix}$，$\boldsymbol{\xi}_2=\begin{pmatrix}-4\\0\\\frac{7}{2}\\1\end{pmatrix}$. 取 $x_2=x_4=0$，得特解 $\boldsymbol{\eta}=\begin{pmatrix}-17\\0\\14\\0\end{pmatrix}$.

习题 B

1. (1) $t\neq5$；(2) $t=5$；(3) $\boldsymbol{\alpha}_3=2\boldsymbol{\alpha}_2-\boldsymbol{\alpha}_1$.
2. 略.
3. (1) $a\neq-4$；(2) $a=-4$；(3) $a\neq-4$，$b=0$.
4. 略.

第 9 章

习题 A

1. (1) ×；(2) √；(3) ×；(4) ×；(5) √；(6) ×.

2. 7 ×3.

3. 略.

4. $\begin{pmatrix} \frac{1}{3} & 0 \\ 0 & \frac{1}{2} \end{pmatrix}$.

5. 证明要点：可以验证仿射变换不满足线性变换的定义，即 $T(\boldsymbol{x}+\boldsymbol{y})=\boldsymbol{A}(\boldsymbol{x}+\boldsymbol{y})+\boldsymbol{b}=\boldsymbol{Ax}+\boldsymbol{Ay}+\boldsymbol{b}\neq T(\boldsymbol{x})+T(\boldsymbol{y})$.

6. (1) $T(\boldsymbol{u})=\begin{pmatrix} -5 \\ -2 \end{pmatrix}$；$T(\boldsymbol{v})=\begin{pmatrix} 2 \\ -4 \end{pmatrix}$. (2) $T(\boldsymbol{u})=\begin{pmatrix} \frac{5}{2} \\ 1 \end{pmatrix}$；$T(\boldsymbol{v})=\begin{pmatrix} 1 \\ 2 \end{pmatrix}$. (3) $T(\boldsymbol{u})=\begin{pmatrix} 0 \\ 2 \end{pmatrix}$；$T(\boldsymbol{v})=\begin{pmatrix} 0 \\ 4 \end{pmatrix}$. (4) $T(\boldsymbol{u})=\begin{pmatrix} 2 \\ 5 \end{pmatrix}$；$T(\boldsymbol{v})=\begin{pmatrix} 4 \\ -2 \end{pmatrix}$.

7. $\begin{pmatrix} 1 & 0 \\ 0 & \frac{1}{2} \end{pmatrix}$；$\begin{pmatrix} \frac{1}{2} & 0 \\ 0 & 1 \end{pmatrix}$.

8. (1) $\begin{pmatrix} 1 & 2 & 1 \\ 0 & 1 & -2 \\ -1 & 0 & 1 \end{pmatrix}$；(2) $\begin{pmatrix} 2 & -3 \\ 1 & -4 \\ 0 & 0 \\ 0 & 1 \end{pmatrix}$；(3) $\begin{pmatrix} 1 & -5 & 4 \\ 0 & 1 & -6 \end{pmatrix}$；(4) $\begin{pmatrix} 0 & 0 & 0 & 0 \\ 1 & 1 & 0 & 0 \\ 0 & 1 & 1 & 0 \\ 0 & 0 & 1 & 1 \end{pmatrix}$；

(5) $(1 \quad 3 \quad -4 \quad 0)$；(6) 否；(7) $\begin{pmatrix} 1 & -2 & 0 \\ 0 & 0 & 0 \\ 4 & -1 & 2 \end{pmatrix}$；(8) 否.

9. 第一象限的部分三角形满足横轴长为竖轴长的两倍.

习题 B

1. (1) 否；(2) 是，作用略；(3) 否；(4) 否.

2. $\begin{pmatrix} 2 & 1 & 2 & 1 \\ -5 & 2 & 0 & 0 \end{pmatrix}$.

3. 证明要点：非一次函数表达式.

4. 证明要点：常数部分破坏了线性性.

第 10 章

习题 A

1. 关于 y 轴的对称变换.

2. $\begin{pmatrix} 0 & -1 \\ 1 & 0 \end{pmatrix}$.

3. $y^2-x^2=1$.

4. $\begin{pmatrix} \cos\alpha & -\sin\alpha \\ \sin\alpha & \cos\alpha \end{pmatrix}\begin{pmatrix} x \\ x\tan\alpha \end{pmatrix}$.

5. $\begin{pmatrix} k & 0 \\ 0 & 1 \end{pmatrix}$.

6. 略.

7. 略.

8. $\begin{pmatrix} 0 & 1 \\ -1 & 0 \end{pmatrix}$.

9. $\begin{pmatrix} \frac{\sqrt{2}}{2} & \frac{\sqrt{2}}{2} \\ \frac{\sqrt{2}}{2} & \frac{\sqrt{2}}{2} \end{pmatrix}$.

10. $\begin{pmatrix} \frac{\sqrt{2}}{2} & -\frac{\sqrt{2}}{2} \\ \frac{\sqrt{2}}{2} & -\frac{\sqrt{2}}{2} \end{pmatrix}$.

11. $\begin{pmatrix} 1 & 0 \\ 0 & -1 \end{pmatrix}$.

12. $\begin{pmatrix} 0 & 1 \\ 1 & 0 \end{pmatrix}$.

13. 证明要点：相当于关于 $y=x$ 做对称变换.

14. 证明要点：代入公式后变换可由矩阵表示即为线性变换.

15.（1）$\begin{pmatrix} 6 \\ -18 \end{pmatrix}$；（2）解线性方程组即可；（3）是；（4）否.

16.（1）$\begin{cases} x'=-y \\ y'=x \end{cases}$；（2）$(0,0)$，$(0,1)$，$(-1,1)$，$(-1,0)$，正方形；（3）先关于 $y=x$ 对称，后关于 x'轴对称；（4）略.

17.（1）将平行四边形逆时针旋转 90 度即可；（2）$y=-\frac{1}{k}x$；（3）$4x^2+y^2=4$.

习题 B

1.（1）$A'=(0,\sqrt{2})$；（2）射线 OA'；（3）y 轴；（4）$y=1$；（5）$y^2-x^2=1$.

2. 线性变换的标准矩阵为$\begin{pmatrix} 1 & 1 & 0 \\ 0 & 1 & 1 \\ 1 & 0 & 1 \end{pmatrix}$；$T(x_1,x_2,x_3)=\begin{pmatrix} x_1+x_2 \\ x_2+x_3 \\ x_1+x_3 \end{pmatrix}$.

3. $\begin{pmatrix} 5 & -3 \\ -7 & 8 \\ 2 & 0 \end{pmatrix}$.

4. 略.

第11章

习题A

1. (1) √; (2) ×; (3) ×; (4) ×; (5) √; (6) √; (7) √; 理由略.

2. $\begin{pmatrix}\frac{1}{5} & \frac{2}{5}\\ \frac{2}{5} & \frac{4}{5}\end{pmatrix}$; $y=2x$.

3. 是线性变换; 是满且单的线性变换.

4. (1) 直线的像仍然是一条直线; (2) 仍然保持平行; (3) 形状和大小均会发生变化.

5. $\begin{pmatrix}0 & 1\\ 1 & 0\end{pmatrix}$.

6. 将 y 坐标缩短 k 倍, $\begin{pmatrix}1 & 0\\ 0 & \frac{1}{k}\end{pmatrix}$.

7. 当 $ad-cb\neq0$ 时, 可逆, 逆变换的标准矩阵为$\frac{1}{ad-cb}\begin{pmatrix}d & -b\\ -c & a\end{pmatrix}$.

8. (1) $\begin{pmatrix}\frac{\sqrt{2}}{2} & \frac{\sqrt{2}}{2}\\ -\frac{\sqrt{2}}{2} & \frac{\sqrt{2}}{2}\end{pmatrix}$; (2) $\begin{pmatrix}\frac{1}{2} & 0\\ 0 & \frac{1}{2}\end{pmatrix}$; (3) $\begin{pmatrix}1 & 0\\ 0 & \frac{1}{2}\end{pmatrix}$; (4) $\begin{pmatrix}\frac{1}{3} & 0\\ 0 & \frac{1}{2}\end{pmatrix}$;

   (5) $\begin{pmatrix}1 & 0 & 0\\ 0 & 1 & 0\\ 0 & 0 & \frac{1}{3}\end{pmatrix}$.

9. 是满且单的线性变换.

10. 可逆; $\begin{pmatrix}\frac{\sqrt{2}}{2} & -\frac{\sqrt{2}}{2}\\ \frac{\sqrt{2}}{2} & \frac{\sqrt{2}}{2}\end{pmatrix}$.

11. 证明要点: 标准矩阵为$\begin{pmatrix}1 & 1 & 0\\ 0 & 1 & 1\\ 0 & 0 & 1\end{pmatrix}$, 由矩阵性质易知线性变换可逆.

习题B

1. 由于线性变换在水平、垂直方向的作用, 故能保持图形的形状.
2. 只有线性变换的标准矩阵满秩时才能保持线性无关性, 满秩方阵必定可逆.
3. 一组基底必定是线性无关的, 借由第11章习题B的第2题可知此变换可逆.
4. 若齐次线性方程组只有零解, 系数矩阵就为可逆矩阵, 因此得证.

第12章

习题A

1. $\begin{pmatrix}0 & 0\\ 0 & -1\end{pmatrix}$.

2. $\begin{pmatrix}1 & 4 & -5\\3 & 2 & 4\end{pmatrix}$.

3. $\begin{pmatrix}1 & -2\\0 & 1\end{pmatrix}$.

4. $\begin{pmatrix}1 & 0\\3 & 2\end{pmatrix}$.

5. $\begin{pmatrix}-1 & 0\\3 & -2\end{pmatrix}$.

6. 标准矩阵为$\begin{pmatrix}0 & 1\\1 & 0\end{pmatrix}\begin{pmatrix}1 & 0\\0 & -1\end{pmatrix}=\begin{pmatrix}0 & -1\\1 & 0\end{pmatrix}=\begin{pmatrix}\cos 90° & -\sin 90°\\\sin 90° & \cos 90°\end{pmatrix}$，即沿逆时针旋转 90°.

7. $T_1=\begin{pmatrix}1 & 1 & 0\\-1 & 0 & 0\\2 & 1 & 0\end{pmatrix}$; $T_2=\begin{pmatrix}1 & 1 & 0\\-1 & 0 & 1\\2 & 1 & 0\end{pmatrix}$.

8. (7，-4).

9. (5，3，3).

10. $\begin{pmatrix}1 & 1 & -1\\0 & 1 & 1\\0 & 0 & 1\end{pmatrix}$.

习题 B

1. $\begin{pmatrix}3k+2 & 1-3k\\-k-1 & k\end{pmatrix}$.

2. $\dfrac{1}{3}\begin{pmatrix}0 & -1 & -2\\3 & 4 & 2\\0 & -2 & -1\end{pmatrix}$.

3. $\begin{pmatrix}1 & -1 & 1\\0 & 2 & 0\\2 & 2 & 0\end{pmatrix}$.

第 13 章

习题 A

1. (1) ×；(2) ×；(3) ×；(4) ×；(5) √.

2. (1) C；(2) D；(3) C；(4) B；(5) B；(6) B.

3. (1) 是.

(2) 不是.

(3)

1) $\boldsymbol{A}$ 的特征值为$\lambda_1=1$，$\lambda_2=5$.

$\boldsymbol{p}_1=\begin{pmatrix}0\\1\end{pmatrix}$，所以 $\boldsymbol{A}$ 的对应于 $\lambda_1=1$ 的全部特征向量为 $k_1\boldsymbol{p}_1(k_1\neq0)$.

$\boldsymbol{p}_2=\begin{pmatrix}2\\1\end{pmatrix}$，所以 $\boldsymbol{A}$ 的对应于 $\lambda_2=5$ 的全部特征向量为 $k_2\boldsymbol{p}_2(k_2\neq0)$.

2）$\boldsymbol{A}$ 的特征值为 $\lambda_1=1$，$\lambda_2=3$.

$\boldsymbol{p}_1=\begin{pmatrix}-1\\1\end{pmatrix}$，所以 $\boldsymbol{A}$ 的对应于 $\lambda_1=1$ 的全部特征向量为 $k_1\boldsymbol{p}_1(k_1\neq0)$.

$\boldsymbol{p}_2=\begin{pmatrix}1\\1\end{pmatrix}$，所以 $\boldsymbol{A}$ 的对应于 $\lambda_2=5$ 的全部特征向量为 $k_2\boldsymbol{p}_2(k_2\neq0)$.

3）$\boldsymbol{A}$ 的特征值为 $\lambda_1=\lambda_2=\lambda_3=-1$.

$\boldsymbol{p}=\begin{pmatrix}-1\\-1\\1\end{pmatrix}$，所以 $\boldsymbol{A}$ 的对应于 $\lambda_1=\lambda_2=\lambda_3=-1$ 的全部特征向量为 $k\boldsymbol{p}(k\neq0)$.

4）$\lambda_1=-1$，$\lambda_2=\lambda_3=2$.

$\boldsymbol{p}_1=\begin{pmatrix}1\\0\\1\end{pmatrix}$，所以 $\boldsymbol{A}$ 的对应于 $\lambda_1=-1$ 的全部特征向量为 $k_1\boldsymbol{p}_1(k_1\neq0)$.

$\boldsymbol{p}_2=\begin{pmatrix}0\\1\\-1\end{pmatrix}$，$\boldsymbol{p}_3=\begin{pmatrix}1\\0\\4\end{pmatrix}$，所以 $\boldsymbol{A}$ 的对应于 $\lambda_2=\lambda_3=2$ 的全部特征向量为 $k_2\boldsymbol{p}_2+k_3\boldsymbol{p}_3$ $(k_2,k_3$ 不同时为零).

（4）λ 是 $\boldsymbol{A}$ 的特征值，则 $2\lambda+1$ 是 $\boldsymbol{B}$ 的特征值，所以 $\boldsymbol{B}$ 的特征值为：3，-1，5.

（5）$\boldsymbol{A}=\begin{pmatrix}0&2&2\\2&0&-2\\2&-2&0\end{pmatrix}$.

（6）$x=4$，$\lambda_3=3$.

（7）$a=-5$，$b=4$.

（8）$a=-2$，$b=6$，$\lambda_1=-4$.

（9）三个矩阵两两相似.

（10）

1）若 $\boldsymbol{A}$ 与 $\boldsymbol{B}$ 有相同的特征值，它们可能相似，$\boldsymbol{A}$ 与 $\boldsymbol{B}$ 也可能不相似.

2）当 n 阶矩阵能对角化时，若它们有相同的特征值，则它们一定相似.

（11）$\begin{cases}x=-17,\\y=-12.\end{cases}$

（12）$|\boldsymbol{B}^{-1}-\boldsymbol{E}|=1\times2\times3\times4=24$.

（13）$\begin{cases}a=0,\\b=-3.\end{cases}$

(14) 不可对角化.

(15) $\boldsymbol{P}=(\boldsymbol{p}_1,\boldsymbol{p}_2,\boldsymbol{p}_3)=\begin{pmatrix}-1&0&-2\\1&0&1\\1&1&0\end{pmatrix}$，则有$\boldsymbol{P}^{-1}\boldsymbol{A}\boldsymbol{P}=\begin{pmatrix}-2&&\\&1&\\&&1\end{pmatrix}$.

(16) $x=3$.

(17) $\boldsymbol{A}^{100}=\dfrac{1}{5}\begin{pmatrix}1&1&2\\-2&0&1\\1&0&2\end{pmatrix}\begin{pmatrix}5^{100}&&\\&1&\\&&5^{100}\end{pmatrix}\begin{pmatrix}0&-2&1\\5&0&-5\\0&1&2\end{pmatrix}=\begin{pmatrix}1&0&5^{100}-1\\0&5^{100}&0\\0&0&5^{100}\end{pmatrix}$.

(18) 证明：利用反证法，假设 $\boldsymbol{A}$ 与对角矩阵相似，则有可逆矩阵 $\boldsymbol{P}$，使得

$$\boldsymbol{P}^{-1}\boldsymbol{A}\boldsymbol{P}=\begin{pmatrix}\lambda_1&0&\cdots&0\\0&\lambda_2&\cdots&0\\\vdots&\vdots&&\vdots\\0&0&\cdots&\lambda_n\end{pmatrix},$$

所以

$$\boldsymbol{O}=\boldsymbol{P}^{-1}\boldsymbol{A}^k\boldsymbol{P}=(\boldsymbol{P}^{-1}\boldsymbol{A}\boldsymbol{P})^k=\begin{pmatrix}\lambda_1^k&0&\cdots&0\\0&\lambda_2^k&\cdots&0\\\vdots&\vdots&&\vdots\\0&0&\cdots&\lambda_n^k\end{pmatrix},$$

从而，$\lambda_i=0(i=1,2,\cdots,n)$，由此可得 $\boldsymbol{A}=\boldsymbol{O}$，这与已知相矛盾，所以，$\boldsymbol{A}$ 不能与对角矩阵相似.

(19) 证明：设 λ 是 $\boldsymbol{AB}$ 的一个非零特征值，$\boldsymbol{x}$ 是 $\boldsymbol{AB}$ 的属于 λ 的一个特征向量，则

$$\boldsymbol{ABx}=\lambda\boldsymbol{x}. \tag{$*$}$$

由于 $\lambda\neq0$，从而 $\boldsymbol{Bx}\neq\boldsymbol{0}$，因为若 $\boldsymbol{Bx}=\boldsymbol{0}$，则 $\boldsymbol{ABx}=\boldsymbol{0}$，即 $\lambda\boldsymbol{x}=\boldsymbol{0}$，故 $\lambda=0$，矛盾.

式($*$)两端左乘 $\boldsymbol{B}$，可得

$$\boldsymbol{BABx}=\boldsymbol{B}\lambda\boldsymbol{x}=\lambda\boldsymbol{Bx},$$

即 $\boldsymbol{BA}(\boldsymbol{Bx})=\lambda(\boldsymbol{Bx})$. 所以，$\lambda$ 是 $\boldsymbol{BA}$ 的一个非零特征值.

同理可证，$\boldsymbol{BA}$ 的非零特征值亦是 $\boldsymbol{AB}$ 的特征值，所以 $\boldsymbol{AB}$ 与 $\boldsymbol{BA}$ 有相同的非零特征值.

习题 B

1. 矩阵 $\boldsymbol{A}$ 的特征值的特征值为 $4,-2,-1,\dfrac{1}{2}$.

2. $|\boldsymbol{A}^*+3\boldsymbol{A}+2\boldsymbol{E}|=25$.

3. $|\boldsymbol{A}-3\boldsymbol{E}|=-3\times5\times\cdots\times(2n-3)$.

4. (1) $\lambda=-1$，$a=-3$，$b=0$. (2) $\boldsymbol{A}$ 不能相似于对角阵.

5. $\boldsymbol{A}=\begin{pmatrix}-2&3&-3\\-4&5&-3\\-4&4&-2\end{pmatrix}$.

参 考 文 献

[1] GILBERT S. Introduction to Linear Algebra[M]. Cambridge：Wellesley - Cambridge Press，2003.

[2] HOWARD A. Elementary Linear Algebra[M]. Hoboken：Wiley，1987.

[3] LAY D C，LAY S R，MCDONALD J J. 线性代数及其应用：原书第五版[M]. 刘深泉，张万芹，陈玉珍，等译. 北京：机械工业出版社，2018.

[4] 陈怀琛，高淑萍，杨威. 工程线性代数：MATLAB 版[M]. 北京：电子工业出版社，2007.

[5] 斯捷潘诺夫，叶尔雷金娜，菲利波夫. 物理化学中的线性代数方法[M]. 北京：科学出版社，1982.

[6] 同济大学数学系. 工程数学线性代数[M]. 6 版. 北京：高等教育出版社，2014.

[7] 任广千，谢聪，胡翠芳. 线性代数的几何意义[M]. 西安：西安电子科技大学出版社，2015.

[8] 黄月兰. 谈用求逆矩阵的方法解线性方程组[J]. 南宁师范高等专科学校学报，2001(3)：33 - 35.

[9] 于永会. 矩阵在经济问题中的应用[J]. 集团经济研究，2007(34)：309.

[10] 陈金和. 经济活动中的矩阵方法[J]. 黄石高等专科学校学报，1999(4)：20 - 24.

[11] 张宇. 张宇考研数学题源探析经典 1000 题[M]. 北京：北京理工大学出版社，2020.

[12] 同济大学数学科学学院. 工程数学：线性代数[M]. 7 版. 北京：高等教育出版社，2023.

[13] 张雨萌. 机器学习线性代数基础：Python 语言描述[M]. 北京：北京大学出版社，2019.

[14] 蒲和平. 线性代数疑难问题选讲[M]. 北京：高等教育出版社，2014.

[15] 赵树嫄. 线性代数[M]. 6 版. 北京：中国人民大学出版社，2021.